Beryl Markham
Westwärts mit der Nacht

SERIE PIPER

Zu diesem Buch

Tania Blixen beschreibt sie als eine hinreißende Frau: Die unternehmungslustige Beryl Markham, die den größten Teil ihres Lebens in Afrika verbrachte, war ganz versessen auf die Löwenjagd und das Fliegen. Wie einen Abenteuerroman schildert sie ihr aufregendes Leben im Afrika der Kolonialzeit, als Kenia noch ein Ort war, an dem Europäer ihre Träume von unberührter Wildnis und Exotik verwirklichen konnten. Sie erzählt von ihrem Alleinflug über den Atlantik von Ost nach West, der sie 1936 auf einen Schlag weltberühmt machte, von einer dramatischen Rettungsaktion im afrikanischen Busch und von ihrem Leben als Frau in Kenia. Kein Geringerer als Ernest Hemingway sagte über sie: »Ihre Bücher sind phantastisch, weit wichtiger als meine eigenen Romane.«

*Beryl Markham*, geboren 1902 in Leicestershire, verbrachte den größten Teil ihres Lebens in Afrika. Sie war nicht nur eine begeisterte Berufspilotin, sondern auch eine begabte Trainerin für Rennpferde. 1936 wurde sie durch ihren Flug über den Atlantik von Ost nach West weltberühmt. 1986 starb sie in ihrem Bungalow am Rande der Nairobi-Rennbahn.

# Beryl Markham
# Westwärts mit der Nacht

## Mein Leben als Fliegerin in Afrika

Vorwort von Martha Gellhorn

Aus dem Englischen von
Günter Panske

Piper München Zürich

Ungekürzte Taschenbuchausgabe
Piper Verlag GmbH, München
April 2001 (SP 3292)
Mai 2002

Titel der englischen Originalausgabe:
»West with the Night«

Umschlag/Bildredaktion: Büro Hamburg
Isabel Bünermann, Julia Martinez, Charlotte Wippermann
Foto Umschlagvorderseite: Picture Press/Corbis, Johnson
Satz: Fotosatz Glücker, Würzburg
Druck und Bindung: Clausen & Bosse, Leck
Printed in Germany ISBN 3-492-23669-3

www.piper.de

# Inhalt

## Viertes Buch

# Vorwort

*Westwärts mit der Nacht* ist ein ebenso faszinierendes wie geheimnisvolles Buch, und es ist nicht meine Absicht, dem Leser die Spannung zu nehmen, indem ich mich über den Inhalt verbreite. Kurz gesagt, ist das Buch ein episodenartiger Bericht über rund drei Jahrzehnte Afrika (von ihrer Kindheit bis 1936) im Leben einer erstaunlichen Frau. Beryl Markham galt allgemein als eine Art Circe in Kenia, doch als eine Circe von ganz besonderem Wesen. Man stelle sich Circe vor, die Odysseus in ihren Bann schlägt, damit sie an der Reise teilnehmen, Navigation lernen und die Welt sehen kann. So ganz nebenbei »behexte« sie seine Gefährten auf eine solche Weise, daß diese sie in ihrer »Macho-Gesellschaft« willkommen hießen, statt ihr das Eindringen zu verübeln. Es war ihr ein leichtes, diese Leute zu verzaubern, war gleichsam ein Teil ihres Wesens, und sie wußte, was sie wollte: Erfahrung und Abenteuer.

Die Bezeichnung »emanzipierte Frau« (oder auch »befreite« Frau) hat mir nie behagt. Sie besagt, daß es so etwas wie eine universelle Sklaverei gegeben hat, ein Joch, gegen das, in unseren Tagen, in unserer Zeit, die Frauen rebellieren müssen, um hoch ihre Köpfe zu erheben. Sie besagt auch – implizit –, daß Männer frei seien; aber sie sind es nicht. Nach meiner Überzeugung hat die *gesamte* Menschheit alles andere als ein leichtes Leben, und die beiden Geschlechter sollten – und werden – Partner sein bei der Befreiung von Vorurteilen und Unwissenheit, die uns allen

Schaden bringen. Doch genau wie Männer besitzen auch Frauen den Mut und die Willenskraft, ihr Leben nach eigener Wahl zu gestalten, ungeachtet konventioneller Grenzen.

Ich glaube kaum, daß Beryl Markham Bezeichnungen wie »befreite« oder emanzipierte Frau irgendwelches Gewicht beimaß, falls sie sie überhaupt jemals bewußt verarbeitete; und ein Begriff wie »Feministin« dürfte ihr völlig fremd gewesen sein. Mit siebzehn Jahren, das war 1919, verstaute sie ihre gesamten Habseligkeiten in zwei Satteltaschen und ritt davon, um, ganz auf sich selbst gestellt, sich ihren Lebensunterhalt auf die für sie einzig mögliche Weise zu verdienen. Sie hatte kein Heim und keine Familie, wohin sie hätte zurückkehren können. *Westwärts mit der Nacht* ist der Bericht eines mutigen Lebens, das für selbstverständlich genommen wurde; das – auf anrührende Weise – mutige Mädchen von siebzehn Jahren hatte die Weichen für die Zukunft gestellt.

Beryl Markham fuhr so fort, wie sie begonnen hatte, mit harter, entschlossener Arbeit und außergewöhnlichem Erfolg. Und sie sah sich nicht als Bahnbrecherin: als Vorbild und Befreierin ihres Geschlechts. Sie genoß es, in Kenia zu leben – also im paradiesischen Teil Afrikas –, und sie genoß ihre Arbeit.

Ich begegnete Beryl Markham nur ein einziges Mal, bei irgendeiner Art »Cocktailparty« in einem kleinen, gemieteten Haus am Naivasha-See, wo sie Rennpferde trainierte. Das muß Anfang der siebziger Jahre gewesen sein. Ich erinnere mich, daß ich mich von meinem »luftigen Hort« bei Longonot (dem Vulkan, der sich über das Rift-Tal erhebt) per fahrbarem Untersatz aufmachte, über schier unpassierbare Wege hinweg, und mich fragte: Warum eigentlich? Ich wußte nichts über Pferde, und sie interessierten mich auch nicht. Wäre diese Lady aus Nairobi eine Wildhüterin, eine Paläontologin oder eine Farmverwalterin gewesen, so hätte sich mein Interesse voll auf sie konzentriert, und ich wäre begierig gewesen, von ihr zu lernen. Da sich mein Leben außerhalb des »europäischen Kreises« von Nairobi abspielte, hatte ich noch nie von Beryl gehört und traf daher als komplette Ignorantin ein, wobei ich bereits bedauerte, daß ich später in der Dunkelheit so rund fünfundzwanzig Kilometer Rückfahrt auf unwegsamem Gelände vor mir hatte.

Beryl empfing mich in einem typischen Wohnzimmer (oder »Salon«) mit ebenso typischem »Siedler«-Mobiliar, große Stühle und Sessel, einem mit Chintz bezogenen Sofa und irgend so einem uraltertümlichen Stück, worauf man Flaschen und Trinkgläser abstellen konnte. Nirgends Bücher; es ist so ein berufsmäßiger Spleen von mir, stets zu registrieren, ob Bücher vorhanden sind. Beryl trug enge schwarze Hosen und eine Art Rollkragenpullover, schwarz, wie aus Seide – eine geradezu »exotische« Kleidung in einem Land, wo Khaki dominierte. Sie sah sehr glamorous aus mit ihrem blonden Haar, ihrem sonnengebräunten Gesicht, ihrem wunderbar schlanken Körper. Sie wirkte so ganz anders, als ich es erwartet hatte: gewiß nicht wie »der letzte Gaul«, den man soeben noch toleriert. Prompt zog ich aus dieser Situation den völlig falschen Schluß: daß nämlich dieser unverkennbare Liebling des Muthaiga Clubs (dem uralten und langweiligen Zentrum des gesellschaftlichen Lebens von Nairobi), Rennpferde – was immer das auch bedeuten mochte – zu ihrem Vergnügen trainierte.

Zwei Verehrer oder Bewunderer waren bei ihr zu Besuch, ein älterer und ein jüngerer, und es beeindruckte mich, wie dienstbereit, gleichsam auf dem Sprung, sich beide zeigten, wenn es galt, Beryl Drinks zu servieren, während Beryl selbst voll Anmut darauf wartete, daß man sie ihr servierte. Beryl war damals gut Mitte Sechzig; ich hielt sie für eine ungemein attraktive Frau von Vierzig. Unsere Konversation beschränkte sich mehr oder minder auf »small talk« und war keineswegs ungezwungen, sondern irgendwie gequält. Ich hatte das Gefühl, daß der Umgang mit Frauen ihr wesentlich schwerer fiel als der mit Männern oder auch willigen Pferden.

Sie sagte, sie habe ein Buch geschrieben. Vielleicht war ich deshalb eingeladen worden; sie wollte über ihr Buch sprechen. Ich verpaßte die Chance; ich hörte nicht richtig hin. Ich hätte Gelegenheit gehabt, hinter die Front – hinter die Kulissen – zu schauen; ich hatte sogar eine Art Verpflichtung dazu. Doch als ich mich empfahl und Beryl für die Drinks dankte, war ich genau so unwissend wie zuvor. Jetzt, über zehn Jahre danach bedaure ich meine Dummheit und die verpaßte Gelegenheit.

Hätte ich damals ihr Buch gelesen, so hätte ich all die Fragen gestellt, die *Westwärts mit der Nacht* unbeantwortet läßt. Beryl sagt zu Recht, ihr Buch sei keine Autobiographie. Es läßt die wesentlichen Informationen aus, die eine Autobiographie enthalten müßte.

Sie spricht nicht von Leicestershire, wo sie geboren wurde; 1906, im Alter von vier Jahren, reiste sie mit ihrem Vater ins unbekannte Kenia. Wie aber kam es, daß er seine Tochter mitnahm nach Afrika, während er den Sohn bei seiner Frau ließ, mit der er sich »auseinandergelebt« hatte? Beryl erwähnt weder ihre Mutter noch ihren Bruder; auch ihre Ehen (drei) und ihr Sohn (geboren 1929) bleiben unerwähnt. Mit Liebe und Bewunderung schreibt sie von ihrem Vater; mehr wäre angebracht. Zwischen den hohen Gipfeln der Geschichte, die sie erzählt, liegen tiefe Schatten.

Inzwischen habe ich allerlei Leute über Beryl ausgefragt. Wieder, wie schon so oft zuvor, wohnt sie in einer Art Mietquartier, einem Geschenk des Jockey Clubs, in einem kleinen Haus nahe der Rennbahn von Nairobi. Noch immer trainiert sie Rennpferde, reitet sie; und zu einem Freund sagt sie, auf dem Rücken eines Pferdes fühle sie sich wohler als auf ihren Füßen. Man hat mir auch gesagt, daß Beryl, sieht man sie von hinten, wie sie mit ihrem wunderschönen Gang und ihren langen blonden Haaren eine Straße in Nairobi entlangschreitet, wie eine junge Frau wirkt. In ihr Haus ist in jüngster Zeit zweimal eingebrochen worden, und beim zweiten Mal wurde sie außerdem übel zusammengeschlagen; doch sie wohnt noch immer dort. Keine Frau könnte gegenüber den materiellen Dingen, die sie umgeben, gleichgültiger sein als sie, was vielleicht darauf zurückzuführen ist, daß sie schon in ganz jungen Jahren in einer Lehmhütte wohnte, mitten im Busch, wo ihr Vater Land buchstäblich urbar machte für eine Farm. Die Menschen, die ich befragte, sprachen davon, daß Beryl »hart dran ist, wie gewöhnlich«. Sie hat – bezaubernder- und bezeichnenderweise – alle möglichen Trophäen aufgehäuft, bloß kein Geld.

*Westwärts mit der Nacht* – ein in meinen Augen verfehlter und irgendwie irreführender Titel – ist eine Art Hinweis auf den Prosastil des Buchs. Man kann ihn poetisch oder lyrisch nennen; vielleicht ist »evokativ« das treffendste Wort. In einem ersten (und gleichzeitig letzten) Buch überraschen die geschliffenen Sätze. Meistens wirken sie angemessen, mitunter sogar auf wunderschöne Weise; manchmal jedoch ist diese Art Prosa auch überladen, verfehlt. Die sanften Wörter verwischen die harten Tatsachen, die außergewöhnlichen Leistungen: ein Leben, das schwer und gefährlich war. Selbst Beryl Markhams Flug über den Atlantik, von Ost nach West, wird durch den Stil gleichsam geglättet.

Der Zeitpunkt ist entscheidend, unfairerweise. *Westwärts mit der Nacht* erschien in Amerika 1942, und das Buch fand überaus anerkennende Kritik; nur war das Jahr der Tiefpunkt im Zweiten Weltkrieg, und in den Gedanken der Menschen war kaum Platz für die Erzählungen von einem goldenen Afrika. Als 1943 *Westwärts mit der Nacht* in England herauskam, herrschte dort die Rationierung, nicht zuletzt auch von Papier; und so hatte das Buch nur eine kleine Auflage und fand in den – gleichsam geschrumpften – Zeitungen kaum Erwähnung. 1937 hingegen, als die englischsprachige Welt sich noch im Frieden wähnte, war Tania Blixens *Afrika, dunkel lockende Welt* erschienen, und diesem Buch blieben Jahre, in denen es Verbreitung finden und zum akzeptierten Klassiker werden konnte: zum bestbekannten Porträt des damaligen Afrikas. Ich habe Tania Blixens *Afrika* jetzt zum zweiten Mal gelesen (das erste Mal kurz nachdem es erschienen war); ich habe es wieder gelesen, und ich habe verglichen. Und ich glaube, daß *Westwärts mit der Nacht* es verdient, an die Seite von *Afrika, dunkel lockende Welt* gestellt zu werden.

Dies ist kein Urteil von der Art, wie es Kritiker fällen; es ergibt sich ausschließlich aus der Sache, nicht aus dem literarischen Stil. Tania Blixen war, als sie ihr *Afrika* schrieb, bereits eine professionelle Schriftstellerin und keine »Farmersfrau«, wie sich erwies, als sie Inak Dinesen wurde. Beryl Markham dagegen war eine »Frau der Tat«, so wie es sonst Männer sind; ihr Buch ist in ihrem Leben nur eine Art Zwischenspiel, eine Episode. In der Tonart ähneln sich die beiden Bücher, doch räume ich ohne Bedenken ein, daß Tania Blixen die überlegene Schriftstellerin ist, die mit poetischer Prosa disziplinierter umzugehen versteht. Ihr *Afrika* ist wie ein tiefer Brunnen: umfaßt Tania Blixens Farm und ihr Leben. *Westwärts mit der Nacht* ist so »breit« wie der Horizont der Europäer jener Tage. Beryl Markham kannte mehr als das Leben auf einer Farm, wenn schon sie auch das kannte, als Mädchen und als Tochter eines Siedlers, eines Pioniers. Ihre Schilderung der frühesten »Buschfliegerei« ist erinnerungswürdig. Nichts sonst könnte einem ein so starkes Gefühl für die Weite, die Gefahr und die – widerborstige – Schönheit des Landes geben. Beide Bücher sind Liebesbriefe an Afrika, an *ihr* Afrika; keinesfalls sind sie Rivalen, sie ergänzen einander.

Meine Lieblingsstelle in *Westwärts mit der Nacht* ist grundverschieden vom Rest des Buches; sie hat überhaupt keinen literarischen Stil. Beryl kritzelte eine Botschaft im Cockpit ihres Flugzeugs und warf sie in einem Beutel hinunter für Baron Blixen, den »Weißen Jäger«, der unten schon darauf wartete. Beryl flog damals über dichtes Buschgelände in der Nähe des Tana-Flusses, und ihre Aufgabe war es, für Blixens Safarikunden Elefanten auszumachen.

»*Sehr* großer Bulle – Stoßzähne ziemlich ebenmäßig – nach meiner Schätzung über 160 Pfund. In Herde von rund 500. Zwei weitere Bullen und viele Kälber in der Herde – äsen friedlich. Dichter Pflanzenwuchs – hohe Bäume – zwei Wasserlöcher – eins rund einen Kilometer NNÖ von Herde. Das andere rund drei Kilometer WNW. Ziemlich offenes Gelände zwischen euch und der Herde mit offener Talmulde mitwegs. Viele Fährten. Große Büffelherde S. W. von Elefanten. Keine Nashörner gesichtet. Euer Kurs 220 Grad. Entfernung rund 15 Kilometer. Werde in einer Stunde zurücksein. Arbeitet hart, vertraut auf Gott und haltet euer Gedärm offen – Oliver Cromwell.«

Näher bin ich, wie mir scheint, der wirklichen Frau nie gekommen: jener Person, die ein ebenso furchtloser wie kompetenter Profi war und die soviel Sinn für Humor besaß. Das Geheimnis von *Westwärts mit der Nacht* bleibt: Beryl Markham selbst.

Martha Gellhorn, Newchurch West, 1984

# Erstes Buch

## Botschaft aus Nungwe

Wie bringt man am besten Ordnung in seine Erinnerungen? Gern würde ich sagen: »An dieser Stelle muß es beginnen, an diesem Ort; einen anderen kann es nicht geben.«

Doch es gibt hundert Orte, wo ich anfangen kann, weil es hundert Namen gibt – Mwanta, Serengeti, Nungwe, Molo, Nakuru. Mühelos kommen die Namen zusammen, und am besten beginne ich damit, mir einen herauszupicken – nicht weil er der erste wäre oder von besonderer, wild-abenteuerlicher Bedeutung, sondern weil er sich zufällig hier findet, zuoberst in meinem Bordbuch. Schließlich bin ich ja kein Weber, der die einzelnen Fäden zu einer dichten Struktur zusammenfügt. Dies jedoch sind Erinnerungen, wiederaufgefrischte Bilder; und Namen sind die Schlüssel für Türen, hinter denen Halbverschüttetes liegt, verschwommen für den Verstand, vertraut jedoch im Herzen.

So sei der Name denn Nungwe – so gut wie jeder andere –, folgendermaßen eingetragen ins Bordbuch, um den Erinnerungen Realität zu verleihen, wenngleich keine Ordnung:

DATUM – 16. 6. 35
FLUGZEUGTYP – Avro Avian
KENNZEICHEN – VP-KAN
ROUTE – Nairobi nach Nungwe
UHRZEIT – 3 Uhr 40

Folgt noch PILOT: ich selbst; und BEMERKUNGEN – ohne irgendeine Eintragung.

Doch hätte es welche geben können.

Mag Nungwe jetzt auch tot und vergessen sein: Als ich 1935 hinflog, erwachte es gerade erst zum Leben. Es lag südwestlich vom südlichsten Rand des Viktoriasees, kaum mehr als ein kümmerlicher Vorposten mit dreckigen Hütten, und das auch nur, weil ein müder und entmutigter Prospektor eines Tages im Schlammbatzen an seinem Stiefelabsatz ein winziges Körnchen Gold entdeckte. Mit der Spitze eines Jagdmessers hob er es heraus und starrte darauf, bis es in seiner Phantasie die Größe eines Nuggets annahm und weiterwuchs zum fabulösen Goldbergwerk.

Sein Name ist in Vergessenheit geraten, obwohl er aus seiner Entdeckung gar kein Geheimnis machte. Es dauerte nicht lange, und Nungwe, das bis dahin nur ein Name gewesen war, wurde zugleich ein Mekka und eine Fata Morgana, sodaß andere Abenteurer vom selben Schlag alles andere vergaßen: die sengende Hitze, die gefährliche Malaria, das drohende Schwarzwasserfieber, den völligen Mangel an Kommunikationsmöglichkeiten mit der Außenwelt (nur Waldfährten gab es, denen man folgen konnte), und so brachen sie dorthin auf mit Schaufeln und Picken und Chinin und Lebensmittelkonserven und mit hochgespannten Erwartungen und begannen zu graben.

Ob sie dabei irgend etwas fanden, sollte ich nie erfahren, denn als ich mit meinem kleinen Doppeldecker auf ihrer schmalen Landebahn aufsetzte, die sie aus dem Busch herausgerodet hatten, war es Nacht, und brennende, mit Öl getränkte Lumpen in zurechtgebogenen Blechbehältern wiesen mir den Weg.

Bei solcher Beleuchtung kann man nicht viel sehen – ein paar dunkle, nach oben gekehrte Gesichter, geduldig und ausdruckslos, halberhobene, winkende Arme, die Silhouette eines Hundes zwischen den Landefeuern. Ich erinnere mich an diese Dinge und an die Männer, die mich in Nungwe begrüßten. Schon nach Tagesanbruch startete ich wieder, ohne irgend etwas über den Erfolg ihrer

Anstrengungen oder die Ergiebigkeit ihrer Mine erfahren zu haben.

Das lag nicht daran, daß sie solche Dinge geheimhalten wollten; es war ganz einfach so, daß es in jener Nacht zuviel anderes für sie zu bedenken gab, und nichts davon hatte etwas mit Gold zu tun.

Ich arbeitete damals in Nairobi, als selbständige Pilotin, wobei der Muthaiga Country Club mein »Hauptquartier« bildete. 1935 war es noch immer nicht einfach, in Ostafrika ein Flugzeug zu chartern, und ohne diese Möglichkeit konnte man im Land kaum sehr weit reisen. Gewiß gab es Straßen, die von Nairobi in ein Dutzend verschiedene Richtungen strebten. Zunächst griffen sie kühn aus, doch schon nach wenigen Kilometern wurden sie schmal und rauh und kümmerten zwischen felsigen Hügeln dahin, oder sie versackten in rötlichem oder schwärzlichem Schlamm, dort in den Tälern und im flachen Land. Auf den Landkarten nahmen sie sich stabil und vertrauenswürdig aus, doch wer von Nairobi in südlicher Richtung nach Machakos oder Magadi aufzubrechen wagte und dabei etwas weniger Kompaktes als einen John-Deere-Traktor fuhr, mußte ein Optimist mit einem ausgesprochenen Hang zum Leichtsinn sein. Die Straße zum anglo-ägyptischen Sudan, nördlich und westlich durch Naivasha führend und als »praktikabel« in der trockenen Jahreszeit bezeichnet, besaß, als ich sie das letzte Mal nach einem leichten Regen benutzte, die Klebequalität des allerbesten schwarzen Sirups.

Dieser geringfügige Mangel und die Tatsache, daß sich zwischen Naivasha und Khartoum Tausende von Kilometern von Papyrus-Sumpf und tiefer Wüste erstreckten, war von einer Straßenkommission der Regierung ebenso schlicht wie schlampig übersehen worden. So hatte man denn von Amts wegen in Naivasha einen imposanten Wegweiser errichtet, auf dem zu lesen war:

Nach JUBA – KHARTOUM – KAIRO

Ich habe nie erfahren, ob diese so dubiose Ermutigung für den arglosen Reisenden wohlmeinendem Wunschdenken entsprungen war, oder ob, nach jahrelanger Frustration in einem muffigen Büro in Nairobi, ein Beamter ein Ventil gefunden hatte für seinen sadistischen Humor. Jedenfalls stand er nun dort, der Wegweiser, fast so etwas wie ein Leuchtturm, der jedermann – und dies ohne die leiseste Warnung – dazu aufforderte, getrost eine Richtung einzuschlagen, die theoretisch zwar nach Khartoum oder Kairo führte, de facto jedoch eher eine Abkürzung zum Sumpf der Verzweiflung war, weitaus realer als Dantes Hölle, jedoch nicht weniger hoffnungslos.

Natürlich war dies eine Ausnahme. Die häufiger benutzten Straßen waren gut und oft befestigt, zumindest über eine kürzere Strecke. Danach allerdings empfahl sich ein Flugzeug, falls man eines zur Hand hatte. Es ersparte einem endlose Stunden härtester Strapazen hinter dem Steuer eines schlingernden Autos – sofern der Fahrer routiniert genug war, sein Vehikel überhaupt in Bewegung zu halten. Mein Flugzeug, obwohl nur ein Zweisitzer, war sehr gefragt, und das trotz der Konkurrenz durch die damals gerade aufstrebenden East African Airways.

Nairobi war ein geschäftiger, wachsender Ort – Tor zu einem noch neuen Land, einem großen Land, einem fast unbekannten Land. In weniger als dreißig Jahren hatte sich die Stadt von einer Ansammlung von Wellblechbaracken (für die armselige Uganda Railway) fortentwickelt zu einem wildwuchernden Häusermeer für Briten, Buren, Inder, Somalis, Abessinier, Menschen aus ganz Afrika und von anderen Kontinenten.

Heute erstreckt sich allein der indische Basar in Nairobi über mehrere Hektar, und seine Hotels, seine Regierungsgebäude, seine Rennbahn und seine Kirchen sind ein eindrucksvoller Beweis dafür, daß inzwischen auch in Ostafrika moderne Zeiten und Methoden Einzug gehalten haben. Sein Kern jedoch ist noch immer rauh und kaum geglättet durch die gewichtige Hand britischen Beamtentums. Die Geschäfte gehen weiter, die Banken florieren, Automobile schnurren großspurig die Government Road entlang, und Verkäuferinnen und Büroangestellte sind in denselben Lebensrhythmus eingespannt, wie ihre Kolleginnen und Kollegen in irgendeiner anderen modernen Stadt von gut dreißigtausend Einwohnern irgendwo auf der Welt.

Die Stadt schmiegt sich gegen die Athi-Ebene am Fuß der rollenden Kikuyu-Hügel und blickt nördlich zum Mount Kenya und südlich zum Kilimandscharo in Tanganjika. Sie ist, wenn man so will, ein Kontor inmitten der Wildnis – ein Platz, wo es um Schillinge und Pfunde geht, um Landverkäufe und Handel, ein Ort außergewöhnlicher Erfolge und außergewöhnlicher Fehlschläge. In den Geschäften kann man kaufen, was immer man braucht. Im Umkreis von über hundertfünfzig Kilometern gibt es Farmen und Kaffeeplantagen, und tagtäglich werden die Märkte durch ein gutes Transportsystem – Frachtzüge und Lastwagen – mit frischen Produkten versorgt.

Aber was sind schon hundertfünfzig Kilometer in einem so großen Land?

Denn jenseits dieser Zone gibt es noch immer Dörfer, von Wäldern abgeschirmt, auf den großen Reservationen – Orte, bevölkert mit Menschen, denen nur vage bewußt ist, daß der unaufhörliche und unwiderstehliche Druck des weißen Mannes selbst den Lauf ihres Stammeslebens irgendwie gefährden könnte.

Allerdings werden die Kriege des weißen Mannes an den Rändern Afrikas ausgetragen – man kann ein Maschinengewehr von der Küste her fünfhundert Kilometer landeinwärts tragen und befindet sich immer noch am Rande dieses Kontinents. Seit den Zeiten Karthagos, und schon davor, haben Männer an den Küsten und in den Wüsten und auf den Bergen dauerhafte Stellungen zu erobern versucht, und dort, wo solche Stellungen gesichert werden konnten, hat das Recht auf ihren Besitz zu endlosem Streit und Blutvergießen geführt.

Die miteinander konkurrierenden Eroberer haben die vitale Seele Afrikas gleichsam übersehen: Ihr entströmt die wahre Kraft zum Widerstand gegen die Eroberung. Die Seele ist nicht tot, sie ist nur stumm; auch fehlt es nicht an Weisheit, nur ist sie von einer solchen Einfachheit, daß sie für den Krämergeist der modernen Zivilisation nicht existiert. Afrika stammt aus uralter Zeit, und das Blut vieler seiner Völker ist so verehrungswürdig und so rein wie die Wahrheit. Welche Rasse von Emporkömmlingen, einer kaum vergangenen, trüben Epoche entstammend und bewaffnet mit Stahl und Großmäuligkeit, kann es, was die Reinheit des Blutes betrifft, auch nur mit einem einzigen Massai Murani aufnehmen, dessen Vorfahren vielleicht sehr nahe dem Garten Eden siedelten? Es sind nicht die frei wachsenden Pflanzen, das sogenannte »Unkraut«, denen Fäulnis und Verfall droht: Diese Pflanzen sogen vor Urzeiten ihr Leben aus dem jungen Mutterschoß der Erde, und noch immer wirkt diese Wesenheit in ihnen. Stets kehrt das »Unkraut« wieder; vor ihm weicht die Kulturpflanze zurück. Rassische Reinheit, wahre Aristokratie lassen sich nicht herbeizwingen durch ein Edikt oder Tretmühlenfleiß; sie erwachsen aus der engen, niemals verlorengegangenen Bindung an die elementaren Kräfte und Ziele des Lebens, und davon versteht ein einheimischer Schafhirt gewiß nicht weniger als eine hochtechnisierte Gesellschaft mit all ihren kulturellen Ausformungen.

Mag geschehen, was will: mögen Armeen marschieren, mögen Kolonien ihre Herren wechseln – inmitten aller Unruhe liegt Afrika und wird Afrika liegen, gleich einem gewaltigen Giganten, der weise genug ist, in einer Art Schlafzustand zu verharren, ungestört durch den Trommelwirbel streitender Imperien. Afrika ist mehr als nur ein Land – es ist ein Wesen, geboren aus den Hoffnungen und Träumen von Menschen.

Und deshalb gibt es viele Afrikas. Es gibt so viele Afrikas, wie es Bücher über Afrika gibt – und es gibt so viele Bücher darüber, daß keines Menschen Leben ausreicht, um alle zu lesen. Wer ein neues Buch schreibt, mag eine gewisse Befriedigung empfinden bei dem Gedanken, daß das Bild, das er von Afrika entwirft, mit keinem anderen Bild vergleichbar ist; nur muß er mit der hochmütigen Zurückweisung all jener rechnen, die an ein anderes Afrika glauben.

Doktor Livingstones Afrika war ein recht dunkler Kontinent. Seither hat es viele andere Afrikas gegeben, manche noch dunkler, andere hell, die meisten voller Tiere und Pygmäen; und auch ein paar, wo die Reisenden leicht hysterisch wirkten wegen des Klimas, des Dschungels und der Strapazen bei einer Safari.

All diese Bücher – zumindest soweit ich sie gelesen habe – entwerfen trotz der Verschiedenartigkeit sehr genaue Porträts von Afrika – nicht von meinem Afrika vielleicht, auch nicht vom Afrika der frühen Siedler, oder dem eines Veteranen aus dem Burenkrieg, oder dem eines amerikanischen Millionärs, der dorthin reiste und Zebras und Löwen schoß, sondern von einem Afrika, welches das Erleben des jeweiligen Autors wahrheitsgemäß widerspiegelt. Und da für alle Autoren Afrika quasi alles ist, muß es wohl auch für alle Leser alles sein.

Afrika ist mystisch; es ist wild; es ist ein brodelndes Inferno; es ist ein Fotografen-Paradies, ein Walhall für Jäger, ein Utopia für Eskapisten. Es ist, was und wie immer man es sehen will – und es widersetzt sich allen Interpretationen. Es ist das letzte Rudiment einer toten Welt oder die Wiege einer strahlenden neuen. Für viele Menschen, wie auch für mich, ist es ganz einfach Heimat. Ja, Afrika ist all dies, eines allerdings ausgenommen – langweilig ist es nie.

Ganze vier Jahre war ich alt, als ich zum ersten Mal nach Britisch-Ostafrika kam, wo ich, eine barfüßige Göre noch, zusammen mit den Nandis Wildschweine jagte; später verdiente ich mir meinen Lebensunterhalt damit, Rennpferde auszubilden, und noch später unternahm ich über Tanganjika und dem wasserlosen Buschland zwischen dem Tana- und dem Athi-Fluß Erkundungsflüge, um Elefanten ausfindig zu machen. Und während all dieser Jahre war ich auf so glückliche Weise provinziell, daß ich außerstande gewesen wäre, mich auch nur mit einem Anflug von Intelligenz über die Langeweile des Lebens zu verbreiten. Erst nach einem einjährigen Aufenthalt in London war ich dazu qualifiziert. Langeweile, genau wie Hakenwürmer, ist endemisch.

Rund tausendmal bin ich mit meiner Maschine vom Flugplatz in Nairobi gestartet, und wenn sie vom Boden abhob, spürte ich stets die pulsende, prickelnde Ungewißheit und Erregung des immer wieder neuen Abenteuers.

Der Auftrag, der mich nach Nungwe führte, wurde mir gegen ein Uhr morgens, vom Muthaiga Country Club aus, in meine kleine Cottage im nahegelegenen Eukalyptushain übermittelt.

Die Botschaft war kurz. Man bat darum, per Flugzeug eine Sauerstoffflasche zur Siedlung in Nungwe zu befördern, und zwar umgehend, zwecks Behandlung eines mit dem Tode ringenden Mannes, der an einer Lungenkrankheit litt. Die Bitte war mit einem Namen unterzeichnet, den ich noch nie gehört hatte, und ich weiß noch, wie ich dachte, daß ein irgendwie anrührender Optimismus dazu gehörte, eine solche Meldung überhaupt zu schicken: Sie konnte mich nur über die Telegraphenstation bei Mwanza erreicht haben, und die lag rund hundertsechzig Kilometer von Nungwe entfernt, so daß die Botschaft zweifellos durch eingeborene Läufer überbracht worden war. In den zwei oder drei Tagen, die das gedauert hatte, mußte der Mann, der den Sauerstoff brauchte, entweder gestorben sein oder aber einen übermenschlichen Selbstbehauptungswillen bewiesen haben.

Soweit ich weiß, war ich damals die einzige Berufsfliegerin in Afrika. In Kenia gab es für mich, was selbständige, sprich freiberufliche Piloten oder Pilotinnen betraf, keine Konkurrenz, und solche Aufträge – in der Regel allerdings weniger dringend und dramatisch – kamen in genügend großer Zahl, um mich an den meisten Tagen und in viel zuvielen Nächten beschäftigt zu halten.

Nachtflüge über bekanntem Territorium können trotz Instrumenten und Anweisungen über Funk, noch immer eine einsame Angelegenheit sein; aber in dichter Dunkelheit zu fliegen ohne den kalten Trost des Kopfhörers oder das Bewußtsein, daß irgendwo vorne die Lichter und das Leben eines gut gekennzeichneten Flugplatzes auf einen warten, ist ein wenig mehr als nur einsam. Mitunter besitzt es einen Grad von Unwirklichkeit, daß man meint, der Existenz anderer Menschen hafte etwas Unwahrscheinliches an. Die Hügel, die Wälder, die Felsen und die Ebenen sind eins mit der Dunkelheit, und die Dunkelheit ist unendlich. Die Erde ist genausowenig der Heimatplanet wie irgendein ferner

Stern – so denn irgendwo ein Stern glänzt. Das Flugzeug ist der Planet, auf dem man lebt, und man ist sein einziger Bewohner.

Vor einem solchen Flug war es dieser Gedanke an das Alleinsein – und weniger die Vorstellung von irgendeiner physischen Gefahr –, der mir ein bißchen Angst machte, und manchmal fragte ich mich, ob mein Job wohl wirklich der beste auf der ganzen Welt sei. Stets gelangte ich zum selben Schluß: Ob nun einsam oder nicht – jedenfalls haftete ihm nichts an vom Fluch der Langeweile.

Unter normalen Umständen hätte ich in weniger als einer halben Stunde auf dem Flugplatz sein müssen, um in Richtung Nungwe zu starten; statt dessen war ich mit einem Problem konfrontiert, das viel zu schwierig schien, um im halbwachen Zustand und noch dazu um ein Uhr nachts gelöst zu werden. Es handelte sich um eines jener Probleme, für die es keine Lösung zu geben scheint – und eigentlich auch gar nicht gibt; die jedoch, sobald sie sich in einem festsetzen, nicht zu umgehen oder zu ignorieren sind.

Ein Pilot, ein Mann namens Wood, der für East African Airways flog, hatte irgendwo in den weiten Ebenen der Serengeti notlanden müssen und wurde seit zwei Tagen vermißt. Für mich und für all seine Freunde war er ganz einfach Woody – ein guter Flieger und ein liebenswerter Mensch. Er war eine vertraute Gestalt in Nairobi, und wennschon die Nachricht von seinem Verschwinden zunächst auch keine große Aufmerksamkeit erregt hatte, so änderte sich das mit einem Schlag, als klar wurde, daß er nicht einfach überfällig war, sondern als verschollen gelten mußte. Das erregte beträchtliches Aufsehen, was zum Teil wohl seinen Grund in der Lust des Publikums an Spannung und Melodrama hatte: An beidem herrschte in Nairobi nur selten Mangel.

Auf das stärkste Mitgefühl stieß Woodys Unglück natürlich bei jenen, die ihm beruflich verbunden waren. Damit meine ich keineswegs nur Piloten. Wenige Menschen wissen, wie sehr einen verantwortungsbewußten Bodenmechaniker Besorgnis und Beklemmung martern können, wenn ein Flugzeug, das er zum Start freigegeben hat, nicht zurückkehrt. Er denkt beileibe nicht immer daran, als Ursache dafür schlechtes Wetter oder einen möglichen Fehler von seiten des Piloten zu erwägen. Statt dessen quält er sich mit unbeantwortbaren Fragen nach Verdrahtung, Kraftstoffleitungen, Vergaser, Ventilen und all den hundert Dingen, die er zu bedenken hat. In diesem Fall, so fürchtet er, muß er wohl irgend etwas übersehen haben – irgendeine kleine, doch lebenswichtige Regulierung, die, durch seine Nachlässigkeit, den Absturz eines Flugzeugs und den Tod eines Piloten zur Folge hatte.

Alle Angehörigen des Bodenpersonals, und mag der Flugplatz, auf dem sie arbeiten, auch noch so schlecht ausgerüstet und beengt sein, empfinden die gleiche nervliche Anspannung und Besorgnis schon beim leisesten Anzeichen, das auf ein Unglück schließen läßt.

Mochte es ein Sturm oder ein Motorschaden oder was immer sonst sein, Woody blieb jedenfalls verschwunden, und so war ich während der letzten beiden Tage über dem nördlichen Teil der Serengeti und der halben Massai-Reservation hin und her gekreuzt, ohne auch nur eine Spur von Signalrauch oder das winzigste Glänzen reflektierten Sonnenlichts auf einer verkrümmten Tragfläche ausmachen zu können.

Die Besorgnis wuchs, schlug sogar um in Düsterkeit, und ich hatte damit gerechnet, bei Sonnenaufgang wieder loszufliegen, um die Suche fortzusetzen; doch hier war nun plötzlich die Botschaft aus Nungwe.

Für alle Berufspiloten gibt es eine Art Gilde ohne schriftliche Satzung oder Statuten. Um ihr anzugehören, braucht es nichts weiter als ausreichende Kenntnis der Windverhältnisse, des Kompasses, der Steuerung sowie ein Gefühl der Kollegialität. Es handelt sich um eine Kameradschaft ohne Sentimentalitäten – um ein Zusammengehörigkeitsbewußtsein, wie es wohl jene Männer empfanden, die einst auf Segelschiffen unbekannte Meere befuhren.

Ich war mein eigener Arbeitgeber, mein eigener Pilot und oft genug auch mein eigener Mechaniker. Es wäre mir daher ein leichtes gewesen, den Flug nach Nungwe abzulehnen mit dem Argument, die Suche nach dem vermißten Piloten sei wichtiger –

was sie für mich ja auch war. Aber eine solche Begründung war zweifellos von persönlicher Sympathie geprägt, so daß sie einen guten Teil ihrer Überzeugungskraft verlor, und Woody, den ich so wenig und dennoch so gut kannte, daß ich mir – wie die meisten seiner Freunde – nie die Mühe machte, mir seinen ganzen Namen zu merken, wäre gewiß der erste gewesen, der eine Entscheidung zurückwies, die ihm den Vorzug gab auf Kosten eines unbekannten Grubenarbeiters, der sich im Sumpfgelände von Viktoria Nyanza die Lunge aus dem Hals hustete.

Schließlich rief ich das Nairobi Hospital an, bat um eine Sauerstoffflasche und bereitete alles für den Flug nach Süden vor.

Fünfhundert Kilometer, in einem Flugzeug zurückgelegt, können so gut wie nichts sein; mitunter jedoch dehnen sie sich wie bei einer Reise bis ans Ende der Welt. Das hängt von so vielen Umständen ab. Fliegt man bei Nacht, so kommt es auf die Tiefe der Dunkelheit und auf die Höhe der Wolken an, auf die Windgeschwindigkeit, die Sterne, die Leuchtkraft des Mondes. Und wenn man allein fliegt, kommt es auf einen selber an – nicht nur, was die Fähigkeit betrifft, den Kurs und die Höhe zu halten, sondern auch wegen der Gedanken und Bilder, die das Gehirn durchkreisen, während man dahinschwebt, dahinstrebt zwischen der Erde und dem stummen Himmel. Manche dieser Gedanken und Bilder verwurzeln sich, sie begleiten einen noch, wenn der Flug selbst schon Erinnerung ist; hat der Kurs allerdings über irgendeinen Teil Afrikas geführt, so wird auch die Erinnerung daran stark und lebendig bleiben.

Als ich viel später – nach all den Flügen, die mich nach Nungwe oder Tripoli oder Sansibar oder ähnlichen »exotischen« Orten führten – in einem Flugzeug in ostwestlicher Richtung den Atlantik überquerte, gab es Schlagzeilen, eine Menge Trara und, für mich, viele schlaflose Nächte. Eine großzügige amerikanische Presse fand jenen Flug spektakulär – und was spektakulär ist, ist »news«: schlagzeilenträchtig.

Aber ein Flug von Nairobi nach Nungwe ist nicht spektakulär, folglich auch nicht *news*. Es handelt sich nur um einen kleinen

Hüpfer von hier nach dort, und für den, der nicht die Ebenen und Sümpfe Afrikas kennt, und seine nächtlichen Laute und seine nächtliche Stille, ist ein solcher Flug nicht nur nicht spektakulär, sondern vielleicht sogar langweilig. Bei mir verhielt sich das anders, war Afrika doch der Atem und das Leben meiner Kindheit gewesen.

Es ist noch immer die Heimstatt meiner dunkelsten Ängste, die Wiege von stets faszinierenden, jedoch nie ganz ergründeten Geheimnissen. Es ist die Erinnerung an Sonnenlicht und grüne Hügel, an kühles Wasser und die gelbe Wärme heller Vormittage. Es ist so erbarmungslos wie das Meer und grausamer als seine eigenen Wüsten. Es ist maßlos in seiner Härte wie in seiner Güte. Alles muß ihm abgetrotzt werden, doch was es bietet ist viel – für die Menschen aller Rassen.

Aber die Seele Afrikas, seine Integrität, der langsame, unerbittliche Puls seines Lebens, sie sind unverwechselbar und von so einzigartigem Rhythmus, daß niemand, der nicht von Kindheit an umfangen wurde von diesem endlosen, gleichbleibenden Pochen, auch nur im entferntesten darauf hoffen kann, das jemals zu erleben – es sei denn, wie ein zufällig Anwesender einen Kriegstanz der Massai erlebt: ohne etwas von der Musik und der Bedeutung der Schritte zu wissen.

So befinde ich mich denn auf dem Weg nach Nungwe – ein seltsamer Name, ein seltsamer Ort. Ein Ort der kleinen Hoffnungen und der kleinen Erfolge, verborgen, gleichsam vergraben wie der belanglose Schatz eines krankhaften Geizhalses, weitab von den Wohnstätten und den Wünschen der meisten Menschen – jenseits des Mau Escarpment, jenseits des Speke Golfs, jenseits der unvermessenen Weiten der Western Province.

Oxygen für einen kranken Grubenarbeiter. Doch dieser Flug hat nichts Heroisches. Er ist nicht einmal romantisch. Es handelt sich um einen Auftrag, um einen Job: Um einen Job, der zu einer unbequemen Zeit getan werden muß, wo ich noch Schlaf in den Augen habe und auf den Lippen ein halbes Murren.

Arab Ruta nimmt Kontakt auf und dreht den Propeller.

Arab Ruta ist ein Nandi, anthropologisch ein Angehöriger eines Niloten-Stammes, genauer gesagt, ein Mitglied eines kleineren, erleseneren Stammes, der aus jenen allzu wenigen, hochsensiblen, jedoch unbeugbaren Individuen besteht, wie sie jede Rasse hervorbringt: die immer nur die Ausnahmen sind und bei keiner einzigen Rasse die Regel.

Arab Ruta ist von jenem Stamm, der all dies gleichermaßen achtet: die sanfte Stimme und die gehärtete Hand, die volle Blüte einer Blume, die jähe Endgültigkeit des Todes. Sein Lachen ist das Lachen eines freien Mannes, der glücklich ist bei seiner Arbeit: eines starken Mannes mit einer unbändigen Lust zu leben. Er ist nicht schwarz. Seine Haut besitzt das Schimmern und die Wärme gebrauchten Kupfers. Seine weit auseinanderliegenden Augen sind dunkel, seine Nase ist starkknochig und mitunter Ausdruck verkörperter Arroganz.

Hochmütig wirkt Arab Ruta auch jetzt, als er den Propeller dreht, indem er seine sehnigen Hände auf das runde, gewölbte Holz legt, beglückt über das vertraute Gefühl, das der deutlich spürbare, hartfedernde Widerstand in ihm auslöst.

Kräftig, sehr kräftig dreht er. Ein Stottern, ein halbersticktes Husten gibt der Motor von sich, und es klingt wie das unwillige Grunzen eines Arbeiters in bleischwerem Schlaf. Oben im Cockpit betätige ich behutsam den Gashebel, erwecke den Motor zum Leben; speise und beschwichtige ihn.

Arab Ruta entfernt die hölzernen Bremsklötze von den Rädern und tritt dann zurück, weg von der Tragfläche. Von den Rohöl-Fakkeln rund um das Feld zuckt unruhig karmesinrotes Licht und färbt das dunkle Tuch der afrikanischen Nacht. Es spielt auf Arab Rutas hellwachem Gesicht, auf den hohen Wangenknochen. Er hebt die Hand, und ich nicke, während der Propeller, wie rasend rotierend bis zur Unsichtbarkeit, das Flugzeug vorwärts zieht, an Arab Ruta vorbei.

Ich habe ihm keine Instruktionen, keine Anweisungen gegeben. Wenn ich zurückkomme, wird er zur Stelle sein. Zwischen uns herrscht ein wortloses Verständnis, das Ergebnis langer Jahre – zurückreichend in jene Zeit, als Arab Ruta auf der Farm bei Njoro in die Dienste meines Vaters trat. Ja, er wird zur Stelle sein, als ein Diener, als ein Freund – wartend.

Ich spähe die schmale Startbahn entlang. Gewinne an Geschwindigkeit, als ich auf den Wind treffe, ihn mir zunutze mache.

Ein hoher Drahtzaun umgibt den Flugplatz – ein Drahtzaun und dann ein tiefer Graben. Wo sonst noch gibt es einen Flugplatz mit einem Schutzzaun gegen wilde Tiere? Zebras, Wildebeests, Giraffen, Elenantilopen. Nachts schleichen sie bei der hohen Umgrenzung herum und starren aus neugierigen, wilden Augen auf das flache Feld; fühlen sich betrogen. Doch es ist gut, daß der Schutz da ist, für sie wie für mich. Es wäre ein peinliches Schicksal, in die Erinnerung meiner Freunde einzugehen als jemand, der über ein umherschweifendes Zebra gestrauchelt ist. »Hat versucht abzuheben und ist dabei gegen ein Zebra geprallt!« Da hätte selbst eine Bruchlandung in einem Ameisenhaufen mehr Würde.

Behalte den Zaun im Auge. Behalte die Markierungsfackeln im Auge. Es gelingt mir, und ich hebe ab in die Nacht.

Vor mir liegt ein Land, das der übrigen Welt unbekannt ist, und von dem selbst der Afrikaner nur eine vage Kenntnis besitzt – ein sonderbares Gemisch aus Grasflächen, Buschwerk und Wüstensand, der die Form langgezogener Meereswogen hat; und Wälder, wieder Wasser und uralte Berge, so kalt und hart wie Gebirge auf dem Mond; und Salzseen und Flüsse ohne Wasser. Sümpfe. Badlands. Land ohne Leben. Land, das vor Leben strotzt. Herrührend aus staubiger Vergangenheit. Hinweisend in die Zukunft.

Die Luft nimmt mich auf in ihr Reich. Nacht umhüllt mich rundum und trennt mich ganz von der Erde, überläßt mich meiner kleinen, dahinstrebenden Welt, zusammen im unendlichen Raum mit den Sternen.

Mein Flugzeug ist ein leichtgewichtiger Zweisitzer mit türkisblauem Rumpf, auf dem in Silberlettern die Kennzeichnung prangt: VP-KAN.

Bei Tageslicht ist die Maschine ein kleiner, fröhlicher Tupfer im

Himmelsblau. Sie gleicht einem glänzenden Fisch im klaren Wasser eines stillen Sees. Doch in der Dunkelheit, so wie jetzt, ist sie nichts mehr als ein flüchtiges Murmeln, ein leises, fremdartiges Murmeln über der Erde.

Die Silberlettern auf ihrem Rumpf machen es meinen Freunden leicht, einen Spitznamen für sie zu finden, und so nennt man sie immer bloß »die Kan« – und die Kan ist sie, sogar für mich. Doch drückt sich darin keine Geringschätzung aus, denn ein Name wie dieser entspringt dem Gefühl der Liebe.

Für mich ist sie ein lebendes Wesen, ein sprechendes Wesen. Unter meinen Füßen auf dem Seitenruderhebel spüre ich das willige Spannen und Beugen ihrer Muskeln. Die gutturale Stimme ihrer Auspuffgase besitzt das Timbre, das eine schärfere Resonanz hat als Holz und Stahl, lebenssprühender als Drähte und Funken und stampfende Kolben.

Sie spricht zu mir, jetzt, und sagt, der Wind sei richtig und die Nacht nicht übel, die von ihr verlangte Leistung könne sie ohne große Mühe bringen.

Ich fliege schnell. Ich fliege hoch – südsüdwestlich über die Ngong Hills hinweg. Ich bin entspannt. Meine rechte Hand ruht auf dem Steuerknüppel, in müheloser Kommunikation mit dem Willen und dem Weg der Maschine. Ich sitze hinten, denn im vorderen Cockpit befindet sich die schwere Sauerstoffflasche, aufrecht am Sitz angeschnallt, und ihre steifen, oben gewölbten Umrisse erinnern mich närrischerweise an die verkrampfte Haltung eines Passagiers, der seinen ersten Flug absolviert.

Der Wind in den Drähten klingt wie das Zerreißen weicher Seide und vermischt sich mit den Geräuschen des Motors und des Propellers. Zeit und Raum gleiten vorbei an den Enden meiner Flügel, ohne den leisesten Laut, ohne Wiederkehr, indes ich hinabspähe auf die nachtschattigen Senken und Mulden des Rift Valley und mich frage, ob sich Woody dort befinden könnte, ein winziges menschliches Staubkorn der Hoffnung und der Hoffnungslosigkeit, voll Verzweiflung lauschend auf das leise, gleichgültige Lied des Vogels dort oben – der einem anderen Ziel entgegenfliegt.

# Männer mit Schwarzfieber sterben

Nach einem Flug durch die Dunkelheit stellt sich das Gefühl des Endgültigen, Unwiderruflichen ein. Die Ordnung der Dinge, mit der man vertraut war während der Stunden unaufhörlichen Dröhnens in einem von der Erde losgelösten Element, sie endet abrupt. Die Maschine strebt erdwärts, die Tragflächen spüren den Druck der dichteren, bodennahen Luft, die Räder setzen auf, und der Motor verstummt. Der Traum des Fliegens ist plötzlich zerstoben vor den irdischen Realitäten: dem wachsenden Gras und dem wirbelnden Staub, dem schweren Schritt der Männer und der zähen Geduld wurzelfester Bäume. Wieder ist einem die Freiheit entglitten, die Flügel, die noch vor einem Augenblick nichts weniger als Adlerschwingen waren, nur schneller, sind nun wieder Tragflächen aus Holz und Metall, nicht mehr schwerelos, sondern erdenschwer.

Etwa eine halbe Stunde vor Tagesanbruch kam die Lichtung bei Nungwe in Sicht. Aus einer Höhe von dreihundert Metern erkannte ich die durch Rohölfackeln markierte schmale Landebahn – eine dünne Narbe auf dem weitgestreckten Leib der Wildnis.

Ich kreiste einmal, beobachtete die brennenden Fackeln im aufkommenden Wind, schätzte seine Richtung ab. Unten auf der Lichtung sah ich die kreuz und quer huschenden Schatten von Männern, wechselnde, verwobene Muster, jetzt bewegungslos verharrend.

Ich drosselte den Motor, bis er fast nur noch schnurrte, drückte die Nase der Maschine tiefer und richtete sie nach den Landemarkierungen aus. Unter ihrem Rumpf flitzte die Erde dahin, und die wie tastend vorgestreckten Räder faßten festen Grund und jagten über die Landebahn inmitten einer Hülle aus strudelndem Staub und flackerndem, orangefarbenen Licht. Ich stellte den Motor ab, entspannte meinen Körper und versuchte, meine Ohren an die plötzliche Stille zu gewöhnen, an die Leere.

Die Luft war schwer, ganz ohne Leben. Aus einiger Entfernung kamen Männerstimmen, die eigentümlich dünn klangen nach dem tiefen Brummen des Flugzeugs: wie die fiependen Laute des Windes im Schilf, wie das fistelnde Gewisper in einem Bambushain.

Ich kletterte aus dem Cockpit und sah, wie sich, vor dem Hintergrund tanzender Fackeln, eine Gruppe undeutlich erkennbarer Gestalten näherte. Ihr Gang und ihre Kleidung verrieten mir, daß die meisten von ihnen schwarz waren – halbnackte Kavirondos mit schweren Schenkeln, gefolgt von zwei Weißen, die sich mit rascheren, gleichsam eifrigeren Schritten über die Lichtung bewegten.

Irgendwo begann der Motor eines uralten Automobils zu dröhnen, abgenutzte Kolben erzeugten ein Geräusch wie das manische Hämmern von Trommelstöcken. Heißer Nachtwind strich herbei durch die Dornenbäume und Leleshwa, welche die Lichtung umsäumten. Er trug den Geruch des Moorlandes herbei, den Geruch auch des Viktoriasees, den Hauch von Schilf und sonnendurchglühten Ebenen und dürrem, struppigem Busch. Es zauste die lodernden Fackeln und tappte über die Außenflächen des Flugzeugs. Doch aus seinem flüchtigen Treiben sprachen Einsamkeit und Ziellosigkeit, als entledige er sich einer sterilen Pflicht, die nicht einmal die versöhnliche Verheißung von Regen in sich barg.

An den Rumpf der Maschine gelehnt, beobachtete ich einen kurzwüchsigen, untersetzten Mann, der auf mich zutrat, so daß ich sein Gesicht, umrahmt vom ungewissen Schein der Fackeln, undeutlich erkennen konnte. Es war ein Gesicht mit schlaffen Wangen unter grauem Haar, und die braunen Augen darin schienen eingefangen in Spinnweben aus müden Linien.

Der Mann lächelte und streckte mir die Hand entgegen. Ich schüttelte sie.

»Ich bin der Arzt«, sagte er; »ich habe die Botschaft geschickt.« Mit einem Nicken wies er auf den anderen Weißen, der jetzt neben ihm stand. »Dies ist Ebert. Sagen Sie ihm nur, was Sie brauchen – Tee, Proviant, egal was. Taugt nicht sehr viel, das Zeug, aber Sie können's gern haben.«

Bevor ich antworten konnte, drehte er sich um und murmelte, während er sich entfernte, irgendwas von Krankheit und Nachtzeit und von der Langsamkeit des kastenförmigen Fords, der jetzt über die Start- und Landebahn gerumpelt kam, um die Sauerstoffflasche abzuholen. Dem Doktor folgte ein halbes Dutzend Kavirondos, von denen jeder groß genug war, um den kleinen Arzt hochzuheben und, wie ein Zicklein, unter einem Arm zu tragen. Brav trotteten sie hinter ihm her, deutlich einen Abstand einhaltend, aus einer wohldosierten Mischung von Furcht und Ehrfurcht, wie mir schien.

»Sie sind früh dran«, sagte Ebert. »Sie haben ein schönes Tempo vorgelegt.«

Er war groß, von eckigem Körperbau, trug ein verflecktes Arbeitshemd und ausgebeulte, oft geflickte Kordhosen. Der Ton, in dem er mit mir sprach, hatte etwas Entschuldigendes: Als könnte ich, die Besucherin aus der fernen und faszinierenden Zivilisation von Nairobi, enttäuscht sein von dem nicht ganz »standesgemäßen« Empfang.

»Wir haben die Start- und Landebahn hergerichtet«, sagte er, »so gut wir konnten.«

Ich betrachtete sein hageres, von der Sonne gegerbtes Gesicht und nickte.

»Gute Arbeit«, versicherte ich ihm –, »besser, als ich's erwartet hatte.«

»Und wir haben auch einen Windsack aufgestellt.« Er schwenkte einen Arm und wies auf eine Art Fahnenmast, dessen Position auf dem Boden durch ein halbes Dutzend im Kreis angeordnete Ölfakkeln markiert wurde. Oben am Mast hing schlaff ein beutelförmiges Etwas aus billigem, weißen »Amerikani«-Stoff, das eine gewisse Ähnlichkeit mit einem Pyjama-Bein hatte.

Eigentlich hätte, bei einer solchen Brise, das schlaffe Gebilde stramm und voll aufgebläht sein müssen; statt dessen baumelte es, den einfachsten physikalischen Gesetzen zum Trotz, gleichgültig herab, ohne sich auch nur einen Deut um die Stärke und die Richtung des Windes zu scheren.

Ich trat näher und sah, daß das untere Ende des Beutels so fest zusammengenäht worden war, wie sich das mit Nadel und Faden nur irgend bewerkstelligen ließ. Folglich leistete das Gebilde als Wind-Indikator weit schlechtere Dienste, als dies vermutlich ein paar Pyjamahosen getan haben würden.

Ich klärte Ebert über den »technischen Fehler« auf und beobachtete im Halblicht der Ölfackeln zufrieden wie sich die Anspannung in seinem Gesicht in einem Lächeln löste, vermutlich dem ersten seit langer, langer Zeit.

»Es war das Wort ›Sack‹, das uns verwirrt hat«, sagte er. »Wir konnten uns keinen richtigen Sack mit einem Loch unten vorstellen – nicht mal einen Windsack!«

Auch der kleine, jetzt sehr schweigsame Doktor half mit, als wir die Sauerstoffflasche losschnallten, aus dem vorderen Cockpit hoben und auf den Boden setzten. Sie war nicht unmäßig schwer, doch der Kavirondo, der sie vergnügt aufhob und mit ihr zum Ford ging, trug den dicken Metallzylinder, als handle es sich nur um einen zusammengerollten Schlafsack.

Es ist diese Kombination von physischer Stärke und Arbeitswilligkeit, welche die Kavirondos zur bequemsten und zuverlässigsten Quelle von Arbeitskraft in Ostafrika gemacht hat.

Das Territorium, das sie ursprünglich bewohnten, erstreckte sich über rund dreihundert Kilometer südlich vom Mount Elgon entlang dem östlichen Ufer des Viktoriasees. Von dort breiteten sie sich in alle Richtungen aus, lustige, lachende, arbeitsame Menschen, bis ihr einst wenig bekannter und scheuer Stamm allgegenwärtig zu sein schien – und scheint. Ein Reisender in Ostafrika, so er kein aufmerksamer Beobachter ist, mag zu der Vermutung gelangen, alle Eingeborenen dort seien Kavirondos. Dieser Irrtum ist an sich harmlos genug, doch äußert man eine solche Ansicht besser nicht in Gegenwart solcher Streithähne wie den Nandis, den Somalis oder den Massais, steht deren Rassenstolz doch in nichts dem des allerstolzesten Engländers nach.

Der Kavirondo ist weniger rasse- als vielmehr lebensbewußt, und dieses Gefühl allein bereitet ihm ein endloses Vergnügen. Er ist der Dienstmann Afrikas, zugleich Kuli und unbeschwerter Clown. Die Bezichtigungen anderer, strengerer Stämme, er sei nicht nur unbeschnitten, sondern esse auch totes Fleisch, ohne nach dem Wie der Tötung zu fragen, lassen ihn völlig kalt. Sein Widerstand gegen die weiße Infiltration ist bestenfalls passiv, aber da er in dem einfachen Stratagem besteht, herzhaft zu essen und sich fleißig zu vermehren, mag er sich eines Tages als recht wirksam erweisen.

Nachdem meine Sauerstoffflasche ausgeladen worden war, beobachtete ich eine Gruppe dieser muskulösen und kraftvollen Männer, die sich um meine Maschine scharten und sie mit schmeichelhafter Neugier betrachteten. Einer der größten von ihnen, der sie eine volle Minute lang mit offenem Mund angestarrt hatte, bog Schultern, Hals und Kopf zurück und brach in ein so röhrendes Gelächter aus, daß er damit jede Hyäne beschämt und in die Flucht geschlagen hätte.

Als ich ihn in der Suaheli-Sprache fragte, über was für einen Scherz er denn lache, musterte er mich tief gekränkt. Es gebe da keinen Scherz, erwiderte er. Aber das Flugzeug sei so glatt und seine Flügel wirkten so stark, daß er das ganz einfach lustig fände!

Unwillkürlich fragte ich mich, was mit Afrika wohl geworden wäre, hätte die machtvolle Körperlichkeit, wie diese Kavirondos sie besaßen, zu ihrer Ergänzung eine entsprechende Intelligenz gehabt – aber ich sollte wohl eher sagen: eine Cleverneß wie die ihrer weißen Brüder; und auch deren Geschäftstüchtigkeit.

Dann würde wohl eine breite, von Tankstellen gesäumte Prachtstraße nach Nungwe führen, und überall an den Ufern des Viktoriasees gäbe es Vergnügungsorte mit ausgezeichneten Bahnverbindungen nach Nairobi und zur Küste: *Fahrt mit Kavirondo* (oder Kikuyu) *Lines!* würde auf Werbeplakaten stehen. Das unentwickelte und »wilde« Land würde verwandelt werden in ein Paradies aus Vorstadtvillen, exotischen Bade-Cabanas und attraktiven Stränden, alles unter der heißen Sonne wie umwoben vom feinen Aroma europäischer Kultur. Doch zum Fortschritt braucht es Zeit, und wir können nur warten.

Von Ebert (dessen Tonfall noch immer etwas Entschuldigendes hatte) erfuhr ich, daß der kleine Doktor mindestens eine Stunde mit dem Auto unterwegs sein würde, bevor er an sein Ziel gelangte: das Gelände der eigentlichen Nungwe-Mine, wo in einer Grashütte sein Patient lag, der zu krank war, um transportfähig zu sein.

»Der Doktor hat nichts unversucht gelassen«, sagte Ebert, während wir auf das Tottern des davonholpernden Fords lauschten – »Diät, Medikamente, sogar schwarze Kunst, glaube ich; jetzt also Sauerstoff. Der Kranke ist ein Goldminenarbeiter. Lunge kaputt. Schwaches Herz. Er lebt zwar noch, aber nur Gott weiß, wie lange. Solche wie er, sie kommen und sie sterben, das reißt niemals ab. Und es gibt hier auch Gold, aber eine Boom-Town wird das nie – ein goldenes Pflaster ist das nur für Leichenbestatter.«

Auf diese düstere Prophezeiung schien es keine Antwort zu geben, doch mir fiel auf, daß Ebert sie wenigstens mit einer Art von säuerlichem Lächeln machte. Ich dachte wieder an Woody und fragte mich, ob es auch nur die leiseste Hoffnung gab, ihn während des Rückflugs nach Nairobi zu finden. Vielleicht nicht, doch ich entschloß mich, wieder aufzubrechen, sobald das bei der gebotenen Höflichkeit möglich war.

Ich überzeugte mich, daß die Maschine auf der Landebahn sicher war, und ging dann mit Ebert in Richtung auf die Siedlung, vorbei an den Reihen der Ölfackeln, die jetzt in der frühen Morgendämmerung ein rötliches, schwächliches Licht von sich gaben.

Grauer Schein drang in Streifen hervor, und wenige Augenblicke später konnte ich das Mining Camp sehen, trist und trostlos, doch in seiner Abgeschiedenheit auch so etwas wie ein Symbol für Mut – eine Handvoll schilfgedeckter Hütten, ein Gewirr alter Maschinen und Geräte, ein Lagerhaus aus Wellblech. Klapperdürre, lethargische Hunde lagen schlaff im Staub, und hinter den verkrümmten Armen der Dornenbäume ringsum lag das Land wie eine ausgediente Theaterkulisse, gelb, ja vergilbt.

Ich sah keine Frauen, keine Kinder. Hier unter der Äquatorsonne lag ein Ort ohne menschliche Wärme, eine Siedlung ohne Lachen.

Ebert führte mich in eine der größten Hütten und versprach mir eine Tasse Tee. Hoffentlich, sagte er, würde mich die Qualität leidlich zufriedenstellen, immerhin habe er erst vor acht Monaten seine Vorräte wieder aufgefüllt, aus den Beständen eines Hindu-Ladens in Kisumu.

Er verschwand durch eine Tür hinten im Raum, und ich lehnte mich auf einem Stuhl zurück und sah mich um.

Eine Sturmlaterne mit einem rissigen, rußverschmierten Zylinder stand in der Mitte eines Bretts, das als Tisch diente und auf zwei umgedrehten Fässern ruhte. Hinter dem Brett gab es eine Art Regal mit Konservendosen, die Rindfleisch, Suppe und Gemüse enthielten, zumeist amerikanische Marken. Am einen Ende des Bretts lagen mehrere alte Nummern von *Punch* übereinander, und auf dem Stuhl mir gegenüber befand sich eine Ausgabe von *Illustrated London News*, datiert vom Oktober 1929.

Es gab auch ein Radio, das jedoch schon seit Monaten ohne Stimme zu sein schien – Röhren, Drähte, Kondensator, Senderskala, sämtlich stark abgenutzt (und wohl vergeblichen Reparaturversuchen ausgesetzt) lagen als hoffnungsloser Haufen auf einer Packkiste mit der Aufschrift VIA MOMBASA.

Ich sah Töpfe voll schwarzem Sand, der wohl Gold enthalten hatte, oder zumindest die Hoffnung darauf. Andere Töpfe waren mit kryptischen Zeichen markiert, die mir nichts sagten, aber jedenfalls waren die Töpfe leer. An einer Wand hing eine Skizze, eine Art Plan, und eine Spinne, die sich an einem Faden vom Dach herabließ, studierte aufmerksam die säuberlich gezogenen Linien und Zeichen und kehrte dann, unbeeindruckt, zu ihrem geometrisch perfekten Netz zurück.

Ich stand auf und ging zum Fenster. Es war nicht größer als ein Teetablett, und die untere Hälfte war mit Wellblech verkleidet. In der Bahn der aufgehenden Sonne warfen verstreute Büsche und Grasbüschel ein Gitterwerk aus Schatten auf die Erde, und wo diese am dichtesten waren, sah ich einen einzelnen Schakal, der erwartungsvoll in einem Dreckhaufen wühlte.

Ich kehrte zum Stuhl zurück, irgendwie deprimiert und leicht nervös. Wieder dachte ich an Woody – einfach nur so, ohne wirklich nachzudenken, weil es nichts nachzudenken gab.

Der Anblick des Schakals hatte eine Vorstellung in mir ausgelöst, die nicht besonders tröstlich war: Verschwendung oder Vergeudung gibt es in Afrika nie. Das gilt zumal für den Tod. Was der Löwe übrigläßt dient der Hyäne zum Fraß, und nach ihrem Mahl bleiben immer noch ein paar Reste für den Schakal, den Geier oder selbst für die zehrende Sonne.

Ich kramte in den Taschen meines Fliegeranzugs nach einer Zigarette; fand sie, steckte sie an und versuchte, die aufsteigende Müdigkeit abzuschütteln. Es war ein vergeblicher Versuch, doch einen Augenblick später kehrte Ebert mit einem Tablett voll Teegeschirr zurück, und es gelang mir, die Augen offenzuhalten, indem ich seine Bewegungen verfolgte. Mir fiel auf, daß sein Gesicht wieder ernst, ja düster wirkte, als grüble er über irgend etwas nach, das ihm quälende Sorgen bereitete.

Er stellte das Tablett auf das lange Brett und nahm eine Büchse mit Biskuits aus dem Regal. Das helle, kräftige Licht der Sonne verlieh den matten Farben der Hütte jetzt einen wärmeren Anstrich, und ich streckte die Hand vor und löschte die Sturmlampe aus.

»Sie wissen, was Schwarzwasserfieber ist«, sagte Ebert plötzlich.

Ich richtete mich auf meinem Stuhl auf, und da kein Aschenbecher zur Hand war, drückte ich meine Zigarette mit dem Fuß auf dem nackten Erdboden aus. Meine Erinnerung eilte zurück zu den Tagen meiner Kindheit auf der Farm bei Njoro – zu jenen Tagen, wo die Wörter Malaria und Schwarzwasserfieber mir zum ersten Mal bewußt geworden waren, irgendwie vermischt mit dem verspäteten Eintreffen indischer oder goanesischer Ärzte, mit Gerüchten über eine Seuche, wie sie unter den verängstigten Eingeborenen kursierten, und mit Tod und hastigem Begräbnis vor Morgengrauen im Zedernwald, der an unsere Farm grenzte.

Dunkle, düstere Tage waren das gewesen, damals. All die kleinen Freuden der frühen Jugendzeit, die Spiele, die Freundschaft mit den Nandis, sie verloren ihren Glanz. Die Zeit glich einem toten

Gewicht, das bleischwer lastete, ehe nicht die Leichen bestattet worden waren und Graswurzeln einen Halt gefunden hatten in der über den Gräbern aufgeschütteten Erde; und ehe nicht die leeren Hütten der Toten von den Frauen gesäubert worden waren, und man wieder die Sonne sehen konnte.

»Einer unserer Männer«, sagte Ebert, während er mir eine Tasse mit Tee reichte, »hat Schwarzwasserfieber. Der, für den Sie den Sauerstoff gebracht haben, hat eine winzige Chance, aber dieser hat keine. Da gibt's nichts, was der Doktor tun könnte – und einen Mann mit Schwarzwasserfieber kann man nicht transportieren.«

»Nein.« Ich stellte die Tasse auf das lange Brett und erinnerte mich, daß Patienten mit Schwarzwasserfieber immer starben, wenn man sie transportierte – und *fast* immer, wenn man sie sich selbst überließ.

»Es tut mir furchtbar leid«, sagte ich.

Gewiß hätte ich gern irgend etwas anderes gesagt, doch mir fiel einfach nichts ein. Ich mußte daran denken, daß ich eben dies einmal getan *hatte*: Ich hatte einen Patienten mit Schwarzwasserfieber von Masongaleni im Elefantenland zum Krankenhaus nach Nairobi transportiert.

Wie viele Stunden ich bei dieser Reise in Gesellschaft einer Leiche geflogen war, sollte ich nie erfahren; doch bei der Ankunft in Nairobi war der Mann tot.

»Falls ich irgendwie etwas tun kann ...?« Automatisch gebraucht man in einer solchen Situation abgedroschene Wendungen. Die alten, abgenutzten Klischees erweisen sich auf einmal als nützlich –: »Tut mir furchtbar leid« und »Falls ich irgend etwas tun kann ...«

»Er möchte mit Ihnen sprechen«, sagte Ebert. »Er hat das Flugzeug gehört. Ich habe zu ihm gesagt, daß Sie vermutlich den ganzen Tag hierbleiben und morgen früh wieder abfliegen. So lange wird er's vielleicht gar nicht machen, doch er möchte mit jemandem von draußen sprechen, und seit einem Jahr oder mehr ist keiner von uns aus Nungwe in Nairobi gewesen.«

Ich stand auf, vergaß meinen Tee. »Natürlich werde ich mit ihm sprechen. Bleiben kann ich allerdings nicht. Irgendwo in der Serengeti hat ein Pilot notlanden müssen ...«

»Oh.« Ebert sah mich enttäuscht an, und sein Gesichtsausdruck verriet mir, daß er nach Neuigkeiten von »draußen« genauso ausgehungert war wie der Kranke. So wie die Menschen hier sich nach Neuigkeiten aus Nairobi sehnten, sehnten die Menschen in Nairobi sich nach Neuigkeiten aus London.

Es scheint, daß man, wo immer man sich auch befinden mag, einen unabweisbaren Bedarf hat an Neuigkeiten von einem anderen Ort, einem größeren Ort, und so kam es, daß dieser Mann, der im Moorland des Viktoriasees im Sterben lag, sich mehr für das interessierte, was in der letzten Zeit in dieser Welt geschehen war, als für das, was in der nächsten Welt geschehen mochte. Und es ist wohl eigentlich dies, was das Sterben so schwer macht – die unbefriedigte Neugier.

Doch falls es richtig ist, daß Todesverachtung Mut bezeugt, so war Eberts sterbender Freund ein mutiger Mann.

Er lag auf einem Feldbett unter einer dünnen, fleckigen Decke, und sein Gesicht war nicht mehr zu erkennen. Was die Ägypter mit Chemikalien bei der Mumifizierung der Leichen bewirkt hatten, das hatten Malaria und Schwarzwasserfieber bei ihm bewirkt.

Ich habe Körbe aus rohen Tierhäuten in der Sonne trocknen gesehen, und diese Körbe hatten nicht hohler oder fleischloser gewirkt als jener halbe Leichnam, zu dem Ebert mich führte.

Es war eine winzige Hütte mit, wie üblich, nur einem Fenster (hier ganz mit Wellblech verkleidet) sowie einem Schilfdach (von dem, wie bei einem fauligen Baum, Blätter herabfielen) und dem, genauso üblichen, nackten Erdboden, übersät mit abgebrannten Streichhölzern, Papierfetzen und Tabakkrümeln.

Für Dreck scheint es niemals einen Grund zu geben, doch gibt es auch Situationen wie diese, wo es einem schwerfallen würde, einen Grund für Sauberkeit zu finden. »Armut«, lautet ein altes Sprichwort, »ist keine Schande, sondern eine große Schweinerei.« Hier herrschte Armut, Mangel an allem – an Frauen, die halfen, an Hoffnung, sogar an Leben. Vielleicht lagen in jener Hütte irgendwo ein paar Handvoll Gold vergraben, ich wußte es nicht; doch falls es einen solchen Schatz dort gab, so war das wohl der elendste Trost, der sich denken ließ.

Der Kranke hieß Bergner – ein Deutscher vielleicht, oder ein Holländer. Jedenfalls kein Engländer, dachte ich, obwohl alle ethnischen Merkmale, die es einmal gegeben haben mochte, ausgelöscht waren auf jenem eingeschrumpften Gesicht mit seinen fast unwirklichen Konturen.

Nur in seinen Augen schien noch Leben zu sein. Sie wirkten riesig, und es war, als bewegten sie sich in ihren Höhlen völlig unabhängig vom Körper, zu dem sie gehörten. Sie starrten mich vom Bett her an mit einem Ausdruck, aus dem Interesse sprach, ja fast so etwas wie Humor. Es war, als wollten sie sagen: »Ist ja verdammt noch mal keine Art, eine junge Dame aus Nairobi zu empfangen – aber Sie sehen ja selbst, wie das hier ist!«

Ich lächelte, ein wenig krampfhaft, fürchte ich, und drehte mich dann zu Ebert herum – oder jedenfalls zu der Stelle, wo er gestanden hatte. Denn er befand sich nicht mehr in der Hütte. Mit einer Behendigkeit, die einem geschickten indischen Fakir zur Ehre gereicht hätte, war er verschwunden und hatte mich mit Bergner alleingelassen.

Als ich so in der Mitte des Raums stand, spürte ich etwas von jener Angst, wie man sie empfinden mag, wenn man hört, wie sich hinter einem die Tür einer Grabkammer schließt.

Der Vergleich wirkt jetzt übertrieben, aber die Wahrheit ist, daß ich mein Leben lang vor Krankheiten einen solchen Abscheu gehabt habe, daß es fast einer Phobie gleichkommt.

Einen wirklichen Grund gibt es dafür nicht; es ist nicht die Furcht vor Infektion, denn Afrika hat mich weder vor der Malaria noch vor anderen Krankheiten verschont – und mich auch die Philosophie gelehrt, sie mit leidlichem Gleichmut zu ertragen. Meine Phobie drückt sich aus in einem unerklärlichen physischen Widerwillen gegen Kranke und weniger gegen die Krankheit.

Manche Menschen erschrecken schon beim bloßen Gedanken an Schlangen, und nur hiermit kann ich meine Empfindungen gegenüber der Vorstellung von Krankheit, nein, Krank-*sein* vergleichen. Mambas, Pythons, Hakennattern und manche ihrer Verwandten haben oft genug meinen Weg gekreuzt, bei Trecks durch die Wälder oder bei einer Elefantenjagd; oder auch, wenn ich, als Kind, auf der Suche nach kleinen Abenteuern im Busch umherwanderte. Aber wennschon ich's auch gelernt habe, Schlangen zu meiden, und dafür inzwischen sogar eine Art sechsten Sinn besitze, so würde ich gegebenenfalls in Gegenwart einer Mamba wohl mehr Selbstbeherrschung beweisen als beim Anblick eines Menschen, der umhüllt ist von der süßlich-widerlichen Atmosphäre der Krankheit und des bevorstehenden Todes.

Hier in dieser Hütte, an der Seite eines fremden, bettlägerigen Mannes, mußte ich den fast unwiderstehlichen Impuls unterdrükken, die Tür aufzureißen, um zurückzulaufen zu meiner Maschine und mich im schützenden Cockpit zu verbergen. Gleichzeitig war mir bewußt, daß die Sonne mit jeder Sekunde höher stieg, daß der Tag immer heißer werden würde, und daß, falls Woody durch irgendein Wunder noch am Leben war, eine ein- oder gar zweistündige Verzögerung von meiner Seite eine Tragödie zur Folge haben konnte; und diese Tragödie würde nicht verringert werden durch die Tatsache, daß mein Besuch Bergner Trost bieten mochte.

Zur selben Zeit war, nicht allzu weit von dieser Siedlung, der kleine Doktor vermutlich damit beschäftigt, in die Lunge eines anderen Mannes Sauerstoff zu leiten, sofern dieser Mann noch lebte.

Der Tod, oder doch jener Schatten, der ihm vorausgeht, schien an jenem Morgen eine große Strecke zurückgelegt zu haben.

Ich zog einen Stuhl herbei, stellte ihn dicht ans Kopfende von Bergners Bett und setzte mich darauf. Während ich noch überlegte, was ich sagen sollte, begann er zu sprechen.

Seine Stimme klang leise und kontrolliert und sehr müde.

»Es macht Ihnen hoffentlich nichts aus, hier zu sein«, sagte er. »Es ist vier Jahre her, seit ich von Nairobi fort bin, und sehr viele Briefe habe ich nicht bekommen.« Er fuhr sich mit der Zungenspitze über die Lippen und versuchte ein Lächeln. »Menschen vergessen schnell«, fügte er hinzu. »Eine ganze Gruppe vergißt leicht einen einzigen, aber wenn man sich sehr lange an einem Ort wie diesem befindet, dann erinnert man sich an jeden, dem man damals begegnet ist. Man macht sich sogar Sorgen um Leute, die man niemals gemocht hat; man empfindet sogar Nostalgie für seine Feinde. All das ist etwas, worüber man nachdenken kann, und all das hilft.«

Ich nickte und sah, daß sich auf seiner Stirn kleine Schweißperlen bildeten. Er hatte Fieber, und unwillkürlich fragte ich mich, wie lange es wohl dauern würde, bevor ihn wieder, unausweichlich, das Delirium überwältigte.

Wie die wissenschaftliche Bezeichnung für Schwarzwasserfieber lautet, weiß ich nicht, doch der Name, den man in Afrika dafür gebraucht, ist treffend genug.

Mit der Malaria kann ein Mensch jahrelang leben, und das heißt, mit Fieberanfällen, Schüttelfrost und schlimmen Träumen; sieht er jedoch eines Tages, daß das Wasser aus seinen Nieren schwarz ist, so weiß er, daß er den Ort, an dem er sich befindet, nie mehr verlassen wird. Er weiß, daß ihn lange, endlos lange Tage erwarten, Tage, die ohne richtigen Anfang und ohne richtiges Ende sind: die in die Nacht münden und aus ihr wieder auftauchen, ohne daß irgendein Wechsel spürbar würde. Nichts ändert sich, nicht Farbe, nicht Klang, nicht Bedeutung. Der Kranke liegt in seinem Bett und fühlt, wie die Minuten und die Stunden durch seinen Körper hindurchgleiten wie ein endloses Band aus Schmerz, denn nun wird Zeit zu Schmerz. Licht und Dunkelheit werden zu Schmerz; und all seine Sinne dienen nur dem Zweck, diesen Schmerz zu empfangen und seinem Bewußtsein zu vermitteln, wieder und wieder, fast unaufhörlich: ihm die simple Tatsache mitzuteilen, daß er jetzt im Sterben liegt.

In diesem Zustand befand sich der Mann dort vor mir auf dem Bett. Er wollte reden, weil man sich selbst vergessen kann, wenn man redet; man kann es nicht, wenn man bloß daliegt – und grübelt.

»Hastings«, sagte er. »Bestimmt kennen Sie Carl Hastings. Eine

Zeitlang war er das, was man einen Weißen Jäger nennt, später ließ er sich dann auf einer Kaffeeplantage westlich von Ngong nieder. Möcht' nur mal wissen, ob er jemals geheiratet hat. Schwor ja Stein und Bein, das käme für ihn niemals in Frage. Bloß daß es ihm keiner geglaubt hat.«

»Doch, er hat geheiratet«, sagte ich, obwohl ich den Namen noch nie gehört hatte. Aber was tat's. Wenn eine Lüge über einen mir unbekannten Carl Hastings jetzt irgendwie nützlich war, so log ich eben – dichtete ihm sogar eine Frau an.

In den vier Jahren, seit Bergner von Nairobi fort war, hatte die Stadt sich rasant entwickelt. Sie war nicht mehr der behagliche, relativ kleine Ort, wo jeder jeden kannte und in ihm einen Freund oder doch Nachbarn sah.

»Dachte ich mir doch, daß Sie ihn kennen«, sagte Bergner. »Jeder kennt Carl. Und wenn Sie ihn treffen, können Sie ihm ja sagen, daß er mir fünf Pfund schuldet. Ist wegen einer Wette, die wir mal zu Weihnachten in Mombasa abgeschlossen haben. Er hat gewettet, daß er niemals heiraten würde – jedenfalls nicht in Afrika. Er sagte, man könne stolz darauf sein, in einem Land für Männer zu leben, bloß dürfe man nicht erwarten, dort eine Frau zum heiraten zu finden!«

»Ich werde ihn daran erinnern«, sagte ich. »Er kann Ihnen das Geld ja über Kisumu schicken.«

»Richtig, über Kisumu.«

Bergner schloß die Augen, während ihn, unter der dünnen Decke, ein Anfall schüttelte, folternde Schmerzen. Er glich einem Menschen, der von einem Sturm überrascht, in einer Mauernische Schutz sucht und weitereilt, kaum daß es überstanden scheint –, um sich erneut in einen Winkel zu flüchten, wenn der Sturm wieder losbricht.

»Da ist Phillips«, sagte er, »und Tom Krausmeyer, im Stanley Hotel. Sie werden Sie beide kennen – und auch Joe Morley. Da ist eine Anzahl von Leuten, über die ich Sie fragen möchte, aber es bleibt ja genügend Zeit. Ebert hat gesagt, daß Sie den ganzen Tag hier bleiben. Als ich Ihr Flugzeug hörte, habe ich fast gebetet, daß Sie eine Reifenpanne hätten, oder was immer man so bei Flugzeugen hat –, bloß um endlich ein neues Gesicht zu sehen und eine neue Stimme zu hören. Ist nicht sehr fein von mir, weiß schon, aber so wird man nun mal, wenn man in einem Loch wie diesem lebt – oder stirbt.«

»Sie müssen hier nicht sterben. Sie werden wieder gesund werden, und dann werde ich kommen und Sie nach Nairobi fliegen.«

»Oder sogar nach London.« Bergner lächelte. »Danach könnten wir dann nach Paris, Berlin, Buenos Aires und New York. Meine Zukunft sieht immer heller aus.«

»Sie haben Hollywood vergessen.«

»Nein. Ich dachte nur, es sei zuviel, auf alles in einem Atemzug zu hoffen.«

Ich bemerkte, daß, seinem Stimmungsaufschwung und aller Tapferkeit zum Trotz, seine Kräfte immer mehr nachließen. Es war ein Akt reiner Willenskraft, mit dem er sich unter Kontrolle hielt, und die ungeheure Anstrengung teilte sich der Atmosphäre in der Hütte mit. Die innere Anspannung und Verkrampfung wurde spürbar.

»Sie *bleiben* doch erst mal hier, ja?« Die Frage klang sehr drängend.

Wie konnte ich ihm erklären, daß ich schon bald wieder fort mußte? Ein Gefühl sagte mir, daß er mir meine Begründung nicht glauben würde: Daß er mit dem jäh aufspringenden Mißtrauen seelisch labiler und todkranker Menschen vermuten würde, ich suchte nur eine Ausrede, um mich von hier davonzustehlen.

Ich begann, irgend etwas zu murmeln: Wie schön es wäre, noch in Nungwe zu bleiben, und für ein Weilchen wäre mir das auch möglich, aber da seien andere Dinge – ein notgelandeter Pilot, auch müsse meine Maschine, die Avian, frisch betankt werden ...

Vermutlich hörte er nichts von dem, was ich sagte. Er schwitzte wieder, und seine Beine unter der Decke zuckten. Auf seinen Lippen bildeten sich Speichelbläschen, und er begann, wirre Worte von sich zu geben.

Vieles von dem, was über seine Lippen kam, verstand ich nicht; doch selbst im Delirium hörte ich von ihm kaum ein Schluchzen, kaum eine Klage. Undeutlich sprach er von kleinen Dingen; sprach von Menschen, die er gekannt hatte, von Orten in Afrika, und einmal erwähnte er Carl Hastings und Nairobi zusammen in einem Satz, der sinnvoll und verständlich wirkte. Ich war näher zum Bett gerückt und beugte mich darüber, während in meinem Körper eine Welle von Übelkeit hochstieg. Um Bergner zu beruhigen, begann ich zu sprechen, doch das blieb ein vergeblicher Versuch. Seine Hände griffen nach dem losesitzenden Stoff meines Fliegeranzugs und zerrten daran: Der Kranke wollte sich hochziehen von seinem Bett.

Am liebsten hätte ich laut gerufen, nach Ebert, nach irgendwem. Doch ich brachte kein Wort heraus, und es hätte mich auch kein Mensch gehört. So stand ich also dort, meine Hände auf Bergners Schultern, und spürte unter meinen Fingerkuppen das Zittern und Zucken seiner Muskeln, während in einer endlosen Kette winziger Worte sein Leben aus ihm herauszuströmen schien, Worte ohne Bedeutung und ohne Geheimnis – aber vielleicht besaß er gar keine.

Schließlich ließ ich ihn allein. Auf Zehenspitzen ging ich durch die Tür hinaus, schloß sie rasch hinter mir.

Bergner hat danach womöglich noch eine Zeitlang gelebt, und es mag auch sein, daß der andere Mann, für den der kleine Doktor den Sauerstoff brauchte, noch immer in Nungwe ist und dort Gold fördert. Ich bin niemals dorthin zurückgekehrt, und deshalb weiß ich es nicht.

Jahre später lernte ich einen Mann namens Carl Hastings kennen – bei einer jener Cocktailpartys, wo man mit Leuten Konversation macht, die man bis zum Dinner schon wieder vergessen hat – die Konversation *und* die Leute.

»Da gab es einen Mann namens Bergner«, begann ich, »ein Freund von Ihnen . . .«

Mr. Hastings, ein hochgewachsener, dunkelhaariger Mann in einem gutsitzenden Anzug, hob sein Glas und runzelte die Stirn.

»Sie meinen Barnard«, sagte er. »Ralph Barnard.«

»Nein.« Ich schüttelte den Kopf. »Bergner stimmt schon. Sie müssen sich doch erinnern – Weihnachten in Mombasa, irgendsoeine Wette, daß Sie heiraten oder nicht heiraten würden? Ich begegnete ihm unten in Nungwe, und er erzählte mir davon.«

»Hmmm.« Mr. Hastings spitzte die Lippen, schien angestrengt nachzudenken. »Ist schon eine komische Sache mit Menschen«, sagte er, »eine sehr komische Sache. Man trifft so viele und erinnert sich an so wenige. Nehmen wir doch nur diesen ... Barker hieß er, haben Sie gesagt ...?«

In meiner Nähe befand sich ein Tablett mit gefüllten Cocktailgläsern, und ich streckte die Hand aus und nahm eines.

»Cheers«, sagte Mr. Hastings.

Während ich einen kleinen Schluck trank, kam die Erinnerung an meinen Abflug von Nungwe zurück, deutlich bis in jede Einzelheit.

Da waren die Kavirondos, die mir mit den Kraftstoffkanistern halfen; da war Ebert, der noch immer in entschuldigendem Tonfall sprach und ein wenig enttäuscht schien –, und da war der schlaffe Windsack mit dem sorgfältig zusammengenähten Ende: Er baumelte vom Mast wie die armselige Fahne eines Territoriums, das zu winzig war, um von irgend jemandem ernst genommen zu werden.

Vor allem aber waren da der Wind und die Sonne und das lebensvolle Lied des Flugzeugs. Bald schon sah ich unter mir den Speke Golf, von demselben tiefen Blau wie der Himmel. Und dann kam die Serengeti.

# Das Gesicht der Wildnis

Die Serengeti erstreckt sich vom Njarasasee in Tanganjika in nördlicher Richtung bis über die unteren Grenzen der Kolonie Kenia hinaus. Das Gebiet der Serengeti ist nicht nur das große Sanktuarium der Massai, sondern auch die Heimstatt von mehr wilden Tieren als auf irgendeinem ähnlichen Territorium in ganz Ostafrika. In der Dürrezeit ist das Land so trocken und ledrig wie das Fell der Löwen, die dort pirschen; doch in der Regenzeit sprießt aus dem Boden jene Fülle von grünem, weichen Gras, wie es sie sonst für alle Tiere nur in den Bilderbüchern der Kinder gibt.

Endlos und leer wirken sie, die Ebenen der Serengeti, und doch sind sie so voll von warmem Leben wie das Wasser eines tropischen Meeres. Wie die Fäden eines Spinnennetzes kreuzen sich die Fährten der Elenantilopen und Weißschwanzgnus und Thomsongazellen, und in den Mulden und Tälern finden sich die Hufspuren von abertausend Zebras. Ich habe Büffelherden gesehen, die bei Hainen aus Dornenbäumen vordrangen auf Weideland, und dann und wann erschien am Horizont die urweltlich anmutende Gestalt eines Nashorns: Als sei ein grauer Felsblock zum Leben erwacht, so bewegte es sich voran, in eine Zukunft ungewisser Abenteuer. Straßen gibt es dort nicht. Es gibt keine Dörfer, keine Städte, keine Telegraphen. Es gibt nichts, soweit man sehen oder gehen oder reiten kann – nichts außer Gras und Felsen und ein paar Bäumen und den Tieren, die dort leben.

Vor Jahren war einmal ein Rothschild aus der Bankiersfamilie hier, auf Safari, die geführt wurde von Captain George Wood, jetzt Adjutant Seiner Königlichen Hoheit, des Herzogs von Windsor, und man schlug die Zelte bei einem gewaltigen Haufen solcher Felsbrocken auf, wo man geschützt war gegen den Wind und wo es Wasser gab. Seither haben zahllose Jagdgesellschaften auf Safari dort Rast gehalten, und Rothschilds Camp ist immer noch ein Orientierungsmal und eine Zufluchtsstätte für Jäger, die, so abseits aller Zivilisation, für einige Zeit den Komfort der anderen Welt hinter sich gelassen haben.

Ein Landefeld gibt es bei Rothschilds Camp nicht, doch immerhin ein kurzes Stück ebenen Bodens, wo man landen kann, vorausgesetzt, der Wind ist richtig und der Pilot vorsichtig.

Ich bin dort oft gelandet, und meistens habe ich beim Landeanflug Löwen gesehen. Manchmal bewegten sie sich wie streunende Hunde, gleichgültig und träge, und mitunter nahmen sie sich die Zeit, sich in gemütlichen Gruppen zur Rast zu sammeln – Männchen, Weibchen und ihre Jungen, auf den Hinterbeinen hockend und nach der Avian spähend, mit so ziemlich dem gleichen Ausdruck, wie man ihn auf den goldgerahmten Familienporträts aus dem vorigen Jahrhundert findet.

Ich will damit keineswegs sagen, die Löwen der Serengeti seien inzwischen, was die Filmkamera der modernen Forscher betrifft, so blasiert, daß das Posieren für sie zu einer Gewohnheit à la Hollywood geworden ist. Allerdings sind viele von ihnen schon so oft mit frisch getötetem Zebra oder anderen Delikatessen bestochen worden, daß man sich ihnen mit einer Foto- oder Filmausrüstung bis auf dreißig bis vierzig Meter nähern kann – in einem Automobil.

Ein solches Wagnis zu Fuß wäre kaum sehr ratsam. Es würde jäh den frommen Glauben zerstören, daß der Löwe und die Miezekatze im Grunde wohl beide Schnurrkätzchen sind. Da die Menschen noch immer durch das Schwert leben, wäre es ein wenig zu optimistisch, vom Löwen zu erwarten, daß er die Krallen einzieht, zumal ihn doch sein Analphabetentum hindert, unsere Feiertagstraktate über die Immoralität des Blutvergießens zu lesen.

Von Nungwe flog ich in Richtung Rothschilds Camp, weil diese Stelle auf Woodys Flugroute lag, von Shinjaga in West-Tanganjika nach Nairobi, und mir war klar, daß er, lebend oder tot, nicht weit von seinem Kurs zu finden sein würde – falls überhaupt.

Er flog eine deutsche Klemm, einen Eindecker, der mit einem britischen Pobjoy-Motor mit 95 PS ausgerüstet war. Wenn diese Kombination in einem solch weiten und unkalkulierbarem Gebiet irgendeinen Vorteil hatte, so bestand dieser darin, daß die ungewöhnliche Spannweite der Tragflächen einen langen Gleitflug und ein langsames Landetempo ermöglichte.

Schnelligkeit, große Reichweite und Widerstandsfähigkeit bei rauhem Wetter gehörten hingegen nicht zu den Tugenden der Klemm. Weder das Flugzeug selbst noch der Motor, mit dem sie ausgestattet war, taugten zu mehr als zu Gelegenheitsflügen über bewohntem, gut vermessenem Territorium, und die Tatsache, daß die East African Airways die Maschine sowohl für Boten- wie Transportzwecke verwandten, war für uns in Kenia, die wir von der Fliegerei lebten, ein recht deutlicher Hinweis darauf, daß man ziemlich rigoros auf alter »Pionier-Tradition« beharrte.

Die verfügbaren Luftkarten von Afrika, die damals benutzt wurden, trugen alle dieselbe Angabe für den Maßstab – 1:2 000 000 – eins zu zwei Millionen. Ein Inch auf der Karte bedeutete ungefähr zweiunddreißig Meilen Luftlinie, während auf den entsprechenden Karten von Europa ein Inch nicht mehr als vier Luftmeilen darstellte. Überdies hatten die Drucker der Luftkarten von Afrika, die sehr irritierende Gewohnheit, die Namen von Städten, Dörfern, Knotenpunkten mit ziemlich großen Buchstaben sichtbar zu machen; und wenn die meisten dieser Orte auch tatsächlich existierten, so wie beispielsweise eine Gruppe schilfgedeckter Hütten oder auch ein Wasserloch existiert – allzu häufig erwiesen sie sich als derart unbedeutend, daß sie vom Cockpit aus beim besten Willen nicht auszumachen waren.

Noch beunruhigender wirkte es, wenn man vor Antritt eines Flugs die Luftkarten studierte, und dabei entdeckte, daß ein großer Teil des Territoriums, das man überfliegen mußte, deutlich markiert war mit: UNVERMESSEN.

Es war, als hätten die Kartenhersteller gesagt: »Es ist uns bewußt, daß zwischen dem Punkt, von dem Sie abfliegen und dem, wo Sie hinwollen, mehrere hunderttausend Hektar liegen, doch bevor *Sie* dort eine Notlandung machen, werden wir nicht wissen, ob es Sumpf, Wüste oder Dschungel ist – und vermutlich werden wir's auch *danach* nicht wissen!«

All dies im Verein mit der Tatsache, daß es keinen Funk gab oder sonst irgendein System, um Ankunft und Abflug von Flugzeugen bei ihren Kontaktpunkten zu überprüfen oder zu registrieren –: All dies machte es für den Piloten existenznotwendig, einen bis zum Höchstmaß gesteigerten Sinn für Intuition zu entwickeln oder aber eine fatalistische Philosophie gegenüber dem Leben. Die meisten Flieger, die ich damals in Afrika kannte, schafften beides.

Zum Glück hatte ich, als ich mich von Nungwe aus auf die Suche nach Woody machte, klares Wetter und gute Sicht. Ich blieb in einer Höhe von rund 1600 Metern, da sich auf diese Weise die Weite und die Schärfe der Sicht am günstigsten verband, und flog eine Art Zickzackkurs.

Vom offenen Cockpit aus konnte ich nach vorn wie nach hinten blicken und auch nach unten, an den silbernen Tragflächen vorbei. Die Serengeti lag unter mir wie eine Schale, deren Ränder die Begrenzung der Erde bildeten. Sie war eine Schale voll heißer Dämpfe, die in sichtbaren Wellen aufwärts stiegen und gegen die Avian physischen Druck ausübten. Sie hoben die Maschine, wie die Hitze eines schwelenden Feuers ein Aschenstäubchen hebt.

Immer wieder geschah es, daß ein Fels oder ein Schatten in meiner Phantasie die Gestalt eines zerschmetterten Flugzeugs oder eines Haufens aus verbogenem Metall annahm, und dann kurvte ich tiefer und tiefer, bis die Umrisse des fraglichen Objekts unverkennbar waren – und eine Enttäuschung mehr. Jede fremdartige Winzigkeit in der Landschaft wurde zu einem Klemm-Eindekker, den eine Katastrophe ereilt hatte, und jedes vom Wind bewegte Geäst oder Buschwerk war, für einen kurzen Augenblick, ein aufgeregt winkender Mann.

Gegen Mittag erreichte ich Rothschilds Camp und begann darüber zu kreisen. Aber dort war kein Leben – nicht einmal die kompakte, sich langsam bewegende Silhouette eines Löwen. Dort war nichts als das Gebilde aus hohen, grauen Felsen, die aus dem Boden aufzuragen schienen, wie die verwitterten Ruinen einer Wüstenkathedrale.

Ich drehte in nordöstliche Richtung, während steil über mir die Sonne ihre sengenden, mittäglichen Strahlen zur Erde sandte.

Gegen zwei Uhr nachmittags war ich fertig mit der Suche im Gebiet um den Uaso Njiro River, der südwärts fließt, an den großen Salzbecken von Magadi vorbei und weiter zum Salzsee.

Das schmale Tal des Flusses ausgenommen, gleicht das Land hier einer gewellten Wüste – oder einem wogenden Meer, mitten in der Bewegung erstarrt. Auf dem weißen, krustenartigen Untergrund wäre nicht nur ein Flugzeug deutlich sichtbar, sondern sogar ein so kleiner Gegenstand wie ein Pilotenhelm. Doch nichts dergleichen fand sich. Es gab kaum einen Schatten, außer meinem eigenen.

Ich setzte meinen Flug in nördlicher Richtung fort. Ein wachsendes Schlafbedürfnis stieg in mir auf, dessen eigentliche Ursache jedoch keineswegs Erschöpfung war. Was am stärksten beiträgt zum Gefühl der Einsamkeit, wenn man Stunde um Stunde über einer solch leeren Landschaft fliegt, ist das Fehlen von Rauch am Horizont. Eine Rauchspirale am Tag wirkt wie ein Lichtstrahl bei Nacht. Vielleicht sichtet man den Rauch ein deutliches Stück abseits des eigenen Kurses, und möglicherweise handelt es sich um den kläglichen Qualm eines Lagerfeuers der Massais, die der einsame Flieger genausowenig bekümmert wie die Sorgen von morgen, doch es ist ein Lebenszeichen: Es ist ein Zeichen von menschlichem Leben, ähnlich wie ein Fußabdruck oder ein Streichholz irgendwo im Sand.

Aber wenn es auch keinen Rauch gab, der die Stelle eines Herdes oder eines Lagers markierte, so gab es doch wenigstens andere Zeichen des Lebens, zwar nicht des menschlichen Lebens, aber dennoch kaum weniger willkommen.

An hundert verschiedenen Stellen – so weit mein Blick reichte; und in allen Richtungen – erwachten urplötzlich winzige Staubwölkchen zum Leben und rollten über die Ebene hin und verschwanden wieder. Aus der Luft sah es aus, als hätten zahllose Teufelchen sich davongemacht aus der Flasche oder dem Krug, worin sie gefangen gewesen waren, um nun, vom Wind getragen, dahinzueilen und eine längstgeplante böse Tat zu verüben, oder vielleicht eine gute.

Doch wenn sich die Staubwölkchen verzogen, konnte ich erkennen, daß kleine Gruppen von Tieren in diese Richtung rannten oder in jene, und daß sie rundum Ausschau hielten, jedoch nie nach oben spähten, während sie versuchten, den Geräuschen des Flugzeugs zu entkommen.

Zwischen Magadi und Narok sah ich, wie unter mir und ein kleines Stück voraus eine gelbe Wolke Gestalt annahm. Sie blieb dicht über der Erde und wuchs, als ich mich ihr näherte, zu einem wabernden Gewölk, welches das Sonnenlicht trübte und das Gras und die Mimosenbäume auf seiner Bahn verdunkelte.

Ganz vorn, wie ein Keil an der Spitze einer riesigen Herde, flohen Schwarzfersenantilopen, Weißschwanzgnus und Zebras vor dem Schatten meiner Maschine. Ich kreiste, nahm Fahrt weg und verlor Höhe, bis mein Propeller in den Ausläufern der Staubwolke rotierte und Sandpartikel in meiner Nase zu brennen begannen.

Während die Herde sich voranbewegte, wurde sie für meinen Blick eine Art Teppich aus Rostbraun und Grau und stumpfem Rot. Sie glich weder einer Vieh- noch einer Schafherde, weil sie wild war und das Merkmal der Wildnis mit sich trug: der Freiheit eines Landes, das noch immer weit eher ein Besitz der Natur als der Menschen ist. Zehntausend Tiere sehen, die ungezähmt sind und nicht gebrandmarkt mit den Symbolen menschlichen Krämergeistes, das ist wie die Besteigung eines unbezwungenen Berges oder wie die Entdeckung eines Waldes ohne Straßen und Wege und ohne die Narben einer Axt. Dann begreift man erst richtig, was man so oft schon gehört hat – daß die Welt einst lebte und wuchs ohne Rechenmaschinen und Zeitungen, ohne asphaltierte Straßen und die Tyrannei der Uhren.

Im vordersten Teil der Herde sah ich Schwarzfersenantilopen, die beim Laufen gewaltige Sätze machten, und krummhörnige Weißschwanzgnus, welche sich mit der Besessenheit tanzender Derwische zu Boden schleuderten. Ich weiß nicht, warum sie das tun, ob es sich um eine Art Gleichgewichtsstörung handelt oder nur um eine schamlose Zurschaustellung mit melodramatischem Einschlag. Tatsache ist jedenfalls, daß Weißschwanzgnus, durch ein Flugzeug erschreckt, stets in der Art eines Zirkusclowns reagieren, der in der Arena mit den verrücktesten Kapriolen irgendwelchen Verfolgern zu entkommen versucht.

Mit gebührender Entschuldigung gegenüber Clowns – falls es denn noch welche gibt – möchte ich feststellen, daß die Possen der Weißschwanzgnus, weil sie halt nicht einstudiert sind, belustigender wirken. Allerdings hat dies auch seinen Grund darin, daß solch ein Gnu zwei Beine mehr hat, über die es stolpern kann – gerade wenn es sie am dringendsten zu brauchen scheint, nützen sie ihm am wenigsten. Will das Tier sich wenden, so wird eine Pirouette daraus, und will es davonstürmen, so wird sein Lauf dauernd von »Hechtsprüngen« wie aus einem Slapstickfilm unterbrochen. Daß ein Weißschwanzgnu je von einem Ort zum anderen gelangt, scheint ein unergründliches Geheimnis zu sein; Tatsache ist jedoch, daß diese Tiere ganz prächtig zurechtkommen, solange über ihnen alles still ist – und es keine Zuschauer für ihre Kapriolen gibt.

Doch der größere Teil der Tiere, die ich jetzt unter mir sah, waren Zebras, die wie ungezähmte, bockende Pferde dahinjagten mit gestrecktem Schwanz und gekrümmtem Hals, indes ihre trommelnden Hufe das Gras platthämmerten, so daß hinter den Tieren eine breite, harte Bahn entstand.

Soweit ich weiß, sind Zebras die nutzlosesten Tiere in ganz Afrika – das heißt, nutzlos für den Menschen, denn zumal in der Serengeti leben die Löwen von ihnen.

Für den Menschen hingegen ist das Zebra so etwas wie der verkörperte Widerspruch. Es ähnelt einem Esel, läßt sich jedoch nicht abrichten und taugt nicht zur Arbeit; es rennt so wild wie die Thompsongazelle und die Elenantilope und frißt die gleiche Nahrung, doch seinem Fleisch fehlt sogar die mangelhafte Sukkulenz des Pferdefleisches. Sein Fell, obschon von auffälliger Musterung, ist von recht begrenzter Haltbarkeit und errang seinen größten dekorativen Triumph als Wandverkleidung in einem New

Yorker Nachtclub. Der Vogel Strauß und die Zibetkatze haben zu den Errungenschaften der zivilisierten Gesellschaft mehr beigetragen, doch sollte man wohl fairerweise anmerken, daß der Zebra-Clan dieses sein Versagen überstanden hat, ohne an seiner Psyche Schaden zu nehmen. Diese Schlußfolgerung gründet sich auf eine sehr herzliche Freundschaft, die sich vor nicht gar so langer Zeit zwischen mir und einem jungen Zebra entwickelte.

Mein Vater, der einige der besten Vollblutpferde in ganz Afrika gezüchtet und ausgebildet hat, besaß einmal ein Füllen namens Balmy. Er wählte den Namen für seine Pferde stets mit der allergrößten Sorgfalt und verbrachte an seinem Schreibtisch auf unserer Farm bei Njoro so manchen Abend damit, beim Schein einer Petroleumlampe reihenweise in Betracht kommende Namen aufzuzeichnen. Er nannte das erwähnte Füllen Balmy, was in etwa sanft bedeutet, weil kein anderer Name auch nur ähnlich genau auf sie zu passen schien.

Sie war weder heftig noch bockig, sie war auf dem Geläuf sehr schnell, und beim Training reagierte sie intelligent. Von ihrer bräunlichen Farbe und ihrem weißen Stirnfleck abgesehen, bestand ihre Besonderheit vor allem in einer unorthodoxen Einstellung gegenüber dem Leben. Sie absolvierte ihre Karriere auf der Rennbahn – wo sie so manches Rennen gewann – etliche Jahre, bevor der Noël-Coward-Jargon Mode wurde, doch hätte sie ihr Debüt Mitte der dreißiger Jahre in der Park Avenue gehabt statt Mitte der zwanziger auf der Rennbahn in Nairobi, so wäre sie jenen intellektuell nicht ganz zurechnungsfähigen Wesen zugezählt worden, die man als »entzückend verrückt« zu bezeichnen pflegte. Ihre Verrücktheit bestand, wie denn auch anders, in ihrer Neigung, Dinge zu tun, die sich nach der Ansicht ihrer Stallgefährten einfach nicht schickten.

Welche wohlerzogene Jung-Stute hätte es sich wohl, während sie vor den kritischen Blicken ihres Besitzers, ihres Trainers sowie diverser Mitglieder des Jockey Clubs Übungen vollführte, urplötzlich einfallen lassen, bei einem Schlammloch Halt zu machen, buchstäblich niederzuknien und sich dann, bevor irgend jemand einschreiten konnte, im Unrat zu suhlen wie ein Berkshire-Schwein? Nun, Balmy tat's – tat's, wann immer sich ein Schlammloch in ihrer Bahn und ein vertrauensvoller Reiter auf ihrem Rücken befand – was ihr dabei so großes Vergnügen bereitete, begriff so ganz keiner von uns. Sie glich ein wenig jenem exzentrischen Genie, das auf die Frage seines Gastgebers, warum es sich beim Dinner Brokkoli ins Haar geschmiert habe, eine entschuldigende Verbeugung machte und erwiderte, es habe geglaubt, es handle sich um Spinat.

Ich war dreizehn Jahre alt, als ich eines Morgens auf Balmy ausritt und zwar einen langen Hang hinauf, der sich nördlich von unserer Farm befand und Green Hill genannt wurde. Wenn sie langsam bearbeitet werden mußten, ritten wir unsere Pferde stets den Green Hill hinauf bis zu der Stelle, von wo man Ausblick hatte auf das Rongai-Tal, in dem es in jenen Jahren von Wild nur so wimmelte.

Balmy war aufmerksam wie gewöhnlich, doch aus der Art, mit der sie ihre feinen Hufe auf den Boden setzte, und aus der leichten Schräghaltung ihres edlen Kopfes schien mir etwas zu sprechen, was ich sinnieren nennen möchte. Es war, als beginne sie, die Unziemlichkeit ihres Verhaltens einzusehen, und als wir den Hügelkamm erreichten, benahm sie sich so untadelig, als habe es auf Gottes Erde niemals ein Füllen gegeben, das derart inadäquat benannt worden war. Und hätte es das Schicksal nicht gefügt, daß wir auf eine Zebraherde trafen, als wir um eine kleine Gruppe Mimosenbäume bogen, so wäre Balmys stillschweigendes Besserungsgelübde wohl niemals gebrochen worden oder auch nur gefährdet gewesen.

Die Zebras weideten teils zwischen den Bäumen, teils außerhalb des Hains und auch auf dem Hang, der zum Tal hin abfiel. Es waren mehrere hundert Tiere, die sich über ein weites Gelände zerstreut hatten, doch in unserer unmittelbaren Nähe befanden sich eine Zebramutter und ihr erst wenige Monate altes Fohlen.

Es war nicht das erste Mal, daß Balmy Zebras sah, und es war nicht das erste Mal, daß Zebras Balmy sahen – irgendwelche

Gesten wechselseitiger Achtung hatte ich dabei allerdings nie bemerkt. Balmy schien sich des Diktums *noblesse oblige* bewußt zu sein, denn trotz ihrer Leidenschaft für Schlammbäder pflegte sie sich einem Zebra und selbst einem Ochsen immer nur mit geweiteten Nüstern zu nähern, so etwa in der Art einer Grande Dame des 18. Jahrhunderts, die gleichsam in Riechnähe eines Pariser Mobs geraten war. Was die Zebras betraf, so revanchierten sie sich, indem sie, während sie Balmy den Weg frei gaben, die gewichtige Würde des rechtschaffenen Proletariats an den Tag legten, in ihrer Verachtung noch bestärkt durch ihre zahlenmäßige Überlegenheit.

Das Muttertier, das wir beim Grasen auf dem Green Hill gestört hatten, maß Balmy mit einem kalten Blick, machte dann kehrt und trottete in Richtung Herde. Gleichsam über die Schulter schien sie dem stelzbeinigen Fohlen den Befehl zu geben, ihr zu folgen. Doch das Fohlen rührte sich nicht von der Stelle.

In London sah ich einmal einen Straßenjungen, der verzückt und fast den Tränen nah eine wunderschöne Lady beobachtete, die, in Zobelpelze gehüllt, aus dem Auto stieg. Eine ähnliche Verzücktheit, ja ein ähnliches Schmachten sah ich jetzt in den Augen des Zebrafohlens, das dort im Gras verharrte und emporspähte zur Vollblutstute.

Es wàr zweifellos ein hübsches Bild, das entging mir auch von meinem Sitzplatz auf Balmys Rücken nicht. Doch bevor wir die Farm hinter uns gelassen hatten, war mir eingeschärft worden, unbedingt dafür zu sorgen, daß die Stute nicht in Erregung geriet. Ein hochtrainiertes Rennpferd kann wochenlange geduldige Arbeit zunichte machen, indem es sich zum falschen Zeitpunkt einen Nervenkoller leistet.

Balmy war hochtrainiert, und dies war der falsche Zeitpunkt. Sie hatte das junge Zebra zuerst ignoriert, doch die herrische Stimme des alten Zebras trieb die Situation im Handumdrehen auf die Spitze. Offenbar lag mehr darin als nur der Befehl einer Mutter an ihr Junges. Vermutlich war da noch eine abfällige Bemerkung über Balmy: Daß ein so aufgeblähtes, eitles Geschöpf nicht wert sei, von redlichen Vierbeinern bewundert zu werden. Zumindest, dessen bin ich sicher, legte Balmy das so aus.

Sie spitzte die Ohren, bis es spitzer kaum ging, beschwichtigte das abtrünnige Fohlen mit einem leisen, ruhigen Laut und stieß dann einen derart schrillen Schrei der Indigniertheit aus, daß er gewiß weit im Rongai-Tal zu vernehmen war.

Die Details dessen, was folgte, haben sich in meinem Gedächtnis ein wenig verworren gespeichert. Balmys schriller Schrei, Herausforderung und Schmähung zugleich, ließ die alte Zebramutter herumfahren, und nun hob ein Gekeife von solcher Lautstärke und Gefühlsinbrunst an, daß es alle zeternden Fischweiber der Literatur beschämt haben würde. Balmy begann dabei zu schwitzen, zu zittern und zu bocken, das alte Zebra galoppierte in regellosen Bögen und Schleifen, und das kleine Fohlen, hin und her gerissen zwischen Kindespflicht und tiefer Faszination für die Vollblutstute, hüpfte und tanzte zwischen beiden wie eine hysterische Göre.

Am Ende – und im Widerspruch zu allen menschlichen wie tierischen Gerechtigkeitsprinzipien – war es Balmy, die triumphierte.

Es gelang mir schließlich, sie unter Kontrolle zu bekommen und mit ihr zurückzureiten in Richtung Farm. Doch ihr auf den Fersen folgte das kleine Zebrafohlen, noch ein bißchen benommen und, so möchte ich annehmen, zumindest von leichten Gewissensbissen geplagt, vielleicht sogar für einen winzigen Augenblick voller Reue über die eigene Treulosigkeit.

Hinter uns auf dem Hang des Green Hill stand zitternd und stumm die Zebramutter, neben sich einige Mitglieder ihres Clans, und ich nehme an, daß eines von ihnen sagte: »Du solltest es nicht zu schwer nehmen. Kinder sind sowieso eine undankbare Bande, und vielleicht ist es so das Beste.«

Monate später, nachdem sich das Jung-Zebra – ein Zebra-Junge – mit der Farm vertraut gemacht, ja, sie sich geradezu angeeignet hatte, wobei er dieselbe Willensstärke und Entschlußkraft bewies wie am Morgen seiner Desertion, reiste ich mit meinem Vater nach Nairobi, und als wir von dort zurückkehrten, war das Fohlen fort, und niemand wußte wohin.

Jeden Morgen war er in mein Schlafzimmer gekommen, um mich, wie ein Hund, mit der Nase wachzustupsen; in der Küche hatte er eine Schreckensherrschaft etabliert, weil er das Gesinde zu attackieren pflegte, wenn man ihm den Tribut vorenthielt. Da er noch so jung war, hatte ich ihn zu Anfang mit Flaschen voll warmer Milch verwöhnt – ein folgenschwerer Fehler, der zu einer häufig stattfindenden Szene führte: Mein armer Vater, seinen abendlichen Halbliter Bier in der Hand, auf der Flucht durch das Haus und in den Garten, hinter sich das kleine, gestreifte Monster, für das Flasche jetzt Flasche war, punktum.

In seiner Verehrung für Balmy, worin er niemals schwankte, machte er ihren Stall zu seinem eigenen und löste bei ihr ein solches Gefühl mütterlicher Verantwortung aus, daß sie den Pferdeknechten keine Schwierigkeiten mehr machte und sich nie wieder im Schlamm wälzte.

Punda, wie ich ihn nannte, weil dies das Suaheli-Wort für Esel ist, verschwand, wie er gekommen war – womöglich allerdings mit noch weniger Grund. Vielleicht wurde er in die Herde wieder aufgenommen wie der verlorene Sohn, vielleicht jedoch wurde er ausgestoßen. Da Tiere nicht gerade zu Sentimentalitäten neigen, wird es wohl letzteres gewesen sein.

Seither habe ich, wann immer ich eine große Herde sah wie jene, die unter den Tragflächen meiner Avian in wilder Flucht über die Serengeti stob, mitunter Ausschau gehalten nach einem einzelnen Zebra, einem ausgestoßenen, das sich in einiger Entfernung von den anderen hielt. Im stillen habe ich immer gehofft, »unser Zebra« wiederzufinden. Vielleicht hätte es auch mich erkannt. Und ich habe gedacht, daß Punda inzwischen längst ausgewachsen sein mußte und für ein Zebra sogar schon ein wenig bejahrt. Aber mochte er nun ein Leben mit oder ohne Gefährten führen, er würde sich mit einer Halb-Einsamkeit abfinden können, weil er ja die Erinnerung daran besaß, wie er als Kind eine Art Possenreißer und Maskottchen bei Hofe gewesen war.

Was für ein zielloses Träumen! Das Brummen des Flugzeugs, die sengende Sonne, der weite Horizont, all dies zusammen hatten mich für eine Weile vergessen lassen, daß die Zeit schneller war als ich, daß der Nachmittag sich seinem Ende zuneigte und sich nirgends ein Zeichen von Woody fand.

Oder nein: Es hatte ein Zeichen gegeben, ein unverwechselbares Zeichen sogar, und wären meine Gedanken nicht abgeschweift zu einem Zebra namens Punda, so hätte ich das Zeichen wohl schon ein wenig eher entdecken müssen.

## Warum fliegen wir?

Nehmen wir einmal an, es ist Winter, und man fliegt irgendwo in Rußland über die weite, schneebedeckte Steppe, aus der sich plötzlich, saftig grün über dem bleichen Untergrund, eine Dattelpalme erhebt. Möglich, daß man, in seinen Gedanken befangen, noch etliche Kilometer weiterfliegt, bevor einem das Paradoxe des Gesehenen bewußt wird: ein tropischer Baum, in Schnee und Eis wurzelnd. Schnell würde man wohl wenden und die Strecke zurückfliegen, um einen zweiten Blick darauf zu werfen. Und zweifellos würde man entdecken, daß es sich bei dem Baum nicht um eine Dattelpalme handelt, oder aber, falls die Erscheinung bleibt, genügend Anlaß sehen, seinen Sinnen zu mißtrauen.

Während der fünf oder zehn Minuten, in denen ich beobachtet hatte, wie sich die Wildherde, gleich einer Invasion von Barbaren, über die Ebene ausbreitete, hatte ich unbewußt – und beinahe in ihrer Mitte – ein teichähnliches Gewässer wahrgenommen, so hell, so glänzend wie ein Splitter aus der Zunge eines Gletschers.

Ich wußte, daß das Land hier, trotz seines dürrebeständigen Grases, fast das ganze Jahr über trocken war. Ich wußte, daß die Wasserlöcher, auf die man gelegentlich stieß, trüb und braun waren, aufgewühlt von den Füßen der wilden Tiere, die dort zur

Tränke gingen. Doch das Wasser, das ich gesehen hatte, war nicht braun gewesen; es war klar und reflektierte kraftvoll und scharf das grelle Licht der Sonne.

Genau wie die fiktive Dattelpalme in der russischen Steppe war dieser kristallene Teich inmitten der trockenen Serengeti nicht nur fremdartig, es konnte ihn eigentlich gar nicht geben. Trotzdem war ich unachtsam darüber hinweggeflogen, bis die Stelle längst meinem Blick entschwunden war.

Eine Dämmerung gibt es in Ostafrika nicht. Hart folgt die Nacht dem Tag auf den Fersen und nimmt seinen Platz ein, in strengem und humorlosem Schweigen. Alles, was in der Sonne lebt, verstummt sehr bald – und es verstummen auch die Geräusche schweifender Flugzeuge, sofern ihre Piloten die nötigen Lektionen gelernt haben: über nächtliches Wetter, über Entfernungen, die einfach nicht schrumpfen wollen, und über die Heimtücke von Landefeldern, die bei Tage wie Flughäfen aussehen, in der Dunkelheit jedoch wie vom Erdboden verschluckt sind.

Ich sah, wie von den Felsen her kleine Schatten krochen; sah, wie Vögel in schwarzen Scharen heimwärts strebten zum verstreuten Busch; und ich begann, an mein eigenes Zuhause zu denken, an ein warmes Bad und ein ordentliches Essen. Das Gefühl der Hoffnung ist beharrlich, über jegliche Vernunft hinaus, aber da der Nachmittag schon so weit vorangeschritten war, ließ sich beim besten Willen nicht damit rechnen, Woody jetzt vielleicht noch zu finden. Falls er noch am Leben war, würde er bei Nacht natürlich ein Feuer entzünden, doch mein Kraftstoff nahm rapide ab, Reserven hatte ich nicht – und ich sehnte mich nach Schlaf.

Ich war gerade dabei, einen östlichen Kurs einzuschlagen, in Richtung auf Nairobi, als mir plötzlich der Gedanke kam, daß es sich bei dem Gewässer, über das ich so achtlos hinweggeflogen war, keinesfalls um Wasser handelte, sondern vielmehr um die silbrigen Tragflächen eines Klemm-Eindeckers, welche das Licht der Sonne reflektierten.

Genaugenommen war es gar kein richtiger Gedanke, und noch weniger war es eine jener blitzartigen Offenbarungen, wie sie sich so fürsorglich bei geplagten Romanhelden einzustellen pflegen. Es war nicht mehr als eine Ahnung. Doch welcher Pilot wäre so töricht, seinen Instinkt zu ignorieren? Ich jedenfalls nicht. Im übrigen wußte ich nie, wo die Inspiration anfängt und der Impuls aufhört. Vermutlich entscheidet darüber ganz simpel das Resultat. Erweist sich die Ahnung als richtig, so war man inspiriert; erweist sie sich als falsch, so hat man einem unsinnigen Impuls nachgegeben.

Doch solchen Überlegungen hing ich nicht weiter nach. Schon hatte ich meinen Kurs abermals geändert, an Höhe verloren und wieder Fahrt aufgenommen. Ich jagte gleichsam mit den Schatten um die Wette. Es war wie ein freundschaftliches Spiel zwischen der Sonne und mir.

Währenddessen wurde meine Vermutung zur Überzeugung. Nichts auf der Welt, grübelte ich, konnte reflektierendem Wasser so sehr zum Verwechseln gleichen wie die Tragflächen von Woodys Flugzeug. Ich erinnerte mich, wie hell sie geglänzt hatten nach ihrem letzten Anstrich, der ihnen ein silbriges oder stählernes Aussehen verlieh. Dabei bestanden sie nur aus dünnem Holz und Tuch und getrocknetem Leim.

Die Täuschung hatte Woody sehr amüsiert. »Alles aus Metall«, hatte er, mit dem Daumen auf die Klemm weisend, gesagt. »Alles aus Metall – ausgenommen bloß die Tragflächen und der Rumpf und der Propeller und dergleichen Sächelchen. Aber alles übrige ist aus Metall – sogar der Motor.«

Sogar der Motor! – für uns war das genausosehr ein Witz wie für die tückischen Winde von Äquatorialafrika; ein Spielzeugmotor mit geschäftigem Getue und einer gleichsam überschnappenden Stimme; ein hysterischer Motor, der nun vielleicht schuld war an dem Unheil, das wir, Woodys und unseren eigenen Schmerzen zum Trotz, alle gefürchtet hatten.

So gut wie mit Sicherheit schuld, dachte ich, denn dort war endlich, wonach ich gesucht hatte – nicht irgendein Teich oder ein anderes Gewässer, sondern – unverkennbar diesmal – die Klemm, die wie ein abgeschossener Vogel auf dem Boden zu kauern schien, nicht zerschmettert, doch leblos und allein, neben sich kein Feuer, nicht einmal einen Stecken mit einem flatternden Fetzen.

Ich verlangsamte und zog spiralenförmige, tiefer strebende Kreise.

Vielleicht hätte ich, in diesem Augenblick, ein frommes Gebet für Woody auf den Lippen haben sollen, doch ich hatte keines. Ich fragte mich nur, ob er wohl verletzt worden war und von einigen Massai Muranis in ein *manjatta* geschafft worden sein mochte; oder ob er, törichterweise, im weglosen Land umhergewandert war, auf der Suche nach Wasser und Nahrung. Ich glaube, ich verfluchte ihn sogar ein wenig, denn als ich in einer Entfernung von etwa hundertfünfzig Meter von der Klemm dahinglitt, konnte ich erkennen, daß die Maschine, zumindest äußerlich, völlig intakt schien.

In einem solchen Augenblick kann es zu einem sonderbaren Durcheinander von Gefühlen kommen. Die plötzliche Erleichterung über den Anblick der intakten Klemm mischte sich mit der um so größeren Enttäuschung darüber, daß Woody nicht in ihrer Nähe war, ausgehungert und halbverdurstet vielleicht, aber doch jedenfalls lebendig.

Die Regel Nummer eins bei Notlandungen sollte lauten: »Gib das Schiff nicht auf.« Das hätte gerade Woody wissen müssen, und natürlich wußte er es auch, doch wo war er?

Beim erneuten Kreisen sah ich, daß trotz einiger Erdlöcher und verstreuter Steinbrocken eine Landung möglich sein würde. Rund dreißig Meter von der Klemm gab es einen Streifen Land mit kurzem, dürrem Gras. Von der Luft aus schätzte ich die Länge des Streifens auf ungefähr hundertfünfzig Meter – eigentlich nicht lang genug für ein Flugzeug ohne Bremsvorrichtung, doch mochte es unter den Umständen gehen, da der Gegenwind den Landeanflug der Avian verlangsamen würde.

Wieder nahm ich Fahrt weg und ließ dem Propeller gerade genügend Umdrehungen, um die Maschine für die Landung auf so begrenztem Raum stabil zu halten. Während ich ausschwebte, ließ ich das Schwanzende sacht von Seite zu Seite schwingen, um den Boden unter mir soweit wie möglich im Auge behalten zu können, auf diese Weise gelang es mir, überraschend glatt zu landen. Gleichzeitig machte ich mir jedoch klar, daß der Start, zumal mit Woody an Bord, wohl weitaus schwieriger sein würde.

Doch Woody war nirgends zu sehen.

Ich kletterte aus dem Cockpit, holte meine verstaubte und verbeulte Wasserflasche hervor und ging zu der Klemm, die bewegungslos und gleißend im späten Sonnenlicht stand. Ich betrachtete die Tragflächen, konnte jedoch keinerlei Schaden entdecken. Ja, dort stand sie, zerbrechlich und weiblich, und rastete auf dem rauhen, grauen Boden, allem Anschein nach völlig unversehrt, mit schrägstehendem, keckem Propeller und leerem Cockpit.

Die Stille hat viele Formen, viele Gesichter, von denen jedes seine eigene Bedeutung besitzt. Da ist die Morgenstille in einem Wald, und sie ist sehr verschieden von der Stille einer schlafenden Stadt. Da ist die Stille nach einem Gewitterregen und die Stille vor einem Gewitterregen, und sie sind einander ganz und gar nicht gleich. Da ist die Stille der Leere, die Stille der Furcht, die Stille des Zweifels. Da ist jene Stille, die von einem leblosen Objekt ausgehen kann, von einem erst kürzlich benutzten Stuhl etwa, oder von einem Klavier mit verstaubten Tasten, oder von irgendeinem anderen Gegenstand, der von einem Menschen gebraucht worden ist, zur Arbeit oder zum Vergnügen.

Eine solche Stille kann sprechen. Ihre Stimme mag melancholisch klingen, doch ist das keineswegs immer so; denn vielleicht hat ein lachendes Kind auf dem Stuhl gesessen, und vielleicht waren die letzten Klänge auf dem Klavier heiter und beschwingt. Doch wie die Stimmung oder die Umstände auch immer gewesen sein mögen, ihre ganz besondere Eigenart kann sich eingefangen finden in der nachfolgenden Stille. Es ist ein lautloses Echo.

In der Hand hielt ich den langen Lederriemen der Wasserflasche, die wie ein unstetes Pendel hin und her schwang, während ich um Woodys Flugzeug herumging. Doch obwohl die Schatten die Erde jetzt überfluteten wie träges Wasser und das Gras unter dem halberschöpften Atem des Windes wisperte, war da kein Gefühl von Unheil oder Unglück. Die Stille, die zu der schlanken, kleinen Maschine gehörte, schien mir erfüllt von einer Art Arglist – von einer mutwilligen Bosheit, wie sie sich etwa im zufriedenen Lächeln einer eitlen Frau zeigen mochte, die einen zwar kleinen, für sie jedoch kostbaren Triumph genoß.

Frivol und flatterhaft, wie sie war, hatte ich von der Klemm kaum etwas anderes erwartet; aber plötzlich wußte ich auch, daß Woody nicht tot war, denn eine solche Stille war dies nicht.

Im Gras fand ich eine Spur, eine Art frischen Pfad: Halme waren zu Boden gepreßt, Steinchen aus ihren winzigen Mulden gescharrt, und ich folgte dem Pfad, der an einigen größeren Steinen vorbei in ein Gewirr von Dornenbäumen führte. Laut rief ich Woodys Namen, doch die einzige Antwort war der Widerhall meiner eigenen Stimme. Aber als ich dann den Kopf drehte und den Ruf nach Woody wiederholen wollte, sah ich zwei dicht beieinander stehende Felsblöcke und in der Lücke zwischen ihnen ein Paar Beine in verschmutzten Arbeitshosen und dahinter dann auch noch den Rest von Woody, der auf dem Bauch lag, den Kopf in der rechten Armbeuge.

Ich ging zu ihm, schraubte den Verschluß der Wasserflasche auf, beugte mich zu dem Liegenden und schüttelte ihn.

»Ich bin's – Beryl«, rief ich und schüttelte ihn kräftiger. Eines der Beine bewegte sich, dann auch das andere. Ich packte den Liegenden beim Gürtel und zerrte heftig.

Woody begann, sich rückwärts aus der Lücke zwischen den Felsblöcken herauszustemmen, eine Bewegung, die mich unsinnigerweise an die Gangart eines bestimmten Krebses erinnerte, der in Südfrankreich als große Delikatesse gilt. Woody murmelte irgend etwas, und ich erinnerte mich, daß dies typisch ist für Menschen, die am Verdursten sind, und daß sie nur einen Wunsch haben: – Wasser. Ich ließ ein paar Tropfen auf seinen Nacken fallen, als dieser zum Vorschein kam, und erhielt als Dank für meine Mühe ein unwilliges Grunzen. Dem Grunzen folgte eine kleine, doch erlesene Auswahl jenes Vokabulars, wie es bei Seeleuten, Hafenarbeitern und Piloten gebräuchlich ist – und dann setzte sich Woody plötzlich auf, verdreckt der Bart und ausgemergelt das Gesicht darunter, die Lippen trocken und rissig, die Augen rötlich umrandet und die Wangen hohl. Er war ein kranker Mann, und er grinste.

»Ich mag's nicht, wie eine Leiche behandelt zu werden«, sagte er. »Ist eine Beleidigung. Gibt's hier irgendwas zu essen?«

Ich kannte einmal einen Mann, der immer, wenn er einen Freund traf, zu sagen pflegte: »Tschaja – ist wirklich eine kleine Welt!« Vermutlich ist er jetzt sehr unglücklich, denn als ich ihn das letzte Mal sah, begannen seine Freunde seine Bahn zu meiden, ähnlich wie Bienen eine verwelkte Blume, und seine Welt wurde groß und einsam. Dennoch ist etwas Wahres an seinem abgegriffenen Klischee. Ich habe die Geschichte von Bishon Singh, um dies zu beweisen, und Woody, um es zu bezeugen.

Bishon Singh traf in einer kleinen Staubwolke ein, als von der Sonne nur noch ein Stück ihres Schädels zu sehen war. Woody und ich hatten der Klemm adieu gesagt, und wir machten uns fertig zum Abflug nach Nairobi, um für Woody einen Arzt zu finden – und im übrigen, falls möglich, auch eine neue Magnetzündung.

»Dort ist ein Mann auf einem Pferd«, sagte Woody.

Aber da war kein Mann auf einem Pferd.

Ich hatte Woody ins vordere Cockpit der Avian geholfen und stand jetzt dicht bei der Maschine, um den Propeller anzuwerfen, als die kleine Staubwolke Einzug hielt in unsere quasi-heroische Szene. Sechs schwankende, spitz zulaufende Ohren schälten sich aus der Wolke heraus, und es waren die Ohren von drei Eseln. Vier Gesichter erschienen, von Präriestaub umhüllt, und drei dieser Gesichter gehörten jungen Kikuyus. Das vierte Gesicht war das von Bishon Singh, dunkel, bärtig und tiefernst.

»Du wirst es nicht glauben«, sagte ich zu Woody, »aber das ist ein Inder, den ich seit meiner Kindheit kenne. Er hat jahrelang auf der Farm meines Vaters gearbeitet.«

»Ich glaub' dir alles«, versicherte Woody, »wenn du mich bloß von hier fortschaffst.«

»Beru! Beru!« sagte Bishon Singh. »Oder träume ich?«

Bishon Singh ist ein Sikh, und als solcher trägt er sein langes, schwarzes Haupthaar verflochten mit dem Haar seines langen, schwarzen Barts. Zusammen wirken sie wie die Kapuze eines Mönchs.

Sein Gesicht ist klein und streng mit sehr beweglichen schwarzen Augen. Sie können freundlich oder zornig sein, genau wie andere Augen auch, doch scheint mir, daß sie nicht fröhlich blicken können. Ich habe einen fröhlichen Ausdruck nie in ihnen gesehen.

»Beru!« sagte er wieder. »Ich glaube dies nicht. Dies ist nicht Njoro. Es ist nicht die Farm bei Njoro oder das Rongai-Tal. Von dort bis hier sind es rund zweihundert Kilometer – aber hier bist du, groß und erwachsen, und ich bin ein alter Mann auf dem Weg zu meiner Duka mit Dingen, die ich verkaufen möchte. Doch wir sind uns begegnet. Wir sind uns begegnet nach all diesen Jahren. Ich glaube es nicht! Walihie Mungu Yangu – ich glaube es nicht. Gott war mir wohlgesonnen!«

»Es ist eine kleine Welt«, murmelte Woody in seinem Cockpit.

»Na furie sana ku wanana na wewe«, sagte ich in suaheli zu Bishon Singh. »Ich bin sehr glücklich, dich wiederzusehen.«

Er war genauso gekleidet, wie ich ihn in Erinnerung hatte – dicke Armeestiefel, blaue Wickelgamaschen, khakifarbene Breeches, ausgefranste Lederweste, und all dies gleichsam gekrönt von einem großen Turban, der, wie ich mich erinnerte, aus tausend Metern vom feinsten Baumwollstoff gewickelt war. Als Kind war ich von diesem Turban stets fasziniert gewesen.

Es gab so ungeheuer viel davon – und so wenig von Bishon Singh.

Wir standen ein paar Meter vor seinen nickenden Eseln, von denen jeder eine Riesenlast auf dem Rücken und einen schweigenden Kikuyu-Boy als Betreuer hatte: Da waren Töpfe, Blechpfannen, Ballen billiger, bedruckter Baumwolle aus Bombay, Kupferdraht, aus dem die Massais Ohrgehänge und Armbänder fertigten.

Da war sogar Tabak, und da war Öl, welches die Muranis beim Flechten ihrer Haare verwendeten.

Da gab es Dinge aus Leder, Dinge aus Papier, Dinge aus Zelluloid und aus Gummi, und all dies baumelte, quoll, ja platzte förmlich von den gewaltigen, schwankenden Tragpacken. Hier war, in vierfüßiger Verkörperung, Handel und Wandel: langsam und geduldig, ohne unziemliche Eile, doch so zuverlässig in seiner Bahn wie der kommende Morgen – auf dem Weg zu irgendeinem Markt im afrikanischen Hinterland.

Bishon Singh hob einen Arm und machte eine Geste, welche sowohl die Klemm als auch die Avian umschloß.

»N'dege!« sagte er –, »der Vogel des weißen Mannes! Du reitest nicht auf ihnen, Beru?«

»Ich fliege einen von ihnen, Bishon Singh.«

Ich sagte es traurig, weil der alte Mann die Geste mit seinem linken Arm gemacht hatte und ich sah, daß sein rechter Arm verkrüppelt und nutzlos war. Früher hatte er beide Arme gebrauchen können.

»Sieh an«, schalt er, »dahin ist es also gekommen. Zu Fuß gehen, ist nicht mehr genug. Auf einem Pferd reiten, ist nicht mehr genug. Jetzt müssen die Menschen von einem Ort zum anderen durch die Luft reisen, wie ein *diki toora*. Nichts als Kummer wird daraus erwachsen, Beru. Gott speit auf solche Blasphemie.«

»Gott hat bereits gespien«, seufzte Woody.

»Mein Freund ist hier gestrandet«, sagte ich zu Bishon Singh. »Sein n'dege – jener dort, der wie eine neue Rupie glänzt – ist kaputt. Wir fliegen nach Nairobi zurück.«

»Walihie! Walihie! Das sind über hundert Meilen, Beru, und die Nacht ist nah. Ich werde meine Esel von ihrer Last befreien und heißen Tee machen. Es ist ein weiter Weg nach Nairobi – selbst für euch, die ihr mit dem Wind reist.«

»Wir werden in weniger als einer Stunde dort sein, Bishon Singh. Und solange würdest du brauchen, um ein Feuer zu machen und Tee zu kochen.«

Ich streckte meine Hand aus, und der alte Sikh griff danach und hielt sie einen Augenblick sehr fest, so wie er es oft getan hatte vor zehn und mehr Jahren, als er noch größer gewesen war als ich – selbst ohne seinen phantastischen Turban. Nur hatte er damals seine rechte Hand dazu benutzt. Jetzt blickte er darauf mit einem Lächeln auf den schmalen Lippen.

»Was ist damit geschehen?« fragte ich.

»Simba, Beru – Löwe.« Er zuckte die Schultern. »Eines Tages auf dem Weg nach Ikoma . . . das macht uns gleichsam zu Geschwistern, dich und mich. Jeder von uns ist von einem Löwen angefallen worden. Erinnerst du dich daran – damals in Kabete, als du noch klein warst?«

»Ich werde es niemals vergessen.«

»Ich auch nicht«, sagte Bishon Singh.

Ich drehte mich um und ging nach vorn zum Propeller der Avian. Mit der rechten Hand packte ich das obere Ende und nickte Woody zu, der sich im vorderen Cockpit bereithielt, den Motor anzulassen.

Bishon Singh trat einige Schritte zurück, näher zu seiner kleinen Karawane. Die drei Esel ließen ab von ihrer dürftigen Grasweide, hoben die Köpfe und spitzten die Ohren. Die Kikuyu-Boys, hinter den Eseln, warteten. Im trüben Licht hatte die Klemm ihren Glanz verloren und war nur noch ein kümmerlicher Abklatsch ihres sonstigen Selbst.

»Gott wird euch schützen«, sagte Bishon Singh.

»Adieu und viel Glück!« rief ich.

»Los!« brüllte Woody, und ich warf den Propeller an.

Endlich lag er auf einem Bett in der kleinen, ordentlichen Baracke des East African Aero Club und wartete auf Essen, auf einen Drink – und, wie ich vermute, auf Mitgefühl.

»Die Klemm ist ein Biest«, sagte er. »Niemand, der bei Verstand ist, sollte in Afrika jemals eine Klemm mit einem Pobjoy-Motor fliegen. Man behandelt sie freundlich, hegt und pflegt ihren Motor, streicht ihre Tragflächen silbern an, und was geschieht?«

»Die Magnetzündung funktioniert nicht«, sagte ich.

»Sie ist wie eine Frau mit schwachen Nerven«, sagte Woody, »oder ohne Gewissen – oder einfach plem-plem.«

»Oh, viel schlimmer.«

»Warum fliegen wir?« fragte Woody. »Wir könnten doch was anderes tun. Wir könnten in einem Büro arbeiten oder uns eine Farm zulegen oder in den Staatsdienst treten. Wir könnten ...«

»Wir könnten gleich morgen das Fliegen aufgeben. Du könntest das jedenfalls. Du könntest deiner Maschine den Rücken kehren und nie wieder einen Steuerknüppel anfassen. Du könntest einen Schlußstrich unter all das ziehen – unter Nachtflüge und Wetterberichte und Notlandungen, unter luftkranke Passagiere und unauffindbare Ersatzteile und wunderbare neue Flugzeuge, die du dir nicht kaufen kannst. All das könntest du vergessen – könntest den afrikanischen Staub von den Füßen schütteln und irgendwohin gehen, wo es keine Flugplätze gibt. Vielleicht wärst du dann ein sehr glücklicher Mensch – warum also tust du's nicht?«

»Weil's nicht zum Aushalten wär'«, sagte Woody. »Weil's so stinklangweilig wär'.«

»Langweilig kann's auch so sein.«

»Trotz der Löwen, die dich bei Kabete angegriffen haben?«

»Oh, das war in meiner Kindheit. Eines Tages werde ich ein Buch schreiben, da kannst du dann darüber lesen.«

»Gott behüte!« sagte Woody.

# Zweites Buch

## Er war ein guter Löwe

Als Kind verbrachte ich meine Tage mit den Nandi Muranis: ging barfuß mit ihnen auf die Jagd, im Rongai-Tal oder in den Zedernwäldern des Mau Escarpments.

Anfangs durfte ich keinen Speer tragen, doch für die Muranis war es das einzige, was sie dabei benutzten.

Mit einer solchen Waffe kann man ein Tier nur dann jagen, wenn man genau weiß, wie es lebt. Man muß wissen, was es liebt und was es fürchtet und welchen Fährten es folgt. Man muß wissen, wie schnell es sich bewegen kann und wie mutig es ist. Das Tier seinerseits weiß all dies über den Jäger – und versteht es mitunter, das besser zu nutzen.

Meine Murani-Freunde hatten sehr viel Geduld mit mir.

»Amin yut!« sagte einer von ihnen zu mir. »Was, außer einem Dik-Dik, läuft denn so? Deine Augen sind heute mit Wolken gefüllt, Lakweit!«

An jenem Tag waren meine Augen mit Wolken gefüllt, doch es waren sehr junge Augen, und sie wurden bald wieder klar. Es gab andere Tage und andere Dik-Diks. Es gab so viele Dinge.

Dik-Diks gab es und Leoparden und Warzenschweine und Büffel und Löwen und auch den »Hasen, der springt«. Von den Hasen, die springen, gab es viele Tausende.

Und es gab Weißschwanzgnus und Antilopen. Es gab die Schlange, die kriecht, und die Schlange, die klettert. Es gab Vögel, und es gab junge Männer, die waren wie Lederpeitschen, wie Regenschäfte in der Sonne, wie Speere vor einem Singiri.

»Amin yut!« sagten die jungen Männer. »Das ist keine Büffelfährte, Lakweit. Hier! Beuge dich nieder und schau. Beuge dich nieder und sieh dir diese Spur an. Schau, wie dieses Blatt zerquetscht ist. Fühle die Feuchtigkeit seiner Losung. Beuge dich nieder und schau, damit du lernen kannst!«

Und unter ihrer Anleitung lernte ich viel mit der Zeit. Manche Dinge jedoch lernte ich allein.

Bei Kabete Station gab es einen Ort namens Elkingtons Farm. Das war unweit von Nairobi am Rande der Kikuyu-Reservation, und mein Vater und ich ritten von der Stadt dorthin (wenn wir nicht in einem Buggy, einem leichten Wagen, fuhren), und unterwegs pflegte mein Vater mir über Afrika zu erzählen.

Manchmal erzählte er mir Geschichten über die Kriege zwischen den Stämmen – etwa zwischen den Massais und den Kikuyus (welche stets die Massais gewannen) oder zwischen den Massais und den Nandis (die weder der eine noch der andere Stamm je gewann) und über ihre großen Führer und ihre wilde Art zu leben, die mir viel verlockender erschien als unsere eigene.

Unter anderem erzählte er mir von Lenana, dem brillanten Massai *ol-oiboni*, der das Kommen des Weißen Mannes prophezeite, und von Lenanas Tricks und Kriegslisten und Siegen, und davon, daß sein Volk unbezwinglich war und unbezwungen blieb – bis die Briten, als Strafe für die Weigerung der Massai-Krieger, bei den King's African Rifles zu dienen, gegen die Eingeborenen-Dörfer marschierten; wie, unabsichtlich, eine Massai-Frau getötet wurde, und wie die Muranis zur Vergeltung zwei indische Ladenbesitzer ermordeten: Wie es also dazu gekommen war, daß die dünne, rote Linie des Empires sich noch ein wenig mehr rötete.

Mitunter erzählte er mir auch alte Legenden über Mount Kenya oder über den Menegai Krater, Berg Gottes genannt, oder über den Kilimandscharo. Und während wir Seite an Seite ritten, stellte ich ihm endlos Fragen, oder dachte, im holpernden Buggy neben ihm sitzend, still über das Erzählte nach.

Als wir wieder einmal nach Elkingtons Farm ritten, erzählte mein Vater von Löwen: »Löwen sind intelligenter als manche Menschen«, sagte er, »und mutiger als die meisten. Ein Löwe ist bereit zu kämpfen für das, was er hat, und um das, was er braucht. Er verachtet Feiglinge und ist Ebenbürtigen gegenüber voll Vorsicht. Angst hat er jedoch nicht. Du kannst dich immer darauf verlassen, daß ein Löwe genau das ist, was er ist – und niemals etwas anderes.«

»Ausgenommen allerdings«, fügte er hinzu, und seine väterliche Besorgnis war stärker spürbar als sonst, »ausgenommen dieser verdammte Löwe von Elkington!«

In einem Umkreis von rund zwanzig Kilometern von der Farm war der Elkington-Löwe berühmt und berüchtigt, denn wer sich innerhalb dieses Kreises befand, konnte ihn brüllen hören, wenn er hungrig war, wenn er traurig war, oder wenn er ganz einfach Lust hatte zu brüllen. Lag man nachts schlaflos in seinem Bett, so konnte man es oft genug hören: ein Geräusch, das anhob wie das Gebrüll eines Todesgeistes, gefangen im Inneren des Kilimandscharo, ein Heulen und Röhren und Donnern, das immer mehr anschwoll, bis es direkt vom Fußende des Bettes zu ertönen schien. Man wußte (weil es einem gesagt worden war), daß dies Paddys Lied sein mußte.

Einige der Siedler in Ostafrika hatten damals Löwenbabys gefangen und in Käfigen großgezogen. Doch Paddy, der Elkington-Löwe, hatte niemals einen Käfig gesehen.

Er war in Freiheit aufgewachsen, ein sehniger, muskulöser, schwarzmähniger Löwe ohne Sorgen, ohne Kummer. Er nährte sich von frischem Fleisch, das er nicht selber schlug. In den Stunden, da er wach war (was mit der Schlafenszeit der meisten übrigen Lebewesen zusammenfiel), wanderte er durch Elkingtons Felder und Weiden wie ein leutseliger, wenngleich geheimer Kaiser, der in den Gärten seines Palastes promeniert.

Er liebte die Einsamkeit. Eine Gefährtin hatte er nicht, doch das schien ihn nicht weiter zu kümmern, und er blieb für sich, ohne sich allzu sehr mit Wunschbildern zu plagen, die unerreichbar blieben. Seine Freiheit war räumlich unbegrenzt, doch die Löwen des Flachlands nehmen in ihre geachtete Gesellschaft keinen Einzelgänger auf, dessen Fell den Geruch von Menschen trägt. Und so führte Paddy sein eigenes Leben: fraß und schlief und brüllte, und vielleicht träumte er manchmal auch; nie jedoch verließ er die Gegend von Elkingtons Farm. Er war ein zahmer Löwe, ja, das war er, der Paddy. Für den Lockruf der Wildnis war er taub.

»Ich nehme mich vor ihm immer in acht«, sagte ich zu meinem Vater, »aber er ist wirklich harmlos. Ich habe gesehen, wie Mrs. Elkington ihn gestreichelt hat.«

»Was überhaupt nichts beweist«, erwiderte mein Vater. »Ein domestizierter Löwe ist ein unnatürlicher Löwe – und was unnatürlich ist, ist nicht vertrauenswürdig.«

Wann immer mein Vater einen derart profunden und allumfassenden philosophischen Ausspruch tat, wußte ich, daß es nichts weiter zu sagen gab.

Ich spornte mein Pferd an, und in einem leichten Galopp legten wir den Rest der Strecke nach Elkingtons Farm zurück.

Es war keine große Farm, wie man das vor dem Ersten Weltkrieg in Afrika kannte, doch hatte sie ein sehr hübsches Haus mit einer großen Veranda, auf der mein Vater, Jim Elkington, Mrs. Elkington und ein oder zwei andere Siedler zu sitzen pflegten und sich mit einem – für mein junges Gemüt – schier unfaßlichen Ernst unterhielten.

Es gab Drinks, aber außerdem war da noch ein Teetisch, so üppig gedeckt, wie das wohl nur die Engländer können. Ich habe in späteren Jahren manchmal an den Teetisch der Elkingtons gedacht: rund und groß und weiß, auf stämmigen Beinen stehend, dort bei den grünen Ranken des Gartens, tausend Kilometer und mehr im Inneren Afrikas.

Er war wohl weniger ein Symbol des Luxus als der Normalität. Im übrigen bildete er auch ein Indiz für die zweifache Schuld, in der England dem alten China gegenüber steht, wegen jener Gaben, welche Expansion ermöglichten – der Tee und das Schießpulver.

Doch Kuchen und Teegebäck waren keine große Verlockung für mich. Ich hatte damals meine ganz eigenen Vorstellungen von Spaß und Vergnügen, und so brachte ich die allernotwendigsten Begrüßungsformalitäten schleunigst hinter mich, um das Haus in recht flotter Gangart zu verlassen.

Als ich an dem rechteckigen Heuschuppen vorübereilte, der sich rund hundert Meter hinter dem Wohnhaus befand, sah ich Bishon Singh, den mein Vater vorausgeschickt hatte, damit er sich um unsere Pferde kümmere.

Der Sikh muß damals unter vierzig gewesen sein, doch von seinem Gesicht konnte man sein wahres Alter niemals ablesen. An manchen Tagen sah er aus wie dreißig und an anderen wie fünfzig, je nach Wetter, Tageszeit, Laune – oder auch der Art und Weise, wie er seinen Turban trug. Hätte Bishon Singh jemals sein Barthaar von seinem Haupthaar gelöst, sich ersteres abrasiert und letzeres gestutzt, so wären wir vielleicht alle darüber verblüfft gewesen, in welchem Maße er wie einer von Kiplings Elefantenboys aussah; aber natürlich tat er das nie, und so blieb er, zumindest für mich, ein Mann der Geheimnisse, gleichsam alterslos, doch beladen mit unendlicher Erfahrung, wie der wandernde Jude.

Er hob den Arm und begrüßte mich auf suaheli, während ich den Hof der Farm durchquerte und weiterrannte ins offene Land.

Warum ich rannte oder zu welchem Zweck, das ist eine Frage, die ich nicht beantworten kann; doch wenn ich kein bestimmtes Ziel hatte, so rannte ich stets, so schnell ich nur konnte, in der Hoffnung, eines zu finden – und ich fand auch immer eins.

Als ich den Elkington-Löwen sah, war ich keine zwanzig Meter mehr von ihm entfernt. Er lag träge in der Morgensonne, riesig, schwarzmähnig, voll pulsierenden Lebens. Langsam bewegte sich sein Schwanz, strich über das rauhe Gras wie das geknotete Ende eines Taus. Sein Körper war schlank und schlaff, und er lag in einer kleinen Mulde, einer kühlen Mulde, die noch an ihn erinnern würde, wenn er sich erhob, um davonzutrotten. Er schlief nicht; er faulenzte nur. Sein Fell wirkte rostrot und weich, wie das Fell einer Hauskatze.

Ich blieb stehen, und er hob majestätisch den mächtigen Kopf und musterte mich mit seinen gelben Augen.

Ich erwiderte seinen Blick, während meine nackten Zehen im Staub scharrten und meine Lippen sich zu einem lautlosen Pfeifen spitzten – ein sehr kleines Mädchen, das sich mit Löwen auskannte.

Paddy erhob sich, ließ eine Art Seufzer hören und begann, mich eingehender zu betrachten, in stiller Meditation gleichsam – wie jemand, der, ein wenig langsam von Begriff, mit einem unvertrauten Gedanken tändelt.

Ich kann nicht behaupten, daß aus seinen Augen irgendeine Drohung sprach, oder daß ihm »Geifer von den Lefzen troff«. Doch sog er hörbar die Luft ein, als entnehme er ihr eine Geruchsprobe, die offenbar zu seiner Zufriedenheit ausfiel. Und er legte sich nicht wieder hin.

Ich erinnerte mich an die Faustregeln, an die man sich so erinnert. Ich rannte nicht, ging langsam und begann, ein trotziges Lied zu singen.

»Kali coma Simba sisi«, sang ich. »Asikari yoti ni udari – Grimmig wie der Löwe sind wir, Askaris sind alle mutig!«

Während ich sang, marschierte ich in gerader Linie an Paddy vorbei und sah seine glänzenden Augen im dichten Gras, sah auch, wie sein Schwanz zu meiner Weise gleichsam den Takt schlug.

»Twendi, twendi – ku pigana – piga aduoi – piga sana! – Laßt uns marschieren – laßt uns marschieren – zum Kampf – um den Feind zu schlagen! Hart zu schlagen, hart zu schlagen!«

Welcher Löwe wäre unbeeindruckt gewesen vom Marschlied der King's African Rifles?

Noch immer singend, fiel ich in einen leichten Laufschritt in Richtung des niedrigen Hügels, wo ich, so ich Glück hatte, vielleicht zwischen Stachelbeerbüsche schlüpfen konnte.

Das Land war grau-grün und trocken, und die Sonne lag schwer darauf und ließ den Boden unter meinen bloßen Füßen glühen. Es gab keinen Wind, und alles war still.

Auch Paddy machte kein Geräusch. Lautlos und schnell kam er hinter mir her.

Von dem Augenblick, der folgte, sind mir drei Dinge klar im Gedächtnis geblieben – ein Schrei, der kaum mehr war als ein Flüstern; ein Hieb, der mich zu Boden warf; und dann, als ich mein Gesicht in meinen Armen vergrub und Paddys Zähne um das Fleisch meines Beins fühlte, der phantastische Anblick eines gleichsam auf und nieder hüpfenden Turbans, der Bishon Singhs Turban war und jetzt über dem Rand des Hügels sichtbar wurde.

Ich blieb bei Bewußtsein, schloß jedoch die Augen und versuchte, mich *weg*zudenken. Aber es waren weniger die Schmerzen, denen ich zu entkommen suchte, als das Brüllen.

Paddys ungeheures Brüllen – ein Geräusch, wie es in meinen Ohren wohl nur dann wieder tönen wird, wenn sich die Pforten der Hölle an ihren ausgeleierten Angeln eines Tages öffnen werden, um dem gesamten Panorama von Dantes poetischen Alpträumen Stimme und Authentizität zu verleihen. Es war ein ungeheures, ein ungeheuerliches Brüllen, das die ganze Welt umspannte und mich zurückließ wie ein Nichts.

Ganz fest schloß ich die Augen und lag bewegungslos unter dem Gewicht von Paddys Pranken.

Bishon Singh sagte später, er habe gar nichts getan. Nachdem ich an ihm vorübergerannt sei, habe er sich etliche Minuten beim Heuschuppen aufgehalten, sei mir dann jedoch aus einem unerklärlichen Grunde gefolgt. Er räumte allerdings ein, daß er ein Weilchen zuvor Paddy gesehen hatte, wie er dieselbe Richtung einschlug, die auch ich dann nahm.

Der Sikh rief natürlich um Hilfe, als er sah, daß der Löwe attackieren wollte, und sofort war vom Haus her ein Halbdutzend Bediensteter herbeigeeilt. Ihnen folgte Jim Elkington mit einer schweren Lederpeitsche.

Jim Elkington bot auch ohne Lederpeitsche einen eindrucksvollen Anblick. Er war einer jener voluminösen Männer, deren Leibesumfang jede normale Bewegung auszuschließen scheint, von Schnelligkeit ganz zu schweigen. Doch Jim besaß Schnelligkeit, wenn auch wahrhaftig nicht die eines Blitzes. Es war eher die Geschwindigkeit von etwas Sphärischem und Glatten und relativ

Unwiderstehlichem – wie etwa die Kanonenkugeln der napoleonischen Kriege. Zweifellos besaß Jim eine Menge Mut, doch bei meiner »Errettung von dem Leu« war es eher die Wucht seiner Körpermasse als seine Tapferkeit, wofür ich dankbar sein muß.

Und das geschah folgendermaßen – laut dem Bericht von Bishon Singh:

»Ich stehe an eine Wand vor dem Haus für das Heu gelehnt, um mich auszuruhen, und da kommt erst der große Löwe und dann du, Beru, und ihr geht beide in Richtung auf das offene Feld, und ich denke so bei mir, daß ein Löwe und ein junges Mädchen doch seltsame Gefährten sind, und so folge ich. Ich gehe zu der Stelle, wo der Hügel, der aufwärts geht, zum Hügel wird, der abwärts geht, und dort, wo er am tiefsten abwärts geht, sehe ich dich, wie du läufst ohne viel Gedanken in deinem Kopf, und der Löwe läuft hinter dir mit vielen Gedanken in seinem Kopf, und ich schreie laut, daß alle schnell kommen sollen.

Alle kommen sehr schnell, doch der Löwe ist schneller als alle, und er springt auf deinen Rücken, und ich sehe, wie du schreist, aber ich kann dich nicht schreien hören. Ich höre nur den Löwen, und ich fange an zu laufen mit all den anderen, und unter ihnen ist auch Bwana Elkington, der viele große Worte sagt, die ich nicht kenne, und der eine lange *kiboko* trägt, die er in der Hand hält, und mit der er wohl den großen Löwen schlagen will.

Bwana Elkington rennt an mir vorbei, wie das eigentlich nur ein Mann mit flinkeren Beinen und weniger Zentimetern um den Bauch tun könnte, und er schwingt die lange *kiboko*, so daß sie sehr scharf über unsere Köpfe pfeift, doch als wir dann nahe beim Löwen sind, kommt es mir so vor, als ob dieser Löwe nicht in der Stimmung ist, sich eine *kiboko* gefallen zu lassen.

Er steht mit seinem vorderen Teil auf deinem Rücken, Beru, und du blutest an drei oder fünf Stellen, und er brüllt. Ich glaube nicht, daß Bwana Elkington denken konnte, daß es der Löwe in diesem Augenblick zulassen würde, geschlagen zu werden, weil der Löwe ganz anders aussah als sonst, wenn es nötig war, ihm ein paar Hiebe zu geben. Er sah aus, als wünschte er nicht gestört zu werden von einer *kiboko* oder vom Bwana oder den Bediensteten oder Bishon Singh, und das sagte er auch mit sehr lauter Stimme.

Ich glaube, daß Bwana Elkington diese Stimme verstand, als er noch einige Meter vom Löwen entfernt war, und ich glaube auch, daß der Bwana dachte, daß es das Beste war, den Löwen in diesem Moment nicht zu schlagen, aber wenn der Bwana sehr schnell rennt, dann ist er wie der Stamm eines großen Baobab-Baums, der einen Hang hinunterrollt, und so kam es wohl, daß die Gedanken in seinem Kopf nicht schnell genug zu seinen Fußsohlen gelangten, um ihn davor zu bewahren, daß er viel näher an den Löwen herankam, als dies der Wunsch seines Herzens war.

Und es war dieser Umstand«, sagte Bishon Singh, »der nach meiner wohlerwogenen Meinung entscheidend war dafür, daß du noch am Leben bist, Beru.«

»Bwana Elkington stürzte also auf den Löwen los, Bishon Singh?«

»Ganz im Gegenteil stürzte der Löwe auf Bwana Elkington los«, sagte Bishon Singh. »Der Löwe ließ von dir ab, Beru, um sich den Bwana vorzunehmen. Der Löwe war nämlich der Meinung, daß sein Herr ehrlicherweise keinerlei Anspruch hatte auf eine Portion von dem frischen Fleisch, das er, der Löwe, ja ganz ohne fremde Hilfe erbeutet hatte.«

Bishon Singh gab diese äußerst überzeugende Erklärung mit eindrucksvoller Würde von sich, als halte er vor einer Geschworenenbank von Paddys Gefährten ein Plädoyer zugunsten des »Angeklagten«.

»Frisches Fleisch ...«, wiederholte ich wie verträumt und kreuzte, als Glückssymbol, Zeige- und Mittelfinger.

»Und was geschah dann ...?«

Der Sikh hob die Schultern, ließ sie wieder fallen. »Was konnte schon geschehen, Beru? Der Löwe stürzte auf Bwana Elkington *zu*, der seinerseits von dem Löwen *fort*stürzte; und dabei fiel ihm die lange *kiboko* aus der Hand auf den Boden, und so konnte der Bwana *beide* Hände gebrauchen, um einen glücklicherweise erreichbaren Baum hinaufzuklettern, was er auch sofort tat.«

»Und du hast mich aufgehoben, Bishon Singh?«

Er ließ seinen mächtigen Turban um eine Winzigkeit nach vorn kippen. »Es war mir eine angenehme Pflicht, dich zurückzutragen zu diesem Bett, Beru, und sodann deinen Vater aufzusuchen, der sich gerade einige von Bwana Elkingtons Pferden anschaute, und ihm zu berichten, daß du ein klein wenig von dem großen Löwen aufgefressen worden warst. Dein Vater kehrte sehr schnell zurück, und einige Zeit später kehrte auch Bwana Elkington sehr schnell zurück, doch der große Löwe ist überhaupt nicht zurückgekehrt.«

Der große Löwe war überhaupt nicht zurückgekehrt. In der folgenden Nacht schlug er ein Pferd und in der Nacht darauf einen Jungstier und danach eine Kuh.

Schließlich wurde er eingefangen und in einen Käfig gesperrt. Das Todesurteil verhängte man jedoch nicht über ihn. Er blieb jahrelang in seinem Käfig, den er, falls er hätte »an sich halten« können, wohl niemals gesehen haben würde.

Es ist für das menschliche Denken wohl charakteristisch, daß man zu verabscheuen hat, was für den Menschen natürlich ist; – und daß das, was natürlich ist für das unendlich viel natürlichere Tier, einer verstandesmäßigen Erklärung unterworfen wird, wie sie einzig dem Menschen eigentümlich ist – manchmal derart eigentümlich, daß die Vernunft mit dem Verstand nicht Schritt halten kann.

Paddy blieb am Leben, Leute starrten ihn an, und er starrte zurück, und so ging es, bis er ein sehr, sehr alter Löwe war. Jim Elkington starb, und Mrs. Elkington, die Paddy wirklich liebte, sah sich aufgrund von Umständen, für die weder sie noch Paddy etwas konnten, dazu gezwungen, den alten Löwen erschießen zu lassen.

Boy Long, der Verwalter von Lord Delamares Liegenschaften, übernahm diese Aufgabe.

Die Auswahl dieses Mannes bezeugte große Achtung vor Paddy, denn es gab niemanden, der Tiere mehr liebte oder sie besser verstand, und auch keinen, der genauer und sauberer schießen konnte als Boy Long.

Doch blieb sich das letztlich für Paddy gleich. Weder in seiner Art zu leben, noch in seiner Art zu sterben, war er eigenen Impulsen gefolgt. Er war ein guter Löwe. Er hatte sich alle Mühe gegeben, den Erwarungen zu entsprechen und ein zahmer Löwe zu sein. War es also gerecht, ihn an einem einzigen Fehltritt zu messen?

Ich habe noch die Narben von seinen Zähnen und seinen Pranken, doch sind sie jetzt sehr klein und fast vergessen, und ich kann ihm wegen seines Ausrutschers nicht grollen.

## Still ist das Land

Die Farm bei Njoro war endlos, doch eine Farm wurde sie erst, als mein Vater sie dazu machte. Er machte sie aus nichts und aus allem – aus den Dingen, aus denen alle Farmen gemacht werden. Er machte sie aus Wald und aus Busch; aus Felsen und neuer Erde und Sonne; und aus Strömen warmen Regens. Und es brauchte dazu viel Arbeit und viel Geduld.

Er war kein Farmer. Er hatte das Land gekauft, weil es billig und fruchtbar war, und weil Ostafrika neu war und man unter den Füßen die Zukunft des Landes spüren konnte.

Der erste Anblick, der sich bot, war dieser: ein breiter Streifen Landes, zum Teil bestehend aus offenem Tal, zumeist jedoch wie überdacht von den Wipfeln hoher Bäume – Zedern, Teak, Mahagoni, Ebenholz und Bambus –, deren Stämme umschlungen wurden von endlos wuchernden Kletterpflanzen. Diese Kletterpflanzen strebten empor bis zu einer Höhe von vier oder fünf Metern, und man konnte den obersten Teil der Bäume immer erst dann wirklich sehen, wenn sie unter Axthieben fielen, um davongeschleppt zu werden von Ochsengespannen, die von Holländern gelenkt wurden: Den ganzen Tag über ließen sie ihre Peitschen knallen.

Menschen, die man Wandorobo nannte, lebten in den Wäldern, wo sie auch jagten, mit Bogen und vergifteten Pfeilen und vergifteten Speeren, doch waren sie nie eine Bedrohung für irgendeinen von meines Vaters Leuten oder für uns. Sie suchten keinen Streit. Sie verbargen sich zwischen den Kletterpflanzen, in den Bäumen, im Unterholz und verfolgten die Arbeit der Äxte und der Ochsengespanne und zogen sich tiefer in die Wälder zurück.

Als die Farm so etwas wie einen Anstrich von Dauerhaftigkeit gewann und der Hof vor den ersten Hütten festgetrampelt war und Hunde sich in der Sonne räkelten, kamen einige dieser Wandorobos aus dem Wald und brachten die schwarzen und weißen Felle von Colobusaffen, um sie gegen Salz und Öl und Zucker einzutauschen. Die Felle waren zusammengenäht, so daß sie als weiche Bettvorleger dienen konnten, und ich erinnerte mich noch an sie, als sie längst schon abgetreten und vergessen waren und man Colobusaffen nicht mehr so leicht finden konnte – und als die Farm fast einer Art von Industriebetrieb glich.

Inzwischen gab es tausend Kavirondos und Kikuyus, die auf der Farm arbeiteten, statt der zehn oder zwanzig, und Hunderte von Ochsen anstelle der wenigen. Der Wald war weiter zurückgewichen, er hatte immer mehr Boden preisgeben müssen, voll Widerstreben, doch mit der Würde eines geachteten Feindes, und die Felder waren gesäubert vom Felsgestein und dem Buschwerk, das ihnen jahrhundertelang den Charakter der Wildnis verliehen hatte. Aus Hütten waren Häuser geworden, aus Schuppen Ställe, und das Vieh hatte Wege in die Prärie getrampelt.

Mein Vater kaufte zwei alte Dampfmaschinen und begann mit ihnen eine Mühle zu betreiben. Es war, als hätte es noch nie irgendwo eine Mühle gegeben, als warte alles Getreide der Welt, nun endlich gemahlen zu werden und sich in Mehl zu verwandeln.

Wenn man von einem nahen Hügel aus hinabblickte zu der unbefestigten Straße, die nach Kampi ya Moto führte, konnte man Felder voll Mais sehen, der so hoch stand, daß der größte Mann daneben wie ein Kind wirkte; und man konnte auch eine lange Reihe von Wagen sehen, von denen jeder, voll beladen, von sechzehn Ochsen gezogen wurde. Manchmal folgten die Wagen so dicht aufeinander, daß die lange Reihe wie ein bewegungsloses Band wirkte. Doch an der Einfahrt zur Mühle erkannte man, daß es fast niemals stillstand.

Die Mühle stand niemals still, und die Kavirondos, welche die schweren Säcke von den Wagen luden, um sie dann wieder zu beladen, sie blieben von Tagesanfang bis zur Dunkelheit in Bewegung, und manchmal sogar noch danach, wie die Mitglieder einer Balletttruppe, die zur Musik der Dampfmaschinen und der kreisenden Mühlsteine tanzte.

Fast alles, was die Mühle produzierte, das Mehl, aber auch der gröbere Rest, wurde an die Regierung geliefert als Nahrung für die Arbeiter der Uganda Railway.

Den Geleisen nach Kisumu folgte so um 1902 eine Telegraphenleitung – so war's jedenfalls gedacht. Die Pfähle standen dort, auch der Draht war dort, doch Nashörnern bereitet es ein ebenso sinnliches wie sadistisches Vergnügen, ihre mächtigen Leiber an Telegraphenmasten zu scheuern, und jeder Pavian, der auf sich hält, gibt der Versuchung nach, an baumelnden Drähten hin und her zu schwingen. Oft fand es eine Giraffenherde zweckmäßig, die Eisenbahnschienen zu überqueren, doch ließen sich die Tiere nicht dazu herab, das Haupt zu beugen vor den von Pfahl zu Pfahl sich streckenden Metallsträngen, welche den Herrschaftsanspruch des Weißen Mannes über ihre Weidegründe proklamierten. Folglich ging so manches Telegramm von Mombasa nach Kisumu – oder umgekehrt – unterwegs verloren, und die kryptischen Punkte und Striche, aus denen sie bestanden, hingen gleichsam erstarrt in einer Girlande aus goldenem Draht von diesem oder jenem der längsten Hälse in Afrika herab.

Mit dem Geld, das mein Vater beim Verkauf der Mühlenprodukte verdiente, kaufte er noch zwei alte Eisenbahnmaschinen, die er mit einem Transmissionssystem verband, um sodann die erste wichtige Sägemühle in Britisch-Ostafrika in Betrieb zu nehmen.

Nach und nach bauten sich Siedler, die anfangs in Lehmhütten gewohnt hatten, Häuser aus Zedernholz und Bretterscheunen mit

Schindeldächern, und der Horizont gewann gleichsam neue Form und neue Farbe. Tausende von Klaftern Holz fanden ihren Weg von unserer Farm zu den gefräßigen kleinen Maschinen der Uganda Railway, und in dunklen Nächten glichen die ungeheuren Haufen von Sägemehl, die bei der Mühle langsam verbrannten, vulkanischen Berggipfeln in, wenn man so wollte, perspektivischer Verkleinerung.

Unsere Stallungen, ursprünglich kaum mehr als ein paar Verschläge, wuchsen immer weiter zu langen Reihen von Boxen, und die Anzahl unserer Vollblutpferde, anfangs zwischen zwei und einem Dutzend, belief sich schließlich auf rund hundert. Mein Vater hatte seine alte Liebe wiederentdeckt, und das waren stets Pferde gewesen, und ich entdeckte meine erste Liebe, die auch nie erkaltet ist.

Genausowenig wie meine Erinnerung an die Farm bei Njoro jemals erkaltete.

Oft stand ich in dem kleinen Hof vor den ersten unserer wenigen Hütten, und hinter mir, gleichsam bei meiner Schulter, fing der tiefe Mau-Wald an, während von meinen Zehenspitzen der Hang weiter abwärts strebte zum Rongai-Tal. An klaren Tagen konnte ich – fast – den hohen, gezackten Rand des Menegai Kraters berühren, und wenn ich meine Augen mit der Hand beschattete, sah ich die Krone des Mount Kenya, geschmückt mit Kleinodien aus Eis. Und ich konnte auch, hinter dem Liakipia Escarpment, den Gipfel des Sattima sehen, der sich bei Sonnenaufgang purpurn färbte. Ich roch das Zedernholz und das frischgeschnittene Mahagoni, und ich hörte, wie die Holländer die Peitschen über den Köpfen ihrer Ochsen knallen ließen. Manchmal sangen die Stallknechte bei der Arbeit, und den ganzen Tag über tummelten sich die Stuten mit ihren Fohlen auf den Weidegründen und grasten, und mitunter vernahm ich jene beschwichtigenden Geräusche, die Pferde mit ihren Nüstern machen und auch mit ihren Hufen, wenn sie in ihren Ställen im tiefen Grasbett scharren. Nur ein kurzes Stück von den Stuten entfernt befanden sich ihre hochnäsigen Herren, die Hengste, nervöse, doch nicht unfreundliche Nörgler in luxuriöseren Boxen, wo sie unter ständiger Pflege gediehen: schlank und doch stark, mit stählernen Muskeln.

Doch unsere Farm war nicht die einzige bei Njoro. Unser nächster Nachbar war Lord Delamere, dessen brillanter, wenngleich impulsiver Charakter so sehr dazu beitrug, jene Form mitzuerschaffen, in der Kenia heute seine Gestalt zu finden scheint.

Sein Besitz, »Äquator Ranch« genannt, weil der Äquator eine Ecke davon durchquerte, hatte sein Zentrum in einer Ansammlung strohbedeckter Hütten, die sich gleichsam in die Ausläufer des Mau Escarpments schmiegten.

Diese Hütten bildeten den Kern dessen, was später zu einer Musterfarm wurde, die ganz Britisch-Ostafrika als Vorbild diente; gleichzeitig jedoch entwickelte sich der Besitz fast zu so etwas wie einem kleinen Feudalstaat. Und die Wurzeln für das eine wie für das andere fanden sich in Delameres besonderem Charakter: in seinem Mut und seiner Beharrlichkeit, seinem heftigen Temperament und seinem sanften Charme, seiner Fähigkeit zur Vision und seiner Blindheit gegenüber anderen Standpunkten.

Delameres tiefe Liebe galt zwei Dingen – Ostafrika und den Massais. Dem Land gab er seinen Genius, fast sein ganzes Vermögen und seine gesamte Energie. Den Massais gab er Hilfe und das Verständnis eines freien Geistes, der sich nicht einengen ließ durch das bequeme Vorurteil, die Zivilisation des weißen Mannes habe nichts zu lernen vom schwarzen Mann, dem an einer derartigen Zivilisation nichts lag. Er respektierte die Wesensart der Massais, ihre Traditionen, ihre eindrucksvolle physische Erscheinung – und nicht zuletzt ihr Wissen über Rinder, die das einzige waren, was sie, mit Ausnahme des Krieges, interessierte.

Er sprach zu ihren *ol-oiboni* mit dem gleichen Respekt, den er Gleichrangigen entgegenbrachte; es kam aber vor, daß er, bar jeglichen Gefühls von Achtung, seinen Zorn gegen sie richtete, genauso wie er dies manchmal bei Geschäftspartnern, Regierungsmitgliedern und, in zumindest einem Fall, sogar beim Gouverneur tat.

Delameres Charakter besaß so viele Facetten wie ein geschliffener Stein, und jede Facette war von ganz eigener Art. Legendär war seine Großzügigkeit, aber auch sein manchmal völlig ungerechtfertigter Zorn. Mit Geld ging er verschwenderisch um, sowohl mit seinem eigenen wie auch mit dem, das er sich leihen konnte; doch er gab nichts davon für sich selbst aus und war von skrupulöser Ehrlichkeit. Physische Strapazen ertrug er mit stoischer Gleichgültigkeit, doch die meiste Zeit seines Lebens war er ein kranker Mann. Nichts auf der Welt war für ihn wichtiger als die landwirtschafliche und politische Zukunft Britisch-Ostafrikas – und daher war er ein sehr ernster Mann. Doch seine Lustigkeit, seine mitunter grenzenlose Bereitschaft, sich einem Spaß hinzugeben, waren nicht weniger ausgeprägt als bei einem ausgelassenen Schulknaben. Delamere sah aus wie Puck, jener Kobold aus Shakespeares »Sommernachtstraum«, und manchmal verhielt er sich auch so, doch wer an dieser äußeren Schicht ein wenig kratzte, entdeckte sehr bald, daß das wahre Wesen weniger dem eines Kobolds als vielmehr dem eines Drakons entsprach.

Mein Verständnis für ihn – oder doch zumindest für seine Arbeit im Protektorat – verdankte ich hauptsächlich meiner engen Beziehung mit der ersten Lady Delamere, als ich noch ein Kind war.

In einem gewissen Sinn konnte sie als meine Adoptivmutter gelten, lebte ich doch allein mit meinem Vater auf der Farm bei Njoro, und mehrere Jahre lang verging kaum ein Tag, an dem ich nicht »Lady D.« auf der Äquator Ranch besuchte. Für meine kindlichen Probleme zeigte sie stets Verständnis und war bereitwillig mit gutem Rat zur Hand.

Lord Delamere lebt in der Erinnerung weiter als ein verehrungswürdiger Mann, der schweren Aufgaben mit einem unbeugsamen Willen begegnete – und sie stets bewältigte. Lady Delamere – so erinnern sich jene, die sie kannten – sah sich Aufgaben gegenüber, die für sie vielleicht noch schwerer waren, und die sie weniger mit Willenskraft als mit Geduld bewältigte: aus Loyalität gegenüber den Zielen ihres Mannes; und wenn Delamere das Idol der ostafrikanischen Siedler war (und das war er wirklich), so bleibt doch festzustellen, daß er seine vielen Siege ebensosehr der Ergebenheit und Kameradschaft seiner Frau verdankte wie seinen eigenen Fähigkeiten.

So standen denn diese beiden Farmen bei Njoro – die der Delameres und die meines Vaters –, obwohl sich ihre Hütten außer Sichtweite voneinander befanden, Schulter an Schulter unter der dunklen Stirn des Escarpments und warteten darauf, daß Ostafrika wachse.

Wainina, der Stallmeister, läutete allmorgendlich die Stallglocke, und ihre rostige Stimme brachte Leben in die Farm. Die Holländer spannten ihre Ochsen an, Stallburschen langten nach Sätteln, die Maschinen in den Mühlen machten Dampf auf. Melker, Hirten, Gärtner und Haus-Boys rieben sich die Augen, rochen das Wetter und trollten sich zu ihrer Arbeit.

An gewöhnlichen Tagen waren Buller und ich Teil dieser Routine, doch an Jagdtagen machten wir uns davon, noch ehe auch nur ein Ton von der Glocke her erklang, oder die Hähne auf den Zäunen ihre Flügel spreizten. Auf mich wartete auf der Farm so manche Aufgabe – Grund genug, sich davor zu drücken.

Ich erinnere mich an einen solchen Tag.

Er begann damit, daß Buller, der wie stets am Fußende meines Bettes schlief, sich zu rühren begann – in der Lehmhütte, die wir miteinander teilten. Ringsum ertönten die Geräusche zahlloser kleiner Insekten.

Ich bewegte mich, streckte mich, öffnete die Augen und blickte durch den Rahmen meines unverglasten Fensters zum fernen Liakipia Escarpment. Dann setzte ich meine Füße auf den nackten Boden.

Das Wasser aus dem Stalleimer, mit dem ich mir das Gesicht spülte, war kalt, weil die Nächte im ostafrikanischen Hochland kalt sind. Der Ledergurt, den ich mir um die Taille band, war steif, und die Klinge meines »Buschmann-Freunds« wirkte fast feindselig. Selbst der Schaft meines Massai-Speers, der zweifellos ein eigenes Leben besaß, schien sich gegen meine Hand zu sperren, und seine metallene Spitze, von einem Kranz schwarzer Straußenfedern umgeben, lugte daraus hervor wie ein stumpfer Stein. Der Morgen war noch Teil der Nacht, und seine Farbe war grau.

Ich tätschelte Buller, und er wedelte mit dem Schwanz, um mir zu sagen, daß er sehr wohl begriff, warum es besser war, jetzt zu schweigen. Buller war bei allem mein Komplize. Er war ein Meister der Heimlichkeit und verstand sich auf so vieles, eine Eigenschaft, wie ich sie in diesem Maße nie bei einem anderen Hund gefunden habe.

In seiner Treue zu mir war er durch nichts zu beirren, doch es wäre mir niemals eingefallen, in ihm so etwas wie eine sentimentale Kreatur zu sehen: einen Hund, über den man so nette Geschichten erzählt, die ihr Publikum zu Tränen rühren. Dafür war er zu rauh, zu hart, zu aggressiv.

Er war eine Mischung aus Bullterrier und englischem Schäferhund, sah jedoch weder wie das eine noch wie das andere aus. Er besaß eine stark vorstehende Schnauze, und seine Muskeln glichen harten Strängen, so wie man das bei den phantastischen Jagdhunden auf den Steinfriesen aus dem alten Persien sieht.

Seine Einstellung zum Leben war von zynischer Art, und sein schwarz-weißes Fell bot, in einer Art Geheimschrift aus kurzen, langen und halbkreisförmigen Narben, einen beredten Bericht von seiner Karriere als Kämpfer. Er schreckte vor keinem Gegner zurück, der auch nur in etwa in seine »Gewichtsklasse« gehörte, und wenn sich keiner für ihn fand, so stellte er Katzen nach und biß sie tot.

Bezog er dafür Prügel, was ziemlich oft der Fall war, so nahm er die Strafe hin als ein Risiko, das nun mal unvermeidlich war, wenn man Katzen totbiß – jedenfalls war dies die Klage, die mein Vater führte; und wenn er Buller aus pädagogischen Gründen gezüchtigt hatte, war denn auch stets er selbst es, der zerknirscht wirkte, und niemals der Hund.

Eines Nachts tauchte ein Leopard auf, zweifellos der erwählte Rächer seiner Gattung, und lockte, nachdem er sich durch die offene Tür in meine Hütte geschlichen hatte, Buller vom Fußende meines Bettes fort. Buller wog gut sechzig Pfund, und sein ganzer

Körper war so etwas wie eine wohlkoordinierte Angriffswaffe. Noch jetzt klingt in meinen Ohren der Lärm und die Raserei der ersten Runde jenes Kampfes. Doch der Vorteil lag auf seiten des Angreifers. Bevor ich mehr tun konnte, als aus dem Bett zu klettern, verschwanden Hund und Leopard in der mondlosen Nacht.

Zusammen mit meinem Vater folgte ich, beim Schein einer Sturmlaterne, der Blutspur durch den Busch, bis die Fährte immer schwächer wurde und gleichsam ins Nichts führte. Doch bei Tagesanbruch machte ich mich wieder auf und fand Buller, der kaum noch atmete. Sein harter Schädel und der Unterkieferknochen waren böse verletzt. Ich lief, um Hilfe zu holen, und Buller wurde auf einer Trage aus Sackleinen transportiert. Er erholte sich, nach zehnmonatiger mühevoller Pflege, und er wurde wieder der alte Buller, nur daß sein Schädel nun selbst das bißchen Symmetrie verlor, das er zuvor besessen hatte, und daß Katzenmord für Buller fortan nicht mehr nur Sport war, sondern Berufung.

Was den Leoparden betraf, so fingen wir ihn in der folgenden Nacht in einer Falle, doch gab es für ihn keine Hoffnung mehr. Er hatte keine Ohren, nur noch einen Teil seiner Kehle, und in seinen hübschen Augen war eine tiefe Enttäuschung. Meines – und wohl auch seines – Wissens war es das erste Mal, daß ein Hund, gleich welcher Größe, von einem Leoparden angefallen worden war – und dies überlebt hatte, so daß er davon träumen konnte.

Zusammen schlüpften Buller und ich hinaus in den kleinen Hof, der meine Hütte vom sogenannten Speisequartier trennte. Der wirkliche Tagesanbruch stand noch bevor, doch war die Sonne bereits wach, und der Himmel wechselte seine Färbung.

Ich lugte um die Hütte meines Vaters, die sich dicht bei meiner Hütte befand, und sah, daß einige der besonders pflichtbewußten Pferdeknechte bereits dabei waren, die Stalltüren zu öffnen.

Vor der Box von Great Warrior lag sogar schon ein Haufen »Geäpfeltes«. Also war sein Pfleger bereits seit einiger Zeit hier.

Und mein Vater würde jetzt nicht mehr lange auf sich warten lassen, um den ersten Pulk seiner Rennpferde zu ihrer Morgenarbeit zu schicken. Und falls er mich so sah, mit meinem Speer, meinem Hund und dem »Buschmann-Freund«, so würde er daraus wohl kaum den Schluß ziehen, daß mein ganzes Sinnen und Trachten den »Grundlagen der Englischen Grammatik« galt oder den »Übungen in Angewandter Arithmetik«. Vielmehr würde er mit Recht folgern, daß Buller und ich zur nächsten Nandi-*singiri* wollten, um mit den Muranis zu jagen.

Doch waren wir geübt und voller List. Rasch eilten wir zwischen den verschiedenen Gebäuden hindurch, gelangten hinter die Fohlenboxen, und genau zum richtigen Zeitpunkt folgten wir geschwind dem verschlungenen Pfad, der, unter hohem, trockenen Gras verborgen, nur uns bekannt war – und natürlich den Eingeborenen, deren Füße ihn gemacht hatten. So früh am Tage war das Gras allerdings feucht: schwer vom Morgentau, der meine nackten Beine netzte und auch auf Bullers drahtigem Fell seine Spuren hinterließ.

Ich fiel in die sogenannte Hops-und-trag-einen-Gangart – eine Art von hüpfendem Dauerlauf, wie er bei den Nandis und den Massai Muranis üblich ist, und wir näherten uns dem *singiri*.

Der Flecken war umgeben von einer Art Wehrgehege aus Stämmen und Dornenbüschen, so hoch wie der Widerrist einer Kuh. Die niedrigen, strohbedeckten Hütten innerhalb des Zauns, die aussahen, als seien sie aus dem Erdboden hervorgewachsen, bildeten einen unregelmäßigen Kreis. Ihre Wände bestanden aus gefällten Baumstämmen, die man senkrecht in den Boden getrieben und mit Lehm abgedichtet hatte. Jede Hütte besaß eine einzige, sehr niedrige Tür, durch die man nur tief gebückt eintreten konnte; Fenster gab es nicht. Rauch stieg kräuselnd aufwärts durch das »luftige« Dach hindurch, und an einem stillen Tag sah die *singiri* aus einiger Entfernung aus wie eine Stelle in der Prärie, ein verlassener Lagerplatz vielleicht, von dem noch die letzten Rauchfetzen eines niedergebrannten Feuers hochstiegen.

Der Boden vor den Türen und überall innerhalb der sogenannten

Boma, der Umfriedung, war flach und festgestampft von den Füßen der Menschen, der Rinder, der Ziegen.

Ein Rudel von teils schwanzwedelnden, teils knurrenden Hunden stürzte, kaum daß wir durch die Boma kamen, auf uns zu. Buller begrüßte sie so, wie er das immer tat – mit arroganter Gleichgültigkeit. Er kannte sie genau. Im Rudel waren sie gute Jäger; auf sich allein gestellt, waren sie so feige wie die Hyäne. Um ihrem albernen Gekläffe ein Ende zu machen, rief ich sie bei ihren Namen.

Wir befanden uns bei der Tür zur Hütte des Murani-Häuptlings, und eine Nandi-Jagd, selbst eine so kleine, wie diese es sein würde, nahm ihren Anfang niemals inmitten eines solchen Lärms oder allzu großer Munterkeit.

Ich trieb das stumpfe Ende meines Speers in den Boden und stellte mich daneben, um zu warten, bis die Tür sich öffnete.

## Preist Gott für das Blut des Stiers

Arab Maina packte mit beiden Händen die Gurde voll Blut und geronnener Milch und blickte zur Sonne. Leise sprach er im Singsang:

»Preist Gott für das Blut des Stiers, welches Kraft bringt unseren Lenden, und für die Milch der Kuh, welche Wärme gibt den Brüsten unserer Frauen.«

Er trank tief aus der Gurde, und ließ dann, ganz von unten aus seinem Bauch, einen Rülpser heraufrollen, der laut in der Morgenstille widerhallte. Es war eine Stille, die wir Umstehenden bewahrten, bis Arab Maina fertig war, denn hier handelte es sich um Religion; um das Ritual, welches der Jagd vorausging. Es war die Nandi-Sitte.

»Preist Gott für das Blut des Stiers«, sagten wir und standen vor der *singiri* und warteten.

Jebbta hatte die Gurden – Kürbisgefäße – für Arab Maina, für Arab Kosky und für mich. Doch sie sah nur mich an.

»Das Herz eines Murani ist gehärtet wie Stein«, flüsterte sie, »und seine Glieder besitzen die Schnelligkeit einer Antilope. Woher nimmst du die Kraft und den Mut, mit ihnen zu jagen, meine Schwester?«

Wir waren gleichaltrig – gleich jung –, Jebbta und ich, doch sie war eine Nandi, und wenn die Männer der Nandis dem Stein glichen, so glichen ihre Frauen den Halmen des Grases. Scheu und weiblich taten sie Dinge, die Frauen tun sollen, und sie jagten nie.

Ich betrachtete die knöchellangen Häute, die Jebbta trug, und die wie Taft raschelten, wenn sie sich bewegte, und sie betrachtete meine Khaki-Shorts und meine schlaksigen, nackten Beine.

»Dein Körper ist wie mein Körper«, sagte sie, »unsere Körper sind gleich, und deiner ist nicht stärker.« Sie drehte sich um, mit ihren Blicken die Männer meidend, denn auch dies war Gebot, und entfernte sich rasch, zwitschernd wie ein kleiner Vogel.

»Das Blut des Stiers ...«, sagte Arab Maina.

»Wir sind bereit.« Arab Kosky zog sein Schwert aus der Scheide und prüfte die Klinge. Die Scheide aus Leder war rot gefärbt und hing an einem geschmückten Gürtel, der sich um schmale und geschmeidige Hüften schlang. Er prüfte die Klinge und steckte sie wieder in die rote Scheide.

»Beim gesegneten Leib meiner Mutter, wir werden heute Wildschweine jagen!«

Er bewegte sich voran hinter Arab Maina, mit seinem breiten Schild und seinem geraden Speer, und ich folgte Arab Kosky, in der Hand meinen eigenen Speer, der noch neu war und sehr sauber und leichter als die Speere der Männer. Hinter mir kam Buller, ohne Speer und ohne Schild zwar, doch mit dem Herzen eines Jägers und Kinnbacken, die wahrhaftig Waffe genug waren. Da waren noch die anderen Hunde, doch kein Hund war wie Buller.

Wir ließen die *singiri* hinter uns, während das erste Sonnenlicht die Dächer der Hütten wärmte und Rinder, Ziegen und Schafe jene Fährten entlangzogen, die zu offenen Weiden führten – fettes

Vieh, verwöhntes Vieh, das stets von den jungen, unbeschnittenen Knaben gehütet wurde.

Da waren Kühe, Ochsen und Färsen – feuchte braune Augen, feuchte, schnuppernde Nüstern, Mäuler voll Sabber, der sich klebrig an unsere Beine heftete, während Arab Maina die trägen, einfältigen Köpfe der Rinder mit seinem Schild zur Seite schob.

Da war der scharfe Geruch von Ziegenurin, aber auch ein heißer, irgendwie angenehmer Geruch, der tief im Fell der Tiere zu sitzen schien und ganz leicht auf den länglichen Muskeln von Arab Maina und Arab Kosky.

Vor uns lag ein ganzer Tag – und eine Welt, in der man jagen konnte.

Nach dem kleinen Ritual vor unserem Aufbruch gab sich Arab Maina nun nicht mehr feierlich. Er lachte, wenn Arab Kosky oder ich in den Kuhfladen ausrutschten, von denen unser Pfad übersät war, und schwang in spielerischer Drohung seinen Speer gegen einen Stier, ein mächtiges, schwarzes Exemplar, dessen Hufe den Boden aufwühlten. »Kümmre dich gut um die Deinen und wage es nicht, mich dieses Jahr mit einer nicht trächtigen Kuh zu beleidigen!«

Doch die meiste Zeit liefen wir schweigend hintereinander am Rande des dichten Mau Forest entlang, der sich mehr und mehr in nördlicher Richtung erstreckte, hinab ins Rongai-Tal, dessen Sohle gut dreihundert Meter tiefer lag.

Acht Wochen waren vergangen seit dem Ende der schweren Regenfälle, und das Gras im Tal reichte bereits bis zum Knie eines Mannes. Die Ähren begannen stellenweise bereits zu reifen. Aus der Höhe betrachtet, ähnelte das Ganze einer breiten Bettdecke in den Farben Rostrot und Gelb und Goldbraun.

Wir folgten weiter unserem Pfad, der jetzt durch Leleshwa-Busch führte, und mit raschen Wendungen und behenden Sprüngen mieden wir die ätzenden Nesseln und die Dornensträucher. Buller folgte mir dicht auf den Fersen, und hinter ihm, fächergleich sich breitend, kam die Meute der Dorfhunde.

In halber Höhe des Abhangs zum Tal stob eine Schar Rebhühner hoch und flog lärmend davon. Arab Maina hob fast unmerklich seinen Speer; Arab Koskys längliche Muskeln waren plötzlich angespannt. Ich blieb wie angewurzelt stehen und hielt den Atem an. Unsere Reaktion war die natürliche Reaktion aller Jäger – jener Augenblick angestrengten Lauschens, der jedem Alarm folgt.

Doch da war nichts weiter. Arab Mainas Speer senkte sich wieder ein wenig, Arab Koskys längliche Muskeln verloren ihre Härte, Buller schwenkte kurz seinen stummelartigen Schwanz, und wir setzten unseren Weg fort, wieder hintereinander, während das warme Sonnenlicht ein Muster unserer Schatten ins Dickicht wob.

Die aus dem Tal hochsteigende Hitze traf auf uns. Singende Zikaden, Schmetterlinge gleich Blumen vor einem Wind flatterten gegen unsere Körper oder verhielten über dem niedrigen Busch. Nur kleine Lebewesen bewegten sich: solche, die am hellen Tag nichts zu fürchten hatten.

Wir legten noch einen guten Kilometer zurück, als Buller plötzlich seine kalte Nase gegen mein Bein stupste. Und schon glitt er blitzschnell an mir vorbei, auch an den beiden Muranis, und baute sich, wachsam und bewegungslos, in der Mitte des Pfades vor uns auf.

»Halt.« Ich flüsterte das Wort, während ich gleichzeitig meine Hand auf Arab Koskys Schulter legte. »Buller hat etwas gewittert.«

»Ich glaube, du hast recht, Lakweit!« Mit einer Handbewegung befahl Arab Kosky den übrigen Hunden, sich zu ducken. Darin waren sie wohlgeübt. Sie preßten ihre schlanken Bäuche auf den Boden, spitzten ihre Ohren, schienen kaum zu atmen.

Arab Maina spürte offenbar, daß er mehr Bewegungsfreiheit brauchen würde. Er bückte sich, um seinen Schild auf die Erde zu legen. Die Finger seiner linken Hand berührten noch das abgewetzte Leder des Schildgriffs, seine Beine waren noch in den Knien gebeugt, als über fünfzig Meter entfernt ein Riedbock mit mächtigem Satz in die Luft schnellte.

Ich sah, wie Arab Koskys Körper sich spannte wie ein Bogen;

sah, wie sein Speer von seiner Schulter fortkatapultierte; doch er kam zu spät. Der Speer von Arab Maina blitzte kurz auf in einem silbernen Bogen aus Licht, und der Riedbock, die Speerspitze tief unter seinem Herzen, stürzte zur Erde. Arab Mainas Arm hatte ihn gefällt, noch bevor er seinen ersten entsetzten Sprung vollenden konnte.

»Karara-ni! Die Hand unseres Führers ist schneller als der Flug eines Pfeils und stärker als der Hieb eines Leoparden.«

Arab Maina mit Lob überhäufend, rannte Arab Kosky auf den gestürzten Riedbock zu, und er zog sein Schwert aus der roten Scheide, bereit zum Todesstoß.

Ich betrachtete Arab Mainas schlanke Arme mit ihren unausgeprägten, flachen Muskeln und konnte kein sichtbares Anzeichen für eine so enorme Kraft entdecken. Genau wie Arab Kosky war Arab Maina schlank und biegsam wie hoher Bambus, und seine Haut glänzte wie Glutasche unter einem Wispern des Winds. Sein Gesicht war jung und hart, doch war da ein Ausdruck von Lachlust, der es weicher erscheinen ließ. Und Lebenslust, nein, Liebe zum Leben war darin – Liebe zur Jagd, Liebe für die Sicherheit seiner eigenen Kraft, Liebe für die Schönheit und Nützlichkeit seines Speers.

Der Speer war aus biegsamem Stahl, hergestellt von einem Metallfachmann seines eigenen Stammes. Doch der Speer war weit mehr als nur ein Speer.

Für jeden Murani ist sein Speer ein Symbol seiner Männlichkeit und im selben Maße Teil seines Körpers wie seine Sehnen. Sein Speer ist ein Ausdruck seines Glaubens: Ohne ihn kann er nichts erlangen – kein Land, kein Vieh, keine Frauen. Nicht einmal Ehre kann er erwerben, bevor der Tag gekommen ist, an dem er, nach seiner Beschneidung, vor den versammelten Mitgliedern seines Stammes steht – Männer und Frauen jeden Alters aus *manyattas* so weit verstreut wie die Samen des wilden Grases – und ihnen und dem gemeinsamen Erbe Treue und Ergebenheit schwört.

Er empfängt den Speer aus den Händen des *ol-oiboni* und hält ihn, wie er ihn immer halten wird, solange Kraft ist in seinen

Armen und keine Wolke des Alters in seinen Augen. Es ist das Sinnbild seiner Jugend und seiner Herkunft, und indem er den Speer in Besitz nimmt, ist er plötzlich ein Mann.

Er hat ihn in Besitz genommen, und fortan befindet er sich stets in seiner Reichweite. Arab Maina stellte seinen linken Fuß auf den Riedbock und zog vorsichtig seinen Speer heraus.

»Vielleicht hat er einen Knochen getroffen«, sagte er.

Er ließ seine blutigen Finger über die scharfen Ränder der Waffe gleiten, und ein kleines Lächeln spielte um seine Lippen. »Durch den Willen Gottes ist das Metall ohne Scharte! Mein Speer ist unversehrt.« Er bückte sich, rupfte eine Handvoll Gras und wischte das Blut vom glänzenden, warmen Stahl.

Arab Kosky und ich waren inzwischen dabei, das Tier zu häuten, wobei wir unsere »Buschmann-Freunde« benutzten. Wir durften keine Zeit vergeuden, denn unsere eigentliche Jagd – die auf Wildschweine – stand uns ja noch bevor. Immerhin konnte das Fleisch des Riedbocks den Hunden als Futter dienen.

»Die Sonne liegt jetzt auf dem Tal«, sagte Arab Maina. »Wenn wir uns nicht beeilen, werden die Schweine in alle Richtungen entschwunden sein, so wie wogende Halme im Wind.«

Arab Kosky schob seine Finger an den Magenwänden des Riedbocks entlang und riß das Organ dann aus dem Körper des Tieres.

»Halte dies, Lakweit«, sagte er, »und hilf mir, die Eingeweide für die Hunde auseinanderzuteilen.«

Ich nahm den glitschigen, quallenartigen Magen in meine Hände und hielt ihn, während ich beim Riedbock kniete.

»Maina, ich weiß immer noch nicht, wie du es angestellt hast, rechtzeitig den Speer zu schleudern bei der Körperhaltung, die du gerade einnahmst!«

Arab Kosky lächelte und sagte zu mir gewandt:

»Er ist ein Murani, Lakweit – und ein Murani muß den Speer immer rechtzeitig schleudern. Sonst könnte eines Tages ein gefährliches Tier schneller sein als der Speer. Und statt seinen Tod zu beklagen, würden unsere Mädchen dann lachen und sagen, er hätte daheim bleiben sollen bei den alten Männern!«

Arab Maina beugte sich vor und schnitt einen Fleischbatzen aus dem säuberlich gehäuteten Bock. Er reichte mir das Stück für Buller. Den Rest überließen er und Arab Kosky den anderen Hunden.

Buller trottete mit seinem Lohn ein kurzes Stück davon, ließ ihn in einem schattigen Flecken zu Boden fallen und betrachtete seine Vettern mit einem Ausdruck erlesener Verachtung. In der Sprache, die er sprach, und die nur ich verstand, sagte er sehr deutlich (und mit ganz leichtem Suaheli-Akzent): »Bei der edlen Abstammung meines Bullterrier-Vaters, diese Kreaturen benehmen sich ja wie wilde Hunde!«

»Und jetzt«, sagte Arab Maina und setzte sich in Bewegung, trat ein Stück vom Kadaver des Riedbocks zurück, »jetzt müssen wir uns bereitmachen zur Jagd.«

Die beiden Muranis trugen ockerfarbene Shukas, die locker herabfielen von einem einzigen Knoten auf der linken Schulter, so daß sie ein wenig einer etwas knappen römischen Toga glichen. Diese Knoten lösten die Männer jetzt, um sich die Shukas praktischerweise um die Hüften zu schlingen. Mit nacktem Oberkörper standen sie in der Sonne, und durch ihre Rückenmuskeln unter der eingeölten Haut ging eine Bewegung, die jener des Wassers glich, wenn es wellenförmig dahingleitet über steinigen Untergrund.

»Wer kann sich denn frei bewegen mit Kleidern am Körper?« sagte Arab Kosky, während er Arab Maina mit der Lederschnur half, welche die geflochtene Frisur an Ort und Stelle hielt. »Wer hat je eine Antilope mit Kleidern auf dem Rücken laufen sehen, die ihre Geschwindigkeit behinderten?«

»Ja, wer wohl?« sagte Arab Maina mit einem Lächeln. »Manchmal, scheint mir, du schwatzt daher wie eine irre Ziege, Kosky. Die Sonne steht hoch, und das Tal liegt noch ein Stück unter uns – und du sprichst zu Lakweit von Antilopen, die Shukas tragen! Nehmt eure Speere, meine Freunde und laßt uns weitergehen.«

Wieder schritten wir hintereinander, vorn Arab Maina, dann

Arab Kosky, dann ich und unmittelbar hinter mir Buller: So bewegten wir uns im Laufschritt ins Tal hinab.

Wolken gab es nicht, die Sonne war sengend und ließ vom Boden wabernde Hitzewellen aufsteigen, gleichsam Flammen ohne Farbe.

Der Äquator verläuft nahe dem Rongai-Tal, und obwohl wir in einer nicht unbeträchtlichen Höhe jagten, war unter unseren Füßen der Bauch der Erde so heiß wie glühende Asche. Außer einem gelegentlichen Windstoß, der das hohe, getreideartige Gras niederbog, war da nichts – nichts im Tal rührte sich. Erstorben war selbst das chorartige Zirpen der Grashüpfer, und kein einziger Vogel zeigte sich am Himmel. Die Sonne herrschte, und Anwärter auf ihren Thron gab es nicht.

Wir hielten bei der roten Salzlecke, die auf unserem Pfad aus dem Boden hervorlugte. Ich konnte mich nicht erinnern, daß die Salzlecke je so verödet gewesen war. Sonst gab es dort in der Regel großen Andrang der verschiedensten Antilopenarten, Impala, Elen, Wasserbock, sowie Dutzende von kleineren Tierarten. Heute jedoch war die Stelle leer. Sie glich einem Marktplatz, dessen Leben und Treiben man neunundneunzigmal beobachtet hatte, der indes beim hundertsten Besuch leer und verlassen liegt, ohne daß da auch nur ein Straßenjunge wäre, der einem den Grund dafür nennen könnte.

Ich legte meine Hand auf Arab Mainas Arm. »Was denkst du, Maina? Warum ist heute kein Wild da?«

»Sei still, Lakweit, und bewege dich nicht.«

Ich setzte das stumpfe Ende meines Speers auf den Boden und beobachtete die beiden Muranis, die so still standen wie Bäume, mit geweiteten Nasenlöchern, angespannt lauschend. Arab Koskys Faust umklammerte seinen Speer wie die Kralle eines Adlers einen Ast.

»Es ist kein gutes Zeichen«, murmelte Arab Maina, »wenn die Salzlecke ohne Besucher ist!«

Ich hatte Buller vergessen, aber der Hund hatte uns nicht vergessen. Er hatte nicht vergessen, daß er, mochten die Muranis auch vieles wissen, ihnen in solchen Dingen dennoch überlegen war. Und so schob er seinen Körper mit einem Ruck zwischen Arab Maina und mich, die schwarze, feuchte Nase dicht über dem Boden. Und die Haare entlang seiner Wirbelsäule begannen sich zu sträuben bis zum Nacken: Buller zitterte.

Wir hätten sprechen können, doch wir taten es nicht. Auf seine Weise war Buller so noch beredter. Ohne einen Laut von sich zu geben, sagte er so deutlich, wie man das nur sagen konnte: »Löwe«.

»Beweg dich nicht, Lakweit.« Arab Kosky trat näher zu mir heran.

»Ruhig, Buller«, flüsterte ich dem Hund zu, um ihn in seiner aufkommenden Kampfbereitschaft zu beschwichtigen.

Unsere Augen folgten der Richtung, in die Arab Mainas Augen blickten. Er starrte zu einer grasbewachsenen Felsspalte wenige Meter vom Rand der Salzlecke.

Der Löwe, der dort stand, war wenig beeindruckt von Arab Mainas starrem Blick. Auch kümmerte es ihn nicht, daß wir weit in der Überzahl waren. Lässig schwenkte er seinen Schwanz hin und her, starrte zwischen dünnen, hohen Grashalmen zu uns zurück, und seiner Haltung ließ sich entnehmen, daß er dachte: »Ich habe hier meine Rechte. Wenn ihr einen Kampf sucht, worauf wartet ihr dann noch?«

Langsam bewegte er sich vorwärts, während sein Schwanz immer heftiger von Seite zu Seite schwang und seine dichte, schwarze Mähne sich zu plustern schien.

»Ach! Das ist schlimm! Er ist zornig – er will angreifen!« sagte Arab Maina mit tonloser Stimme.

Kein Tier, mag es auch noch so schnell sein, entwickelt über eine Entfernung von wenigen Metern hinweg eine größere Schnelligkeit als ein angreifender Löwe. Er ist dann schneller als jeder Gedanke – schneller als jede Möglichkeit zur Flucht.

Unter meiner beschwichtigenden Hand spürte ich, wie Bullers Muskeln sich knotig spannten, sich wieder entspannten; und erneut sich ballen wollten in wachsender Wut. Er befand sich nahe dem Punkt, wo er wie von Sinnen war. Wenn ich ihn nicht zurückhielt, würde er sich in selbstmörderischer Attacke dem Löwen entgegenwerfen. Ich grub meine Finger in das Hundefell und hielt es gepackt, so fest ich nur konnte.

In Arab Mainas äußerer Erscheinung ging eine Veränderung vor sich. Sein Gesicht nahm einen düsteren, arroganten Ausdruck an, sein eckiges, kühnes Kinn schob sich weiter vor. Seine Augen schimmerten fast träumerisch und schienen tiefer hinter die hohen, glänzenden Wangenknochen zu sinken. Ich sah, wie seine Halsmuskeln anschwollen wie bei einer wütenden Schlange; sah auch, daß in seinen Mundwinkeln Flecken weißlichen Schaums erschienen. Bewegungslos, wie völlig erstarrt, hielt er seinen Blick auf den Löwen gerichtet. Schließlich hob er seinen Schild, als wollte er sich vergewissern, daß dieser sich noch in seiner Hand befand, und ließ seinen Speerarm seitlich an seinem Körper herabhängen, wie um alle Kraft darin zu bewahren, bis er sie im entscheidenden Augenblick brauchte.

Er wußte, daß er im Verein mit Arab Kosky dem Löwen am Ende würde Paroli bieten können, falls dieser angriff – allerdings kaum, ohne daß mindestens einer von uns der großen Katze zum Opfer fiel, tot oder schlimm zugerichtet. Arab Maina war mehr als ein einfacher Murani; er war ein Führer von Muranis, und als solcher mußte er denken und kämpfen können. Er mußte fähig sein, eine Strategie zu entwerfen.

Während ich ihn beobachtete, wie er seinerseits den Löwen beobachtete, wurde mir klar, daß er einen Aktionsplan hatte.

»Seht euch seine Augen an«, sagte er. »Er denkt sehr angestrengt an viele Dinge. Er glaubt, daß auch wir an dieselben Dinge denken. Wir müssen ihm zeigen, daß wir so furchtbar sind wie er, daß seine Wünsche jedoch nicht unsere Wünsche sind. Wir müssen geradenwegs an ihm vorbeigehen, entschlossen und voll Mut, und wir müssen ihn in seinem Zorn beschämen durch Gelächter und lautes Reden.«

Überall auf Arab Koskys Stirn standen winzige Perlen von Schweiß. Ein leises Lächeln huschte über sein Gesicht.

»Ja, sehr wahr! Der Löwe denkt an viele Dinge. Auch ich und Lakweit denken daran. Aber dein Plan ist gut. Wir werden ihn ausprobieren.«

Arab Maina hob seinen Kopf ein wenig höher und drehte ihn sacht, so daß er den Löwen im Blickfeld behielt. Dann setzte er einen Fuß vor den anderen, und steif wie ein Mann, der auf einer Baumstammbrücke eine Schlucht überquert, bewegte er sich voran. Einer nach dem anderen folgten wir. Meine Hand lag noch immer auf Bullers Nacken, doch Arab Kosky ließ den Hund und mich an sich vorbei, so daß wir zwischen den beiden Muranis gingen.

»Halte dich nahe bei mir, Lakweit.« Arab Mainas Stimme klang besorgt. »Ich habe Angst um dich, wenn ich dich nicht sehen kann.«

Arab Kosky brach plötzlich in ein gezwungenes Gelächter aus.

»Es gibt eine Geschichte von einer Nashorn-Frau, die eine Nadel brauchte, um für ihren Mann etwas zu nähen . . .«, begann er.

»Und so lieh sie sich eine von einem Stachelschwein . . .«, sagte Arab Kosky.

»Und verschluckte sie«, ergänzte ich. »Die Geschichte kenne ich schon, Kosky!«

Der Murani lachte lauter. »Aber vielleicht kennt unser Freund, der Löwe, sie noch nicht. Schaut ihn euch an. Er lauscht!«

»Aber er lacht nicht«, sagte Arab Maina. »Er bewegt sich, während wir uns bewegen. Er kommt näher!«

Der Löwe hatte seinen Winkel verlassen, und jetzt konnten wir sehen, daß er geschlagene Beute bewachte: ein totes, ziemlich großes Kongoni. An den Vorderpranken, an der Brust und um sein Maul waren Spuren von frischem Blut. Er war ein einsamer Jäger – ein Einzelgänger, der allein auf die Jagd ging. Sein Schwanz schwang nicht mehr hin und her. Sein mächtiger Kopf drehte sich genau im Tempo unserer Bewegungen.

Der unverkennbare Geruch eines Löwen, scharf, stechend, irgendwie »fleischig«, fast unbeschreiblich, traf mit voller Kraft auf unsere Nasenlöcher.

»Und nachdem sie die Nadel verschluckt hatte ...«, sagte Arab Kosky.

»Still – er greift an!«

Ich weiß nicht, wer sich mit größerer Schnelligkeit bewegte – Arab Maina oder der Löwe. Aber es muß wohl Arab Maina gewesen sein. Ich glaube, daß der Murani den Angriff ahnte, noch ehe sich der Löwe überhaupt bewegte, und so war es ein Aufeinandertreffen von Willenskraft gegen Willenskraft statt einer Auseinandersetzung mit Waffen.

Der Löwe schoß aus seinem Winkel hervor wie ein Stein von einem Katapult. Und prallte gleichsam gegen eine Schutzmauer und stoppte.

Arab Maina hatte sich auf sein linkes Knie niedergelassen. Neben ihm befand sich, in gleicher Haltung, Arab Kosky. Jeder der beiden Männer, mit seinem Schild, seinem Speer, seinem Körper, war jetzt eine Kampfmaschine ohne menschliche Schwächen: kalt und präzise und völlig bewegungslos. Buller und ich kauerten hinter ihnen, und ich hielt meinen Speer in Bereitschaft, so gut sich das bewerkstelligen ließ mit Händen, die sehr heiß waren – weniger von der Sonne als durch meine starke Erregung und das Hämmern meines Herzens.

»Ruhig, Buller.«

»Beweg dich nicht, Lakweit.«

Der Löwe stand wenige Schritte von Arab Mainas Büffelfellschild entfernt. Über den Rand des Schilds hinweg starrte er Arab Maina herausfordernd an, und sein Schwanz schwang wie das Pendel einer Uhr. In diesem Augenblick, glaube ich, hielten im Gras die Ameisen in ihrer Arbeit inne.

Und nun stand Arab Maina auf.

Ich weiß nicht, woher er merkte, daß dies genau der richtige Moment war; oder wie er wissen konnte, daß der Löwe mit einem Waffenstillstand einverstanden sein würde. Vielleicht lag es ganz einfach an der ungeheuren Arroganz, mit der Arab Maina seinen Schild beim Aufstehen sinken ließ, wenn auch nur ein winziges Stück, oder an der völlig sorglosen, ja gleichgültigen Art, in der er uns mit einer Geste zum Weitergehen aufforderte. Doch was immer es auch sein mochte, der Löwe rührte sich nicht.

Wir ließen ihn hinter uns, während sein schwerer Schweif das hohe Gras peitschte und auf seinem Fell das Blut des toten Kongonis trocknete. Er dachte an viele Dinge.

Und ich war enttäuscht. Noch lange, nachdem wir wieder in unseren Laufschritt gefallen waren, in Richtung auf die Stelle, wo es, wie wir wußten, Warzenschweine gab, dachte ich, wie wunderbar es doch gewesen wäre, wenn der Löwe angegriffen hätte: Während er seine Pranken gegen die Schilde der beiden Muranis hätte vorschnellen lassen, hätte sich für mich Gelegenheit gefunden, meinen Speer gegen ihn einzusetzen, und später hätten die beiden Männer dann vielleicht gesagt: »Wenn du nicht gewesen wärst, Lakweit . . . !«

Ich war damals wirklich noch sehr jung.

Wir liefen, bis wir den Molo-Fluß erreichten.

Der Fluß gewann seine Lebenskraft vom Mau Escarpment, und er schlängelte sich hinab ins Tal und gab seinerseits Lebenskraft: den Mimosenbäumen mit ihren gleichsam wolkenbreiten Kronen und den vielen Kletter- und Schlingpflanzen, die das Sonnenlicht aussperrten und das Flußufer in einem stillen, dumpfigen Dunkel hielten.

Der Erdboden dort war feucht und übersät mit den Spuren zahlloser wilder Tiere, deren Fährten sich zu spinnwebartigen Mustern verschlangen. In aller Frühe kamen sie hierher zur Tränke, und sie hinterließen den scharfen Geruch ihrer Losungen und ihrer Körper. Wie ein schmales Band zog sich am Fluß der Wald hin, und er war kühl und voll farbenprächtiger Blumen, die das Sonnenlicht mieden, und er hallte wider vom Gesang bunter Vögel.

Wir legten unsere Waffen auf den Boden und rasteten unter den Bäumen und tranken vom erfrischenden Wasser, wobei wir die gewölbten Hände als Becher benutzten.

Arab Maina hob sein Gesicht vom Rand des Flusses und lächelte leicht. »Mein Mund war wie voller Asche, Lakweit«, sagte er, »aber dieses Wasser ist wahrhaftig noch süßer als selbst Jebbtas sorgsam gebrautes Tembo!«

»Es ist süßer«, sagte Arab Kosky, »und in diesem Augenblick ist es auch willkommener. Ich versichere euch, mein Magen war fast schon sauer geworden vor lauter Durst!«

Arab Maina blickte zu mir und lachte.

»Sauer vor Durst, sagt er, Lakweit! Aber ich glaube, sein Magen war sauer beim Anblick des Löwen bei der Salzlecke. Mut wohnt im Magen eines Mannes, doch es gibt Zeiten, wo der Mut nicht zu Hause ist – und dann ist der Magen sauer!«

Arab Kosky streckte seine geraden, geschmeidigen Glieder auf dem wirren Gras aus und ließ lächelnd seine Zähne sehen, die so weiß waren wie sonnengebleichtes Gebein. »Gerede lebt im Kopf eines Mannes«, gab er zurück, »aber manchmal fühlt es sich sehr einsam, weil es in den Köpfen mancher Männer nichts gibt, um ihm Gesellschaft zu leisten – und so geht es dann hinaus durch den Mund.«

Ich stimmte in das Gelächter der beiden Männer ein und lehnte mich mit den Schultern bequem gegen einen Baumstamm. Als ich nach oben blickte, sah ich durch eine Lücke im Dach des Waldes einen tieffliegenden Geier.

»Maina, du weißt, daß ich diese Vögel hasse. Ihre Flügel sind so unterteilt, als wären es viele kleine Schlangen.«

»Wie du sagst, Lakweit, sie sind Kreaturen mit bösem Omen – Boten des Todes. Zu feige, ihre Beute selbst zu reißen, begnügen sie sich damit, das stinkende Fleisch von der Beute anderer zu fressen.« Arab Maina spie aus, als müsse er, nachdem er von so widerwärtigen Dingen gesprochen, den Mund säubern.

Buller und die anderen Hunde suhlten sich inzwischen im kühlen, schwarzen Schlamm am Flußufer. Bald kehrte Buller zurück, wie in einer Hülle aus Schleim, triefend und zufrieden. Er nahm in »positionsgerechter« Entfernung von den beiden Muranis und mir Aufstellung, und dann schüttelte er sich mit teuflischer Unverfrorenheit, um hinterher mit wackelndem Stummelschwanz zu beobachten, wie wir uns Wasser und Schlamm aus den Gesichtern wischten.

»Das ist seine Art, einen Scherz zu machen«, sagte Arab Kosky, während er seine bespritzte Shuka betrachtete.

»Außerdem will er uns damit sagen, daß wir uns wieder in Bewegung setzen sollen«, meinte Arab Maina. »Der Jäger, der im Wald auf seinem Rücken liegt, hat wenig Nahrung und macht keine Beute. Wir haben heute zuviel Zeit mit anderen Dingen verschwendet, doch das Warzenschwein wartet noch.«

»Was du sagst, ist wahr.« Arab Kosky erhob sich aus dem Gras. »Das Warzenschwein wartet noch, und wer hat so schlechte Manieren, einen anderen warten zu lassen? Buller sicher nicht. Wir müssen seinen Rat annehmen und uns aufmachen.«

Wir gingen das Flußufer entlang, wieder hintereinander, und suchten uns einen Weg durch das Labyrinth silbergrauer Findlinge und rostroter Ameisenhügel von den unterschiedlichsten Formen, mal einer Hexenkappe ähnelnd, mal knienden Riesen oder auch Bäumen ohne Äste. Manche Ameisenhügel waren höher als unsere Hütten auf der Farm, und andere waren nur Haufen, etwa so hoch wie unsere Knie. Man sah sie überall.

»Stöb're sie auf, Buller!«

Aber ich brauchte den Hund nicht anzutreiben. Er witterte das Territorium der Warzenschweine, und er wußte auch, was zu tun war. Schon jagte er voraus, hinter sich die anderen Hunde, die eine stattliche Staubwolke aufwirbelten.

Es gibt gewiß schönere Tiere als das afrikanische Warzenschwein, doch kenne ich keines, das mutiger wäre. Es ist, so könnte man sagen, der Bauer der Ebene – der trostlos triste Erdumwühler. Es ist der ebenso unansehnliche wie furchtlose Verteidiger von Familie, Heim und bürgerlicher Konvention, bereit, gegen jeden den Kampf aufzunehmen, der in sein wohlgeordnetes Dasein einzudringen wagt. Selbst seine Waffen sind plebejisch – gekrümmte Hauer, scharf und tödlich, doch wirklich nicht schön, und uneleganterweise ebenso beim Wühlen benutzt wie beim Kampf.

Voll ausgewachsen ist das Warzenschwein größer als das Hausschwein, und sein Fell mit dem borstigen Haarkleid hat die Farbe des Staubs. Seine Augen sind klein und glanzlos, und in ihnen findet sich stets derselbe Ausdruck – Mißtrauen. Allem, was es nicht versteht, mißtraut es; und gegen alles, dem es mißtraut, kämpft es. Es kann in die Luft schnellen und ein Pferd schwer verletzen, während der Reiter noch über die beste Angriffsstrategie nachdenkt; und die Geschwindigkeit, mit der es aus seinem Loch auftaucht, um einen Feind zu überrumpeln, ist fast schon phänomenal.

Es fehlt ihm nicht an List, ja Tücke. Rückwärts läßt es sich in seine gemütliche, kleine Höhle gleiten (die es von ihrem Erbauer, dem Ameisenbär, gepachtet, um nicht zu sagen requiriert hat), so daß es seinerseits niemals überrumpelt werden kann. Während es in dieser Weise auf der Lauer liegt und darauf wartet, daß Neugier oder Leichtsinn einen Feind in greifbare Nähe bringen, häuft es mit seinem Rüssel feinsten Staub vor sich in dem Loch auf. Der Staub dient als eine Art Nebelwand: In einer stattlichen, verhüllenden Wolke quillt der Staub im selben Augenblick hervor, da das Warzenschwein herausstürzt zur Schlacht. Es kennt den taktischen Rückzug, ist jedoch unfähig zur Kapitulation, und wenn ein Hund nicht ein alterfahrener Veteran ist, und ein Mann nicht mehr als ein Greenhorn, so wird das Blut des Warzenschweins nicht das einzige sein, das fließt.

Dies war mir stets bewußt, wenn Buller mit uns jagte, was ja immer der Fall war. Dennoch dachte ich nie daran, ihn auf der Farm zu lassen. Das wäre so gewesen, als hätte man einen geborenen Soldaten daran gehindert, mit seinem Regiment zu marschieren; oder einem Meisterboxer verboten, in den Ring zu klettern mit der Begründung, er könne beim Kampf verletzt werden. So war Buller also immer dabei, und oft machte ich mir Sorgen.

Jetzt lief er voraus, flankiert von den anderen Hunden. Die beiden Muranis und ich folgten, fächerförmig gebreitet, im Laufschritt.

Das erste Zeichen, das uns die Gegenwart von Warzenschweinen verriet, war das Quieken eines Frischlings, auf den einer der

Dorfköter im Grase stieß. Diesem ersten Quiekser folgte ein Gequieke, als hätten sämtliche Warzenschwein-Frischlinge sich zum Chor vereinigt: schrill, gellend, trommelfellzerfetzend. In wilder Panik stoben die kleinen Schweinchen in alle Richtungen auseinander, wie Mäuse im Traum einer Hauskatze. Ihre steifen, aufrechten Schwänzchen flitzten durch das Gras, als sei plötzlich ein Haufen von Rohrkolben zum Leben erwacht, um sich zu rasendem Tanz zu vereinen – einem verrückten und ausgelassenen Tanz, allerdings keineswegs so unbehütet, wie es den Anschein hatte, denn das Gequieke war nicht ohne Sinn und Zweck: Die Alarmsignale galten den kleinen, wachsamen Lauschern des Familienvaters, der, erst einmal in Fahrt, nur einen Gedanken brüten würde – Mord.

Und er kam. Keiner von uns wußte, aus welcher Richtung; doch inmitten des ganzen Tohuwabohus im Gras zerteilten sich dessen Halme vor Arab Maina, wie von einer Sense gemäht, und ein mächtiger Keiler, blind vor Wut, schnellte geradenwegs auf den Murani los.

Wäre Buller nicht, auf der Suche nach eigener Beute, vorausgerannt, so hätte die Sache vielleicht einen anderen Verlauf genommen. So wie es sich nun abspielte, hatte es mehr von einer Komödie als von einer Tragödie an sich.

Der Keiler war überdurchschnittlich groß, und je größer sie sind, desto zäher sind sie auch. Ihre Haut ist so zäh wie Schuhleder, und um sie aufzuhalten, braucht es schon einen Speer, der sie an einer verwundbaren Stelle trifft.

Arab Maina war bereit. Im selben Moment, da der Keiler auf ihn zusprang, machte der Murani einen Schritt zur Seite, der Speer blitzte – und der Keiler war verschwunden. Doch nicht ohne Begleitung. Hinter ihm, in den wirbelnden Staub spuckend und in Suaheli und in Nandi fluchend, rannte Arab Maina mit zwei seiner Hunde – und allesamt folgten sie mit Aug' und Bein dem schwankenden Schaft von Mainas Speer, dessen Spitze fest zwischen den Schultern des Keilers stak.

Auch Arab Kosky und ich setzten uns in Bewegung, aber da wir nicht gleichzeitig lachen und laufen konnten, hörten wir auf zu rennen und sahen zu. In weniger als einer Minute hatten die Hunde, der Mann und das Warzenschwein den Horizont erreicht, und sie verschwanden dahinter wie vier Fabelgestalten auf der Suche nach Äsop.

Wir machten kehrt und folgten der Richtung, die Buller eingeschlagen hatte, wobei wir auf sein tiefes, aufgeregtes Bellen lauschten, das in regelmäßigen Abständen erklang. Nach etwa fünf Kilometern fanden wir ihn bei einem großen Loch, wo er sein Warzenschwein sozusagen in den Untergrund getrieben hatte.

Buller starrte stumm auf die staubige Öffnung, als hoffe er, das Warzenschwein sei dumm genug, dem Trugschluß zu erliegen: kein Bellen, also kein Hund. Aber diesen Gefallen tat ihm das Warzenschwein nicht. Es ließ sich Zeit, sehr wohl wissend, genau wie auch Buller, daß kein Hund in ein besetztes Schweineloch eindringen würde in der Hoffnung, es wieder lebendig zu verlassen.

»Bist ein braver Kerl, Buller!« Wie stets, war ich erleichtert, ihn unverletzt zu finden; doch im selben Augenblick, wo ich zu sprechen begann, brach er sein strategisches Schweigen und forderte, unter viel Schwanzgewackel und jaulendem Gebell, daß das Warzenschwein aus seiner Höhle getrieben werde, um sich zum Kampf zu stellen.

Bei solchen Wildschweinjagden hatte Buller an seinem ganzen Körper Blessuren davongetragen, tiefe, häßliche Verletzungen, doch war er in letzter Zeit wenigstens vernünftig genug gewesen, nicht mehr auf den Kopf des Keilers loszugehen, was auf die Dauer für jeden Hund tödlich enden muß. Bisher war es mir immer gelungen, so rechtzeitig an der Konfliktstätte zu erscheinen, daß das Warzenschwein mit dem Speer erlegt werden konnte.

Vorsichtig bewegte ich mich auf die eine Seite der Öffnung, während Arab Kosky, ein Stück entfernt, auf der anderen Seite Aufstellung nahm.

»Wenn wir doch nur ein Stück Papier hätten, um damit an der Öffnung zu rascheln, Kosky ...«

Der Murani zuckte mit den Schultern. »Wir werden andere Tricks versuchen müssen, Lakweit.«

Es klingt albern, und vielleicht ist es das auch, aber nachdem alle anderen Methoden fehlgeschlagen waren, hatten wir Warzenschweine herausgelockt, indem wir über den Öffnungen zu ihren Löchern ganz einfach mit Papierfetzen raschelten. Es war damals nicht immer leicht, in Ostafrika ein so knappes Produkt wie Papier zu bekommen, aber wenn wir etwas hatten, funktionierte es damit stets. Allerdings habe ich nicht die leiseste Ahnung, warum es funktionierte. Einen Stock ins Loch stecken oder Rauch verwenden – nichts davon wirkte. Für das Warzenschwein, so denke ich mir, war das Rascheln oder Knistern von Papier ein Geräusch, das etwas Beleidigendes hatte – vergleichbar vielleicht mit dem Ausbuhen oder Auspfeifen eines Sportlers oder Schauspielers.

Aber diesmal hatten wir kein Papier. Wir versuchten alles andere, jedoch ohne den geringsten Erfolg; und so beschlossen wir schließlich, Bullers unverkennbarer Verachtung zum Trotz, die Sache aufzugeben und statt dessen herauszufinden, wie die Geschichte mit Arab Maina und seiner Suche nach dem entschwindenden Speer ausgegangen war.

Wir waren gerade im Begriff, die Szene unserer gemeinsamen Enttäuschung zu verlassen, als Arab Koskys Neugier ihn seine angeborene Vorsicht vergessen ließ. Er bückte sich zu dem dunklen Loch hinab – und das Warzenschwein schoß hervor.

Es war wie eine Explosion. Durch die dichte Staubwolke, die aussah wie Pulverdampf, sah ich nur wirbelnde Einzelheiten – den Schwanz des Keilers, Arab Koskys Füße, Bullers Ohren und das Ende eines Speers.

Mein eigener Speer lag nutzlos in meinen Händen. Ich hätte ihn gegen das Warzenschwein schleudern können – und womöglich den Hund oder den Murani getroffen. Sie alle bildeten ein wildes Gewirr ohne Ende, ohne Anfang, ohne Lücke. Fünf Sekunden lang war das so. Dann schoß das Warzenschwein aus der wirbelnden Masse hervor wie ein vom Sturmwind getriebener Batzen Lehm und entschwand zwischen Ameisenhügeln, neben sich Buller, der mit wilden Bissen den grauen Rumpf des flüchtenden Warzenschweins zu zerfleischen versuchte.

Ich blickte zu Arab Kosky. Er saß auf dem Boden, in einer Lache seines eigenen Bluts. Sein rechter Schenkel war durchtrennt, als hätte ihn ein Schwerthieb getroffen. Kosky preßte ein Stück seiner Shuka gegen die Wunde und erhob sich. Bullers Bellen, leiser jetzt, hallte durch das Reich der Ameisenhügel. Der Keiler hatte die erste Schlacht gewonnen – und würde, falls ich mich nicht beeilte, vielleicht auch die zweite gewinnen.

»Kannst du gehen, Kosky? Ich muß hinter Buller her. Er könnte getötet werden.«

Der Murani zeigte ein maskenhaftes Lächeln. »Natürlich, Lakweit! Dies ist nichts weiter – nur der Lohn für meine Torheit. Ich werde zum *singiri* zurückkehren, damit man sich dort darum kümmern kann. Am besten verlierst du keine Zeit, sondern folgst Buller. Die Sonne sinkt bereits. Geh jetzt und laufe schnell!« Ich hielt den runden Schaft meines Speers fest in der Hand und lief, so schnell ich nur konnte. Für mich – weil ich noch ein Kind war – bildete dies eine herzbeklemmende Erfahrung. So viele Gedanken schossen mir durch den Kopf. Würde ich auch genügend Kraft haben, um Buller vor den Hauern des Keilers zu retten? Was war inzwischen mit Arab Maina geschehen, und warum hatte ich nicht versucht, bei ihm zu bleiben? Wie würde der arme Kosky nach Hause gelangen? Würde er auf dem Rückweg nicht zuviel Blut verlieren?

Ich lief und lief; folgte Bullers kaum noch hörbarem Gebell und den wenigen Tropfen Blut, die sich ab und zu an Grashalmen oder auf dem Erdboden fanden. Es war entweder das Blut von Buller oder vom Warzenschwein. Wenn nicht gar von beiden.

»*Ah-yey,* wenn ich doch nur ein bißchen schneller laufen könnte!«

Ich darf nicht stehenbleiben, nicht für eine einzige Minute. Meine Muskeln beginnen zu schmerzen, und meine Beine bluten von widerspenstigen Dornen und den harten Halmen des Elefantengrases. In meiner schweißnassen Hand rutscht der Schaft des Speers. Ich stolpere, raffe mich hoch und renne weiter, indes Bullers Bellen lauter und näher klingt, dann wieder leiser wird.

Die Sonne wirft schräge Strahlen, und breite Schatten, klobigen Hindernissen ähnlich, fallen über meinen Weg. Nichts außer meinem Hund ist noch wichtig für mich. Der Keiler befindet sich keineswegs auf dem Rückzug. Er lockt Buller von mir fort, fort von meiner Hilfe.

Die blutige Spur wird immer deutlicher, immer stärker. Bullers Bellen klingt schwach und unregelmäßig, jedoch ein wenig näher. Vor mir ragen Bäume auf, vereinzelte mächtige, stumme Bäume.

Das Bellen bricht ab, und es bleibt nur die blutige Spur, der ich folgen kann. Wie kann da soviel Blut sein? Atemlos und noch immer rennend, spähe ich nach vorn durch das wechselhafte Licht und sehe, daß sich etwas bewegt, dort im Gras unter dem Dornenbaum.

Ich bleibe stehen und warte. Wieder bewegt es sich, und jetzt nimmt es Farbe an – schwarz und weiß gesprenkelt mit Rot. Es ist stumm, doch es bewegt sich. Es ist Buller.

Ich brauche weder Atem noch Muskeln, um die letzten hundert Meter zum Dornenbaum zurückzulegen. Plötzlich bin ich dort, unter dem Geäst und sehe eine große Lache aus Blut. Das Warzenschwein – so groß, wie ich nur jemals eines gesehen – ist sechsmal größer als Buller. Erschöpft hockt es auf den Hinterbeinen, während der Hund ihm den Bauch zerfleischt.

Der alte Keiler sieht mich, einen weiteren Feind, und mit großartigem Mut attackiert er noch einmal. Ich mache einen Schritt zur Seite und stoße ihm meinen Speer ins Herz. Er fällt nach vorn, pflügt mit seinen mächtigen Hauern die Erde und liegt still. Ich lasse den Speer in seinem Körper, wende mich zu Buller herum und fühle, wie mir Tränen in die Augen treten.

Der Hund ist aufgerissen wie ein geschlachtetes Schaf. Seine rechte Seite gleicht einer Schlucht aus aufklaffendem Fleisch, vom Schwanz bis zum Kopf, und seine Rippen wirken fast weiß, wie die Finger einer blutbeschmierten Hand. Er schaut zum Warzenschwein, dann zu mir, die ich jetzt neben ihm auf den Knien bin, und er läßt seinen Kopf in meine Arme fallen. Er braucht Wasser, doch da ist kein Wasser weit und breit.

»*Ah-yey!* Buller, mein armer, törichter Buller!«

Er leckt mir die Hand, und ich glaube, er weiß, daß ich nichts tun kann, verzeiht mir jedoch. Ich kann ihn nicht dort lassen, denn das Tageslicht ist fast erloschen, und es gibt Leoparden, die nachts auf die Pirsch gehen, und Hyänen, welche nur die Verwundeten und Hilflosen angreifen.

»Wenn er nur die Nacht übersteht! Wenn er nur die Nacht übersteht!«

Da ist eine Hyäne auf einem nahen Hügel, die darüber lacht, doch es ist das Lachen eines Feiglings. Ich sitze bei Buller und dem toten Keiler unter einem Dornenbaum und sehe, wie die Dunkelheit näherkommt.

Die Welt wird größer, als das Licht sie verläßt. Es gibt keine Merkmale, keine Begrenzungen mehr. Die Bäume und die Felsen und die Ameisenhügel beginnen zu verschwinden, Stück für Stück, wie fortgezaubert unter dem magischen Mantel der Nacht. Ich streichle den Kopf des Hundes und versuche, die Augen zu schließen, aber natürlich kann ich das nicht. Irgend etwas bewegt sich im hohen Gras und ruft ein Geräusch hervor, das Rascheln eines Frauenkleides. Der Hund regt sich schwächlich, und die Hyäne auf dem Hügel lacht wieder.

Ich bette Bullers Kopf auf das Gras und stehe auf und ziehe meinen Speer aus dem Körper des Keilers. Irgendwo links ist ein Geräusch, doch ich kann es nicht identifizieren und sehe nur undeutliche, bewegungslose Schatten.

Für einen Augenblick stütze ich mich auf meinen Speer und spähe nach dem, was nichts ist, dann drehe ich mich wieder herum zu meinem Dornenbaum.

»Bist du hier, Lakweit?«

Arab Mainas Stimme ist kühl wie Wasser auf schattigen Felsen.

»Ich bin hier, Maina.«

Groß und nackt und sehr dunkel steht er neben mir. Die Shuka hat er sich um den linken Unterarm geschlungen, um beim Laufen mehr Bewegungsfreiheit zu haben.

»Du bist allein, und du hast gelitten, mein Kind?«

»Ich bin in Ordnung, Maina, aber ich fürchte für Buller. Vielleicht muß er sterben.«

Arab Maina kniet nieder und läßt seine Hände über Bullers Körper gleiten. »Er ist schlimm verletzt, Lakweit – sehr schlimm verletzt – doch sorge dich nicht zu sehr. Ich glaube, dein Speer hat ihn vor dem Tode bewahrt, und dafür wird Gott dich belohnen. Wenn der Mond um Mitternacht scheint, werden wir ihn nach Hause tragen.«

»Ich bin so froh, daß du gekommen bist, Maina.«

»Wie konnte Kosky sich unterstehen, dich allein zu lassen? Er verdient das Vertrauen nicht, das ich in ihn gesetzt habe!«

»Sei nicht zornig auf Kosky. Er ist böse verwundet. Sein Schenkel wurde vom Warzenschwein aufgeschlitzt.«

»Er ist kein Kind, Lakweit. Er ist ein Murani, und er hätte vorsichtiger sein sollen, da ich nicht da war. Nachdem ich meinen Speer zurückgeholt hatte, kehrte ich um, um euch zu finden. Über eine weite Strecke folgte ich den Blutspuren im Gras – und dann folgte ich Bullers Gebell. Wenn die Windrichtung nicht günstig gewesen wäre, wärst du noch immer allein. Kosky besitzt das Gehirn eines einäugigen Hasen!«

»*Ah-yey!* Was spielt das jetzt für eine Rolle, Maina? Du bist hier, und ich bin nicht allein. Aber mir ist sehr kalt.«

»Lakweit, leg dich hin und ruh dich aus. Ich werde Wache halten, bis es für uns hell genug ist, um aufzubrechen. Du bist sehr müde. Dein Gesicht ist dünn geworden.«

Mit seinem Schwert schneidet er mehrere Handvoll Gras, häuft es zum Kissen, und ich lege mich hin, meine Arme um Buller geschlungen. Der Hund ist jetzt bewußtlos, und er blutet schlimm. Sein Blut sickert über meine Khaki-Shorts und über meine Schenkel.

Das ferne Brüllen eines erwachenden Löwen rollt durch die Stille der Nacht, und wir lauschen. Es ist die Stimme Afrikas, welche Erinnerungen bringt, die es nicht gibt in unseren Hirnen oder in unseren Herzen – vielleicht gibt es sie nicht einmal in unserem Blut. Die Stimme klingt wie losgelöst aus aller Zeit, doch sie ist da, und sie spannt sich über eine Kluft, deren andere Seite wir nicht sehen können.

Quer über den Horizont hinweg zuckt ein geräderter Blitz.

»Ich glaube, es wird heute nacht einen Sturm geben, Maina.«

Arab Maina streckt in der Dunkelheit seinen Arm vor und legt mir die Hand auf die Stirn. »Entspanne dich, Lakweit, und ich werde dir eine lustige Fabel erzählen von dem listigen kleinen Hasen.«

Sehr langsam und sehr leise beginnt er: »Der Hase war ein Dieb ... In der Nacht ging er zur *manyatta* ... Er belog die Kuh und sagte zu ihr, ihr Kalb werde sterben, falls sie sich bewege ... Dann stellte er sich auf seine Hinterläufe und begann, aus dem Euter der Kuh Milch zu saugen ... Der andere ...«

Doch ich schlafe bereits.

## Seien wir Spielgefährten, du und ich

Beim Mondschein brachten wir Buller nach Hause. Lange Zeit lag er sehr still und sah nichts vor seinen Pfoten als Erdboden, bis er schließlich seinen Kopf ein wenig heben konnte; und dann konnte er wieder gehen. Eines Tages beschnüffelte er meinen Speer, der in seiner Hülle aus schwarzen Straußenfedern steckte, und wedelte erwartungsvoll mit seinem Stummelschwanz. Aber das war, nachdem die Welt sich verändert hatte und es keine Wildschweinjagd mehr gab.

Die Welt hatte sich verändert ohne irgendeinen mir verständlichen Grund. Das Gesicht meines Vaters war ernster denn je zuvor, und die Stimmen der Männer, mit denen er sprach, klangen düster. Unter vielem Kopfschütteln redeten sie von fernen, finsteren Orten, die es eigentlich nur in Schulbüchern gab, und die mit Afrika nichts zu tun hatten.

Ein hochwichtiger Mann war erschossen worden, und zwar in einer Stadt, deren Namen ich nicht aussprechen konnte, und wegen dieser Schießerei befanden sich nun ganze Länder im Krieg. Das schien eine recht umständliche Art der Vergeltung zu sein, doch so geschah es nun mal. Als Folge davon waren nicht nur »in ganz Europa« die Lichter ausgegangen, auch in Ostafrika wurden die wenigen Fenster, die wir hatten, immer dunkler.

Im Hinterland hatte der Krieg ein anderes Gesicht als in Europa. Es war eher ein Krieg zwischen Männern als zwischen Waffen; Tanks, Flugzeuge, Gasmasken und Geschütze mit einer Reichweite von dreißig Kilometern blieben Dinge für die Zukunft, selbst nachdem sie überall sonst mit der Vergangenheit verschmolzen waren.

Das Protektorat kämpfte einen Grenzler-Krieg mit Grenzlerwaffen; und es trug noch immer Grenzler-Kleidung.

Buren, Somalis, Nandis, Kikuyus, Kavirondos und Siedler aller Nationalitäten zogen in die Schlacht, wenn das Empire rief, und ihre »Uniform« war das, was sie gerade am Leibe hatten, wenn sie den Pflug, das Dorf oder den Wald verließen. Sie ritten auf Maultieren, oder sie gingen zu Fuß. Sie trugen Gewehre bei sich, falls sie welche besaßen – manche boten ein Buschmesser als gefährlichste Waffe auf.

Aus allen Richtungen strömten sie nach Nairobi, und dort standen sie dann auf den Straßen oder versammelten sich vor dem Nairobi House, bestenfalls wie Revolutionäre aussehend, doch ganz gewiß nicht wie Soldaten der Krone.

Sie trugen Hüte, gefleckte Halstücher, Jacken aus selbstgebeizten Häuten, Shukas, Shorts, Stiefel oder keine Stiefel, es spielte keine Rolle. Irgendwie war es doch eine Art Uniform – nicht für einen einzelnen Mann, sondern für eine Gemeinschaft von Männern. Jeder von ihnen trug auf seine Weise bei zum bestimmten Stil und der Farbe eines Regiments, das einmal Vorgänger in

Amerika gehabt hatte, dem in diesem Krieg ein Widerpart jedoch noch fehlte.

Sie waren gekommen, um zu kämpfen, und sie blieben und kämpften – manche, weil sie lesen und das Gelesene verstehen konnten, manche, weil sie sich einfach nach anderen Männern richteten, und manche, weil man ihnen sagte, daß dies im Namen der Zivilisation – eine der Gottheiten des Weißen Mannes, die begreiflicher und greifbarer schien als die meisten anderen – ihre neue Pflicht sei.

Ich hörte keine Trommelwirbel damals, und ich sah auch keine Fahnen, die marschierenden Kompanien vorausgeflattert wären. Ich sah nur Männer, die ihre Arbeit in den Mühlen liegenließen, und ich sah auf der Farm Ochsengespanne ohne ihre Herren.

Die Farm lebte, doch ihre Stimme war ein Flüstern. Sie produzierte, aber nicht mit der lustvollen Leichtigkeit wie zuvor. Es fehlte am früheren Schwung, doch Kibii und ich taten, was Kinder tun, wenn sich in der Ferne Dinge abspielen, die zu groß sind, als daß man sie verstehen könnte. Wir blieben nahe beieinander und spielten Spiele, die keinen Lärm machten.

Kibii war ein kleiner Nandi-Junge, jünger als ich, doch wir hatten vieles miteinander gemein. Zwischen uns entstand ein Band, das im Kieg geschmiedet wurde, und das es sonst wohl nicht gegeben hätte; doch für mich – Jahre später und in einer anderen Hemisphäre – existiert es noch immer; und es wird wohl auch für ihn – der in Afrika lebt – noch existieren.

Ein Bote kam zur Farm, und er erzählte eine Geschichte, die ähnlich war wie andere Geschichten auch in jenen Tagen. Sie handelte davon, wie der Krieg sich entwickelte in Deutsch-Ostafrika, und von einem hochgewachsenen jungen Mann, der in diesem Krieg getötet worden war.

Vermutlich war dieser junge Mann nicht größer gewesen als andere Gefallene und auch nicht besser. Es war eine gewöhnliche Geschichte, doch Kibii und ich, die den Toten gut gekannt hatten, waren fest davon überzeugt, daß es eine einmalige und besonders traurige Geschichte war, und das glauben wir noch immer.

Der junge Mann band eines Tages seine Shuka auf seine Schulter, nahm seinen Schild und seinen Speer und zog in den Krieg. Er glaubte, daß man Kriege mache mit Speeren und Schilden und Mut, und so brachte er alles Nötige mit.

Aber man gab ihm ein Gewehr, und so ließ er den Speer und den Schild zurück und nahm den Mut mit; und ging dorthin, wohin man ihn schickte, weil man ihm sagte, dies sei seine Pflicht, und an Pflicht glaubte er. Er glaubte an die Pflicht und an die Art von Gerechtigkeit, die er kannte, und an all die Dinge, die von der Erde stammten – so wie die Stimme des Waldes, oder wie das Recht eines Löwen darauf, einen Bock zu töten, oder das Recht eines Bocks, Gras zu fressen, oder das Recht eines Mannes, zu kämpfen. Er glaubte, daß es gut sei, viele Frauen zu haben, jung wie er war; und er fand es schön, wenn Geschichten erzählt wurden im Schatten der *singiri*.

Er nahm das Gewehr, und er hielt es so, wie man es ihm gesagt hatte, und ging auch so, wie man es ihm sagte, und er lächelte ein bißchen und hielt Ausschau nach einem anderen Mann, gegen den er kämpfen könnte. Er wurde totgeschossen von dem anderen Mann, der gleichfalls an Pflicht glaubte, und er wurde dort begraben, wo er gefallen war. Es war so einfach und so unwichtig.

Doch Kibii und mir bedeutete es schon etwas, denn der hochgewachsene Mann war Kibiis Vater und mein ganz besonderer Freund. Arab Maina starb im Kampfeinsatz im Dienst des Königs. Aber manche sagten, es sei so gekommen, weil er seinen Speer verschmäht habe.

»Wenn ich beschnitten worden bin und ein Murani werde«, sagte Kibii, »und Blut und geronnene Milch trinke wie ein Mann, statt *ugali* und Nesselzeug wie eine Frau, dann werde ich herausfinden, wer meinen Vater getötet hat, und ihm meinen Speer ins Herz stoßen.«

»Du bist sehr selbstsüchtig, Kibii«, sagte ich. »Ich kann so hoch springen wie du und all deine Spiele genausogut spielen. Einen Speer kann ich fast so weit werfen wie du. Wir werden den Mann zusammen finden und ihm beide unsere Speere ins Herz stoßen.«

Die Tage, die gezeichnet waren vom Krieg, schritten fort wie das Ticken einer Uhr, welche kein Zifferblatt besaß und keine Zeit anzeigte. Nach einer Weile fiel es schwer, sich zu erinnern, wie es vorher gewesen war; oder aber man hatte sich die Erinnerung schon so oft zurückgerufen, daß sie abgegriffen und verschlissen war wie ein altes Souvenir, welches das Anschauen nicht mehr lohnt. Kibii und ich begannen wieder zu leben, von Stunde zu Stunde.

Noch immer sprach er von seiner bevorstehenden Beschneidung so, wie man vielleicht von der Aussicht auf Wiedergeburt spricht – eine bessere Geburt mit brandneuen Hoffnungen. »Wenn ich ein Murani bin . . .«, pflegte er zu prahlen. Aber wenn er das sagte, sah er immer kleiner aus, als er in Wirklichkeit war – nach wie vor weit eher ein Junge als ein Mann.

Während er also auf seine Neugeburt wartete und ich, die ich ja nur ein Mädchen war, ganz einfach aufs Erwachsenwerden, spielten wir unsere alten Spiele und interessierten uns immer mehr für die Arbeit mit Pferden, die mein Vater uns zugeteilt hatte.

Die Spiele, die wir spielten, waren Nandi-Spiele, denn andere kannte ich nicht, und außer mir gab es bei Njoro weit und breit kein weißes Kind. Vielleicht gab es ein paar Burenkinder in der kleinen Kolonie auf dem Uasin Gishu Plateau – rund dreihundert Kilometer entfernt.

Eines dieser Spiele war Springen, weil es bei den Nandis hieß, ein Junge oder ein Mann, der überhaupt etwas tauge, müsse seine eigene Körpergröße überspringen können. Als ich Njoro das letzte Mal verließ, konnte ich noch immer höher springen, als mein Kopf reichte. Auch ringen konnte ich, auf Nandi-Art, weil Kibii mir alle Griffe und die diversen Tricks beigebracht hatte; und wie ich einen Gegner über meinen Kopf heben und zu Boden schleudern konnte.

Unter meiner stattlichen Narbensammlung befindet sich eine, die mir ein unritterlicher Nandi-Knabe, den ich im Ringkampf bezwungen hatte mit dem Schwert seines Vaters beibrachte. Er lauerte mir eines Tages zwei, drei Kilometer von der Farm auf und stürzte dann hinter einem Dornenbaum hervor, wobei er die Waffe wie ein verrückter Türke schwang. Ich hatte ein sogenanntes Knobkerrie bei mir, einen typisch afrikanischen Knüppel mit Knauf, und bei dem nun folgenden Kampf erwischte ich den Jungen damit hinter dem Ohr – allerdings erst, nachdem er mir mit dem Schwert über einem Knie einen tiefen Stich versetzt hatte.

Es waren ruhige Tage damals, als Kibii und ich an den langen Nachmittagen ein Spiel spielten, das ich erst nach Monaten erlernte, und das ich, da ich es inzwischen vergessen habe, nie wieder erlernen könnte. Ich erinnere mich nur noch, daß wir dabei die kleinen giftigen und gelben Sodomäpfel als Zählmarken benutzten und eine Reihe runder Löcher im Boden als »Zählbrett«. Das Spiel erforderte weit mehr knifflige Rechnerei, als mir in den zwei Jahrzehnten seither abverlangt worden ist. Wir spielten es im Schatten der Bäume oder, wenn die Arbeit mit den Pferden zu Ende war, hinter den Stallmauern, wo wir dann im Schneidersitz auf gelben Strohballen hockten wie Eleven, die sich der Schwarzen Magie befleißigen und auf ein »Zeichen« warten. Von meinem Vater erhielt ich ein paar Rupien als Taschengeld, und auch Kibii verfügte über ein kleines Sümmchen. Jeder tätigte mit seinem »Kapital« die riskantesten Wetteinsätze, doch gelang es weder Kibii noch mir, den Grundstein zu einem künftigen Vermögen zu legen. Allerdings mag es sein, daß einige der Münzen am Ende noch abgewetzter waren als zuvor.

In Afrika leben und *nicht* jagen, war ein Ding der Unmöglichkeit. Kibii lehrte mich, mit Pfeil und Bogen umzugehen, und nachdem wir zur Übung auf Ringeltauben, Blaustare und andere Vögel geschossen hatten, entschlossen wir uns, größere Beute ins Auge zu fassen. Kibii hatte einen kühnen Plan, doch klappte es damit nicht. Eines Tages wagten wir uns in den Mau Forest vor und schlichen zwischen den hohen Baumstämmen dahin wie zwischen den Säulen in einer Kirche, bis wir schließlich auf einen Wandorobo-Jäger stießen, einen wie eingeschrumpften kleinen Mann, der kaum größer war als ein Buschbock. Ihn baten wir um

Gift für unsere Pfeile. Kibii war wütend, als der Wandorobo uns das Gift verweigerte, weil wir, wie er meinte, noch zu jung waren, um mit dergleichen umzugehen; und so verließen wir, kurz vor Einbruch der Dunkelheit, den Wald genauso »ungiftig«, wie wir gekommen waren.

»Wenn ich ein Murani bin . . . !« sagte Kibii in ohnmächtigem Zorn. »Warte nur, bis ich ein Murani bin . . . !«

In Vollmondnächten gingen wir manchmal zu den Kikuyu-*ingomas*. Das waren Stammestänze, die für gewöhnlich auf einem Hügelkamm hinter der Äquator Ranch stattfanden. Als Nandi hatte Kibii für die Tänze der Kikuyus nicht viel mehr als ein müdes Lächeln übrig; er räumte jedoch widerstrebend ein, ihr Gesang sei das Anhören wert.

Die Kikuyus ähneln in ihrer Lebensweise weit mehr den Kavirondos als den Massais oder den Nandis. Physisch allerdings sind sie die am wenigsten Eindrucksvollen von allen. Das mag seinen Grund darin haben, daß sie hauptsächlich Ackerbauern sind, und das Feuer, das vielleicht einmal in ihren Augen war, und der Wille, sich hervorzutun, mögen nach und nach getrübt worden sein, während sich eine Generation nach der anderen tief über den Erdboden beugte. Die Inspiration zur Schönheit ist ihnen abhanden gekommen. Sie sind schwer arbeitende Menschen: aus der Sicht des Empire ein gefügiges und daher nützliches Volk. Sie besitzen einen ausdauernden, sogar starken Charakter, sind jedoch ohne Glanz.

Kibii war immer wieder über die »Frivolität« der Kikuyu-Tänzer schockiert. Die emotionalen Tänze erschienen ihm zu sinnlich – und die rein spirituellen hatten nicht genug Würde. Aber ich glaube, daß sein Urteil stark von Stammeseitelkeit gefärbt war.

Doch wie dem auch sei: Es fanden nur wenige Kikuyu-*ingomas* statt, bei denen nicht Kibii, der Kritiker, und ich zu den Zuschauern gehörten.

Wenn sich der Rand des Mondes in die Nacht schob und die Grasweide beim Hügelkamm hinter der Äquator Ranch hell genug war, um die Schatten sich bewegender Körper zu empfangen, stellten sich die Tänzer in einem Kreis auf. Die Köpfe der jungen Mädchen waren glattrasiert, während die Köpfe der jungen Männer geschmückt wurden von langen Haarflechten, in denen farbige Federn steckten. Auch trugen die jungen Männer an ihren Beinen Metallrasseln, die wie Kaurischnecken geformt waren, und von ihren Hinterteilen baumelten und schwangen Servalfelle. Sie trugen die schwarzweißen Schwänze von Colobusaffen, die sie dann beim Tanz sich schlangengleich winden ließen. Sie sangen mit Stimmen, die so sehr zu Afrika gehörten und so mühelos mit der Nacht und dem stillen Busch und den labyrinthartigen Wäldern verschmolzen, daß die Musik eine lautlose Musik zu sein schien. Sie war wie eine Stimme auf einer anderen Stimme, und beide hatten dasselbe Timbre.

Die jungen Männer und die Mädchen standen in einem weiten Kreis mit ihren Armen jeweils auf den Schultern des oder der Nächsten. Das weiße Licht des Mondes badete ihre schwarzen Körper und ließ sie noch schwärzer erscheinen. In der Mitte des Kreises stand einer, der den Ton angab. Er begann den Gesang, schlug gleichsam den Funken, der auf die anderen übergriff: der aufloderte, gespeist von ihrer Jugend, und herumlief als Flamme rings im Kreis. Es war ein Gesang, ein Lied der Liebe – der Liebe dieses Menschen und jenes Menschen. Es war ein Lied, das sich oftmals änderte, solange da junge Männer waren, die ihre Mannhaftigkeit verkündeten, und solange es junge Mädchen gab, die ihren Beifall herausforderten.

Der Anführer in der Mitte des Kreises schwankte im Rhythmus. Der Chor der anderen gewann an Kraft, die Füße der Tänzer begannen im Takt zu stampfen, das Tempo des Singens beschleunigte sich. Noch immer singend, machte der Anführer einen hohen Sprung in die Luft, wobei er die Fersen dicht beieinander hielt, durch seine Bewegungen den Gesang gleichsam vorwärts peitschend. Die Brüste der jungen Mädchen wippten im wuchtigen Rhythmus des Tanzes, während im Chor die letzten Worte abermals erklangen und wieder und wieder erschollen aus hundert Kehlen.

Der Anführer war erschöpft, und ein anderer nahm seinen Platz ein, und nach diesem wieder ein anderer, der gleichfalls abgelöst wurde. Doch jener, der es am längsten machte und der die höchsten Sprünge tat, er war der Held der Nacht, und seine Krone wurde geformt aus dem Lächeln auf den Gesichtern der Mädchen.

Fast ausnahmslos fiel das Ende des Tanzes mit Tagesanbruch zusammen, doch manchmal gingen Kibii und ich bereits wenn es noch dunkel war. Wir mochten es, so durch die Dunkelheit zu wandern, am Rande des Waldes, während wir auf die schrillen Laute des Klippspringers lauschten und auf das Gelärme der Grillen, das so klang, als seien tausend Schafscheren auf einmal im Gange.

»Als die Welt anfing«, sagte Kibii, »hatte jedes Tier eine bestimmte Aufgabe, sogar das Chamäleon. Das habe ich von meinem Vater und von meinem Großvater gelernt, und diese Tatsache wissen bei uns alle.«

»Die Welt hat vor zu langer Zeit angefangen«, sagte ich. »Das ist so lange her, daß sich niemand daran erinnern kann. Wer könnte noch wissen, was das Chamäleon für eine Aufgabe hatte, als die Welt anfing?«

»Unser Volk weiß es«, sagte Kibii, »weil Gott es unserem ersten *ol-oiboni* erzählt hat, und dieser erzählte es dem nächsten. Jeder *ol-oiboni* hat vor seinem Tod dem neuen *ol-oiboni* gesagt, was Gott gesagt hatte – und deshalb wissen wir diese Dinge. Wir wissen, daß das Chamäleon verflucht ist vor allen anderen Tieren, weil es seine Schuld ist, daß es den Tod gibt.

Und das kam so«, sagte Kibii:

»Nachdem der erste Mensch erschaffen worden war, wanderte er allein durch den großen Wald und über die Ebenen, und er machte sich große Sorgen, weil er sich an gestern nicht erinnern konnte und also nicht fähig war, sich ›morgen‹ vorzustellen. Gott sah dies, und er schickte zu dem ersten Menschen (der ein Nandi war) das Chamäleon mit einer Botschaft, worin es hieß, so etwas wie den Tod würde es niemals geben, und morgen würde so sein wie heute, und die Tage würden niemals enden.

Lange nachdem das Chamäleon aufgebrochen war«, sagte Kibii, »schickte Gott einen Silberreiher mit einer anderen Botschaft aus, worin es hieß, es werde so etwas wie den Tod geben, und manchmal werde ›morgen‹ nicht kommen. ›Die Botschaft, welche als erste ihren Weg zu den Ohren des Menschen findet, soll die wahre sein‹, sagte Gott.

Nun ist das Chamäleon aber ein sehr faules Tier. Es denkt nur ans Fressen, und selbst um etwas zu fressen zu bekommen, bewegt es nur seine Zunge. Das Chamäleon bummelte unterwegs so sehr, daß es, als es endlich zu Füßen des ersten Menschen anlangte, nur einen hauchdünnen Vorsprung vor dem Silberreiher hatte.

Das Chamäleon begann zu reden, kam jedoch damit nicht voran. Es war so aufgeregt, die ihm aufgetragene Botschaft vom ewigen Leben zu verkünden, bevor der Silberreiher sprechen konnte, daß es ins Stottern geriet und in einem fort die Farbe wechselte. So verkündete denn der Silberreiher mit ruhiger Stimme die Botschaft vom Tode.

Seither«, sagte Kibii, »sind alle Menschen gestorben. Unser Volk kennt diese Tatsache.«

Ich war damals noch naiv genug, um über den Wahrheitsgehalt solcher Fabeln nachzugrübeln.

In den Jahren, die seitdem vergangen sind, habe ich über solche Themen gelehrtere Ausführungen gelesen und gehört; Gott hat sich von Gott in eine unbekannte Quantität verwandelt, das Chamäleon ist zu *x* und der Silberreiher zu *y* geworden. Das Leben dauert an, bis ihm der Tod ein Ende setzt. Die Fragen sind dieselben geblieben, nur die Symbole haben sich verändert.

Immerhin ist das Chamäleon ein lustiger, wenn auch fauler Bursche, und der Silberreiher ein hübscher Vogel. Es gibt zweifellos intelligentere Antworten, doch gefallen mir die von Kibii irgendwie besser.

# Königliches Exil

Einem Adler, einer Eule oder einem Hasen muß der Mensch als zwar mächtiges, jedoch einsames Tier erscheinen; er hat nur zwei Freunde. In seiner fast universellen Unpopularität weist er, mit Stolz, darauf hin, daß es sich bei diesen beiden um den Hund und um das Pferd handelt. Er glaubt mit einer eigentümlichen, für ihn typischen Naivität, daß sie ihrerseits genauso stolz sind auf diese von ihm behaupteten engen Beziehungen. »Schaut euch meine beiden edlen Freunde an – sie sind zwar dumm, aber doch treu.« Ich vermute schon seit Jahren, daß sie nur tolerant sind.

Nichtsdestoweniger habe ich mich mein Leben lang auf diese ihre Duldsamkeit verlassen; und wenn mich die Umstände zwingen würden, ohne einen Hund oder ein Pferd in meiner Nähe zu leben, so hätte ich selbst jetzt noch das Gefühl, den Kontakt mit der Erde verloren zu haben. Ich wäre so besorgt wie ein buddhistischer Mönch, der den Kontakt zum Nirwana verloren hat.

Vor allem Pferde haben zu meinem Leben gehört, wie nur irgend etwas zum eigenen Leben gehören kann. Die Erinnerung an sie ist ganz besonders deutlich. Es gibt keine Phase in meiner Jugend, die in der Erinnerung nicht irgendwie verbunden wäre mit einem Pferd, das mir oder meinem Vater gehörte oder das ich zumindest gut kannte. Sie waren keineswegs alle sanft und lieb. Sie waren sich auch gar nicht gleich. Mit einigen gewann mein Vater Rennen, mit anderen verlor er. Seine schwarzgelben Farben waren auf Rennbahnen von Nairobi bis Peru und auch in Durban bekannt. Mitunter ließ er, eigens zur Zucht, Pferde aus dem fernen England kommen.

Camciscan war eines von ihnen.

Als er nach Njoro kam, war ich ein strohhaariges Mädchen mit schlaksigen Beinen, und er war ein Hengst aus einem Stutbuch so dick wie ein Wälzer – überdies schien er, zumindest zum Teil, buchstäblich aus Feuer zu sein. Seine Ankunft und die darauffolgenden Wochen sind deutlich in mein Gedächtnis eingeprägt. Manchmal frage ich mich allerdings, wie ihm das alles vorgekommen sein mag.

Er kam am frühen Morgen an, in dem geräuschvollen kleinen Zug, den er dann verließ, indem er eine Art Rampe herunterschritt mit den langsamen Bewegungen eines Verbannten von königlichem Geblüt. Seinen Kopf hielt er hocherhoben über den Köpfen jener, die ihn führten, und er roch die fremde Erde und die dünne Luft des Hochlands. Es war kein Geruch, den er kannte.

Er hatte ein weißes, sternförmiges Stirnmal; seine Nüstern waren weit und innen rötlich wie die lackierten Nüstern eines chinesischen Drachen. Er war groß, mit schmaler, schlanker Brust, doch einem kräftigen Leib, der auf starken, wie aus Marmor gemeißelten Beinen stand.

Er war kein Brauner, aber auch kein Rotfuchs – irgend etwas dazwischen. Unsicher stand er da vor dem ihm so fremden Hintergrund – ein schlanker Hengst, gebadet in Sonnenlicht und wie umkränzt von rötlich goldenem Schein.

Er wußte, daß er sich wieder in Freiheit befand. Er wußte, daß endlich vorüber war, was ihn so geängstigt hatte: die Dunkelheit im Bauch des Schiffes und die schlingernden Bewegungen, die ihn durchgerüttelt und seinen Leib gegen die Wände der engen Box gescheuert hatten.

Auf seinem Kopf befand sich noch immer das Gebilde aus Lederriemen, und jene lange Leine, der zu folgen er gelernt hatte, hing an dem Ding in seinem Maul, auf das er nicht beißen konnte. Aber an all das war er gewöhnt. Er konnte atmen, und konnte unter seinen Hufen die federnde Erde spüren. Er konnte seinen Körper schütteln, und er konnte sehen, daß hier keine Enge herrschte, sondern Weite – eine Unbegrenztheit des Landes, die zu ihm paßte. Er weitete seine Nüstern und roch die Hitze und die Leere Afrikas, füllte seine Lunge und ließ die Luft daraus entweichen mit einem leisen, wellenartigen Geräusch.

Menschen kannte er. In den ersten drei kurzen Jahren seines

Lebens hatte er von ihnen mehr gesehen als von seiner eigenen Art. Er verstand, daß Menschen dazu da waren, ihm zu dienen, während er seinerseits ihren kleineren Grillen nachzugeben hatte. Sie kletterten auf seinen Rücken, und meistens duldete er sie dort. Sie rieben seinen Körper und machten irgendwas mit seinen Hufen, aber nichts davon war wirklich unangenehm. Er beurteilte sie nach ihrem Geruch und nach der Art, wie sie ihn berührten. Eine Hand, die zitterte, mochte er nicht, und ebensowenig mochte er eine Hand, die hart war oder sich zu schnell bewegte. Er traute dem Geruch eines Mannes nicht, der nichts von Erde oder Schweiß hatte. Menschenstimmen waren schlimm, doch es gab welche, die nicht zu laut waren und die langsam und ohne Schärfe an seine Ohren klangen, und die konnte er ertragen.

Jetzt trat ein weißer Mann auf ihn zu und ging um ihn herum. Andere Männer, sämtlich sehr schwarz – so schwarz wie seine Mähne – standen in einem Kreis und beobachteten den ersten Mann. An so etwas war der Hengst gewöhnt. Es war stets das gleiche, und es machte ihn nervös. Er krümmte den schlanken Bogen seines Halses und stampfte wie spielerisch mit den Hufen.

Der weiße Mann legte eine Hand auf die Schultern des Hengstes und sagte ein Wort, das er kannte, denn es war ein altes Wort, und fast alle Männer sagten es, wenn sie ihn berührten, oder wenn sie ihn sahen.

Der weiße Mann sagte: »Du bist also Camciscan«, und die schwarzen Männer wiederholten langsamer und einer nach dem anderen: »Camciscan.« Und ein Mädchen, das gleichfalls weiß war und strohfarbenes Haar hatte und Beine wie ein Fohlen, sagte mehrere Male: »Camciscan.«

Das Mädchen schien vor Glück ganz aus dem Häuschen zu sein, als sie das sagte. Sie trat ganz nahe zu ihm heran und sagte es noch einmal, und er fand, daß ihr Geruch nicht übel war; doch tat sie ein wenig allzu vertraut, und so schnaubte er ihr kurz ins strohfarbene Haar, um sie zu warnen, aber sie lachte nur. Sie wurde von einem Hund begleitet, der häßlich und voller Narben war und nie von ihrer Seite wich.

Nach einer Weile zog das Mädchen sacht an den Bügeln, denen zu folgen Camciscan gewohnt war, und so folgte er.

Die schwarzen Männer, das weiße Mädchen, der narbige Hund und der kastanienbraune Hengst gingen einen breiten Weg entlang, während der weiße Mann weit voraus in einem Buggy fuhr.

Camciscan schaute nicht nach rechts und nicht nach links. Er sah nur den breiten Sandweg vor sich, und er schritt dahin, als sei er ganz allein, wie ein König ohne Thron. Und er fühlte sich auch allein. Das Land roch sauber und frisch, und die Gerüche der schwarzen Männer und des weißen Mädchens waren so fremdartig für ihn nicht. Dennoch fühlte er sich allein, worauf er ein wenig stolz war, wie schon immer.

Die große Farm gefiel ihm. Es gab dort viele andere Pferde in langen Reihen von Ställen, doch seine Box stand ganz für sich.

Der Alltag hier war nicht viel anders, als er ihn von früher kannte: das Futter, der Sattel, die Trainingsarbeit, die Ruhe. Neu war für ihn jedoch, daß sich dieses Mädchen mit dem strohfarbenen Haar und den überlangen, schlaksigen Beinen um ihn kümmerte. An sich hatte er gar nichts dagegen, nur tat sie immer so sehr vertraut. Sie betrat seinen Stall, als seien sie alte Freunde, und er brauchte keine Freunde.

Bei bestimmten Dingen war er auf sie angewiesen. Dafür schwang sie sich ihrerseits dann am Morgen auf seinen Rücken, und es ging zu einem Tal, das größer war als alle, die er je zuvor gesehen; manchmal strebten sie auch einen bestimmten Hügel hinauf, und dann ging es wieder zurück.

Allmählich gewöhnte er sich an das Mädchen, aber dabei beließ er es auch. Er konnte spüren, daß sie versuchte, die Einsamkeit zu durchbrechen, in der er lebte, und er erinnerte sich an die Gründe für das Mißtrauen gegen Menschen. Er konnte nicht sehen, daß sie anders war, doch fühlte er es, und das beunruhigte ihn.

Frühmorgens kam sie immer in seinen Stall, legte ihm den Zaum an und nahm ihm die dicke Wolldecke ab. Dann rieb sie ihn mit einem Tuch, bürstete seine schwarze Mähne und seinen Schwanz. Sie säuberte den Boden von seinem Urin und trennte die gute Streu von der beschmutzten. All dies tat sie mit großer Sorgfalt. Sie tat es auf eine Weise, die verriet, daß sie mit seinen Bedürfnissen intim vertraut war. Auch sprach daraus ein kaum verhohlener Besitzerstolz, was er sehr genau spürte – und übelnahm.

Er stammte von Spearmint aus Camlarge ab, und das Blut floß arrogant in arroganten Adern.

Es kam die Zeit, da Camciscan frühmorgens mit wachen Ohren und Augen auf das Mädchen wartete, denn inzwischen kannte er die Geräusche ihrer nackten Füße auf dem Erdboden, den noch keine Sonne gewärmt hatte, auch konnte er den strohfarbenen Haarschopf gut von anderen Dingen unterscheiden. Doch wenn sie in seinem Stall war, zog er sich in einen fernen Winkel zurück und beobachtete sie bei der Arbeit.

Manchmal drängte es ihn, sich ihr zu nähern, aber das ließ die Einsamkeit, auf die er so stolz war, einfach nicht zu. Statt dessen geriet er nicht selten in Zorn, in einen unvernünftigen Zorn – so grundlos wie der unprovozierte Zorn eines anderen. Er konnte seinen eigenen Zorn einfach nicht verstehen; und wenn es vorüber war, so zitterte er, als habe er den Geruch von etwas Bösem gewittert.

Eines Morgens schwang sich das Mädchen auf seinen Rücken, wie sie das immer tat, wenn es hinausging zum Hügel oder zum Tal, und plötzlich zuckte der Zorn durch seinen Körper wie ein heftiger Schmerz. Er warf sie ab, und sie fiel gegen die Wurzel eines Baums und lag dann dort, während Blut durch ihr strohfarbenes Haar rann. Ihre Beine, die zu lang waren, so wie die eines Fohlens, bewegten sich nicht einmal, als der weiße Mann und die schwarzen Männer sie forttrugen.

Später, in seiner Box, zitterte und schwitzte Camciscan, und sein Mißtrauen gegen die Männer, die ihn zu füttern versuchten, steigerte sich zum Haß. Sieben Tage lang kam das Mädchen nicht zurück.

Als sie dann wiederkam, zog er sich genau wie sonst in den fernsten Winkel zurück und beobachtete sie bei der Arbeit; oder er stand so still wie der Tod, während sie seine Hufe, einen nach dem anderen, hob und sie mit einem harten Instrument säuberte, was jedoch niemals weh tat. Er war ein Vollbluthengst, und so etwas wie Reue kannte er nicht. Er wußte nur, daß es Dinge gab, die ihn zittern ließen, und Dinge, die ihn mit Zorn erfüllten. Was für Dinge das waren, wußte er nicht immer.

Er wußte nicht, was das Ding war, das ihn zittern ließ an dem Morgen, an dem er die kastanienbraune, junge Stute sah, oder wie es geschah, daß da plötzlich eine Stimme in seiner Kehle war, die in seinen Ohren unvertraut klang und so sonderbar, daß sie ihn selbst erschreckte. Er sah, daß seine sonstige Würde von ihm glitt wie eine Decke, die ihm vom Rücken rutschte, und sein Stolz, der ihn nie zuvor verlassen hatte, ließ ihn jetzt ganz schmählich im Stich.

Er sah die junge, glatte Stute, die dort stand, auf offenem Feld, irgendwie träge, und die umsorgt wurde von vier schwarzen Männern. Unerklärlicherweise war er zu diesem Feld geführt worden, und unerklärlicherweise streifte er gegenüber dieser jungen Stute seine gewohnte Zurückhaltung ab.

Camciscan rief ihr mit einer Stimme zu, die ihm so unvertraut war wie ihr, doch klang darin wohl so etwas wie Gefahr. Es war etwas Neues, das er noch nicht kannte. Er näherte sich der jungen Stute, wobei er seinen Kopf sehr hochhielt und seine Beine bei jedem Schritt anhob. Die junge Stute scheute gegen die Langriemen, die man ihr angelegt hatte, und flüchtete, wobei sie mit einer Stimme schrie, die genauso eindringlich klang wie seine.

Zum ersten Mal in seinem Leben war er bereit, die Einsamkeit, in der er lebte, gegen etwas anderes einzutauschen, doch seine Bereitwilligkeit trug ihm nichts als eine demütigende Zurückweisung ein. Er konnte dies verstehen, aber auch nicht mehr. Ohne zu zittern kehrte er zu seinem Stall zurück. Behutsam setzte er seine Hufe in völlig gleichmäßigem Rhythmus.

Als dann, genau wie sonst, das Mädchen kam und ihm mit geschmeidigen Fingern die neuen toten Haare aus dem glänzenden Fell massierte und anschließend den weichen Striegel über seinen

Körper gleiten ließ, da drehte er den Kopf und sah zu ihr. Er ließ es sich gefallen, denn es tat ihm gut; und doch stieg in ihm der alte Zorn wieder auf. Mehr und mehr wuchs er an, ballte sich in ihm, bis er alle Fesseln sprengte. Und so wirbelte der Hengst herum, packte den schlanken Rücken des Mädchens mit seinen Zähnen und biß zu, so daß ihr der Striegel aus der Hand fiel. Der Hengst schleuderte das Mädchen gegen die andere Seite der Box. Sie lag lange zusammengekrümmt in der zertrampelten Streu, und er stand über sie gebeugt, zitternd, ohne sie mit einem Huf zu berühren. Er berührte sie nicht, und er hätte jeden getötet, der versucht hätte, sie zu berühren. Doch warum das so war, wußte er nicht.

Nach einer Weile bewegte sich das Mädchen und kroch dann aus der Box heraus, und er wühlte mit den Vorderhufen in der Streu auf dem Boden und schleuderte den Kopf, schüttelte allen Zorn aus sich heraus.

Doch am nächsten Morgen war das Mädchen wieder da, und sie säuberte die Box und berührte den Körper des Hengstes genau wie zuvor, nur daß in ihren Händen eine ungewohnte Festigkeit war; und Camciscan wußte oder ahnte doch, daß seine Kraft, sein Zorn und seine Einsamkeit nicht mehr so einfach würden hingenommen werden.

Der Morgenritt war nicht anders als sonst. Die schwarzen Männer arbeiteten wie gewohnt mit den anderen Pferden, oder sie hatten in den Ställen zu tun, wie jeden Morgen. Der große Baum, gegen den er das Mädchen geschleudert hatte, warf genau wie sonst einen kleinen Schattenteich, und Bienen schwirrten kreuz und quer durch die träge Luft wie winzige Kugeln aus Gold; Vögel sangen oder tauchten einfach in den Himmel hinein und wieder heraus. Camciscan wußte, daß es ein ruhiger Morgen voller Frieden war. Aber er wußte auch, daß etwas geschehen würde; er wußte, daß sein Zorn kommen würde – und daß er *diesmal* auf den Zorn des Mädchens treffen mußte.

Inzwischen verstand er, auf seine eigene Weise, daß das Mädchen ihn liebte. Auch verstand er jetzt, warum er, als sie verletzt in seiner Box gelegen hatte, nicht fähig gewesen war, mit seinen Hufen auf ihr zu trampeln, und weshalb er es nicht zugelassen hätte, daß irgendwer sonst sie berührte – und der Grund dafür erschreckte ihn.

Sie kamen zu einer ebenen Stelle auf dem grünen Hügel, und er blieb plötzlich stehen, stechender Schweiß auf dem rostbraunen Hals und den Flanken. Er blieb hier stehen, weil er es so wollte.

Das Mädchen auf seinem Rücken sprach zu ihm, doch er bewegte sich nicht. Zum ersten Mal stieß sie ihm die Fersen gegen die Rippen, hart und scharf; er stand bewegungslos. Er fühlte, wie ihre Hand die Lederpeitsche, mit denen sie seinen Kopf unter Kontrolle hielt, jetzt locker ließ, so daß er fast unbehindert war. Doch sprach sie jetzt nicht; wieder stieß sie ihn mit ihren Fersen, so rauh, daß es weh tat. Sein Kopf fuhr herum, und er bleckte die Zähne und versuchte, damit ihr Bein zu packen.

Das Mädchen schlug mit einer Peitsche auf sein Maul, hart und rücksichtslos, doch überraschte ihn weniger der Schmerz als die Tat an sich. Und sein Stolz verwandelte die Schmerzen in einen Zorn, der ihn blind werden ließ. Wieder biß er nach dem Mädchen, und wieder schlug sie ihn, so daß die Peitsche ihm ins Fleisch brannte. Er wirbelte herum, bis die Welt für beide nichts mehr war als eine Säule aus gelblichem Staub; doch das Mädchen hielt sich auf seinem Rücken, gleichsam schwerelos, und sie peitschte in ermüdungslosem Rhythmus auf ihn ein.

Er bäumte sich hoch, und seine wirbelnden Hufe zerteilten die Wolke aus Staub. Vornüberkippend versuchte er gegen die Beine des Mädchens zu treten, und spürte wieder und wieder die Peitsche auf seinen Keulen, bis sie vor Schmerz zu glühen schienen.

Er wußte, daß er sie unter seiner Körpermasse zerquetschen konnte. Er wußte, daß er, wenn er sich nur hoch genug emporbäumte, nach hinten stürzen würde, und das machte ihm Angst. Doch weder die Peitsche des Mädchens noch seine eigene Angst hielten ihn zurück. Er bäumte sich höher und höher, bis der Boden vor ihm entschwand und er nur noch, durch hervorquellende Augen, den Himmel sah, während er Zentimeter für Zentimeter nach hinten kippte und die Peitsche ihn traf, auf dem Kopf, zwischen den Ohren, am Hals. Er begann zu fallen, und die Angst kehrte zurück, und er fiel.

Als er sah, daß das Mädchen nicht unter seinem Körper begraben worden war, verschwand sein Zorn so schnell wie die Staubwolke, die der Wind fortgeweht hatte. Einen eigentlichen Grund gab es dafür nicht, doch es war so.

Er stemmte sich hoch, stand unsicher, leicht schwankend, während das Mädchen ihn beobachtete, ziemlich sicher auf ihren Füßen, die Lederriemen und die Peitsche noch immer in den Händen, das strohfarbene Haar voll Staub.

Sie kam zu ihm, berührte die schmerzenden Stellen an seinem Körper und streichelte seinen Hals, seine Kehle und die Stelle zwischen den Augen.

Ein wenig später schwang sie sich wieder auf seinen Rücken, und sie folgten weiter dem altvertrauten Weg, langsam, mit dem Hufschlag als einzigem Geräusch.

Camciscan blieb Camciscan. In seinem Verhältnis zu sich selbst änderte sich nichts, wurde nichts anders. Mochte es auf der Farm auch so manches Pferd geben, das freudig wieherte, wenn sich eine bestimmte Person näherte, und vielleicht sogar vergaß, was es seiner adligen Herkunft schuldete, indem es von gewöhnlichen Geschöpfen gewöhnliche Geschenke entgegennahm – Camciscan war von solchem Schlage nicht.

Zu seinem Erbteil gehörte Arroganz, und er genoß sie sehr. Und mochte er sich auch einmal einem Willen gebeugt haben, sein Selbstbewußtsein hatte keinen Schaden davongetragen. Das Mädchen hatte triumphiert – aber nur in einer Nebensächlichkeit.

Noch immer zog er sich in eine ferne Ecke seines Stalls zurück, wenn sie morgens kam und ihre Arbeit begann. Mitunter zitterte er wieder, und einmal am späten Abend, als draußen ein Unwetter hauste und ein nervöser Wind ging, kam sie und legte sich auf die saubere Streu unter seiner Futterkrippe. Er beobachtete sie, solange noch Licht da war, aber dann verblich es mehr und mehr, und zweifellos schlief das Mädchen jetzt, und so trat er näher, senkte seinen Kopf ein wenig, atmete warm durch geweitete Nüstern und beroch die liegende Gestalt.

Sie bewegte sich nicht, und er bewegte sich auch nicht. Für einen Augenblick verwuschelte er ihr das Haar mit seinem weichen Maul. Und dann hob er seinen Kopf so hoch, wie er ihn nur je getragen hatte, und er stand mit dem Mädchen zu seinen Füßen, während draußen der Sturm wütete. Doch es schien gar kein so starker Sturm zu sein.

Als der Morgen kam, stand sie auf und sah ihn an und sprach zu ihm. Doch er stand wieder in der fernsten Ecke, genau wie sonst, und seine Augen waren weit geöffnet, doch blickten sie nicht zu dem Mädchen. Sie sahen den Anbruch des neuen Tages und die warmen Wolken, die der Atem des Hengstes gegen die Kälte zeichnete.

## Gab es ein Pferd mit Flügeln?

Das schwarze Buch lag auf meines Vaters Schreibtisch, dick und gewichtig. Seine Deckel sind ein wenig verbogen, auch haben unsere Finger, meines Vaters und meine, beim häufigen Gebrauch die Seiten arg strapaziert, doch vergilbt sind sie nicht. Die Handschrift wirkt kühn – mitunter sogar stolz, wenn Vater Namen eingetragen hat wie diese: »Little Miller – Ormolu – Véronique.« Es sind sämtlich Stuten aus Geschlechtern, so alt wie Findlinge auf einem Hügel.

Beim Namen »Coquette« wirkt Vaters Schrift nicht so schwungvoll, eher nüchtern – fast sogar zweifelnd. Es ist, als habe hier ein Mädchen, das es in puncto Schönheit mit jeder aufnehmen kann, in eine Familie eingeheiratet, die weit vornehmer ist, als es der Angeheirateten von Rechts – oder von Geburts – wegen zustünde.

Die kurze Karriere von Coquette ist in der Tat ein wenig buntscheckig. Ihre Herkunft, obschon keineswegs obskur, legt dennoch nahe, daß sie sich in puncto glanzvoller Abstammung nicht so ganz mit ihren Stallgefährten messen konnte. Nun gilt zwar die Tatsache, nicht englisch zu sein, durchaus nicht als tödlicher Makel, nicht einmal in den Augen der Engländer, doch ist er gravierend genug, um Mitgefühl zu verbürgen, Coquette ist Abessinierin. Sie ist klein und goldgelb, und Mähne und Schwanz sind von reinstem Weiß.

Coquette wurde aus Abessinien herausgeschmuggelt, weil die Abessinier gute einheimische Stuten nicht außer Landes lassen. Wer die Schmuggler waren, weiß ich nicht, doch ich vermute, daß mein Vater ein Auge zudrückte, als er sie kaufte, während er das andere auf die lieblichen Linien ihres temperamentvollen Körpers gerichtet hielt.

Mein Vater war und ist ein gesetzestreuer Bürger, und wenn er je vom Pfad der Rechtschaffenheit abweicht, so gewiß nicht, weil Gold und Silber ihn verlocken, sondern wohl eher, weil er sich von den unwiderstehlichen Konturen eines prachtvollen Pferdes dazu verführen läßt.

Ein schönes Pferd ist stets neue Erfahrung und neues Erlebnis für ihn. Es ist ein emotionales Erlebnis von jener Art, die durch Worte nur verdorben wird. Er hat immer gern über Pferde gesprochen, sich jedoch gehütet, seine Liebe zu ihnen durch einen Schwall schmückender Beiwörter zu verwässern. Mit seinen siebzig Jahren steht er, trotz der Konkurrenz der Top-Trainer von Südafrika, an der Spitze der Siegerliste des hochkarätigen Rennzentrums von Durban. In Anbetracht dessen – sowie einer Reihe anderer Dinge –, bitte ich um Nachsicht dafür, daß mein eigener Erzeuger mich so unverkennbar beeindruckt.

Nach dem Studium in Sandhurst besaß er ein derart gewichtiges Wissen in Griechisch und Latein, daß ein Mann von minderem Format davon wohl erdrückt worden wäre, etwa wie ein Wanderer, der statt des lebensnotwendigen Proviants lauter Tontafeln voller Alexandriner mit sich schleppt. Doch mein Vater zollte seiner Bildung nur den allernotwendigsten Tribut. Er gewann die Preise, die es für das Übersetzen von Ovid und Aischylos zu gewinnen gab, und begann dann, Hindernisrennen zu reiten, bis er einer der besten Amateurreiter in England war. Er ließ sich auf eine Menge Risiken ein – bei Pferden und bei Afrika; nie trauerte er Verlusten nach, nie prahlte er mit Gewinnen.

Manchmal träumte er über dem dicken, schwarzen Buch – fast so wie ich träume, jetzt, wo die Namen nur noch Namen sind und die Urenkel jener eleganten Zuchtstuten und Zuchthengste zerstreut sind, wie eine zersplitterte Familie.

Doch alle großen Persönlichkeiten erwachen wieder zum Leben, wenn man sie ruft – das gilt auch für großartige Pferde.

Coquette war, auf ihre ganz eigene Weise, ein großartiges Pferd. Sie gewann Rennen, wennschon sie die Welt nie in Erstaunen versetzte, aber sie gab mir mein erstes Fohlen.

All dies verweist zurück auf das dicke, schwarze Buch. Und es ist ein weiter Weg zurück.

Dort liegt es, staublos, weil es viel in Gebrauch ist, und ich bin inzwischen ein bißchen herangewachsen und mit Pflichten überhäuft, die so strikt erfüllt werden müssen wie die eines Hauptfeldwebels, doch sind sie weitaus angenehmer. In Kibii habe ich eine Art Adjutanten, nur ist er in diesen Tagen oft von der Farm fort, um neuen und geheimnisvollen Aufträgen zu genügen.

Mein Mitarbeiterstab bestand nach wie vor aus zwei Personen – dem schlanken Otieno und dem dicken, dicken Toombo.

Es ist ein Morgen im November. In manchen Gegenden ist die Welt so grau wie ein nördliches Meer im Herbst, nur noch kälter. Und es gibt Landschaften in silbrigem Eis. Doch Njoro ist ganz anders. Im November wartet Njoro und das ganze Hochland auf seine Ration an warmem Regen, die regelmäßig von der einen oder der anderen einheimischen Gottheit gespendet wird – oder vom Gott des Weißen Mannes, vielleicht sogar von allen bekannten Göttern, in freundschaftlicher Zusammenarbeit. Der November ist der Monat des Segens und der Geburt.

Ich öffne das schwarze Buch und lasse meinen Finger über eine seiner frischeren Seiten gleiten. Ich komme zu Coquette.

Im Buch steht:

| | |
|---|---|
| Deckdatum | COQUETTE |
| 20/1/1917 | Deckhengst |
| | Referee |

Elf Monate dauert's bei einer Stute. Beschält von Referee – klein, makellos, mutig wie ein Krieger, glatt wie eine Münze –, wird Coquette jetzt in wenigen Tagen fohlen. Ich klappe das Buch zu und rufe nach Toombo.

Er kommt – oder besser: Er erscheint. Er ist so etwas wie eine Vision in Schwarz. Nichts in dieser Welt der Extreme ist schwärzer als Toombo, nichts ist runder als sein Bauch, nichts ist breiter als sein Lächeln. Toombo ist der gute Dschinn – jener, der, anders als der böse Geist, nie in einen Topf eingekerkert wurde. Plötzlich füllt er den Türrahmen, als sei dieser eine Art Fassung für einen polierten Schmuckstein aus schierem Schwarz.

»Brauchst du mich, Beru – oder brauchst du Otieno?«

Gleichgültig, wie oft der Name Beryl an das Ohr eines Schwarzen oder eines Inders klingt, wenn sie den Namen sagen, wird stets »Beru« daraus. Kein englisches Wort ist so glatt, als daß eine in Suaheli geübte Zunge es nicht noch glatter machen kann.

»Ich brauche euch beide, Toombo. Der Tag für Coquette ist sehr nah. Wir müssen mit der Wache anfangen.«

Toombos Lächeln breitet sich über sein breites Gesicht wie Kräuselwellen auf einem Teich. Für ihn sind Geburt und Erfolg Synonyme. Das Ausbrüten eines Hühnereis, selbst das Aufplatzen einer Knospe, ist ein Triumph. Toombos eigene Geburt ist der Haupterfolg seines Lebens. Er grinst so gewaltig, daß auf seinem Gesicht nicht genügend Platz ist für sein Grinsen und für seine Augen, folglich verschwinden die Augen. Er dreht sich um und schlurft davon, und ich höre das tiefe Dröhnen seiner Stimme, als er nach Otieno ruft.

Die Missionare haben ihre Zelte bereits im Kavirondo-Land aufgeschlagen, woher Otieno stammt. Sie haben die alten schwarzen Götter in die Schranken gefordert und sogar ein paar aus dem Sattel geworfen. Sie haben konkrete Bibeln eingetauscht gegen eine Handvoll ungreifbaren Aberglaubens – der Kavirondo-Geist ist fruchtbarer Boden.

Otienos Bibel (in der Jaluo-Sprache übersetzt, die er lesen kann) hat aus ihm einen Christen gemacht – und eine Nachteule dazu. Nacht für Nacht sitzt er beim gelblichen Schein seiner Sturmlaterne, und seine Augen huschen über die Seiten, Zeile für Zeile. Er wirkt ermüdungslos, scheint keinen Schlaf zu brauchen, ist zuverlässig wie der helle Tag – und ein halber Mystiker. Zusammen mit Toombo übertrage ich ihm die Nachtwache in Coquettes Box, denn ich weiß, daß er nie auch nur einnickt.

Er akzeptiert die Aufgabe mit frommer Feierlichkeit – wie es ihm quasi zukommt. Er steht dort, wo zuvor Toombo stand: der hochgewachsene Otieno mit den ernsten Augen. Wäre dies nicht die Morgenzeit, gäbe es keine Arbeit zu tun, und befänden wir uns nicht im Arbeitszimmer meines Vaters, so würde er verlegen mit der Sohle seines rechten, schwarzen Fußes über die Wade seines linken schwarzen Beines streichen und mir die Geschichte von Lots Weib erzählen.

»Ich habe im Buch gelesen«, pflegt er anzuheben, »von einem sonderbaren Ereignis . . .«

Doch steht jetzt ein weit gewöhnlicheres, wennschon kaum weniger »sonderbares« Ereignis bevor, und Otieno geht hinaus, während ich das schwarze Buch schließe und Otieno dann zu den Ställen folge.

Ach, Coquette! Wie nur konnte ein Geschöpf, das einen so lustigen Namen verdiente, so unansehnlich werden? Sie, die kecke Kleine mit dem goldgelben Fell wirkt jetzt plump und unförmig, mit dem Fohlen in ihrem Bauch. Ihre dünnen Fesseln beugen sich so stark unter dem Gewicht, daß die Köten fast den Boden zu berühren scheinen; ihre Hufe sind aus Blei. Sie hat so vieles gesehen – die wilden Hügel und Ebenen von Abessinien, die tiefe Wildnis auf dem Weg nach Njoro, all die verschiedenen Menschen, die verschiedenen Rassen, die verschiedenen Felsen und Bäume.

Coquette hat die Welt gesehen, doch die hellen, weisen Augen sind jetzt nicht so hell. Bald werden sie weiser sein.

Ihre Fohl-Box ist bereit. Ihr Striegel, ihre Kardätsche und ihre Kitamba befinden sich dort. Ihr Fell schimmert noch immer wie Gold, und ihre Mähne und ihr Schwanz sind noch immer wie aus weißer Seide. Doch das Gold wirkt stumpfer; der Seide fehlt der Glanz. Coquette sieht mich an, als sie die Box betritt – um zu warten und zu warten.

Wir drei – Toombo, Otieno und ich – kennen das Geheimnis. Wir wissen, worauf Coquette wartet, nur sie selbst weiß es nicht. Und keiner von uns kann es ihr sagen.

Toombo und Otieno treten ihre Nachtwache an. Nur langsam verstreicht die Zeit.

Doch es gibt andere Dinge. Alles geht seinen gewohnten Gang. Und was wäre gewöhnlicher als eine Geburt? In der Zeit, die ich brauche, um diese Seite umzuwenden, werden eine Million Geschöpfe geboren, während eine andere Million stirbt. Die Symbolik ist abgedroschen; zahllose Träumer haben zahllose Weisen über das Mysterium angestimmt, doch Pferdezüchter sind Realisten, und jeder Farmer ist eine Hebamme. Da bleibt keine Zeit für Mysterien. Da ist nur Zeit für Geduld und Sorgfalt; und für die Hoffnung, daß das, was zur Welt kommt, fürs Leben taugt.

Warum die meisten Fohlen nachts geboren werden, weiß ich nicht. Aber so ist es. Auch bei diesem.

Neunzehn lange Tage vergehen, und am Abend des zwanzigsten mache ich die Runde durch die Ställe, die mich, wie gewohnt, am Ende zu Coquettes Fohl-Box führt. Buller weicht mir nicht von der Seite. Otieno, der Wächter, ist dort – und Toombo, der Kugelrunde.

Die Sturmlaterne in der Fohl-Box brennt bereits. Es ist eine große Box, so groß wie ein Zimmer, mit Wänden aus Zedernbrettern, die in der Sägemühle geschnitten wurden. Auf dem kahlen Erdboden liegt eine Schicht langes Gras, frisch von der Weide; der Geruch eines gemähten Feldes strömt davon aus.

Coquette steht schwerleibig unter dem sanften Schein der Laterne. Ihr Abendfutter ist zum Teil noch unberührt. Während neues Leben in ihr wuchs, ist sie selbst fast leblos geworden. Sie senkt den Kopf, als sei es nicht der am rassigsten geformte Pferdekopf, der sich denken läßt, sondern eine häßliche und lästige Bürde. Sie knabbert an einem einzelnen Blatt Luzerne, das viel zu klein ist, als daß sie etwas schmecken könnte, und schlurft dann mit schweren Hufen durch die Box. Nichts scheint mehr irgendwelchen Reiz zu haben – sie hat nach nichts mehr Begehr.

Otieno seufzt. Toombos Gesicht scheint das Licht der Sturmlaterne zurückzustrahlen, Glanz für Glanz. Buller, außerhalb der Box, empfängt die heranrückende Nacht mit warnendem Knurren.

Ich beuge mich vor und lege meinen Kopf gegen den glatten, warmen Bauch der Stute. Das neue Leben ist dort. Ich höre es und fühle, wie es sich regt – sein Recht fordernd auf Freiheit, auf unbeengtes Wachsen. Ich hoffe, daß es vollkommen ist; ich hoffe, daß es stark ist. Schön wird es nicht sein, nicht zu Anfang.

Ich blicke von Coquette zu Otieno. »Paß sorgfältig auf. Bald ist es soweit.«

Der große, dünne Kavirondo schaut in das Gesicht des dicken. Toombos Gesicht ist gleichsam empfangsbereit – man kann es nicht anschauen, man kann nur hineinschauen. Es ist wie eine große Schale, oft leer, jetzt allerdings nicht. Jetzt ist es bis zum Rand gefüllt mit Erwartung. »Dies ist eine gute Nacht«, sagt er, »dies ist eine gute Nacht.« Nun, vielleicht ist er optimistisch, doch eine geschäftige Nacht wird es jedenfalls.

Ich gehe zu meiner Hütte zurück – zu meiner neuen, stolzen Hütte, die mir mein Vater aus Zedernholz gebaut hat, mit richtigen Dachschindeln anstelle von Stroh. In ihr habe ich mein erstes Glasfenster, meinen ersten Holzfußboden – und meinen ersten Spiegel. Ich habe zwar immer gewußt, wie ich aussehe, doch mit meinen gut fünfzehn Jahren fange ich jetzt an, mich zu fragen, ob man da nicht irgendwie nachhelfen könnte. Vermutlich nicht – und wen gäbe es hier auch, der den Unterschied bemerken würde? Dennoch: In einem solchen Alter gibt es wenige Dinge, die mehr fragende Neugier auslösen als ein Spiegel.

Um halb neun klopft Otieno.

»Komm schnell. Sie liegt.«

Schnüre, Messer, Desinfektionsmittel – sogar ein Narkotikum – liegen in meiner Fohl-Tasche bereit, letzteres nur für den Fall der Fälle. Als Abessinierin sollte Coquette weniger Schwierigkeiten haben, als das sonst so oft bei Vollblutstuten der Fall ist. Doch ist es bei Coquette das erste Mal. Und das erste Mal ist längst nicht immer das leichteste. Ich nehme die Tasche und eile durch das Gewirr von Hütten, von denen manche dunkel sind, im Schlaf, während andere, mit gelben, rechteckigen Augen, noch wachen. Mit Otieno an meiner Seite erreiche ich den Stall.

Coquette ist auf dem Boden. Sie liegt flach auf der Seite und atmet stoßweise, wie im Krampf. Pferde sind nicht stumm im Schmerz. Eine Stute in Wehen ist fast hilflos, doch kann sie ihrer Qual Ausdruck geben. Coquettes tiefes, erschöpftes Stöhnen ist ohne eigentliche Heftigkeit. Es hat nichts Hysterisches, eher liegt darin die Unendlichkeit der Pein, die keine Antwort findet.

Ich knie auf ihrem Graslager und betaste ihre weichen Ohren. Sie sind schlaff und feucht, doch Fieber hat die Stute nicht. Die Wehen setzen ihr schlimm zu, und sie blickt aus starren Augen ins Leere. Oder sieht sie vielleicht den taumelnden Tanz ihrer eigenen Schmerzen?

Noch ist es nicht soweit. Wir können ihr nicht helfen, wir können nur bei ihr wachen. Wir sitzen auf dem Boden, alle drei – Toombo bei der Futterkrippe, Otieno an der Holzwand, ich selbst dicht bei Coquettes schwerem Kopf –, und wir können, fast gelassen, über andere Dinge sprechen, während die kleine Flamme in der Sturmlaterne experimentelle Bilder auf die Wand wirft.

»Wa-li-hie!« sagt Toombo.

Er sagt das mit allem ihm zur Verfügung stehenden Ernst. Selbst am Tag des Jüngsten Gerichts wird er nicht mehr sagen. Ein einziges »Walihie!«, und er hat, sozusagen, seinen philosophischen Pfeil von der Sehne schnellen lassen. Nunmehr wird er wieder ganz er selbst: Gelöst lächelt er in sich hinein.

Coquettes Wehen folgen ihrem eigenen, gezeitenartigen Rhythmus. Minutenlang hat die Stute ihren Frieden, dann wieder wird sie, für Minuten, heimgesucht von Schmerzen, die wir alle fühlen, jedoch, für uns selbst, unter Worten ersticken.

Otieno seufzt. »Das heilige Buch spricht von vielen fremden Ländern«, sagt er. »Es gibt da ein Land, in dem Milch und Honig fließen. Glaubst du, daß dieses Land gut wäre für einen Mann, Beru?«

Toombo hebt die Schultern. »Für welchen Mann?« fragt er. »Für den einen Mann ist Milch keine schlechte Nahrung, für einen anderen ist Fleisch besser, *ooji* ist für alle gut. Was mich betrifft, ich mag keinen Honig.«

Otienos Blick ist der eines gestrengen Richters, der einen Hauch Milde walten läßt. »Was immer dir schmeckt, Toombo, schmeckt dir zu sehr. Betrachte doch nur deinen runden Bauch. Oder deine schweren Schenkel!«

Toombo tut's. »Gott macht dicke Vögel und kleine Vögel, er macht breite Bäume und Bäume, die so dürr sind wie Ruten. Er macht große Körner und kleine Körner. Ich bin ein großes Korn. Mit Gott rechtet man nicht.«

Gegenüber dieser Art von Theosophie muß sich Otieno geschlagen geben; er ignoriert den rundlichen Jesuiten, der sich ebenso gelassen wie genüßlich unter der Futterkrippe spreizt, und blickt wieder zu mir.

»Vielleicht hast du dieses Land schon gesehen, Beru?«

»Nein.« Ich schüttle den Kopf.

Aber so ganz sicher bin ich mir nicht. Mein Vater hat mir gesagt, daß ich vier Jahre alt war, als ich England verließ. Theoretisch könnte es das Land sein, in dem Milch und Honig fließen; doch in meiner Erinnerung findet sich nichts davon. Ich erinnere mich an ein Schiff, das unaufhörlich den Hügel des Meeres hinauffuhr, ohne jemals oben anzulegen. Ich erinnere mich an einen Ort, der, wie man mir später sagte, Mombasa heißt, doch scheint dieser Name mit meiner Erinnerung an den Ort überhaupt nichts zu tun zu haben. Es ist eine sehr einfache Erinnerung, bestehend aus nichts als Farben und Formen, aus Hitze, träge trottenden Menschen und großblättrigen Bäumen, die mehr Kühlung versprachen, als sie boten. Das einzige Land, das ich kenne, ist dieses Land – diese altvertrauten Hügel, dieser Busch, dieser Wald. All das, was auch Otieno kennt.

»Ein solches Land habe ich niemals gesehen, Otieno. Aber, genau wie du, habe ich davon gelesen. Ich weiß nicht, wo es ist, oder was es bedeutet.«

»Das ist eine traurige Sache«, sagt Otieno. »Es klingt, als ob's ein gutes Land wär'.«

Toombo rafft sich vom Boden hoch und zuckt die Schultern. »Wer würde schon weit gehen wegen einem *kibuyu* Milch und einem Batzen Honig. Bienen wohnen in jedem zehnten Baum, und jede Kuh hat vier Zitzen. Sprechen wir von besseren Dingen!«

Aber von besseren Dingen spricht jetzt Coquette. Sie stöhnt plötzlich aus der Tiefe ihres Schoßes und zittert. Sofort streckt Otieno die Hand nach der Sturmlaterne und dreht die Flamme höher. Toombo klappt die Fohl-Tasche auf.

»Jetzt.« Coquette sagt es mit ihren Augen und mit ihrer wortlosen Stimme. »Jetzt – vielleicht jetzt –«

Der Augenblick ist gekommen, und das Gelobte Land ist vergessen.

Ich knie über der Stute und warte darauf, daß ihr Fohlen sich hervorwagt aus dem Dunkeln ins Licht. Ich warte auf das erste Sichtbarwerden der winzigen Hufe, auf das Erscheinen jener Hülle, die das Fohlen bei seinem ersten großen Auftritt gleichsam als Mantel tragen wird.

Es lugt hervor, und Coquette und ich arbeiten zusammen. Otieno und Toombo knien mir zur Seite, und keiner von uns spricht, weil jedes Wort überflüssig ist.

Doch gibt es so manche unausgesprochene Frage.

Wird es ein männliches oder ein weibliches Fohlen sein? Wird es gesund sein und wohlgestaltet? Wird es ein starkes Herz haben und genügend Selbstbehauptungswillen? Wird es so atmen, wie es atmen soll und atmen muß? Wird es wachsen und gedeihen und sein Lebensrecht fordern?

Endlich habe ich meine Hände auf den winzigen Beinen, über der Hülle, die sie umschließt. Es ist eine starke, durchsichtige Hülle, welche die kleinen Hufe erkennen läßt – Hufe, die zugespitzt wirken und noch ganz und gar nicht hart sind – untaugliche Hufe jetzt, doch voller Drang, sich zu beweisen auf festem Boden.

Behutsam, ganz behutsam, jedoch kräftig und gleichmäßig befördere ich das neue Leben in den Schein der Stallaterne, und die Stute strengt sich bis zum äußersten an. Ich packe wieder zu, Hand über Hand, und warte darauf, daß ihre Muskeln im selben Moment schieben, in dem ich ziehe. Die Nase – der Kopf, der ganze Kopf – und schließlich das Fohlen selbst, es gleitet in meine Arme; und die plötzliche Stille ist so scharf wie das Knallen einer Holländer-Peitsche – und genau so kurz.

»Walihie!« sagt Toombo.

Otieno wischt sich den Schweiß unter den Augen weg; Coquette seufzt ihren letzten Schmerz hinaus.

Ich lasse die glänzende Hülle nur für einen winzigen Augenblick auf der zertrampelten Grasstreu liegen, dann reiße ich sie auf, um dem schwankenden kleinen Kopf volle Freiheit zu geben.

Ich sehe, wie die weichen, mausfarbenen Nüstern zum allerersten Mal, wie zur Probe, Luft einsaugen. Sorgfältig streife ich die ganze Hülle vom Fohlen, binde die Nabelschnur ab und durchtrenne sie mit dem Messer, das Otieno mir reicht. Zum letzten Mal verbinden sich das alte Leben der Stute und das neue Leben des Fohlens in einer kurzen, wie durch Blut besiegelten Taufe, und während ich die Wunde mit einem Desinfektionsmittel behandle, sehe ich, daß Coquette einen Sohn zur Welt gebracht hat.

Er ist ein kräftiger Kerl, heiß in meinen Händen, zitternd vor Lebensungeduld.

Coquette bewegt sich. Sie weiß jetzt, was Gebären ist; und mit dem, was sie kennt, kann sie fertigwerden. Schwankend kommt sie hoch, ohne Anmut, ohne Balancegefühl, und wiehert einmal – dies also ist meiner! Dies ist es also, was ich geboren habe! Zusammen trocknen wir das Fohlen.

Als es geschafft ist, stehe ich auf und drehe den Kopf, um Otieno zuzulächeln. Aber da ist kein Otieno; da ist auch kein Toombo. Neben mir steht mein Vater mit der Miene eines Mannes, der mehr mitangesehen hat, als irgendwer vermuten konnte. Dies ist eine Szene, die er unzählige Male erlebt hat; dennoch ist in seinen Augen ein helles, waches Glänzen – als habe er, nach so vielen Jahren, nun endlich doch noch die Geburt eines Fohlens gesehen!

Er ist weder groß noch klein; er ist schlank und zäh wie eine Gerte. In seinem wie gegerbten Gesicht, das sehr sanft sein kann, sitzen dunkle und freundliche Augen.

»Hier bist du also«, sagt er, »– prächtige Arbeit und ein prächtiges Fohlen. Soll ich dich oder Coquette belohnen – oder euch beide?«

Toombo grinst, und Otieno stochert, wie um seinen Respekt zu bezeugen, mit seinen Zehen in der Streu. Ich hake mich bei meinem Vater ein, und gemeinsam betrachten wir das linkische, ungeduldige Bündel, das bereits auf die Füße zu kommen versucht.

»Jedem das Seine«, sagt mein Vater. »Du hast ihm ins Leben geholfen. Er soll dir gehören.«

Durch die Hände eines Bankbeamten gehen viele Münzen aus Gold, doch gehört nichts davon ihm. Sollte indes eines Tages jene Märchenfee, von der alle träumen, der jedoch niemand je begegnet, ihm all die Goldmünzen – oder wenigstens einen Teil davon schenken, so wäre seine Freude gewiß nicht geringer, weil er solche Münzen seit Jahren tagtäglich gesehen hat. Er würde sofort wissen (falls er es denn nicht schon vorher wußte), daß es dies ist, was er sich schon immer gewünscht hat.

Seit Jahren hatte ich mich um die Pferde meines Vaters gekümmert; hatte sie gehegt und gepflegt, geritten und geliebt. Nie jedoch hatte mir eines von ihnen gehört.

Jetzt gehörte mir eines. Und es hatte nicht einmal der Dienste einer guten Märchenfee bedurft. Es hatte genügt, daß mein Vater sagte, das Fohlen gehöre mir: – und nun war es meins, meins ganz allein. Ja, er gehörte mir, der Kleine, und niemand außer mir sollte ihn jemals berühren dürfen, oder ihn reiten, oder ihm

Futter geben, oder ihn hegen und pflegen – nur ich ganz allein.

Ich weiß nicht mehr, ob ich meinem Vater dankte; vermutlich tat ich's – soweit Worte denn überhaupt Dank ausdrücken können. Woran ich mich noch erinnere, ist dies: Nachdem die Fohl-Box gesäubert war und das Licht in der Laterne wieder heruntergedreht, und als dann Otieno die Wache bei dem Neugeborenen übernahm, da ging ich hinaus und wanderte mit Buller hinter den Ställen entlang und ein kleines Stück den Pfad hinauf, der zu dem Dorf führte, wo Arab Maina früher gelebt hatte.

Ich dachte an das neue Fohlen, an Otienos Gelobtes Land und grübelte, wie ungeheuer groß die Welt wohl sein mußte; dachte dann wieder ans Fohlen. Welchen Namen sollte ich ihm geben?

Wer blickt da nicht unwillkürlich nach oben, wenn er einen Namen sucht? Aber wenn man dann emporschaut, was gibt's da schon zu sehen, außer dem Himmel? Und wenn man ihn sieht, wie können dann der Name oder die Hoffnung irdisch – erdgebunden – sein? Gab es nicht einmal ein Pferd namens Pegasus, das fliegen konnte? Gab es nicht einmal ein Pferd mit Flügeln?

Ja, es gab einmal eins – vor langer, langer Zeit. Und jetzt gibt es wieder eins.

# Drittes Buch

## Meine Fährte führt nordwärts

Jemand mit einem Hang zu kleinen Zynismen sagte einmal: »Wir leben, doch wir lernen nichts.« Aber ein paar Dinge habe ich doch gelernt.

Zum Beispiel dies: Wenn man einen Ort verlassen muß, den man liebt – wo man gelebt hat, und wo das eigene Gestern und Vorgestern tief vergraben liegt –, so sollte man ihn auf dem schnellsten Wege verlassen. Niemals zögern oder zaudern, niemals sich umdrehen und niemals glauben, daß eine Stunde, an die man sich erinnert, eine bessere Stunde ist, weil sie tot ist. Vergangene Jahre scheinen sichere Jahre zu sein, eine entschwundene, gefahrlose Zeit, während die Zukunft, wie in einer konturlosen Wolke, aus der Ferne bedrohlich wirkt. Dringt man in die Wolke ein, so klart sie auf. Dies habe ich gelernt, doch wie jeder habe ich es erst spät gelernt.

Ich verließ die Farm bei Njoro so ziemlich auf dem allerlangsamsten Wege, und ich sah sie niemals wieder.

Ich wäre nur zu gern umgekehrt – auch Pegasus, der mich trug, wäre umgekehrt, weil selbst ihn drei Jahre Erinnerung dort festzuhalten versuchten. Doch unsere Welt war verweht wie ein Fetzen im Wind, und ein Zurück gab es nicht mehr.

All dies geschah, weil die gütigen Götter, welche meist Seite an Seite schritten – oder sich doch zumindest bei größeren Dingen einig waren –, miteinander haderten und es versäumten, Regen zu schicken.

Was bedeutet Regen – ein einziger Regenguß – im Leben eines Menschen? Was für einen Unterschied macht es, wenn es in diesem Monat keinen gibt, wenn der Himmel von durchsichtiger Klarheit ist und die Sonne scheint und die ganze Welt in ihrem Licht erstrahlt? Was kommt es auf eine einzige Wolke an, und wer ist so griesgrämig, ein Unwetter herbeizuwünschen?

Betrachten wir ein Samenkorn in der Hand des Farmers. Ein Atemstoß genügt, um es fortzublasen, und damit hätte es sein Bewenden. Dennoch sind im Samenkorn gleichsam drei Leben enthalten – sein eigenes, das des Mannes, für den die spätere Frucht Nahrung ist, sowie das Leben dessen, der die Pflanze kultiviert. Wenn der Same stirbt, so müssen zwar diese Menschen nicht auch sterben, doch werden sie vielleicht nicht mehr so leben können wie sonst. Der Tod des Samens mag ein tiefer Einschnitt in ihrem Dasein werden; Umstellung mag erforderlich sein, ein Neubeginn.

Es kam das Jahr, in dem in Njoro und auf allen Farmen im Umkreis von Njoro sämtliche Samen starben: auf den tiefergelegenen Feldern, auf den Hügelhängen, auf den gerodeten Flächen, auf den großen Farmen und auf den Farmen, die entstanden waren durch nicht viel mehr als einen Pflug und eine Hoffnung. Die Samen starben, weil ihnen Feuchtigkeit fehlte; sie dürsteten nach Regen.

Es kam der Morgen, da war der Himmel so klar wie Fensterglas. Auch am folgenden Morgen war das so und am Morgen danach. Es reihten sich so viele klare Morgen aneinander, daß es schließlich schwerfiel, sich vorzustellen, wie das überhaupt war, wenn Regen fiel; und wie grün ein Feld aussehen konnte und wie feucht – so feucht, daß ein nackter Fuß in den Boden einsank. Alles, was wuchs, hielt in seinem Wachstum inne; Laub begann zu verdorren, und alle Kreatur wandte der Sonne den Rücken zu.

Vielleicht gab es – in London, in Bombay, in Boston, wo auch immer sonst – eine Zeitung, die (irgendwo auf einer der inneren Seiten) eine Kurzmeldung brachte: »Dürre bedroht Britisch-Ostafrika.« Vielleicht las irgend jemand diese Meldung und wandte seinen Blick nach oben in der Hoffnung, daß sein Himmel so klar sein möge, wie es unser Himmel war; oder er befand, daß eine Dürre in jenem fernen Winkel Afrikas nicht einmal eine Kurzmeldung lohne.

Vielleicht stimmte das sogar. Es ist in der Tat kaum eine Meldung wert, wenn ein Mann, den man niemals gesehen hat und niemals sehen wird, den Ertrag seiner Arbeit verliert, mag es nun der Ertrag der Arbeit eines Jahres oder vieler Jahre oder eines ganzen Lebens sein. Das ereignet sich – für den Zeitungsleser – in so weiter Ferne, daß es kaum vorstellbar ist.

Aber als ich Njoro verließ, war alles noch zu nah, als daß es sich leicht hätte vergessen lassen. Der Regen speist den Samen und der Samen die Mühle. Hört der Regen auf, bleibt die Mühle stehen – drehen sich die Räder jedoch weiter, so mahlen sie nur Verzweiflung für den Mann, dem sie gehören.

Sie gehörten meinem Vater. In der Zeit vor der Dürre hatte er mit der Regierung und mit Privatpersonen Verträge abgeschlossen, die ihn dazu verpflichteten, Hunderte von Tonnen Mehl und Schrotmehl zu liefern – zu einem bestimmten Preis und einem bestimmten Termin. Wenn es stimmt, daß für gesunde Geschäfte die Faustregel gilt, nicht das Dreifache dessen einzustreichen, was man gibt, so ganz gewiß auch nicht *weniger* als man liefert. Noch bevor ich wußte, was ein Pfund wert war, lernte ich die Tyrannei der Zahlen kennen. Ich begriff, warum mein Vater so lange und so spät noch auf war und über den vollgekritzelten Seiten brütete, vor sich das offene Tintenfaß, während das Lampenlicht flackerte; wie konnte man einen Sack Mais für zwanzig Rupien kaufen, den Mais zahlen und das Mehl dann für zehn Rupien verkaufen? Nun ja, man konnte es, wenn man auf Gedeih und Verderb sein Wort einlösen wollte, nur sah man dann mit jedem Sack Mehl, den man lieferte, das eigene Vermögen ganz buchstäblich schrumpfen.

Über viele Monate hin sah man wieder die lange Reihe beladener Wagen, die sich auf der Straße von Kampi ya Moto in Richtung unserer Farm bewegte. Sie brachten die gleiche Fracht wie in den Jahren zuvor, nur war es keine neue Ernte. Es war nicht das frische

Getreide, in seiner Überfülle eingebracht unter viel Schweiß und lauten Rufen. Es war Getreide, das man gespeichert hatte oder mühselig zusammengelesen auf unergiebigen Feldern; es erzielte den höchsten Preis, an den sich die ältesten Siedler mit den ältesten Geschichten erinnern konnten.

Mein Vater kaufte es, wo immer er es bekommen konnte, und bei jeder Rupie, die er ausgab, verlor er zwei. Die Mühlräder drehten sich, das Mehl strömte in offene Säcke, die Säcke wurden verschlossen und forttransportiert, und in jedem befand sich gleichsam ein Stück der Farm.

Es gab Leute, die meinen Vater für leicht verrückt hielten. Um die Einhaltung von Verträgen hatte sich doch schon so mancher gedrückt, oder nicht? Und war denn nicht Gott für die Dürre verantwortlich?

Ja, dachte mein Vater, allerdings auch noch für ein paar andere Dinge, darunter bespielsweise Regen. Was das Einhalten unterschriebener Verträge betraf, hielt er Gott jedoch für nicht unmittelbar betroffen.

Eines Tages rollte eine Schlange von Frachtwagen hinter einer emsig schnaufenden kleinen Maschine her und nahm endgültig Abschied von der Mühle. Das letzte Getreide war gemahlen, der letzte Vertrag bis aufs letzte i-Tüpfelchen erfüllt. Die emsig schnaufende Maschine beschrieb einen weiten Bogen, stieß einen lauten Pfiff aus, schmierte eine Rauchfahne in den makellosen Horizont und verschwand. Mit sich trug sie den größten Teil meiner Jugend – das Besitzrecht meines Vaters auf die Farm, die Gebäude, die Stallungen und sämtliche Pferde, ausgenommen ein einziges – jenes mit Flügeln.

»Jetzt«, sagte mein Vater, »müssen wir nachdenken.« Und so dachten wir nach.

Eine Stunde lang saßen wir in seinem kleinen Arbeitszimmer, und er sprach ernster zu mir als je zuvor. Sein Arm lag quer über dem großen schwarzen Buch, das jetzt zugeklappt war, und er erzählte mir viele Dinge, die ich bis dahin nicht gewußt hatte – von manchen allerdings wußte ich. Er wollte nach Peru – ein ungebundenes Land wie dieses, jedoch ein Land, wo man Pferde liebte und Männer brauchte, die sich auf Pferde verstanden. Zwar sei es sein Wunsch, daß ich mit ihm käme, doch überlasse er die Entscheidung mir; mit meinen gut siebzehn Jahren sei ich kein Kind mehr. Ich könne für mich selber denken, könne vernünftig handeln.

Hielt er mich für erfahren genug, von Berufs wegen Vollblutpferde zu trainieren?

Ja, das tat er; allerdings gebe es für mich noch viel zu lernen.

Konnte ich je darauf hoffen, gemäß den Vorschriften des English Jockey Clubs eine Trainerlizenz zu erhalten?

Das konnte ich – allerdings sei nichts erfolgreicher als der Erfolg.

Ich wußte zu wenig von Afrika, um es zu verlassen, und was ich von Afrika kannte, liebte ich zu sehr. Peru war ein Name – ein rosafarbener Fleck auf einer Schulbuch-Landkarte. Ich konnte meinen Finger auf Peru legen, doch meine Füße standen auf afrikanischem Boden. Es gab Eisenbahnzüge in Afrika, es gab ein paar Landstraßen, es gab Städte wie Nairobi, es gab Schulen und helle Lichter und den Telegraphen. Es gab Männer, die sagten, sie hätten Afrika erforscht; sie hatten Bücher darüber geschrieben. Aber ich kannte die Wahrheit. Ich wußte, daß, soweit es mich betraf, das Land noch nicht entdeckt worden war; es war unbekannt. Es war gerade erst erträumt worden.

»Geh nach Molo«, sagte mein Vater. »In Molo gibt es Rennställe, die für dich nützlich sein könnten. Vergiß nicht, daß du noch ein Mädchen bist, und erwarte nicht zuviel. Es wird da und dort ein paar Besitzer geben, die dir Pferde zum Trainieren überlassen. Von da an gilt's dann: arbeiten und hoffen. Aber hoffe nie mehr, als du arbeitest.«

Es war eine ziemlich spartanische Devise, die mir mein Vater als Rat mitgab, doch sie hat sich bewährt.

Die Fährte strebte nordwärts nach Molo; nachts führte sie direkt zu den Sternen. Sie lief die Seite des Mau Escarpments hinauf bis zu einer Höhe von 3000 Metern, wo sie auf das Plateau klomm und sich ausruhen konnte: Wenn man von dort zum Horizont blickte, schaute man gleichsam auf die am tiefsten stehenden Sterne hinab. Und morgens mußte die Sonne erst emporklimmen zur Höhe des Plateaus. Selbst dem Tag blieb diese Mühe nicht erspart. Hätte ich mich also beklagen sollen? Ich erklomm das Mau Escarpment mit allem, was ich besaß.

Ich hatte zwei Satteltaschen – und Pegasus. Die Satteltaschen enthielten eine Pferdedecke, eine Pferdebürste, ein sogenanntes Schmiedemesser, sechs Pfund gestampften Hafer sowie ein Thermometer für den nie auszuschließenden Fall der afrikanischen Pferdeseuche. Für mich enthielten die Satteltaschen Pyjamas, lange Hosen, ein Hemd sowie Zahnbürste und Kamm. Nie hat mir weniger gehört, doch ich bin mir nicht sicher, ob ich jemals mehr brauchte.

Wir brachen vor Sonnenaufgang auf, so daß, als die Hügel wieder Gestalt annahmen, Njoro verschwunden war, dahingegangen mit dem letzten flüchtigen Hauch der Nacht. Die Farm war fort und mit der Farm die fleißigen Mühlen, die Felder, die Koppeln, auch die Wagen mit den brüllenden Holländern. Verschwunden waren Otieno und Toombo, mein neuer Spiegel, meine neue Hütte mit den Schindeln aus Zedernholz – all dies lag hinter mir, nicht wie ein Lebensabschnitt, sondern wie ein ganzes gelebtes und zu Ende gegangenes Leben.

So absolut endgültig! – auch für Buller, übersät mit den Narben seiner zahllosen Schlachten, in seinem großen, jetzt toten Herzen noch immer die versiegelten Erinnerungen an seine Freuden und an meine, an die Gerüche, die er kannte, an die Pfade, die kleinen Spiele, an jene entschwundenen Warzenschweine, an das lautlose Heranpirschen eines Leoparden – auch er hatte ein Leben gelebt, und es war jetzt zu Ende. Er lag, wie alles andere, nun weit hinter mir, tief begraben neben dem Pfad zu dem Tal, wo wir zu jagen pflegten. Über der Stelle, wo er lag, türmten sich schwere Steine, die ich herbeigeschleppt und zu einer primitiven Pyramide aufgestapelt hatte – das einzige Zeichen, ohne Namen, ohne Inschrift.

Denn was kann man von einem Hund sagen? Was kann man

über Buller sagen – ein Hund wie andere Hunde, außer für mich? Darf man zu solch pompösen und pathetischen Phrasen greifen wie: diese edle Kreatur? – dieser Inbegriff eines Kameraden? – dieser Freund des Menschen?

Wie wohl würde Bullers Schatten oder Schemen, voller Arroganz und Eifer in altgewohnter Weise, denn reagieren auf einen solch tränenseligen Spruch, sähe er ihn im Schein des Mondes über seinem eigenen Grab? Würde er nicht seine ewig begierige Nase noch ein wenig höher recken und das Auge mit dem stets schlaffen Lid ein wenig weiter öffnen – und dann sagen: »Im Namen meines Vaters und des Vaters meines Vaters und jedes guten Hundes, der je eine Katze tötete oder ein Lendenstück stahl oder einen Farmerjungen biß! – *dies* soll ich sein?«

Ruhe gut, Buller. Keine Hyäne, die jemals in den Hügeln heult, und kein Schakal, der durch die Nacht schleicht, wird an den Steinen rühren, die deine Stelle markieren. Für ein Herz wie deines gibt es Achtung, und wenn es aufhört zu schlagen, lebt der Geist, um die Wege zu hüten, die du gewandert bist.

Meine Fährte führt nordwärts. Sie ist dünn und krümmt sich über die Hänge des Mau Escarpment wie eine Peitschenschnur. Die junge Sonne malt goldene Streifen auf den Boden und auf die Bäume am Rand des Waldes. Was dort wächst, ist hoher Wacholder, sind starke Zedern. Kerzengerade recken sich die Stämme dem Himmel entgegen, dicke Stämme mit rauher, grauer Borke. Aus ihrem Geäst hochoben hängen Klumpen grauer Flechten herab und trotzen dem Tag, während Olivenbäume, wildwuchernde Schlingpflanzen und andere Gewächse, von ihren kräftigeren Brüdern geschützt vor dem harten, heißen Licht, im schattigen Dunkel gedeihen.

Ich reite Pegasus, das Geschenk meines Vaters, mein Pferd mit Flügeln: Pegasus mit seinen dunklen, kühnen Augen, mit dem glänzenden braunen Fell, mit der langen Mähne, die sich sacht im Wind bewegt wie das schwarze Seidenbanner an der Lanze eines Ritters.

Aber ich bin kein Ritter. Ich bin kein Ritter, dem ein anderer Ritter seinen Gruß entbieten würde, es sei denn jener fiktive von der traurigen Gestalt, der einst im fernen Spanien ein absonderlicher Sucher war. Ich trage Arbeitshosen, ein buntes Hemd, Ledermokassins und einen alten Filzhut, vom Wasser gegerbt, mit breiter Krempe. Ich reite mit lockerem Steigbügel, eine Hand faul in der Hosentasche.

Riesige Buschschweine, aufgescheucht bei morgendlicher Futtersuche, jagen wie wild davon; Affen schrillen und schwatzen im wirren Geäst; Schmetterlinge, bunt, phantastisch, flitzen unstet von Blatt zu Blatt. Ein Bongo, seltenste aller Antilopenarten, flieht durch den Wald mit mächtigen Sätzen, und sein rotbraunes, weißgestreiftes Fell entschwindet in einem Dickicht – verborgen für meine neugierigen Augen.

Der Pfad ist steil und verläuft niemals in gerader Linie, doch Pegasus meistert ihn mühelos auf seinen festen, kräftigen Beinen. Mögen seine Flügel auch nur Phantasie sein, sein Wert ist es nicht. Nie wird sein Schritt unsicher, nie zaudert oder strauchelt er. Seine Bewegungen sind geschmeidig, so geschmeidig wie die Stille.

Dies hier ist Stille. Dieser Ritt durch die ungestüme Geburt eines neuen Tages im Wald bedeutet Stille für mich. Die Vögel singen, doch ihr Gesang ist nichts, das ich hören kann. Ganz in der Nähe hetzt ein Buschbock dahin, doch es ist, als husche ein Phantom durch einen Geisterwald.

Ich denke, grüble, erinnere mich an hundert Dinge – kleine Dinge, törichte Dinge, die ohne Grund kommen und wieder gehen –

Kima, der Pavian, der große Pavian, der meinen Vater liebte, mich jedoch haßte; Kimas Grimassen, seine Drohungen, seine Kette im Hof; der Morgen, an dem er sich von der Kette losmachte und mich gegen die Außenwand einer Hütte drängte; wie er seine Zähne in meinen Arm grub und seine Krallenfinger nach meinen Augen streckte; wie er seinen Haß und seine Eifersucht hinausschrie, bis ich ihn mit kindlichem Mut, der dem Schrecken entsprang, mit dem Knobkerrie, einem keulenartigen Knüppel, und mit bloßen Händen tötete, schluchzend vor Zorn – und später stets jedes Schuldgefühl von mir wies.

Leopardennächte – Löwennächte. Der Tag, an dem die Elefanten vom Mau Escarpment nach Liakipia zogen, zu Hunderten in gewaltiger, unwiderstehlicher Phalanx, das junge Getreide zerstampfend, Zäune niederwalzend und auch Hütten und Scheunen, während unsere Pferde in ihren Ställen zitterten: die Bahn der Elefanten – breit und flach zog sich später mitten durch die Farm dahin, wie eine Straße von Eroberern.

Löwen in den Koppeln – das Brüllen eines Stiers, einer Kuh, einer Färse; hastiges Suchen nach Sturmlaternen, nach Gewehren; Geflüster zwischen Männern; dann Stille; die Silhouette des Räubers, die Beute in den Fängen, davonschleichend im hohen Gras; das Pfeifen von Kugeln, gegen den Wind; der Sprung des Löwen, mit der Beute in den Fängen, über den Zedernzaun; die gesenkten Gewehre.

Und Leopardennächte – Mondscheinnächte; mein Vater und ich, geduckt im Schatten eines Holländer-Wagens beim Wassertank; das leise Klicken der Patronen beim Laden der langen Büchsen; das Warten, die angespannten Muskeln; der schleichende Räuber, schlank wie ein Schatten, der über stilles Wasser huscht; Augen, die über schwarzen Gewehrläufen ihr Ziel erspähen; das Krümmen eines Fingers.

So viele Dinge in der Erinnerung, manche dunkel, manche hell. Sacht treibe ich Pegasus zu einem leichten Galopp, als die Fährte durch eine ebene, offene Wegstrecke führt. Die Zügel halte ich zwischen den Fingern der rechten Hand, die Peitsche zwischen dem Teller und den – lederumschlungenen – Fingern derselben Hand. Ich habe mir eine dünne Buckskin-Jacke übergezogen, denn während die Sonne steigt, wird der Wald tiefer, und in größeren Höhen ist die Luft dünner, kälter – so frisch, daß man es buchstäblich wittern kann.

Bombafu fällt mir ein, und ich lächle unwillkürlich. Warum ich mich an ihn erinnere, weiß ich nicht, aber plötzlich ist er da. Bombafu ist Suaheli und bedeutet Narr, auf der Farm bei Njoro trug der Papagei meines Vaters diesen Namen. Armer Bombafu! Eines Tages pfiff er die Zerstörung herbei, und sie kam. Wie traurig, wie nackt, wie abgrundtief enttäuscht war er, nachdem der Augenblick seines größten Triumphes ihn im hellsten Licht hatte erstrahlen lassen, wonach er jedoch nur um so jäher ins dunkelste Loch der Verzweiflung fiel!

Es waren stolze Federn, die Bombafu lassen mußte, um vom und fürs Leben zu lernen: hübsche Federn, lang und dicht und mit Dschungelfarben geschmückt. Wie stolz trug er sie doch!

Wie stolz saß er doch auf seiner Stange in dem Raum vor dem Arbeitszimmer meines Vaters, tagein, tagaus, seinen mal grimmigen, mal grübelnden, gelegentlich auch (schein)philosophischen Blick auf jeden richtend, der hereinkam – also auch auf alle Hunde des kunterbunten Rudels, das mein Vater damals hielt!

Sie sollten Bombafus Schicksal werden.

Hunde, so erschien es ihm, waren einfache Dinge, kontrolliert durch einen einzigen Laut. Ein Mann stellte sich in den Eingang des Hauses, machte mit seinen Lippen diesen Laut – und schon kam die Meute gelaufen.

Wer aber konnte Laute machen, wenn nicht Bombafu? Sollte er sein langes, langes Leben hindurch nichts sein als ein auf einer Stange hockender Vogel? Gab es für ein Wesen, das so elegant war wie er, nichts außer Körner und Wasser und Wasser und Körner? Wer besaß solche Federn? Wer einen solchen Schnabel? Und wer konnte einen Hund rufen, wenn nicht Bombafu? Er konnte es. Und er tat's.

Viele Wochen lang übte er, was er jedoch so geschickt anstellte, daß wir ihn nur selten hörten; er übte das Abrakadabra des Hunde-Herbeirufens mit einer solchen Beharrlichkeit, daß er schließlich im allertiefsten Papageienherzen sicher sein konnte: kein Hund, der sich je geflöht hatte, würde seinem Befehl widerstehen. Und er irrte sich nicht.

Eines Morgens, als das Haus leer war, glitt Bombafu von seiner Stange herunter und rief die Hunde. Auch ich hörte es. Ich hörte das kurze, heftige Pfeifen, das genau wie das Pfeifen meines Vaters klang, nur daß mein Vater gar nicht in der Nähe war. Ich blickte über den Hof und sah Bombafu, in glänzender Pracht und voll Selbstvertrauen, herrscherlich fast, als er auf krummen, ungeduldigen Krallen auf die Türschwelle trat, mit bunter, geschwollener Brust und keck gedehntem, leider nur allzu leerem Kopf. »Kommt, kommt alle«, sagte sein Pfiff. »– Ich bin's, Bombafu, und ich rufe euch!«

Und so kamen sie – lange Hunde, kurze Hunde, schnelle Hunde, hungrige Hunde; von den Ställen kamen sie gelaufen, von den Hütten, aus dem Schatten der Bäume, wo sie gedöst hatten; und währenddessen tänzelte, tanzte Bombafu dort auf der Schwelle seines Ruhmesportals – der Stelle seines unabwendbaren Desasters.

Schnell laufen konnte damals auch ich, aber natürlich nicht so schnell wie die Hunde. Auf gar keinen Fall schnell genug, um der Vorhut der Meute zuvorzukommen und zu verhindern, daß sich die erwartungsfrohe Freude eines Hundes in flammenden Zorn verwandelte beim Anblick dieses eitlen Büschels grellfarbener Federn, das sich erdreistete, die Stimme seines Herrn zu imitieren – eine ungeheuerliche Schmähung des gesamten Hundetums, eine Verhöhnung des ganzen Clans, zu allem auch noch mit leeren Verlockungen, denn es gab keinen einzigen Fetzen Fleisch, es gab nicht einmal einen Knochen! Das war denn doch die Höhe: Hier wurde Schimpf auf Schande gehäuft!

Bombafu ging parterre; er ging unter; er verschwand und tauchte wieder auf, minus Feder und Feder und Feder. *Sic transit Gloria mundi* – karminrot und chromgelb schwebten sie über ihm in der Luft, grün und blau und lila tänzelten und wirbelten die Federn: ein wahrer Kometenschweif entschwindenden Glanzes und vergehender Pracht.

Trauriger Vogel! Unglücklicher Vogel! Er überlebte es, er saß wieder auf seiner Stange, mit halbgeschlossenen Augen und einem einzigen zerrupften Flügel, um seine Nacktheit zu verbergen – Andenken an einen Moment monumentaler Schicksalsträchtigkeit.

So mußte Bombafu leiden, und so muß er wohl immer noch leiden. Papageien leben sehr, sehr lange – begnadet, wie ich vermute, mit einem Gedächtnis, das zu kurz ist, um tödlich zu sein.

Während ich an Bombafu denke, erreicht die Fährte den Rand des Plateaus, schlängelt sich darüber hin, und Pegasus und ich gelangen in Gelände, das nicht mehr Afrika ist.

Es ist ein Land mit eiskalten Bächen, mit Tälern voller Farn, mit Hügeln, die bedeckt sind mit jenem grünen Heidekraut, von dem wandernde Schotten so gern singen – nein, Afrika scheint dies nicht zu sein. Kein Stein wirkt vertraut; Himmel und Erde begegnen einander wie Fremde, und die Berührung der Sonne ist so leidenschaftslos kühl wie der Händedruck eines Menschen, der einen Gast zerstreut begrüßt.

So bietet sich Molo mir dar. Der erste Eindruck nimmt vorweg, was sich später als Erfahrung bestätigt – ein rauhes Land, hoch gelegen und kalt, das jenen, die auf ihm leben, mehr als nur ein gerütteltes Maß an Arbeit abverlangt. Und eine unverzagte Energie gegenüber der widerspenstigen Jungfräulichkeit des Bodens.

Schafe laufen hier herum, einheimische Schafe, die dieses Klima gewohnt sind. Rinder grasen oder stehen wiederkäuend und blikken aus ruhigen Augen in den hellen Tag. Auch Wild gibt es – vereinzelte Riedböcke, Impalaantilopen sowie kleinere Tiere, die im Farn rascheln, ohne sich je hervorzuwagen; ab und zu tritt ein Büffel aus einem Gehölz und beäugt die kahlen Hügel mit zweifelndem Blick; und wendet sich wieder, um weniger rauhen und vertrauteren Gefilden zuzustreben.

Es gibt Farmen – und Farmer: weit verstreut, Pioniere auf Neuland, wo jeder allen Boden – von der Türschwelle seiner Hütte bis zum Horizont – mit einem Schwenken seines Arms als sein Eigentum markiert.

Ja, auch dies ist Afrika.

Ich sitze ab, befreie Pegasus von der Kandare, so daß er seinen Durst an einem Bach stillen kann, der aus dem Nirgendwo herbeizuplätschern scheint. Das Wasser hüpft behende über Steine, die makellos sind – rund und glatt, geschliffen in endloser Zeit.

Pegasus schlägt spielerisch mit dem Huf nach ihnen, schnaubt ins klare Wasser, daß Blasen quellen, trinkt sich dann satt.

Dies ist nicht sein Land, nicht das Land, das er kennt und liebt. Er bewegt sich rückwärts, fort vom Bach, und nimmt mit gespitzten Ohren und wachen, klaren Augen das Neue, Unvertraute in sich auf. Er scharrt mit dem Huf und senkt den Kopf, um damit gegen meine Schulter zu stupsen – vermutlich eine zarte Aufforderung, auf der Stelle umzukehren.

Doch – für eine gewisse Zeit zumindest – ist dies der Ort für uns. Ein guter Ort überdies – ein Ort mit gutem Omen; ein Ort für einen Neuanfang – und für das Ende jener Dinge, von denen ich glaubte, daß sie niemals enden würden.

## Hodi!

Die Bäume, die meine Strohdachhütte behüten, stehen in unregelmäßigen Reihen, ein Regiment in »Rührt Euch«-Stellung, und sie werfen ihre Schatten auf den Boden wie allzu lang geratene Lanzen.

Es sind hohe Bäume, und es sieht aus, als schulterten sie die späte Sonne auf dem letzten Abschnitt ihrer Bahn, damit sie den Abend willkommen heißen können in ihrem Kreis. Schäfte aus Sonnenlicht stehlen sich zwischen den eng geschlossenen Wächtern hindurch und berühren die Tür meiner Hütte, oder das Fenster, oder den Schornstein, doch sie sind so schwach wie das Glühen eines Dochts in meiner Sturmlaterne, die, ebenso schlampig wie praktisch, mitten auf meinem Zederntisch steht. Die Nacht kommt früh in Molo. In meinem Haus noch früher als andernorts: Die Ställe liegen nicht im Schatten, und ich kann sie von meinem Stuhl aus sehen. Ich sehe die sorgfältig geschlossenen Türen, sehe ein Stück vom Koppelzaun, sehe einen müden Stallknecht, der zum Abendessen trottet. Der Arbeitstag ist vorüber – ist so tot wie das Kalenderblatt, das sein Datum trug. Aber da bleiben noch viele Kalenderblätter, da bleibt noch viel Arbeit in diesem Jahr.

Anweisungen für morgen. Collarcelle ist wundgescheuert, sie braucht einen anderen Sattel – dafür hat ihr Pfleger zu sorgen. Wrack, der dunkle Fuchs, macht sich soweit ganz gut – ich werde ihn über eine und eine Viertelmeile gehen lassen. Bei einer Pace von 75 Prozent; hält den Kopf zu tief für einen Rennmartingal – also was andres – eine Spezialtrense.

Und dann ist da Welsh Guard. Der wird's schaffen – er ist der Sohn von Camciscan. Sehnenschützer? Seine Beine sind so stabil wie stählerne Angeln. Morgen ist Galopptag, aber nicht für ihn; sein Hals ist zu schwer – langsame Arbeit mit Schwitzkapuze. Er wird pullen, also am Zügel reißen – das tun die Guten immer. Ich werde Welsh Guard reiten, und damit wären's drei.

Da sind noch zwei andere. Ich trainiere sie, als Entgelt für meine Hütte und den mir überlassenen Stallraum. Stupide Pferde, zu alt und gleichsam »jenseits von Gut und Böse«, doch ein Job ist ein Job. Mal sehen ...

Ich denke nach. Ich mache mir Notizen. Angestrengt grüble ich über die hohen Futterpreise und kaue auf meinem Bleistift herum. Ich trainiere Rennpferde, inzwischen habe ich meine Trainerlizenz. Sechs Wochen noch bis zum Race Meeting, dem Renntag, in Nairobi – überfüllte kleine Hotels, Menschengewimmel in den Straßen, und Tag für Tag gerammelt volle Tribünen, durcheinander gewürfelte Farben von vielen Menschen, von einem Dutzend Stämme. Sieger. Verlierer. Von Hand zu Hand wechselndes Geld. Trainer mit mächtig gewölbter, Trainer mit hoffnungslos eingefallener Brust. »Wie konnte es nur passieren?« »*Niemals* wäre es passiert, wenn nicht ...« Nur Männer. Sämtlich älter als ich mit meinen achtzehn Jahren. Vollauf damit beschäftigt, Männer zu sein, selbstsicher, selbstgewiß, mitunter fast überheblich. Aber haben sie nicht ein Recht darauf? Sie wissen, was sie wissen – ich habe da noch einiges zu lernen, wenn auch nicht allzuviel, wie ich finde. Nein, nicht mehr so sehr viel, denke ich, hoffe ich. Wir werden sehen, wir werden sehen.

Bleistiftkauen führt zu nichts. Meine Kritzeleien sind komplett; die Futterpreise bilden eine schwere Barriere, eine harte Tatsache, die auch durch angestrengte Grübelei nicht zu ändern ist.

Ich erhebe mich von meinem Stuhl und blicke noch einmal zu den Ställen, noch einmal zu den düsteren Bäumen, die meine Hütte behüten. An sich, denke ich, steht's doch gar nicht so übel. Für die nächste Woche hat man mir weitere zwei Pferde zum Trainieren versprochen. Mein Stall wächst also. Allerdings wächst auch die Arbeit.

Meine Stallburschen mag ich mehr, als ich sagen kann. Sie sind mir von Njoro gefolgt, obwohl sie wußten, daß es mit vielem hapern würde – mit dem Lohn, mit der Nahrung, mit so manchem anderen, das es in Njoro im Überfluß gab. Trotzdem sind sie mir gefolgt, barfüßig die lange Fährte hinauf, erschöpft und abgerissen, sich scheu zur Arbeit meldend, an der wahrhaft kein Mangel herrschte.

Dennoch: Sie können nur bestimmte Dinge tun. Sie sind Stall- und Pferdeburschen. Sie können reiten, sie können die Pferde pflegen, sie können säubern, was gesäubert werden muß. Sie können keinen Druckverband anlegen, sie können kein lahmendes Pferd behandeln, sie können nicht beurteilen, ob ein Tier fit ist oder nicht, sie verstehen es nicht, mit übereifrigen oder störrischen Pferden umzugehen. Um all diese Dinge habe ich mich zu kümmern, doch mein Tag, so lang er auch zu sein scheint, von fünf Uhr früh bis Sonnenuntergang, er ist dennoch nicht lang genug. Wenn da nur jemand wäre, dem ich vertrauen könnte – jemand, den ich kenne. Aber natürlich ist da niemand. Nicht jetzt. Dies ist nicht Njoro, schon gar nicht das Njoro vergangener Tage, als ich noch ein Kind war und ein paar Freunde hatte. Dies ist Molo, ist das Hier und Jetzt, und neue Freunde lassen noch auf sich warten. Wo sind die alten? Wo sind sie?

Ich nehme den Wecker vom Bord neben meinem metallenen Bettgestell und fange an, ihn aufzuziehen. Die Sturmlaterne auf dem Tisch braucht die Konkurrenz der Sonne nicht mehr zu fürchten. Schlaff hockt sie in ihrem eigenen gelblichen und recht kläglichen Schein und verwandelt normale Schatten in verformte Schreckensgebilde; wirft dünnblütige Helle auf die Wände, auf den Stuhl, auf den nackten, irdenen Boden.

Es ist eine uralte Lampe, nicht mein Eigentum. Ihr Ständer ist aus billigem Metall, hier und dort lädiert, ihr Zylinder ist zum Teil rußgeschwärzt. Wie vielen Menschen mag sie dunkle Stunden erhellt haben? Wie viele haben bei ihrem Schein geschrieben oder gegessen oder sich betrunken? Hat sie wohl jemals Erfolg miterlebt?

Ich glaube das nicht. Sie wirkt schlampig und heruntergekommen, zum Scheitern verurteilt, als hätte nie ein Mensch mit Hoffnung in seinen Fingern ihren Docht gestutzt. Sie verbreitet ein freudloses Licht, sie gleicht einem zerflossenen Auge. Während ich sie so betrachte, fühle ich mich irgendwie deprimiert. Ich mache sie zu einem Symbol der Verzweiflung – nur weil sie nicht heller brennt, vielleicht sogar, weil sie nicht reden kann.

Nun, zumindest ich kann etwas sagen, wenn auch nur auf dem Papier. Ich krame in einer Satteltasche, die an einem Nagel an der Wand hängt; und ich finde meines Vaters letzte Briefe aus Peru und entfalte sie und lese sie wieder, um sie zu beantworten.

Nie ist die Stille tiefer, als wenn die Stahlfeder, über das Briefpapier huschend, sie mit ihrem leisen Kratzen zu durchbrechen versucht. Ich sitze in einem Labyrinth aus Einsamkeit, gegen dessen Kerkermauern ich anrenne – mit meinem spitzen Federhalter als stumpfem Speer.

Wie stets ist meine Tür geöffnet. Sie könnte genausogut geschlossen sein, denn zu sehen gibt es nichts im Dunkel der Nacht. Und lange ist da auch nichts zu hören, bis dann das Geräusch nackter, sich nähernder Füße an meine Ohren dringt. Doch hat dieses Geräusch, so leise es auch ist, nichts Verstohlenes an sich. Es ist, sozusagen, das ehrliche Geräusch eines Menschen, der, mit der Dunkelheit vertraut, zwischen meiner Palastwache aus Bäumen hindurchschreitet.

Weder lege ich den Federhalter aus der Hand, noch hebe ich den Kopf. Ich warte auf ein Wort, und es kommt.

»Hodi.«

Die Stimme ist leise. Sie ist tief und hat ein Timbre, das mich an etwas zu erinnern scheint, doch ich weiß nicht woran. Sie ist respektvoll und warm, und es klingt eine Scheu aus ihr. Mit dem einen Suaheli-Wort sagt sie: »Ich bin hier«, und im Nachklang desselben Wortes fügt sie hinzu: »Bin ich willkommen?«

Ich brauche nicht zu überlegen. Jetzt lege ich die Feder beiseite und hebe den Kopf. Irgendwie kann man jenem Wort immer vertrauen. »Hodi« – wir, die wir es gebraucht haben, wissen, daß es einem Lügner die Lippen versengen und die Zunge eines Diebes in Asche verwandeln würde. Es ist ein gutes Wort, ein Wort der Ehre, das sanft um eine Antwort bittet.

Ich erhebe mich von meinem Stuhl und blicke hinaus durch die Tür. Ich sehe niemanden und gebe die Antwort.

»Kaaribu!«

Ich habe gesagt: »Komm – du bist willkommen.«

Ich kenne den Mann nicht, der jetzt erscheint – ein junger Mann, der an meiner Türschwelle stehenbleibt und die Shuka eines Kriegers trägt. Er ist hochgewachsen, und an seinem perlenverzierten Gürtel sehe ich eine Keule. In einer grellroten Scheide steckt ein Schwert. Seine Fußgelenke sind geschmückt mit aneinandergebundenen Affenschwänzen. An einer Halskette hängt eine präparierte Löwenpranke. Stumm steht der hochgewachsene, junge Mann da, tritt nicht ein, bewegt sich keinen Zentimeter von der Türschwelle fort.

Ich warte, weiß nicht recht, was ich sagen soll. Ich stehe und warte, während das ungewisse Licht meine Erinnerung zum Narren hält. Ich gehe um den Zederntisch herum, nähere mich der Türschwelle. Ich betrachte das dunkle Haar, sorgfältig zu schwerem Zopf geflochten, meine Augen sehen das vorspringende Kinn – die Augen – die Backenknochen – die Hände ...

Ganz von selbst streckt meine Hand sich vor. Der junge Mann sagt: »Ich bin gekommen, um zu helfen – um für dich zu arbeiten, wenn du mich gebrauchen kannst. Ich bin Arab Ruta.«

Aber jetzt sehe ich; jetzt weiß ich.

Es ist Kibii, der kleine Kibii, der mir vom Chamäleon und dem Silberreiher erzählte. Es ist der Kibii vergangener Tage, gleichsam wiedergeboren für mich.

Ich weiß nicht mehr, wie lange wir miteinander sprachen, wie lange wir dort saßen am Zederntisch, die Lampe ein Stückchen neben uns – die gute Lampe, die fröhliche Lampe, urplötzlich verwandelt in ihrem Wesen, nicht mehr verbogen, sich vielmehr freundlich zu uns neigend, um alten Freunden ihr Licht zu spenden. Vielleicht verging eine Stunde, vielleicht vergingen zwei oder drei. Jeder von uns hatte ein Tagebuch, aus dem er berichten wollte, ein ungeschriebenes, doch genau erinnertes Tagebuch; beide waren wir Erzähler und aufmerksamer Zuhörer zugleich.

Ich berichtete von Njoro, vom Ende der Farm, von Dingen, die geschehen waren, und von Dingen, von denen ich hoffte, daß sie geschehen würden. Über manche Dinge lachten wir, weil wir inzwischen soviel älter geworden waren; über andere sprachen wir mit großem Ernst, weil wir noch immer so jung waren.

Er erzählte von seinem Leben, seit man ihm jenen von ihm so sehr begehrten Speer gegeben und ihn zu einem Murani gemacht hatte – mit dem neuen Namen Arab Ruta. Kibii war jemand, den er kaum kannte. Kibii war vergangen, Kibii war Literatur. Dies hier war ein Krieger, auch ein Mann voll ernster Gedanken.

»Die Welt ist ein großer Ort«, sagte er. »Ich bin nach Norden gegangen bis zum Uasin Gishu, nach Süden sogar noch weiter als Kericho, und ich bin auf den Hängen von Ol Donia Kenya gewandert. Aber wo man auch hingeht, stets ist da noch mehr von der Welt, ob nun zu beiden Seiten oder vor den Augen oder hinter einem, so daß es gar keinen Sinn hat, immer weiterzugehen. Ich habe Büffel und Löwen gejagt, ich habe bei einem Ort mit dem Namen Soyamu Schafe eingetauscht, und ich habe an all diesen Orten mit anderen Männern gesprochen. Nachdem er solche Dinge erlebt hat, kehrt ein Mann nach Hause zurück, und er ist nicht viel gescheiter.«

»Dann bist du also enttäuscht – Arab Ruta? Als du noch ein Knabe warst – als du Kibii warst –, hast du nicht so gesprochen.«

»Ein Knabe spricht nicht wie ein Mann. Die Welt hat mich nicht mehr gelehrt, als mein Vater mich lehrte – und nicht mehr, als ich von Arab Togom lernte.«

»Ich kenne Arab Togom nicht.«

»Er war es, den mein Vater auswählte, um mich auf meine Beschneidung vorzubereiten, und ich glaube, er hat mich gut vorbereitet. Er ist ein Murani von derselben Altersgruppe wie mein Vater und ein sehr weiser Mann. Er hat mir die Geschichte meines Volkes erzählt und mir gesagt, wie ein Mann sein Leben leben soll: Daß seine Stimme sanft klingen und er seinen Zorn beherrschen soll, bis er ihn braucht – so wie dieses Schwert an meinem Gürtel. Er erzählte mir, wie Gott den ersten Samen gab, aus dem dann all die Rinder entstanden, die in der Hut meines Volkes leben, und daß mein Stamm nicht sterben kann, solange er dieses Geschenk in guter Hut hält. Er sprach zu mir vom Krieg – und davon, daß der Kampfeswille verlorengeht, wenn die Seele eines Mannes zusammenschrumpft wie das Gesicht eines alten Weibes. Arab Togom sagte mir diese Dinge. Was soll ein Mann essen, und wie soll ein Mann lieben, so daß er ein Mann bleibt und dennoch nicht so ist wie ein Bulle in einer Herde oder wie eine Hyäne, die alles unersättlich in sich hineinschlingt?

Ich bin jetzt endlich verheiratet – aber zuerst erfuhr ich von diesen Dingen des Lebens. Zu ihnen gehört auch Gehorsam gegenüber dem Gesetz; und Gehorsam gegenüber meinem eigenen Herzen. Ich bin Männern begegnet, die von der Welt mehr gesehen haben als ich. Einer, den ich kenne, hat sogar bis zu den Knien in jenem Wasser gestanden, das niemals endet und auf der Zunge wie Salz schmeckt; ein anderer hat in einem Dorf gelebt, das so groß ist, daß von hundert Männern nur einer den Namen seines Nachbarn kennt. Auch diese Männer besitzen Klugheit, und ich sage nicht, daß es eine schlechte Klugheit ist, aber jene Klugheit, die ich von meinem Vater, Arab Maina, gelernt habe und von Arab Togom, sie genügt wohl, um danach zu leben.

Hast du, Memsahib, in diesen Jahren mehr gelernt als das?«

Aus Kibii war Arab Ruta geworden – und aus Beru eine Memsahib! – dieses gestelzte Wort beendete meine Jugend, und es erinnert mich stets an dieses Ende.

Was ein Kind nicht weiß und nicht wissen will von Hautfarbe und Rasse und Klasse, das lernt es schnell genug, wenn es größer wird und sieht, wie jeder Mensch unausweichlich in eine vorbestimmte Kategorie eingeordnet wird, so wie ein Penny oder ein Pfund in der Kasse eines Bankkassierers. Kibii, der Nandi-Knabe, war mein guter Freund gewesen. Arab Ruta, der mir gegenüber sitzt, ist mein guter Freund, doch der Händedruck wird kürzer sein, das Lächeln auf seinen Lippen flüchtiger, und obwohl unser Weg eine Zeitlang derselbe sein wird, wird Arab Ruta jetzt hinter mir gehen, obschon wir einmal, in der Unkompliziertheit unserer Kindertage, nebeneinander gegangen sind.

Nein, mein Freund, mehr als das habe auch ich nicht gelernt. Und in all diesen Jahren habe ich auch niemanden kennengelernt, der das von sich sagen könnte.

So wurden die Tage in Molo von nun an leichter. Arab Ruta hatte nichts von dem vergessen, was er von Pferden wußte. Er übernahm einen Teil meiner Arbeit und holte schließlich seine Frau nach. Die Anzahl der von mir betreuten Pferde stieg von fünf auf acht, dann sogar auf zehn, so daß meine strohbedeckte Hütte, die bescheidenen Ställe und auch die Quartiere von Ruta und den Pferdeknechten uns nicht mehr so recht genügten und ich an andere Orte dachte. An Nakuru, beispielsweise, tief im Rift Valley gelegen – ein Ort, wo es größere Ställe gab, auch eine Art Rennbahn, und wo ein wärmeres Klima herrschte. Gern wäre ich bereit gewesen, mich Pegasus zu fügen, der Tag für Tag mit ungeheurer Beharrlichkeit ein und dasselbe Argument vorbrachte: Wann immer ich mich auf seinen Rücken schwang, strebte er auf die Fährte zu, die uns nach Molo geführt hatte. Dies, so wiederholte er unablässig, ist von allen Orten nicht der Ort für uns!

Doch er war's – weil sich etwas Bestimmtes ereignete.

Ich besitze nicht die Fähigkeit, irgend etwas Tiefschürfendes über das Walten des Schicksals anzumerken. Es scheint früh aufzustehen und sehr spät zu Bett zu gehen, auch zeigt es sich überaus großmütig gegenüber Menschen, die es, wenn sie ihm begegnen, sacht beiseite drängen. Das ist eine naheliegende Erkenntnis, die allerdings kaum dazu geeignet scheint, weiteren Spekulationen über das Thema das Wasser abzugraben; aber wenn ich jetzt über Molo nachdenke, so kommt mir auch ganz unwillkürlich die Frage nach dem Schicksal in den Sinn – bloß daß mir da alles Spekulieren nicht einen einzigen Schritt weiterhilft. Dennoch scheint mir mancherlei bemerkenswert. Wäre ich nicht nach Molo gegangen, so hätte ich vermutlich niemals New York gesehen, hätte wohl auch nicht Fliegen gelernt oder Erfahrungen bei der Elefantenjagd gesammelt. Ich hätte in der Tat wohl kaum etwas anderes getan, als darauf zu warten, daß ein Jahr dem anderen folgte.

Ich war immer davon überzeugt gewesen, daß sich die bedeutenden, die aufregenden Veränderungen im Leben an den großen Knotenpunkten der Welt ereignen, dort, wo viele Menschen zusammenkommen und hohe Gebäude errichten und Handel treiben und lärmen und lachen und an ihrer glitzerglänzenden Zivilisation hängen wie Perlen an den Gewändern eines tanzenden Derwischs. In jener Welt, wie ich sie mir vorstellte, waren alle außer Atem; alle bewegten sich zu einer wirbelnden Musik, die ich vermutlich niemals hören würde. Ich sehnte mich auch nie besonders danach. All das wirkte so fern, so unerreichbar wie einst meine kindliche Vorstellung vom Bagdad aus *Tausendundeiner Nacht*.

Ganz am anderen Ende dieses Traums, am wachen Ende, befand sich Molo. Es war erreichbar, es war friedlich, es war langweilig.

Wenn sich in einem solchen weltentrückten Winkel zwei Menschen begegneten, was konnte da schon die Folge sein außer Trivialitäten? Wie kann ein Wort, gesprochen auf einer Landstraße, die nur ein flüchtiger Kratzer im afrikanischen Gebirge war, den Lauf eines Lebens verändern? Was konnte mit einem solchen Wort schon geschehen, außer daß es fortgerafft wurde vom Wind?

Eines Tages folgten Pegasus und ich dieser Straße, und wir trafen einen Fremden. Er war nicht beritten. Vielmehr stand er bei einem Automobil, dessen Räder ein wenig in den lockeren

Untergrund eingesackt waren, und versuchte mit schmierigen Händen, den toten Motor wieder zum Leben zu erwecken. Wie eingehüllt von Sonne und Schweiß und Dreck, arbeitete er, das einzige, was sich bewegte in dieser trostlosen Szene einer alltäglichen Frustration, doch seine Hände waren geduldig. Der Mann war jung und unverdrossen, bot im übrigen jedoch das gleiche Bild wie jeder Mann in einer solchen Situation.

In Afrika lernen es die Menschen, einander zu helfen. Die Gefälligkeiten, die sie anderen erweisen, sammeln sich sozusagen wie auf einem kleinen Bankkonto, von dem sie, bei Bedarf, dann ihrerseits etwas abheben können. In einem so menschenleeren Land ist der Satz: »Liebe Deinen Nächsten«, weniger ein frommer Spruch als vielmehr ein Gebot, um zu überleben. Trifft man jemanden, der sich in einer Notlage befindet, so hält man an – das nächste Mal wird er vielleicht gleichfalls anhalten.

»Kann ich helfen?«

Ich hatte mich von Pegasus herabgeschwungen; das Pferd stand steifbeinig, sich gegen die Zügel stemmend, die Augen voll Furcht und Mißtrauen auf das eckige Gebilde aus Stahl und Gummi gerichtet. Was mich betraf, so hatte ich Maschinen und Motoren schon früher gesehen – die großen Mühlmaschinen in Njoro sowie, was Automotoren anging, das Automobil meines Vaters, der sich mit als erster eines angeschafft hatte, und noch so manches andere, bei gelegentlichen Besuchen in Nairobi. Man sah sie auch sonst, hier und dort im Lande, aber bis hinauf nach Molo waren bisher wenige gekommen. So ungefähr konnte ich mir schon denken, was passiert war. Ich wußte, daß manchmal das Benzin ausging, daß es Reifenpannen gab, oder daß der Motor streikte.

Der Fremde hielt in seiner Werkelei inne und lächelte und schüttelte den Kopf. Nein, helfen konnte ich wohl nicht. Motoren hatten ihre Mucken. Man mußte sie sozusagen streicheln. Diesen hier streichele er nun schon seit Wochen und gewöhne sich allmählich daran.

»Kriegen Sie's nicht über?«

Er wischte Schmiere von einem zangenartigen Werkzeug und

blickte aus schmalen Augen zum Himmel. Nein. Nun ja – manchmal schon. Manchmal hatte er's verdammt satt. Aber man brauche ja wohl was, worum man sich sorge, nicht? Man könnte ja nicht einfach hier auf diesem Fensterbrett Afrikas sitzen, bloß um die Wolken vorbeiziehen zu sehen, oder?

»Wahrscheinlich nicht.«

Ich setzte mich auf eine kleine, grasbewachsene Kuppe, Pegasus' Zügel noch in der Hand, fest gegen seine Vorderbeine gelehnt. Es gab hier nichts, wo ich ihn hätte anbinden können, es gab nur Bodenwellen, die weiter und weiter zu rollen schienen, bis sie sich schließlich am Damm des Himmels brachen. Es gab keine Wolken zu beobachten. Das Automobil, das sich scharf abzeichnete gegen diese einfache Leinwand, war ein Fremdkörper; es war, als habe ein Kind das Bild eines albernen Spielzeugs auf ein Gemälde gepinselt, das man schon seit Jahren kannte.

Der junge Mann legte sein Werkzeug aus der Hand und hockte sich nieder, so daß er auf seinen Absätzen zu sitzen schien. Er hatte intelligente Augen, in denen ein Hauch von Humor schimmerte. Er mußte so sechs oder sieben Jahre älter sein als ich, war jedoch freundlich genug, mich keine Herablassung spüren zu lassen.

»Ich weiß, was Sie denken. Das Auto nimmt sich hier lächerlich aus – Ihr Pferd dagegen natürlich. Aber man kann die Dinge nicht aufhalten, wissen Sie. Eines Tages, wenn Straßen gebaut sind, werden überall im Land Autos und Züge fahren – und wir werden uns daran gewöhnen.«

»Ich glaube nicht, daß ich mich daran gewöhnen werde. Die Züge, die ich gesehen habe, sind schmutzig – und von dem Automobil halten Sie selbst nicht viel –«

Sein Lächeln drückte Zustimmung aus. »Nicht besonders viel. Ich besitze eine kleine Farm nahe Eldama Ravine. Wenn es sich je auszahlt, schaffe ich mir ein Flugzeug an. Ich habe im Krieg eins geflogen, und es hat mir gut gefallen; bis es damit soweit ist, habe ich das Auto, das mir zu tun gibt . . .«

Ich hatte von Flugzeugen gehört – sie gehörten in dasselbe Reich wie Bagdad. Man sprach darüber, auch mein Vater hatte darüber gesprochen – meistens mit einem Kopfschütteln. Es waren interessante Erfindungen, wie es schien, und es gab Leute, die hineinstiegen, um so von einem Ort zu einem anderen zu gelangen – aus irgendeinem unerfindlichen Grund. Es schien ein so weiter Schritt zu sein, fort von der Wärme und dem Strom des Lebens, von seinem Rhythmus. Es befand sich zu sehr außerhalb der Dinge, die einem vertraut waren, als daß man es hätte gern haben können – oder auch nur wirklich glauben. Ein Mensch war kein Vogel – wie Arab Maina darüber gelacht haben würde! –, Menschen, die sich in Flügel hineinwünschten! Es hätte ihn bestimmt an irgendeine Legende erinnert.

»Wenn man fliegt«, sagte der junge Mann, »so hat man ein Gefühl, wie man es nicht haben könnte, selbst wenn einem ganz Afrika gehörte. Man hat das Gefühl, daß einem alles gehört, was man sieht – all die einzelnen Teile zusammengesetzt, und das Ganze, das gehört einem; nicht, weil man's haben will, sondern weil, wenn man allein in einem Flugzeug ist, es keinen anderen gibt, mit dem man's überhaupt teilen könnte. Es ist dort, und es gehört einem. Es gibt einem das Gefühl, daß man größer ist als sonst – und näher daran, etwas zu sein, wovon man schon immer ahnte, daß man's vielleicht sein könnte, nur daß man nie den Mut hatte, sich das ernstlich vorzustellen.«

Was würde wohl Arab Maina dazu gesagt haben? – Arab Maina mit seinem Wunsch, auf nackten Füßen einen ebenen Pfad entlangzuschreiten, die Augen auf den Boden gerichtet, den großen Speer in seiner Hand und seine Eitelkeit verborgen in seinem Herzen? Er würde auch dafür eine Legende gefunden haben. Er würde gesagt haben: »Lakweit – hör zu! Es gab einmal das Kind eines Leoparden, welches die Welt der Seinen zu klein fand, um darin zu leben ... bis, eines Tages, dieses Kind eines Leoparden ...«

Das würde Arab Maina gesagt haben – das und noch mehr. Ich jedoch sagte fast nichts. Ich sah diesen Mann, wie er herumwerkelte an dem störrischen Motor, auf einer Straße unter einer Sonne, die ihm das Metall fast in die Hände sengte – und ich sah, daß er kein Narr war, höchstens ein Träumer. Er meinte, was er sagte – und er sagte es nicht mir zuliebe (natürlich nicht, ich war nur Zuhörerin bei seinen Träumereien), er sagte es zu sich selbst. Seine Träume waren ernste Träume. Es waren ernste Träume, denen er, als die Zeit kam, zum Leben verhalf.

Tom Black ist kein Name, der je Schlagzeilenruhm erstrebte oder andere Namen beiseite drängte, um für sich Platz zu schaffen. Man kann ihn auf weniger imposanten Listen finden, zusammen mit den Namen anderer Männer, die ihre Flüge in den Kategorien von Stunden oder ein paar Tagen bemaßen und nicht nach Wochen und Monaten. Es erregte Aufsehen, als er und Charles Scott in der schlanken, roten »Comet« 1934 eine nahezu 20 000 Kilometer lange Strecke zurücklegten. Es gab weitere Flüge, die das Interesse des Publikums fanden. Doch all diese Unternehmungen dienten dem Zeitvertreib. Wenn ein Mensch wirkliche Größe in sich hat, so blitzt das nicht nur in einer einzelnen grellen Stunde auf; es ist wie ein Licht, das täglich scheint und seinen Niederschlag sozusagen in den regelmäßigen Eintragungen ins Hauptbuch findet.

Ich sah, wie dieses Hauptbuch sich nach und nach füllte. Doch folgten jenem Tag auf der Landstraße bei Molo viele andere – sehr viele andere Tage, bevor wir uns wieder begegneten.

Ich schwang mich auf Pegasus und winkte zum Abschied und hörte dann, wie hinter mir der müde Motor sich wieder ins Leben stotterte und mit gebrochener Stimme eine monotone Melodie zu singen begann. Der glückliche Bastler, der dieses Kunststück zustandegebracht hatte, rumpelte in einer Riesenstaubwolke weiter auf seinem Traumpfad dahin.

Er hatte sich gegenüber einer Fremden verschwenderisch gezeigt. Er hatte mir ein Wort dagelassen, mir den Schlüssel für eine Tür zugeworfen, von der ich nicht einmal gewußt hatte, daß es sie gab, und die ich erst noch finden mußte.

». . . all die einzelnen Teile zusammengesetzt, und das Ganze, das gehört einem . . .« Ein Wort wächst zum Gedanken – ein Gedanke zu einer Idee – eine Idee zum Handeln. Die Veränderung geht langsam vor sich, und die Gegenwart ist ein träger Reisender, dahinbummelnd auf der Straße, die das Morgen einschlagen will.

Wirre Gedanken – rastlose Gedanken – absurde Gedanken! Nimm dich zusammen. Wer hätte je von einem personifizierten Schicksal gehört, das eine Autopanne hat?

»Komm, Pegasus – streck deine hübschen Beine – es ist fast schon Futterzeit!«

## Na Kupa Hati M'zuri

Der rotgesichtige Russe schielt über sein Wodkaglas hinweg, nimmt einen Schluck und schnaubt aus der Tiefe seines Bauches.

»Leoparden?« sagt er. »Pah! Ich habe mit einem Klappmesser gegen sibirische Wölfe gekämpft. Hör zu, mein Freund – in Tobolsk habe ich einmal ...«

»Oxford«, sagt der Mann neben ihm. »War Student in Oxford. Was ist? Wollen wir nicht einen singen?«

»Wir warten besser, bis das Orchester aufhört.«

»Einen weißen Jäger suchen Sie? Nehmen Sie den besten. Blixen, wenn Sie können, oder Finch-Hatton. Das Rift Valley ist nicht der Hyde Park, wissen Sie ...«

»In Amerika machen wir die größten, die's gibt. Nehmen Sie nur mal Chicago ...«

»Champagner, Memsahib?«

»Nur ein wenig ... danke. Was haben Sie gesagt, mein Lieber? Ist das Lord Delamare, der mit der Brille?«

»Nein. Der mit dem langen Haar. Er versäumt nie eine Rennveranstaltung. Er versäumt überhaupt nie was.«

»Guter alter Muthaiga Club.«

»Guter alter Haig and Haig.«

»Gutes altes Harrow – einen Toast auf Harrow!«

»Eton, meinen Sie wohl ...«

»Vierzig Jahre lang ...«

»Gentlemen! Gentlemen!« Ein angesäuselter Herr, der wie eine Palme im Sturmwind schwankt, runzelt die Stirn und versucht, der gewaltigen Woge aus Geschwätz und Gelächter Einhalt zu gebieten. Er wird von ihr verschlungen. Unbeirrt rollt sie fort.

Laßt die Musik spielen. Und die Musik spielt.

»Beryl! – Ich habe dich gesucht ...«

Eine schlanke, geschmeidige Gestalt taucht neben mir auf, Eric Gooch.

Sein Gesicht hat klare, deutliche Linien, seine Augen sind blau mit aufrichtigem, unbekümmertem Ausdruck. Er ist ein Farmer, der seit Jahren seine Arbeit tut, ohne Gejammer. Er liebt dieses Leben. Und er liebt Tiere, vor allem Pferde. Wise Child, seine Jungstute, steht in meinem Stall. Jetzt, wo ich nach Nakuru übergesiedelt bin und Molo hinter mir gelassen habe, Molo mit seinen kalten Nächten und seinem gleichsam »schottischen« Gesicht, stehe ich in viel engerer Verbindung mit den Besitzern der Pferde, die ich trainiere. Dies ist das große Rennen, das hochwichtige Rennen – das »Saint Leger«, und die meisten meiner (und Erics) Hoffnungen ruhen auf den satinglatten Schultern von Wise Child.

Eric findet einen Stuhl und schafft es sogar, diesen dicht an meinen Tisch zu rücken. Wir stecken die Köpfe zusammen und sprechen über das, was für uns ernste Angelegenheiten sind; doch unsere leisen Stimmen werden fast verschluckt von jenem rauhkehligen Chor, der in unaufhörlich anschwellendem Crescendo bis zum Dach des Muthaiga Clubs emporzusteigen scheint.

Wir können uns auch anderswo unterhalten. Nairobi hat, so könnte man es nennen, seine »Sumpf- und Wellblechzeit« hinter sich. Es gibt andere Lokalitäten, wo man über ein Pferderennen reden kann, allerdings keine, die besser geeignet, die angemessener wäre. Ob Dichter oder Bauer, ob Staatsmann oder Tagedieb – jeder hat seine »Stammkneipe«. Im kleinsten Weiler gibt es einen Treffpunkt, dessen Atmosphäre, dessen Geist geprägt wird von der Gemeinschaft jener, die dort zusammenkommen.

Ein Claridge's oder ein Pub in London, ein Cirro's oder ein Bistro in Paris – ein Ale-House, Kaffeehaus, eine Taverne, Bodega, Karawanserei: der Name spielt keine Rolle, denn sie alle sind ein Zufluchtsort, ein Tempel, wo man miteinander redet und wo die warmherzigen Rituale der Kameradschaft beachtet werden. Von dem, was gesprochen wird an diesem Samowar oder bei jenem Weinschlauch, dürfte wohl wenig von Interesse sein für die Welt, wenn sie sich am Morgen danach den Schlaf aus den Augen reibt. Verklungen ist alle Musik, verklungen auch sind alle Worte, fortgeweht wie der Staub im Wind.

Die alten Tage, die verlorenen Tage – in den halbgeschlossenen Augen der Erinnerung (wie auch in der Wirklichkeit) sind sie nie einfach über einen Kalender hinwegmarschiert; sie saßen um einen brennenden Holzkloben herum, sie lehnten sich auf einen bestimmten Tisch, oder sie lauschten ganz bestimmten Liedern.

Der Muthaiga Club mag sich inzwischen verändert haben. »Na Kupa Hati M'zuri« (Ich bringe euch Glück) war zu meiner Zeit eingemeißelt in den Stein des großen Kamins dort. Die geräumige Lounge, die Bar, der Speisesaal – nichts davon war so vornehm eingerichtet, als daß ein rauher Jäger an der Türschwelle gezögert hätte, und nichts wirkte, damals, so vernachlässigt, daß eine feine Lady mit einem Diamantenanhänger sich deplaziert vorkommen mußte. Es waren ganz einfach Räume, wo die Menschen, die »mein« Afrika miterschufen, tanzten und schwatzten und lachten, Stunde um Stunde.

Doch gab es besondere Anlässe dafür. Nicht jeder Abend im Muthaiga Club war ein ausgelassener Abend; nicht viele der Mitglieder oder Stammgäste waren Müßiggänger. Die Farmen brauchten Farmer, die Safaris brauchten Jäger, die Pferde brauchten Reiter. Dort, genau wie überall sonst, war Arbeit Arbeit, doch gab es Pausen zwischendurch – und eine »Taverne« in der Stadt.

»Saure Wochen, frohe Feste!« Das ist wohl im Grunde ein uralter Wahlspruch, und ich kenne einen Mann, der zur einen Hälfte ein Glaubensbekenntnis und zur anderen einen Toast daraus machte. Es gab nur wenige frohe Feste, respektive Nächte, wo

Sandy Wright – Sohn Schottlands, Herr der Scholle und Pionier in meinem alten, guten Njoro – nicht sein Glas erhob, um dieses Gelöbnis zu erneuern: unter dem Beifall seiner meist eingeschworenen Jünger.

Marineoffiziere von Kriegsschiffen, die bei Mombasa ankerten, steuerten an Land meist einen unbeirrbaren Kurs zur Eingangsschwelle des Muthaiga Clubs. Politiker von – gelegentlich – geringem Horizont, jedoch großen Worten, liebten es, in den Alkoven des Muthaiga Clubs zu faulenzen. District Commissioners – lederbraun, das Lied afrikanischer Winde noch in den Ohren, den Geist jedoch für eine Weile frei von ihren Alltagsproblemen, vom Kummer schwarzer Männer und den Forderungen weißer – fanden im Muthaiga Club Zuflucht und Trost. Löwen, Elefanten, Büffel, Kudus – manche erst seit einem Tag tot, andere schon seit Jahren – wurden zu neuem Leben erweckt, um abermals erschossen zu werden, während man sich gütlich tat an Speis' und Trank.

»Ich stand hier ... mein Büchsenträger dort ... Stoßzähne? – knapp unter zweihundert ...«

»Ein schwarzmähniger Teufel – ein mächtiger Kerl – und meine schwere Büchse hatte ich im Lager gelassen ...«

»Ah!« sagte der rotgesichtige Russe. »Löwen? Hör zu, mein Freund, ich habe mit sibirischen Wölfen gekämpft ...«

Laßt die Musik spielen.

Bei den Race Meetings, den Rennveranstaltungen, gibt es mehr als nur Musik. Und es gibt sogar mehr als nur Rennen, obwohl der Trompeter, der jedes einzelne ankündigt, nicht bloß ein Angehöriger des Regiments The King's African Rifles zu sein scheint, sondern so etwas wie ein wiedererstandener »Rattenfänger«: Die hohen, hinausgeschmetterten Töne locken, wennschon keine Kinder, so doch erwachsene Männer, die sich ein kindliches Gemüt bewahrt haben, unwiderstehlich an.

Genauso wie Arab Ruta einmal Kibii war, so ist Britisch-Ostafrika jetzt Kenia. Nairobi besitzt, was man so gern Format nennt. Es trägt gleichsam einen maßgerechten Anzug und einen breitkrempigen Hut, doch hegt und pflegt es auch einen englischen

Garten; es hütet die Schößlinge der Tradition, die von einem alten Baum abstammen. Man »kleidet« sich zum Dinner, der Portwein wird im Uhrzeigersinn herumgereicht, und man liebt Pferderennen.

»Also«, fragt Eric Gooch, »wie stehen unsere Chancen?«

Ich krause die Stirn, wiege meinen Kopf. »Würde Wrack nicht gegen uns laufen, wären sie prächtig.«

Daß mir so etwas über die Lippen kommen muß! Ich selbst habe in harter Arbeit und mit vollem Einsatz jeden Muskel des kastanienbraunen Junghengstes durchtrainiert, so daß sein Körper zu einem harten, dynamischen Ganzen geworden ist. Wracks überragende Fähigkeiten sind das Ergebnis meiner eigenen Anstrengungen; er ist für das »Saint Leger« der haushohe Favorit – aber er wird nicht für, sondern gegen mich antreten. Ein Teil der Gespräche, die hier zwischen den weißen Wänden umherschwirren, dreht sich um Wrack – Gerüchte, Spekulationen, Tips.

Eric und ich denken zurück.

Vor nur zwölf Wochen ist Wrack von seinem Besitzer aus meinem Stall in Nakuru geholt und der Obhut eines anderen Trainers übergeben worden – einem Mann, der wache Augen hatte, wenn er etwas Gutes sah. In dem einen Jahr, in dem Wrack bei mir gewesen war, hatte er sich von einem langbeinigen, störrischen Fohlen zu einem voll ausgebildeten Rennpferd entwickelt, ebenso schnell wie hochmütig, gegenüber der Konkurrenz geradezu verachtungsvoll. Wrack konnte laufen, und das wußte er. Sein nervöser Besitzer hatte sich einreden lassen, daß ein achtzehnjähriges Mädchen unmöglich das Zeug dazu haben konnte, einem solchen Tier den letzten Feinschliff zu geben, und daß sie schon gar nicht für die geradezu sophistische Aufgabe taugte, ein Pferd davon zu überzeugen, daß in seiner Welt der Wahrscheinlichkeiten nichts *un*wahrscheinlicher war, als daß es vor dem Erreichen der Ziellinie von einem anderen Pferd überholt werden würde. So hatte man mir Wrack also weggenommen, was meinem Ruf als Trainerin, der sich gerade erst zu festigen begann, natürlich nicht gerade zuträglich war.

Aber der Klatsch kann auch gute Seiten haben. Gerüchte beschränken sich nicht immer auf die Verbreitung schlechter Neuigkeiten, und es gibt Menschen, die ein feines Ohr für eine Ungerechtigkeit haben, so leise sie auch auftreten mag.

Eric Gooch hatte gewußt, daß ich etwa fünfzehn Pferde zum großen Race Meeting mitbringen würde, und daß einige von diesen einige kleinere Rennen gewinnen würden. Er hatte auch gewußt, daß ich ohne Wrack keinen Aspiranten auf den Sieg im »Saint Leger«, dem Klassiker, hatte – im einzigen Rennen also, das wirklich zählte. Eric hatte angestrengt nachgedacht und war dann von seiner Farm bei Nyeri zu meinem Stall gekommen.

»Ich habe mir wegen dieser Sache den Kopf zerbrochen«, hatte er gesagt, »aber eine Lösung sehe ich nicht. Wrack gilt schon jetzt als der große Sieger, und ich wüßte auch nicht, was ihn daran hindern sollte. Gewiß, da ist noch Wise Child – aber, Teufel noch mal, du weißt ja Bescheid über Wise Child.«

Und ob ich Bescheid wußte! Genau wie Pegasus war sie mir sozusagen in die Hände geboren worden. Ihr Vollblüterblut kam von zwanzig Generationen von Siegern. Sie war aus dem gleichen edlen Holz geschnitzt wie Wrack. Nur gab es da das Problem mit ihren Beinen.

Wise Child war, als Zweijährige, von ihrem ersten Trainer falsch behandelt worden. Ihre Sehnen hatten schlimm gelitten – weil sie viel zu früh auf hartem Geläuf trainiert worden war. Trotz des Feuers in ihrem Herzen und der Energie in ihrem kräftigen Körper war sie kaum imstande, einen Mann auf ihrem Rücken zu tragen. Würde es, innerhalb einer Frist von nur zwölf Wochen, wohl möglich sein, diese willigen, jedoch schwachen Beine zu kräftigen – und zwar so sehr, daß die Stute auf ihnen ein Rennen von einer und einer Dreiviertelmeile in scharfer Pace gehen *und* gewinnen konnte?

Eric hatte daran gezweifelt – doch falls ich's mit Wise Child probieren wollte, könnte ich sie haben.

Natürlich wollte ich's mit ihr probieren. Das kostete mich nur Arbeit. Mitansehen zu müssen, wie Wrack, mein Wrack, unter fremden Farben das ganze Feld hinter sich ließ, würde mich viel mehr kosten.

So war das also geregelt. Wise Child, die junge Stute mit dem sanften Wesen, den freundlichen Augen und dem festen Siegeswillen (sofern nur ihre Beine wieder gekräftigt werden konnten), war in meine Obhut in Nakuru gekommen. Gemeinsam hatten wir gearbeitet und uns gesorgt – Arab Ruta, ich und die kleine, kastanienbraune Stute; aber zumindest hatten wir das Glück gehabt, in einer Welt zu leben und zu arbeiten, die gleichsam ganz uns gehörte.

Es war eine Welt der Absolutheiten, der Extreme. Zwischentöne gab es dort nicht, nicht farblich und nicht akustisch. Feinere Schattierungen fehlten bei der Erschaffung von Nakuru.

Die Ufer seines Sees lagen wie in tiefer Stille, gleichsam ganz mit sich allein, doch die Monotonie der Sand- und Schlammflächen rings um das seichte Gewässer wird nicht bloß dann und wann durchbrochen von einem einzelnen Vogel oder einem kleineren oder größeren Vogelschwarm; solange wie der Tag währt, ist Nakuru überhaupt kein See, sondern wie ein brodelnder Tiegel aus Rosa und Rot – zum Feuer vereint scheinen unzählige Flammen, buchstäblich millionenfach – aufleuchtend von den Flügeln der Flamingos. Zehntausend Vögel von dieser faszinierenden Farbpalette, in ganzer Breite eingefangen vom Auge des Betrachters, das ist ein Anblick, der nach Jahren dem eigenen Gehirn nicht mehr ganz glaubwürdig erscheint. Und doch sind zehntausend Flamingos eher eine Zahl, die durch ihre Geringfügigkeit überrascht, und einhunderttausend würde zur Not genügen, um mit dem Zählen anzufangen.

Der Menegai Krater überblickt den Ort und den See. Seit es Menschen gibt, hat er keinen Schwefel mehr gespien, kaum mal ein wenig Rauch. Doch in den Annalen vom Rift Valley, welches all dies enthält, so wie ein Meer ein Korallenatoll oder eine Wüste eine Düne enthält, ist die Zeit des Menschen eine viel zu kurze Periode, um mehr zu verdienen als eine beiläufige Anmerkung. Morgen, übermorgen oder nächstes Jahr wird der Menegai vielleicht wieder eine Heizpfanne werden, über der sich eine vergängliche Gottheit für ein Äon oder so die omnipotenten Hände wärmt. Bis dahin jedoch kann man getrost auf seinem Rand stehen und den See der rosa und scharlachroten Schwingen betrachten, weil dort unten in der Tiefe – der See scheint, für den Augenblick zumindest, das ganze Feuer des Berges gestohlen zu haben.

Dies war die verschwenderische Szenerie, in der ich in Nakuru mit meinen Pferden arbeitete. Allmorgendlich zogen Arab Ruta und Wise Child und ich gleich nach Tagesanbruch zum flachen Seeufer hinaus, und unser »Auftritt« dort muß ähnlich disproportioniert gewirkt haben wie das Erscheinen von drei Liliputanern auf einer Wagnerschen Riesenbühne. Ich hatte das Ufer gewählt, weil nur dort der Boden weich und elastisch genug war für Wise Childs empfindliche Beine.

Mein Quartier war weniger komfortabel, als es meine Hütte in Molo gewesen war. Tagsüber wohnte ich in einem Stall, den ich für meine Zwecke renoviert hatte, und nachts schlief ich ganz oben auf der bescheidenen Tribüne, die, genau wie die Rennbahn, von hier ansässigen Briten erbaut worden war. Es gehört wohl zu den unabänderlichen Eigenarten unseres Clans, daß wir ohne Pferde nicht leben können.

Und immer, wenn ich Wise Child beobachtet hatte, wie sie auf dem feuchten Untergrund ihre Sehnen erprobte, während Flamingos davonflogen zur Mitte des Sees oder Flußpferde träge ins Wasser watschelten, hatte ich an Wrack gedacht – an den so hochmütigen Wrack. Wie gut ich ihn doch kannte!

Die zwölf Wochen waren wie im Fluge vergangen, und ich hatte alles daran gesetzt, um ganze Arbeit zu leisten.

Und jetzt sind wir also endlich hier. Jetzt dreht Eric sein Glas zwischen den Fingern und stellt mir hoffnungsvolle Fragen, während im Muthaiga Club die Musik spielt und festlich-fröhliche Menschen einander die Hände schütteln und alte Trinksprüche neu beleben – und Wetten abschließen auf das morgige »Saint Leger«.

Einhundert Pfund – zweihundert Pfund . . .

»Hat Wise Child eine Chance?«

»Gegen Wrack? Natürlich nicht.«

»Sei dir nicht zu sicher ... sei dir nicht zu sicher. Ich erinnere mich da an ein ...«

Und genau das ist es, was ein Pferderennen so aufregend macht.

Jockey: Sonny Bumpus.

Was kann einem ein Name sagen? Dieser klingt leicht und luftig – und irgendwie keß, ja frech. Wer besitzt schon so viel Unbekümmertheit, ein Pferd antreten zu lassen gegen eine solch erfolgsträchtige Kombination – Sonny Bumpus auf Wise Child?

Und, falls das nicht genügt – ist da nicht auch noch Arab Ruta? Arab Ruta, der Magier, der Zauberer, der Hexer von Njoro?

»Ah ja«, sagte er, während seine kundigen Hände die Stute streicheln, »ich werde diese Muskeln zu solchen Muskeln machen, wie sie ein Murani hat, der bereit ist zur Schlacht. Ich werde sie so zäh machen wie den Bogen eines Wandorobos. Ich werde meine eigene Kraft in sie strömen lassen!« Verächtlich spuckt er aus. »Wrack – ich warne dich! Du bist zwar ein Hengst, doch Gott hat unserer Stute ein Herz gegeben, das der Spitze eines Nandi-Speers gleicht, und in ihrer Lunge wohnt der Wille des Windes. Du kannst nicht siegen, Wrack. Ich, Arab Ruta, sage es!«

Er blickt zu mir. Sein Gesicht ist sehr ernst. »Es ist beschlossen, Memsahib. Wrack wird verlieren.«

Ich bin damit beschäftigt, Wise Childs Mähne zu flechten. Jetzt hebe ich den Kopf und lächle.

»Manchmal, Ruta, klingst du noch ganz wie Kibii.«

Zögernd wird mein Lächeln erwidert. Ruta wirkt nachdenklich, jedoch wenig beeindruckt. »Nein, Memsahib – es ist nur, daß ich die Macht habe, wahr werden zu lassen, was ich glaube. Das ist etwas, was nur ein Murani tun kann.«

Wir sind in unserem Stall bei der Rennbahn. In zwei Stunden wird das »Saint Leger« gelaufen werden. Während Ruta das Pferd pflegt, flechte ich die Silbermähne, und der Schmied breitet seine Werkzeuge aus, um an Wise Childs Hufen die sogenannten Renneisen zu befestigen. Die Stute steht so ruhig wie eine schlummernde Katze, aber sie schläft nicht. Sie weiß. Sie denkt. Vielleicht denkt sie, genau wie ich, an ihre schwachen Sehnen. Fühlen kann sie sie nicht; mit Schmerzen hat das nichts zu tun. Die Frage ist nur, wie lange werden die Sehnen die Belastung durch die hohe Pace, durch das Stampfen der Hufe auf dem harten Boden der Bahn aushalten können: die weite Strecke vom erregenden Start bis zum fernen Finish.

Als der Schmied sie berührt, richtet sie sich höher, überläßt ihm dann anmutsvoll einen Huf. Sie wird tun, was man von ihr verlangt, sie hat es stets getan. Sie dreht den Kopf, stupst mich damit, spricht zu mir – mach dir keine Sorgen; ich werde laufen. Solange mich meine Beine tragen, werde ich laufen. Aber müssen wir noch lange warten?

Nicht mehr lange, Wise Child, nicht mehr sehr lange.

Als der Hufschmied fertig ist, verlasse ich den Stall und inspiziere, für ein paar Minuten, noch einmal die Rennbahn – als hätte ich das nicht bereits ein dutzendmal getan. Andere Trainer und Besitzer stehen allein oder zu zweit beim Sattelplatz oder lehnen sich gegen das Geländer, das die ovale Bahn umschließt. Pferdeburschen sind emsig beschäftigt, ein Jockey mit den Farben von Lady MacMillans Stall eilt durch das Gewimmel – kaum mehr als ein Liliputaner von Wuchs, doch wie wichtig jetzt, und wie prächtig anzuschauen! Buchmacher treten einander auf die Zehen, treten jedermann auf die Zehen, oder sie stehen plattfüßig und betrachten die Papierfetzen in ihren Händen, als seien es Pässe nach El Dorado.

Wie eine allmählich dunkelnde Wolke breitet sich eine Menschenmenge über die Haupttribüne, und es ist, als dämpfe ihre schiere Masse das martialische Getöse der K. A. R. Regimentskapelle.

Im Norden ragt der Mount Kenya empor, Thron des Kikuyu-Gottes, juwelenglitzernd im Sonnenlicht und umhüllt von einem Hermelin aus ewigem Schnee. Gegen Nordosten hin, tiefer gelegen, wie eine Couch von königlichem Purpur, bereit zur Muße desselben hochherrlichen Gottes, breiten sich die Aberdares. Und wie im Schatten einer solch majestätischen Kulisse lag der alltägliche Tummelplatz der kleinen Leute – der indische Basar, das Somalidorf und Nairobi selbst in seiner, vergleichsweise, mikroskopischen Pracht. Von dort kamen sie, die Zuschauer, eine buntgewürfelte Menge, die durch die offenen Tore der Rennbahn strömte, voll gespannter Erwartung, die Eintrittskarte in der Hand.

Was, so habe ich mich manchmal gefragt, ist es wohl, das so viele Menschen von so verschiedener Art so unwiderstehlich zu einem wenig imposanten Amphitheater wie diesem zieht. Ist es die Schönheit der Rennpferde; oder die magnetische Kraft der Menge; oder ganz einfach die banale Hoffnung auf einen leichten Wettgewinn? Vielleicht ist es nichts von all dem. Vielleicht ist es die unbewußte Erwartung, für einen flüchtigen Augenblick etwas von jenen Urgefühlen zu erleben, die wiedererweckt werden im freien Spiel der Kräfte – im Dahinjagen der Pferdeleiber und im Hämmern der Hufe, die ihren unbezähmbaren Willen auf den Boden trommeln.

Der Hüter einer indischen Duka – ein Regierungsbeamter – ein Lord Delamere – ein Eric Gooch: sie alle sind Rädchen in einem Alltagsgetriebe, und sie haben sich hier, wie überall, gleichsam Nischen geschaffen, wo sie mit untergeschlagenen Armen sitzen können, um regelmäßig einem Tier Tribut zu zollen, das als Geschöpf so gering zu sein scheint, daß man es für eine Banknote kaufen kann.

Aber ich frage mich, ob man es wirklich jemals kaufen kann? Ich frage mich, ob der feurige Geist eines Camciscan, die beharrliche Treue, das kluge und mutige Herz von Wise Child jemals käuflich sind? Ist dies von Pferden zuviel gesagt?

Ich erinnere mich an die Dinge, die sie getan haben; ich erinnere mich an dieses »Saint Leger«.

Im Vergleich zu den bedeutenden Rennen in Europa ist unser »Saint Leger« ganz unwichtig. Doch für Wrack, für Wise Child und für die anderen acht Pferde, die vom Start gehen werden, ist es jetzt das Wichtigste; genau wie für mich, als ich nun die letzten Vorbereitungen treffe.

Ich befühle die Beine der Stute. Sie sind ganz leicht geschwollen, ansonsten jedoch normal. Ich knie mich hin und befestige an den Beinen die Gamaschen. Ich lege Wise Child den leichten Rennzaum an, der auf dem Stirnriemen meine Farben zeigt, Blau und Gold; ich führe den Martingal über ihren Kopf zum Hals.

Arab Ruta legt das schützende Polster auf ihren Widerrist, dann kommt die Satteldecke und dann der Sattel. Schließlich ziehe ich die Sattelgurte stramm. Wir reden nicht viel. Schon in wenigen Minuten wird die Glocke die Pferde hinaus auf den Sattelplatz rufen.

Sonny Bumpus hat seine Instruktionen. Der schlanke, dunkelhaarige Jockey hat mir ernst und aufmerksam zugehört. Er ist ein großartiger Reiter und eine treue und zuverlässige Seele.

Ich habe die Strategie wieder und wieder erklärt: »Bleibe für die ersten beiden Achtelmeilen zwei oder drei Längen hinter Wrack – bis die Stute warm geworden ist. Halte die Pace, wenn's um den ersten Bogen geht. Machen ihre Beine danach noch mit, so lasse sie auf der Gegengeraden gehen. Nimm die Spitze und halte sie. Die Stute ist willig und schnell. Sie hat ein unglaubliches Stehvermögen. Wenn Wrack attackiert, mach dir keine Sorgen – solange ihre Beine das aushalten, wird sie den Angriff kontern. Machen die Beine nicht mehr mit – nun, das wäre wirklich nicht deine Schuld; aber was auch immer passiert, gebrauche niemals deine Peitsche. Wenn du das tust, streikt sie.«

Das ist alles. Mehr bleibt nicht zu sagen. Eine Glocke ertönt, und ich nicke Ruta zu. Er nimmt Wise Childs Zügel in die Hände und führt sie langsam in Richtung Sattelplatz. Die kleinen Schweißflecken auf ihren Flanken sind das einzige Zeichen dafür, daß sie unsere Gefühle teilt, die innere Anspannung, die beklommenen Ängste, die stille Hoffnung.

Der Zufall will es, daß sie auf dem Sattelplatz unmittelbar hinter Wrack geht, so daß ich beide eingehend miteinander vergleichen kann. Um die anderen kümmere ich mich nicht weiter – um jene Pferde, die Lady MacMillans Farben tragen oder Lord Delameres oder Spencer Tryons, der einer der besten Trainer ist. Es sind alles gute Pferde, doch für gefährliche Konkurrenten halte ich sie nicht. Wise Child hat nur zwei ernstzunehmende Gegner – Wrack und ihre eigenen schwachen Sehnen.

Wrack scheint schon im voraus über seinen Sieg voller Triumph. Er ist ein wunderschönes Tier, kraftvoll-geschmeidig, auf schnellen, behenden Füßen tänzelnd wie ein Boxer, und es ist, als paradiere er stolz, um den Kontrast zu zeigen zwischen seiner glanzvollen Erscheinung und der einfacher wirkenden, längst nicht so imposanten jungen Stute. Ich betrachte ihn und bleibe nicht unbeeindruckt; gestatte mir jedoch ein heimliches Behagen, als ich sehe, daß allzuviel Schweiß von seinem kastanienbraunen Fell strömt – von einem Fell das aussieht, als könnte es ansonsten, unter der Berührung erfahrener Finger, eher ein wenig zu trocken wirken. Ist Wrack übertrainiert worden, seit er von mir fort ist? Hat irgend jemand den Junghengst ständig zu sehr gefordert? Oder ist bei mir der Wunsch der Vater eines solchen Gedankens . . .

Ich sehe Wracks Besitzer ein kurzes Stück entfernt am Geländer – unmittelbar neben Wracks neuem Trainer. Wir nicken einander zu mit etwa genausoviel Wärme, wie das an unserer Stelle Roboter tun würden. Ich kann einfach nicht anders. Und ich will zweimal verdammt sein, wenn ich's auch nur *versuchte.*

Eric Gooch tippt mir auf die Schulter. »Ich konnte nicht widerstehen«, sagte er. »Wise Child macht einen so prächtigen Eindruck, daß ich auf sie gewettet habe – einmal für mich und einmal für dich. Verliert sie, werde ich auf meine Farm nicht gleich eine Hypothek aufnehmen müssen; gewinnt sie, so sind wir beide ein bißchen reicher. Wird sie gewinnen?«

»Ihre Beine sind schwach wie Haferstroh, doch sie wird alles geben.«

»Wrack ist haushoher Favorit!« Ein dogmatischer Gentleman neben mir setzt sich eilends in Bewegung, um auf Wrack zu wetten. Ich zucke leicht zusammen, doch der Mann ist kein Narr.

Wise Child, so stellen die Beobachter fest, befinde sich augenscheinlich in hervorragender Verfassung; aber die Stute ist für Schmeicheleien taub. Sie ist für alles taub. Vor fünfhundert kritischen Augenpaaren geht sie auf dem Sattelplatz im Kreis, und irgendwie wirken ihre Bewegungen bescheiden, fast scheu – so, als sei ihre Anwesenheit hier eigentlich ein Irrtum, jedoch ein verzeihlicher, wie sie hofft.

Plötzlich wird das Stimmengewirr lauter, und die Menge gerät in Bewegung, während der Ausgang des Sattelplatzes geräumt wird und das Führpferd, ein Rappe, pompös in Richtung Rennstrecke tänzelt. In wenigen Minuten wird alles vorüber sein.

Eric und ich eilen durch die Tribüne zu Lord Delameres Loge. Wir warten; wir starren. Wir halten unsere Hände um die Brüstung gekrampft.

Die Pferde ziehen in leichtem Galopp an den Zuschauersitzen vorbei. Wise Child, mit Sonny Bumpus federleicht in ihrem Sattel, zottelt wie ein schüchternes Schulmädchen hinter den anderen her. Sie ist ohne Selbstgefälligkeit, hätte indes guten Grund, eitel zu sein. Im ganzen Feld gibt es kein hübscheres Pferd als sie – und wohl auch keines, das ernster bei der Sache wäre. Ich beuge mich vor, versuche unsinnigerweise, sie auf uns aufmerksam zu machen: Sie soll das Gefühl haben, daß sie nicht ganz allein ist mit der Last ihres Geheimnisses – mit dem Geheimnis ihrer schwachen Beine, die vielleicht schon bald nicht mehr mitmachen werden.

»Sie ist in großartiger Verfassung!«

Eric strahlt vor Zuversicht, doch ich antworte ihm nicht. Ich hole mein Fernglas hervor und merke, daß mir die Hände zittern. Sie wird nicht gewinnen; sie kann nicht gewinnen. Ich weiß doch um Wracks Fähigkeiten. Ich versuche, mich locker zu geben, nicke Freunden zu, hantiere mit meinem Programm, als würde ich's lesen. Aber die Seiten sind leer. Ich lese nichts. Ich blicke hinunter zu der kleinen Gruppe von Pferden, beklommen und erregt, als sei dies nicht bloß irgendein Rennen unter der afrikanischen Sonne in einem betriebsamen Ort zwischen dem Viktoriasee und dem Indischen Ozean, sondern das größte Rennen aller Zeiten, auf der größten aller Rennbahnen – und als blicke mir die ganze Welt über die Schulter.

Zu allem schmettert die Militärkapelle jetzt die nervenzerfetzenden Klänge von »Mandalay«, und ein Teil des Publikums stampft mit den Füßen auf dem Holzboden den Takt dazu. Wenn die Kapelle doch bloß aufhören wollte – dabei liebe ich solche Kapellen. Wenn die Leute doch bloß aufhören wollten, die scheußliche Weise mitzusummen – dabei liebe ich die Melodie. Ich kann ganz ausgezeichnet ohne Fernglas sehen, doch ich hebe es vor meine Augen und starre durch die Linsen.

Jetzt stehen die Pferde am Start – manche eifrig, manche störrisch, manche voller Unsicherheit. Die Jockeys, auf ihren glänzenden Rücken, sehen aus wie Nippesfiguren, die man mit Bändern festgebunden hat. Sie hüpfen auf und nieder, sie erheben sich, beugen sich vor, setzen sich wieder. Ein Pferd bäumt sich hoch oder wirbelt herum, und von der Bahn stiebt eine Staubwolke empor, bis die bunte Marionette auf dem Pferderücken darin verschwindet, dann wieder auftaucht, verändert jetzt – ein Mensch mit beharrlichem Willen, wachsam, konzentriert, alles kontrollierend.

Ich sehe Wrack. Schaut euch Wrack an! Er kämpft gegen die Hand seines Reiters, er will los, er ist ganz wild aufs Rennen. Wie stets, wenn's eine Verzögerung gibt, brennt er vor Ungeduld. Arroganter Teufel – er will's hinter sich bringen; es ist sein Rennen, und das will er uns ein für allemal in die Köpfe hämmern. Wozu all die Umstände? Was soll das ganze Theater? Los doch, laufen wir! Er vollführt eine Pirouette; falls ihn sein Reiter nicht halten kann, wird er davontoben. Ruhig, Wrack – ruhig doch, du eleganter Narr!

Der Starter ist bereit, die Menge ist bereit, Eric und ich sind bereit. Die Kapelle ist verstummt, und auf der Tribüne herrscht völlige Stille. Dies ist der Augenblick – dies sollte der Augenblick sein. Ruhig, Sonny – der Anfang kann schon über den Ausgang entscheiden, das weißt du doch. Ruhig, Wise Child. In Ordnung. Alles hat sich erhoben, jeder reckt den Hals.

Wunderbar ausgerichtet stehen die Pferde. Ihre Nasen sehen aus wie gleichmäßig angeordnete Knöpfe an einer Wand. Auf die Startflagge achten. Aufgepaßt . . .

Nein! Fehlstart. Wrack, du Idiot; ich würde dir das austreiben. Ich hatte es dir schon einmal ausgetrieben. So kannst du nicht lospreschen; du mußt ruhig sein. Erinnerst du dich nicht? Du mußt . . .

»Sei ruhig«, sagt Eric. »Du zitterst ja.«

Ich zittere wirklich. Nicht gerade wie Espenlaub, doch vielleicht wie ein Espenzweig. Ich weiß zwar nicht, wie ich das ändern kann, aber ich drehe den Kopf und sehe Eric mit einem Lächeln an, das so leer ist, wie alles ringsum leer zu sein scheint.

Als ich den Kopf zurückdrehe, ist das Feld bereits unterwegs, mit Wrack an der Spitze. Gut. Genauso habe ich's erwartet. Genauso hat's auch die Menge erwartet. Fünftausend Stimmen, jede von ihnen wie eine Pfeife in einer riesigen, dissonanten Orgel, schwellen immer mehr an und rollen gleichsam hinweg über das tapfere Geschmetter des Trompeters. Sie rollen auch über mich hinweg – und klingen dennoch kaum lauter als ein Flüstern: ein wenig rauh zwar, aber doch nur ein Flüstern. Ich habe aufgehört zu zittern, fast auch zu atmen, wie es mir scheint. Ich bin jetzt ruhig, völlig gefaßt. Das Feld ist auf der Strecke, strebt die lange Gerade entlang, und wie ein gedämpftes Donnern klingt vielfacher Hufschlag herüber.

Wie kann ich ein Rennen wie dieses mit Musik vergleichen? Oder – wie kann ich es nicht damit vergleichen? Wird irgendein Perfektionist, andächtig in seinem Sessel sitzend unter den Marmoraugen Beethovens, nicht schaudern bei einem solchen Gedanken? Es ist zu vermuten. Doch falls es irgendwo einen jungen Liebhaber unverbrauchter Noten und Kadenzen gibt, jemanden, der nicht so unverrückbar in einer unverrückbaren Vergangenheit wurzelt, und der ein neues Thema für, sagen wir, wenigstens eine Rhapsodie sucht, so soll er sich eine Eintrittskarte kaufen und kommen, um die Pferde laufen zu sehen. Er wird tun, wozu ich nicht fähig bin. Er wird es in sich aufnehmen und umsetzen und wiedererschaffen, jenes Geräusch der Hufe, das wie das Prasseln von Regen ist, oder wie das Grollen eines Sturms, oder wie rasender Trommelwirbel, allmählich sich dämpfend, sacht verklingend. Er wird Instrumente finden, um das Brüllen der Menge wiederzugeben, und Noten, in denen sich die Stille spiegelt, die plötzlich über die Menschen fällt; er wird Rhythmus entdecken im Durcheinander und ein Crescendo gestalten aus einem Seufzer. Ist er ein guter und genauer Beobachter, so wird er auch einen Platz finden für Takte voller Heroismus, und er kann fortstürmen in sich ständig steigernder Erregung, die in einem gewaltigen Ausbruch gipfelt.

Ein Rennen ist keine einfache Angelegenheit. Dieses hier ganz gewiß nicht. Es sind nicht bloß zehn Pferde, die dort unten aus Leibeskräften drauflosgaloppieren. Mit ihnen auf der Bahn sind Können und Kalkül, aber auch der unberechenbare Zufall. Mit ihnen auf der Bahn sind Mut und Strategie.

Man beobachtet ein Rennen nicht; man liest es. Jede Positionsveränderung im Feld, das Durcheinanderfluten der Pferdeleiber, alles hat seinen Grund – Jockeys besitzen die Fähigkeit, oder sie besitzen sie nicht: Sie brauchen Gespür. Und beim Pferd ist das nicht anders: Es hat Herz – oder nicht.

Fragen sind zu klären, bevor auch nur ein einziger Hufschlag dem anderen folgt – wann verhalten reiten, wann zulegen, wann manövrieren. Eine höhere Pace? Gut, aber hält das Tier das durch?

Wer kann's sagen? Nun, Erfahrung macht viel aus – und wer das Getrommel der Pferdehufe auf dem Geläuf gut kennt, der kennt auch den Unterschied. Langsame Pace, mittlere Pace, schnelle Pace – was davon ist es? Laßt bloß kein zweitklassiges Pferd den Sieg davontragen! Sonny wird auf der Hut sein; sein Zeitgefühl ist so präzise wie eine Stoppuhr. Aber auch ihm kann ein Fehler unterlaufen.

Was tut sich dort unten auf der Bahn – sind's nur Tricks, wird's schon ernst? Laß dich nicht narren, nicht verwirren, überhetze dich nicht. Einundeine Dreiviertelmeile sind's, du weißt es – ein Zehnerfeld, in dem jeder Sieger werden kann, solange du nicht das Gegenteil beweist. Da ist noch Zeit, genug Zeit. Zuviel Zeit! – Zeit für Fehler, Zeit für Patzer, Zeit, in der Kraft und Atem, in der das ganze Rennen verlorengehen kann im unerbittlichen Stakkatogetrommel von vierzig Pferdehufen. Augen auf – laß dir nichts entgehen.

Wrack hat die Führung, dann kommt der hart pullende Rappe. Ein Brauner mit mehr Stil als Pace hält den kostbaren dritten Platz. Auf der Innenseite taucht an seiner Flanke Wise Child auf. Sie ist geschmeidig. Leopardengeschmeidig.

»Gott, sie geht großartig!« schreit Eric, und ich muß lächeln. »Sei ruhig – du zitterst ja.«

Zittern tut er wohl nicht, aber er hüpft auf und nieder, als hätte er das Rennen gewonnen, und das hat er nicht. Er hat noch gar nichts gewonnen. Sehnen – vergiß die Sehnen nicht! Natürlich geht sie gut, doch . . .

»Los doch, Wrack!«

Unterstützung für den Gegner aus unbekanntem Mund. Ich schnaube insgeheim, murmle für mich. Schrei nicht so, Dummkopf, wirst schon sehen! Das Feld ist jetzt auf der Gegengeraden. Mein Jockey ist kein Narr – Sonny ist kein Narr. Seht ihr? Seht ihr, wie Wise Child immer dichter aufschließt? Was ist denn jetzt mit eurem Wrack? Schreit nicht – seht hin! Wise Child holt auf, etwa nicht? Gleich hat sie ihn, klar?

Ja, sie tut's; sie hat ihn. Durch die Menge geht eine Bewegung; Wetten werden vergessen, die Masse wittert Blut. Und sie bekommt, was sie will. Wrack ist ein Bild galoppierender Vorwärtskraft, Wise Child eine Studie der Koordination von Muskeln und Knochen und Nerven. Sie ist schnell, ist geschmeidig-glatt, sie ist so glatt wie eine Klinge. Und diese Klinge zerschneidet, verkürzt den Abstand zu Wrack auf eine Handbreite, auf eine Haaresbreite – zu nichts.

»Los doch, Wrack!«

Einer, der's noch immer nicht glauben will, wie? Na gut, brüll nur wieder, heul nur wieder – aber wette auch wieder, wenn du dich traust!

Wise Child geht an Wrack vorbei wie ein Sturmwind an einem lauen Lüftchen, wie ein Gepard an einem müde gehetzten Jagdhund. Armer Wrack. Es wird ihm das Herz brechen.

Doch es bricht ihm nicht das Herz. O nein, nicht Wracks Herz! Er hat den Kopf ein wenig höher gehoben, und ich weiß, daß er alles gibt, was er hat, aber er gibt noch mehr. Er ist ein Hengst, und das männliche Ego entfacht einen Mut, der den Schmerz der brennenden Muskeln dämpft. Er vergißt sich, vergißt seinen Jokkey, vergißt alles außer seinem Ziel. Er senkt den Kopf und prescht mit donnernden Hufen hinter der Stute her.

Ohne es zu sehen, weiß ich, daß Eric mir einen raschen Blick zuwirft, den ich jedoch nicht erwidern kann. Ich kann nur den Kampf beobachten. Und ich bin noch nicht zu abgebrüht, um nicht zu begreifen, daß der Kampfgeist, der Wrack beseelt, ganz einfach großartig ist.

Galoppiere, Wrack! – härter, als du kannst, schneller, als du kannst. Mein guter Wrack – mein dickköpfiger Wrack – sechs Längen hinter der führenden Stute.

Aber wie lange noch? Wise Child läuft noch immer auf der Innenseite – ein kleiner, dahinhuschender Schatten, ein schneller Schatten, ein behender Schatten – entschlossen, gleichmäßig, ruhig. Mein Fernglas ist auf sie gerichtet. Tausende von Augen sind auf sie gerichtet, als sie plötzlich schwankt.

Sie schwankt, und das Aufstöhnen der Menge verschluckt mein eigenes Stöhnen. Sie löst sich von der Innenseite, auf unsicheren Beinen. Sie verliert an Pace, wird sie gar das Rennen verlieren?

Wracks Jockey sieht es. Wrack sieht es. Die Peitsche trifft ihn, doch er braucht keine Peitsche. Er holt auf, verringert den Abstand – Länge für Länge.

»Los doch, Wrack!« Der Schrei klingt jetzt fast barbarisch, und er kommt aus hundert verschiedenen Kehlen.

Ja, schreit nur – brüllt! Feuert ihn an! Könnt ihr nicht sehen, daß ihre Beine versagen? Könnt ihr nicht sehen, daß nur noch ihr Herz sie vorwärtstreibt? Soll er das Rennen haben – soll er gewinnen. Quäl sie nicht, Sonny – Sonny, rühr sie nicht an! . . .

»Eric . . .«

Aber Eric ist fort. Er ist über die trennende Brüstung gesprungen und rennt jetzt an der Außenseite der Bahn, am Geländer, entlang.

Wrack und die Stute sind jetzt auf der Zielgeraden. Ich bin nicht fähig, mich vom Platz zu rühren. Ich stecke wie in einem Hexenkessel: Schreie und Jubel und winkende Arme. Wrack schließt zu Wise Child auf, und jetzt – jetzt überholt er sie: triumphiert über sie, während sie völlig den Rhythmus zu verlieren scheint.

Mein Fernglas baumelt an seinem Riemen. Ich beuge mich über die Brüstung, die Finger um die Handleiste gekrampft. Ich kann nicht schreien, ich kann nicht denken. Ich weiß, daß dies nur ein Pferderennen ist. Ich weiß, daß nichts, aber auch gar nichts anders sein wird, egal, wer verliert – und doch kann ich es kaum glauben.

Für einen Augenblick befinde ich mich wohl in einer Art Trance. Meine Augen sehen alles, registrieren jedoch nichts. Und es ist nicht der Lärm, sondern die plötzliche Stille der Menge, die mich wieder ins Bewußtsein stößt. Wie lange dauert ein Augenblick? Lange genug für – dies?

Ich sehe, wie es passiert – so klar, so scharf, wie eine Kamera die Dinge wohl sieht. Ich fühle mich genauso kalt, so blutlos. Aber auch genauso starr.

Ich sehe, wie Wise Child wieder ins Straucheln gerät, sich dann jedoch strafft. Ich sehe, wie sie sich aus dem Schatten, der sie gewesen ist, verwandelt in eine kleine, heiße Flamme bedingungsloser Beherztheit, die all meine Zweifel Lügen straft. Ich sehe, wie sie Wracks Herausforderung verächtlich abweist, so daß seinen Anhängern die Anfeuerungsschreie in der Kehle steckenbleiben. Ich sehe, wie sie die letzte Achtelmeile auf geschwollenen Beinen heruntertrommelt und dem Hengst die Hinterhufe zeigt.

Und ich höre, wie die Menge wieder zu Atem kommt und Wise Child zujubelt, lauter und immer lauter, als wolle sie mit ihrer Ovation die Stute über die Ziellinie hinübertragen.

Und dann ist es vorbei. Dann herrscht eine Stille, als habe jemand das Tor von Babel zugeschlagen.

Ich dränge mich durch zu der Stelle, wo abgesattelt wird. Am Sperrgeländer hängt eine graue Traube von Menschen, ein irgendwie nebelhaftes Bild – ein Gewirr von Armen, Köpfen und Schultern; und dazu das unablässige Murmeln, Reden, Rufen: die Menge, welche die Siegerin bewundern will. Sie starren, doch ich glaube, sie sehen nichts. Sie sehen nur eine kastanienbraune junge Stute, die ruhig steht mit ruhigen Augen – und was ist das schon? Jedenfalls nichts Besonderes. Sowas kann man überall sehen – irgendeine Jungstute, die ein Rennen gewonnen hat.

Langsam zerstreut sich die Menge, während ich mit Eric, mit Sonny, mit Arab Ruta spreche und Wise Child über den noch immer schweißnassen Hals streichle. Die Bewegung meiner Hand ist mechanisch.

»Sie hat nicht nur gewonnen«, sagt Eric. »Sie hat auch den ›Saint-Leger‹-Rekord gebrochen.«

Ich nicke wortlos, und Eric mustert mich zwar freundlich, aber auch mit Ungeduld.

Das Wiegen der Jockeys ist beendet; alles ist vorbei, auch die letzten Klänge der Kapelle sind verstummt. Die Menschen drängen in Richtung Ausgangstore, und der Boden ist übersät mit den Hinterlassenschaften eines festlichen Tages; hier und dort flattern, ja tänzeln weggeworfene Programme im leichten Wind. Die Haupttribüne liegt zur einen Hälfte im Schatten, zur anderen noch in der Sonne. Sie gleicht einer entleerten Hülse. Eric nimmt mich beim Arm, und wie die anderen streben wir dem Ausgang zu.

»Sie hat den Rekord gebrochen – und das mit solchen Beinen!« sagt Eric.

»Ich weiß. Du hast mir's gesagt.«

»Ja, das habe ich wohl.« Er trottet dahin, seine Füße schlurfen leicht über den Boden, und er kratzt sich am Kinn, ein mannhafter Versuch, nicht sentimental zu wirken – ein vergeblicher Versuch, der es ihm jedoch ermöglicht, seiner Stimme einen rauheren Klang zu geben, um seine Gefühle zu kaschieren.

»Ist ja vielleicht albern«, sagt er, »aber ich weiß, daß du mir zustimmen wirst, wenn ich sage – ganz egal, wieviel Geld wir mit Wise Child machen könnten, sie hat es verdient, nie wieder ein Rennen laufen zu müssen.«

Und genauso geschieht es.

# Boten des Windes

Der Vorhof von Nairobi liegt in der Athi-Ebene. Eines Nachts stand ich dort und sah, wie ein Flugzeug eindrang ins Gefilde der Sterne. Es flog hoch; es löschte einige von ihnen aus; es ließ ihre Flammen erzittern wie eine Hand, die hinschwenkt über eine Reihe von Kerzen.

Das Dröhnen des Motors war so fern wie das Tönen einer Tom-Tom. Doch anders als bei einer Tom-Tom, einer Urwaldtrommel, veränderte sich der Klang; er kam näher und immer näher, bis er den Himmel erfüllte mit seinem hochmütigen Lied.

Der Boden war voll trügerischer Löcher, und es war dunkel. Dennoch jagten tausend Tiere dahin auf dem Pfad des Flugzeugs und suchten einen Zufluchtsort; sie glichen treibenden Stämmen in einem lichtlosen Hafen.

Doch der Eindringling begann zu kreisen. In spiralförmiger Flugbahn verlor er an Höhe, und er schien mit vernehmlicher Stimme zu sagen: Ich weiß, wo ich bin. Laßt mich landen.

Dies war etwas Neues. Die übrige Welt mag zu dieser Zeit längst an Flugzeuge gewöhnt gewesen sein, die nachts ihre Bahn zogen; doch unsere Welt besaß einen fast noch unberührten Himmel. Unsere Welt war eine junge Welt, dankbar für jedes Geschenk – und dies war eines.

Ich glaube, wir waren damals zu viert; und wir standen und starrten empor und beobachteten die über uns kreisende Silhouette, die unablässig in Spiralen flog. Wir entzündeten Feuer, gebrauchten sie als Landemarken. Die Flammen brannten Löcher in die Dunkelheit, und als sie am höchsten loderten, kam das Flugzeug ganz tief, konnte jedoch nicht landen.

Weißschwanzgnus und Zebras lösten sich aus ihren ruhenden Herden, und wie Freiwillige einer Volksarmee, die einen Stoßtrupp bilden, schwärmten sie aus unter den herabtauchenden Tragflächen.

Das Flugzeug klomm wieder höher, vor Enttäuschung schnaubend, und kreiste und kehrte zurück und ließ die Front der Tierlegionen auseinanderstieben – machte die erste Eroberung auf ihrem uralten Sanktuarium.

Inzwischen waren, in den verschiedensten Fahrzeugen, weitere Menschengruppen aus der Stadt gekommen, magisch angezogen von der neuen Romantik eines dröhnenden Propellers – ein Geräusch, das für mich so etwas war wie grelles Licht, das selbst durch geschlossene Augenlider drang und mich in dem Schlummer störte, in dem ich nicht gestört werden wollte. Es war der Schlummer der Zufriedenheit – der Zufriedenheit mit einem altvertrauten, wie von selbst abspulenden Leben, das in diesem weiten und stillen Land wurzelte, ein eher müheloses und fruchttragendes Dasein unter der Sonne: ein Land, dessen Träume verwoben waren in seine Geschichte. In mir war Neugier, gleichzeitig aber auch ein Widerstreben. Verstandesmäßig erklären ließ sich das alles nicht.

Ein Dutzend Hände streckte sich, um dem Piloten aus seinem Eindecker zu helfen – einem absonderlichen Bastard mit hohen Tragflächen und einem Rumpf, über den sich ein simpler Eichelhäher mokiert haben würde. Zwei Automobile manövrierten sich in Position, ein nicht gerade himmlisches Empfangskomitee für den himmlischen Boten; doch schwang er sich herab – offenkundig ebenso unrasiert wie ungewaschen, und ohne den Hauch eines Lächelns.

Mit der einen Hand wischte er alle Fragen weg, die auf ihn einprasselten; mit der anderen hielt er eine ganz gewöhnliche Biskuitdose umklammert – ein ziemlich abgerissener Parzival mit einem komisch wirkenden Gral in der Hand.

Ich trat näher und starrte ihm ins Gesicht, dessen eine Seite von einer der Petroleumflammen und dessen andere von einem Autoscheinwerfer beleuchtet wurde. Trotzdem erkannte ich es wieder, erinnerte mich an die entschlossenen, zuversichtlichen Züge. Als ich diesen Mann das letzte Mal gesehen hatte, war in der Hand, die jetzt die Biskuitdose hielt, ein zangenartiges Instrument gewesen, mit dem er die Panne zu beheben hoffte, die ihn auf der Landstraße bei Molo zum unfreiwilligen Zwischenstopp gezwungen hatte.

Der fröhliche Fremde von damals hatte sich also seinen Wunsch erfüllen können. Aber warum wirkte er so gedrückt? Bedeutete ihm der Besitz des Flugzeugs inzwischen nichts mehr? War das, was für mich einem ungeheuren Triumph gleichkam, für ihn nur noch Alltagsroutine?

Er nickte denen, die ihn umringten, zu, gähnte, als habe er noch nie zuvor gegähnt, und bat dann um zwei Dinge – um eine Zigarette und um eine Ambulanz.

»Im Flugzeug ist noch ein Verletzter . . . könnte irgendwer zum Krankenhaus fahren?«

Sofort setzte sich eines der Autos in Bewegung und jagte davon, und ich hatte das Gefühl, als ob die Umstehenden unwillkürlich ein Stück zurückwichen – wie aus Furcht vor dem Tod, der aus dem Cockpit nach ihnen langen könnte.

Tom Black hielt noch immer die Biskuitdose in der Hand, und sonderbarerweise hielt er sie auch umklammert, während er sich kurz um seine Maschine kümmerte und schweigend rauchte. Es war ein gleichsam geballtes Schweigen, eine Stille, die niemand zu durchbrechen wagte.

Als die Ambulanz erschien, wurde der verletzte Passagier, in viele Decken gehüllt, sorgsam von oben heruntergereicht. Immer mehr Zuschauer sammelten sich, und die Tiere, die, wennschon keinen Frieden, so doch einen Waffenstillstand gewährten, näherten sich vorsichtig in kleinen Gruppen, und ihre Augen reflektierten den Glanz der Feuer rundum.

Die vielen Flammen, die Landesignale, brannten noch immer beharrlich, als hofften sie, die Nacht ganz und gar zu verscheuchen. Doch die Nacht begann zu grollen. Donner dröhnte, die Sterne versteckten sich.

Der Verletzte wurde schweigend zur Ambulanz getragen, während Zebras, Weißschwanzgnus und Strauße in weitem Kreis das Ritual beobachteten, unter dem unheiligen Geheul der Hyänen.

Fast war es, als bringe hier jemand, dessen Visionen erfüllt worden waren, wie ein Priester Baals seinem Gott ein Dankopfer dar.

Rund eine Stunde später saß ich mit Tom Black in Nairobi in einer Art Cafeteria, welche die ganze Nacht geöffnet war, und jetzt ließ ich meiner Neugier die Zügel schießen: Ich begann Fragen zu stellen.

Irgend etwas an jenem luftigen Gebilde aus Metall und Drähten und Lärm, das einen solchen Aufruhr bewirkte in der stillen Nacht, hatte meine Gedanken in wirbelnde Bewegung gesetzt.

Wo war er gewesen? Warum war er gekommen?

Er zuckte die Achseln und sah mich an aus Augen, die, wie ich zum erstenmal bemerkte, irgendwie beunruhigend waren in ihrer Klarheit. Sie waren blau, und alle Fragen und alle Antworten schienen sich in ihnen in nichts aufzulösen. Und sie lachten, wenn sie eigentlich hätten ernst sein sollen. Wäre, mitten in feierlicher Andacht, eine Katze durch das Fenster einer Kapelle gesprungen, so hätte sich in Tom Blacks Augen wohl weniger Empörung, als vielmehr Belustigung gezeigt – und Sympathie für die Katze.

»Ich bin mit dem Flugzeug in London gestartet«, erklärte er, »und in Kisumu gelandet. Das war gestern. Bevor ich nach Nairobi weiterfliegen konnte, kam ein Läufer mit einer Botschaft von einer Safari bei Musoma. Das alte Lied – wieder hat wer bewiesen, wie verhängnisvoll es ist, ein Narr zu sein. Löwen, Gewehre – und Dummheit. Den Rest können Sie sich ausmalen.«

Das hätte ich wohl tun können, doch ich wollte es lieber aus seinem Munde hören. Unwillkürlich blickte ich mich in der kleinen Cafeteria um. Am Tresen standen ein Korporal der K.A.R. und ein indischer Clerk, etliche Meter voneinander getrennt und beide so intensiv, ja, fast feierlich mit ihrer Mahlzeit beschäftigt, als sei es die letzte vor beider Hinrichtung am frühen Morgen. Wir vier waren die einzigen hier bei einer Art von unheimlichem Mitternachtsstelldichein.

Gestärkt durch Kaffee (der so dünn war wie durchsichtiger Tee), blieb ich beharrlich bei meinen Fragen und holte aus meinem Gegenüber mehr und mehr Einzelheiten heraus. Das ganze Geschehen war, so läßt sich wohl sagen, kaum mehr als eine Reihe von Zufälligkeiten, die jedoch irgendwie bewies, daß Afrika sehr wohl eines sardonischen Lächelns fähig ist: Daß es neue Dinge zwar akzeptiert, keinem jedoch seine »Taufe« erspart.

Tom Black war zehntausend Kilometer geflogen, mit einem neuen Flugzeug und einer neuen Idee. Seinem Traum waren buchstäblich Flügel gewachsen: Tragflächen und ein Rumpf mit Rädern. Der Traum besaß eine authentische Stimme, und Tom Black hoffte, daß sie andere Träumer aufwecken würde, damit jene verschlafenen Geräusche verstummten, die nach wie vor zu hören waren im schläfrigen, allzu trägen Land.

Den Städten und Dörfern Kenias fehlten Straßen, die sie miteinander verbanden gleich den Fäden in einem Netz, aber wenn dem so war, so gab es jedenfalls doch Land und Landefläche genug für die Räder eines Flugzeugs und Himmel genug für seine Flügel und Zeit genug für seinen Propeller: Ja, Raum und Zeit und Luft genug für viele Flugzeuge, damit sie sozusagen anfliegen konnten gegen die Barrieren des Zweifels, die noch bestanden. Überall sonst auf der Welt waren zuerst die Verbindungsstraßen gekommen – und danach dann die Flugplätze. Nur hier nicht, denn in so mancher Hinsicht war Kenias Entwicklung bereits weiter als anderswo. Neue Dinge, die geprägt waren von modernem Erfindergeist, wurden über eine alte Ordnung gestülpt, so daß sich ein Kontrast ergab wie zwischen einer chromglänzenden Uhr und einem mit Fell überzogenen Schild. Das technische Zeitalter schwang sich empor über den Horizont, jedoch war es keineswegs feindselig, nur – wenn man so wollte – indifferent.

Und in diesen Horizont war auch Tom Black mit seinem Flugzeug gestoßen. Eines Tages würde es Post an Bord haben, genau das war sein Plan. Es würde hinwegeilen über die alten Pfade, die von den Füßen eingeborener Läufer ausgetreten worden waren; es würde gleichsam Schneisen schlagen in den Wind.

Als erstes jedoch hatte es, zu Ehren des uralten Gastgebers, Afrikas also, eine Botschaft gebracht, tätige Hilfe geleistet, einen Verwundeten befördert durch die afrikanische Nacht.

»Löwen, Gewehre – und Dummheit«, hatte Tom Black gesagt – eine einfache Geschichte, wie es schien; und einfach war sie in der Tat.

An keinem der Akteure war etwas Besonderes gewesen – nicht einmal an dem Löwen.

Es war ein alter Löwe, doch der Tod aus Altersschwäche war für ihn seit jeher weit weniger wahrscheinlich gewesen als ein gewaltsames Ende. Aber er besaß die Würde aller freien Geschöpfe, und so blieb ihm sein besonderer Augenblick. Ein glorreicher war es allerdings kaum.

Die beiden Männer, die ihn erlegten, waren so nachlässig, um nicht zu sagen, fahrlässig, wie Menschen das nur allzu oft sind. Ihre Schüsse hatten den Löwen niedergestreckt, ohne ihn jedoch zu töten, und nun richteten sie das skrupellose Auge einer Kamera auf das Tier in seinen Qualen. Es war ein kleines, jedoch gemeines Verbrechen.

Als Tom Black, auf seine triumphale Ankunft in Nairobi verzichtend, bei dem Jagdcamp nahe Musoma landete, war der eine der beiden Männer tot und der andere schwer verletzt und nur durch glückliche Umstände noch am Leben. Ein dritter weißer Mann und ein paar eingeborene Helfer standen bei dem Feldbett, auf dem der Verletzte lag, und kämpften mit Wasser, Jod und Verbandszeug, nicht ohne ein paar eingestreute, leise gesungene magische Sprüche. Die Kamera war nur noch eine Masse aus verbogenem Metall und zersplittertem Glas, und der Löwe war tot, nachdem er seinen Feinden einen letzten, vernichtenden Schlag versetzt hatte. Es galt, sich einer Leiche zu entledigen und ein Leben zu retten – falls das möglich war.

Botschaften wurden geschickt, durch Läufer und per Telegraph von Kisumu aus. Und Botschaften wurden empfangen. Der Tote, so wurde verlangt, sei einzuäschern und seine Asche sodann nach Nairobi zu bringen.

Einäscherung ist ein Wort, das sich ziemlich mühelos spricht. Wer schon stellt sich dabei wirklich bildhaft vor, daß ein Mensch, wenn auch ein toter Mensch, in den Flammen brennt? Und wenn sich dies zu allem auch noch in afrikanischem Buschland unter der gnadenlos sengenden Sonne vollzieht, so wirkt ein Wort wie Einäscherung vollends wie ein Euphemismus. Aber da Menschen nun einmal den Glauben hegen, der Unsterblichkeit wegen müsse man ihre sterblichen Überreste bewahren, wurde beim Camp Holz gesammelt und zu einer Art Scheiterhaufen hochgeschichtet.

Der Verwundete, in seiner Hülle aus Bandagen und Schmerz, roch den beizenden Qualm, der von so bedrückender Bedeutung war. Die Eingeborenen verschwanden.

Tom Black, der das Leben zu sehr liebte, um mit dem Tod viel Geduld zu haben, hockte den ganzen langen Nachmittag dort und stärkte sich ab und zu mit einem Schluck lauen Whiskys, während vom Scheiterhaufen ein immer dürrer werdender Rauchfinger aufstieg und seine wenig trostvolle Botschaft in den Himmel schrieb.

Vielleicht gab es auch Geier dort, jene zuverlässigsten aller Trauergäste, doch in Tom Blacks Bericht war von ihnen nicht die Rede. Es gab keine Tränen, kein Blättern in irgendeinem Gebetbuch. Der dritte Weiße, der an der Unglückssafari teilgenommen hatte, konnte sich kaum ein paar Worte abringen; aber es gab wohl auch nichts weiter zu sagen.

Es war eine Tragödie, doch eine Tragödie von unverwechselbarer Dramatik – jedenfalls im afrikanischen Busch. Der Höhepunkt der Szene bestand darin, daß ein klägliches Häufchen Asche in eine ebenso verbeulte wie ungeweihte Biskuitdose getan wurde, und den Schlußvorhang bildeten die Bänder der Dämmerung und ein paar dünne Rauchfäden, die himmelwärts kräuselten, während sich das Flugzeug in die Lüfte schwang.

Der Verletzte kam mit dem Leben davon, und ich bezweifle, daß er sich seiner »Begegnung« mit dem Löwen gebrüstet hat; die Asche seines Gefährten ruht jetzt vermutlich in einer Urne von griechischer Eleganz, weitab von Jagdgründen voll lauernder Gefahren. Vielleicht hängt über der Urne eine Fotografie. Möglich, daß man den Film aus der zertrümmerten Kamera gerettet und entwickelt hat, und daß jetzt ein vergrößerter Abzug die Urnenstelle schmückt – das Bild einer gewaltigen Bestie, die Todesqualen leidet, eingefangen vom magischen Auge der Kamera. Und vielleicht kommt dann diesem oder jenem Betrachter ein Gedanke, flüchtig zwar, aber sehr wohl des Nachsinnens wert: daß der Tod sich seinen Augenblick der Achtung erzwingt, gleichgültig, auf welche Weise er kommt, gleichgültig auch, auf welches Lebewesen er seine Hand legt.

Afrikanische Tragödie – melancholische Bagatellen. Ist nicht alles Ansichtssache?

Tom Black schlürfte seinen Kaffee, starrte in seine Tasse, als handle es sich um eine Kristallkugel zum Wahrsagen, und grinste plötzlich.

»Es gibt eine ganz bestimmte Methode, um eine Art von Asche von einer anderen zu unterscheiden«, sagte er, »bekannt einzig mir und den alten Ägyptern. Stellen Sie also keine Fragen. Aber denken Sie immer daran, beim Fliegen eine Streichholzschachtel und eine Biskuitdose mitzunehmen. Denn *natürlich* werden Sie fliegen. Das habe ich von Anfang an gewußt. Ich konnte es in den Sternen sehen.«

»Ruta«, sagte ich, »ich glaube, daß ich all dies verlassen werde, um fliegen zu lernen.«

Er stand in einer Box neben einem Junghengst, dessen Fell er gerade gebürstet hatte, und es glänzte jetzt wie Sonnenlicht auf Wasser. Ruta hielt die Kardätsche in der Hand, in den Borsten hatten sich Haare des Hengstes verfangen. Bedachtsam entfernte Ruta die Haare und hängte die Kardätsche an einen Nagel. Durch die Stalltür blickte er hinaus zum Menegai, der eine schwerelose Wolke auf der Schulter trug. Ruta zuckte die Achseln und scheuerte die Handflächen gegeneinander, entfernte nicht vorhandenen Schmutz.

Er sagte: »Wenn es sein soll, daß wir fliegen müssen, Memsahib, dann werden wir fliegen. Um welche Morgenstunde fangen wir an?«

# Viertes Buch

## Neugeburt

Wir begannen mit der ersten Morgenstunde. Wir begannen, als der Himmel rein war und bereit für die Sonne und man seinen eigenen Atem sehen konnte und noch Spuren der Nacht zu riechen waren. Wir begannen jeden Morgen zur selben Zeit, wobei wir jenen Flecken Land benutzten, den wir voll Stolz Nairobi Aerodrome nannten. Lärmend hoben wir ab, lärmend stiegen wir höher, während die guten Bürger in ihren Betten zusammenzuckten und vermutlich von dröhnenden, donnernden Gefahren träumten – von Tobsüchtigen in einem Irrenhaus.

Den ersten praktischen Flugunterricht gab Tom mir in einer D. H. Gipsy Moth, deren Propeller die morgendliche Stille über der Athi-Ebene rücksichtslos zerriß. Wir schwangen hinweg über die Hügel und über die Stadt und wieder zurück, und ich sah, wie ein Mensch Herr sein kann über ein Flugzeug und ein Flugzeug Herr über ein Element. Ich sah, wie die magische Verwandlungskraft der Perspektive meine Welt und mein ganzes übriges Leben zusammenschrumpfen ließ zu Körnern in einer Schale. Ich lernte beobachten, lernte auch, mich anderen Händen anzuvertrauen. Und ich lernte es, auf Wanderschaft zu gehen. Ich lernte, was jedes träumende Kind wissen muß – daß kein Horizont zu weit ist, um bis zu ihm und über ihn hinaus vorzustoßen. Diese Dinge lernte ich sofort. Die meisten jedoch fielen mir schwerer.

Tom Black hatte noch nie einen Flugschüler gehabt, und jene

Dinge, die er – über die einfache Mechanik des Fliegens hinaus – seiner Schülerin beizubringen hatte, sind Dinge, die sich so gut wie gar nicht in Worte kleiden lassen. Intuition und Instinkt sind noch immer unerklärliche Rätsel, auch wenn einem die Wörter glatt über die Zunge rollen. Tom besaß beides – oder jedenfalls die Eigenschaften, die sie umfassen.

Die Ära großer Piloten ist inzwischen genauso vorüber wie die Ära großer Seekapitäne. Der unaufhaltsame Fortschritt durch den erfinderischen menschlichen Geist hat die einen wie die anderen verdrängt. Aber mag man ins Armaturenbrett eines Flugzeugs auch die Wissenschaft vom Fliegen gebannt haben, seine Religion ganz gewiß nicht. Eines Tages werden jedem Menschen die Sterne so vertraut sein wie die altvertrauten Dinge in seiner Umgebung: wie ein Berg oder ein Hügel, wie die Straße, die zu seiner Haustür führt; er wird die Luftfahrt genauso gewohnt sein wie die Fahrt im Zug oder in der Straßenbahn – nur was wirkliches Fliegen ist, werden die Menschen dann nicht mehr wissen. Sie werden Passagiere in Maschinen sein, die gelenkt werden von sorgfältig ausgebildetem Personal, das perfekt mit präzise gekennzeichneten Knöpfen umzugehen versteht und für das der Wind und Wettererscheinungen überhaupt eher »periphere Phänomene« sein werden. Man wird sich an die Zeiten der Clipper erinnern – und sich verwundert fragen, ob es sich dabei um etwas Uraltes aus der Seefahrt oder aus der Luftfahrt handelt.

»Diesem Ding vertraue«, sagte Tom, »aber nichts anderem.« Er meinte den Kompaß.

»Instrumente können was Falsches anzeigen«, sagte er. »Wenn du nicht fliegen kannst, ohne auf einen Fahrtmesser, deinen Höhenmesser und deinen Wende- und Querneigungszeiger zu glotzen – nun, dann kannst du nicht fliegen. Dann bist du wie jemand, der erst dann weiß, was er denkt, wenn er die Zeitung gelesen hat. Dem Kompaß brauchst du jedoch nicht zu mißtrauen – deine eigene Schätzung wird nie präziser sein als die Nadel. Sie sagt dir, in welcher Richtung dein Ziel liegt, und der Rest ist deine Sache.«

In der Gipsy Moth gab es auch Kopfhörer, aber Tom benutzte

sie nie. Wenn ich im hinteren Cockpit saß, eine nervöse Anfängerin, die nicht wußte, wie sie ihre Hände und Füße gebrauchen sollte, die so sehr an Zügel und Steigbügel gewöhnt waren, hätte Tom mir die Aufgabe ein bißchen erleichtern können, indem er per Kopfhörerverbindung ein paar Worte sagte – doch das tat er nie. Er rollte sie zusammen und legte sie in einen Winkel, außer Reichweite. Er sagte: »Es wäre nicht gut, wenn ich dir jedesmal, wenn du etwas falsch machst, was sagen würde. Das wird dir schon deine eigene Intelligenz sagen. Das Gefühl für Geschwindigkeit, für Höhe und der Instinkt für Fehler, das kommt alles später. Wenn's nicht kommt, nun, dann . . . aber es wird kommen.«

Daß alles genau so geschah, war sein Verdienst. Es gab keinen verantwortungsbewußteren Piloten als ihn, und auch keinen, der alles so locker nahm. Das Dröhnen eines Flugzeugmotors erfüllte ihn mit einem einzigartigen Selbstvertrauen. Er war kein hochgewachsener Mann, doch seine ruhige überzeugende Art ließ ihn größer erscheinen als jeder Posten, den er jemals bekleidete, und tüchtiger als jedes Flugzeug, das er jemals flog.

Wilson Airways – das erste kommerzielle Unternehmen seiner Art in Ostafrika – war das Kind von Toms Phantasie und Weitsicht. Als er anfing, mir Flugunterricht zu geben, war er geschäftsführender Direktor, Chefpilot und lenkender Geist der hoffnungsvollen kleinen Gesellschaft, doch hatte der etwas pompöse Direktorentitel nichts zu tun mit polierten Schreibtischen und Drehsesseln.

Toms Aufgabe bestand darin, neue Routen auszukundschaften, sich gleichsam ins afrikanische Binnenland vorzutasten, um Brükkenköpfe für die Zukunft zu suchen. Häufig startete er von Nairobi aus zu Querfeldeinflügen, die ihn über Gebiete führten, die an Räder genausowenig gewöhnt waren wie an Flugzeugflügel, und wo er nur leise hoffen konnte, daß er im Fall des Falles einen Platz zum Landen finden würde.

Auch unternahm er diese Flüge nicht nur bei Tage; er flog genausogut nachts, ohne Scheinwerferlicht, ohne Funkbaken, ohne Kontrolltürme; er flog durch die Dunkelheit, auch wenn sie noch so tief war, und er flog bei Wetter jeder Art. Selten genug konnte er sich anhand der Lichter eines Dorfes orientieren; oder anhand von Landstraßen oder Eisenbahngeleisen oder Telegraphendrähten oder Farmen. Dennoch sprach er dabei nie von Blindflug; er nannte es Nachtflug, obwohl er, wenn Nebel oder Sturm ihn dazu zwangen, stundenlang ohne Spezialinstrumente blind flog und dennoch nicht von seinem Kurs abkam. Er hatte das, was jene dicken Bücher in den tristen grauen Einbänden »sensorische Reaktion« nennen.

Einmal flogen wir nach Tanganjika hinunter, nachdem ich gerade meine »A«-Lizenz erworben hatte, und vielleicht schwoll mir vor lauter Stolz der Kamm; oder aber Tom vermutete, daß dem so war.

Gegen Ende des Rückflugs, als wir nordwärts in Richtung Ngong Hills über dem Rift Valley flogen, überkam die Gipsy Moth eine sonderbare Lethargie. Ich hatte die Führung der Maschine übernommen, und als wir uns den Hills (deren Gipfel sich rund 2500 Meter über Meereshöhe erheben) soweit genähert hatten, daß durch den Dunst, der immer über ihnen liegt, die Schluchten und die grünen Hänge zu erkennen waren, gab ich Gas und zog den Steuerknüppel dichter zu mir, um mehr Höhe zu gewinnen. Doch es schien, daß einfach nicht mehr Höhe zu gewinnen war.

Die kleine Maschine machte ihre respektablen hundertdreißig Stundenkilometer – selbst für damalige Verhältnisse keine Rekordgeschwindigkeit, aber doch schnell genug, um mich mit einiger Beklemmung an die Folgen denken zu lassen, falls es mir nämlich nicht gelang, über den immer näherrückenden Horizont hinwegzukommen. Während ich mich vergeblich mühte, löste sich vor meinem Blick die Bewaldung der Ngong Hills in einzelne Bäume auf, von denen jeder mehr und mehr für sich stand – wie Haare unter einer Lupe; auch wurden die Schluchten immer tiefer.

Noch mehr Gas, Knüppel noch weiter zurück. Ich war ruhig. Die meisten Anfänger, so ging es mir durch den Kopf, würden ein bißchen in Panik geraten – ich jedoch nicht. Und ganz gewiß nicht Tom. Er saß vor mir, reglos wie jemand, der eingenickt war.

Nun kann man nur bis zu einem bestimmten Punkt Gas geben und auch den Steuerknüppel nur bis zu einem bestimmten Punkt zurückziehen – reagiert die Maschine darauf nicht, so tut man gut daran, sich etwas anderes einfallen zu lassen. Die Moth gewann keinen Meter Höhe; vielmehr verlor sie an Höhe und auch an Fahrt. Sie hielt schnurstracks auf jene unwirtlichen Berge zu, getreu ihrem Namen: wie eine Motte, die hypnotisiert wird durch irgendein Licht. Es war, als laste auf ihren Tragflächen ein Gewicht, das sie unwiderstehlich in die Tiefe zog. Ich spürte es, das Gewicht, und ich fühlte auch, daß es einfach zu groß war für die Moth, die Motte. Auch Tom mußte das gefühlt haben, doch er rührte sich nicht.

Wenn man aus einem Cockpit die einzelnen Zweige eines Baumes erkennen kann, wenn die Silhouette von Felsen größer wird als der Umriß der eigenen Hände, wenn man Grasbüschel sieht, die stellenweise so gelb sind wie die sandigen Lücken zwischen ihnen, wenn man sogar beobachten kann, wie der Wind in den Blättern wirbelt, dann bleibt nur eine Erkenntnis – man ist zu nah. Man ist so nah, daß dies sogar den Denkprozeß verlangsamt. Folglich nützt einem das Denken nur wenig, selbst wenn man jetzt noch denken kann.

Das Geräusch unseres Propellers war plötzlich wie eingekesselt zwischen einer Felswand und der Gipsy Moth, und nun richtete Tom sich plötzlich auf und übernahm die Führung des Flugzeugs.

In scharfer Kurve bog er seitlich ab, so daß bläuliche Auspuffgase Fels und Bäume umwölkten. Dann duckte er die Nase der Gipsy und stieß mit ihr tief ins Tal hinunter, während ihr Schatten ganz nah über die Bergwand huschte. Er verlor Höhe, bis das Tal unter uns zur flachen Sohle wurde. Dann schraubte er sich in Spiralen höher, bis wir hoch über den Ngong Hills waren. Und nun flog er über sie fort und strebte heimwärts. Es war alles so einfach.

»Jetzt weißt du, was ein Abwind ist«, sagte Tom später. »Den fängst du dir in der Nähe von Bergen, und er ist in Afrika so gewöhnlich wie Regen. Ich hätte dich warnen können – aber ich wollte dich nicht deines Rechts berauben, Fehler zu begehen.«

Es war ein Recht, daß er mir vorbehielt, solange wir miteinander flogen, so daß ich schließlich in einem Flugzeug nie etwas tat, ohne zu wissen, was wohl geschehen wäre, wenn ich etwas anderes getan hätte.

Eine »B«-Lizenz ist für einen Flieger so etwas wie die Magna Charta – sie bildet den Schlußtakt der Lehrzeit und den Auftakt zur berufsmäßigen Fliegerei. Sie besagt praktisch: »Wir, die Unterzeichneten, halten Sie nunmehr für befähigt, Passagiere, Post etc. zu befördern, und wir erlauben Ihnen, das gegen Entgelt zu tun. Bitte melden Sie sich nach Ablauf von drei Monaten bei der Prüfungskommission, und falls Sie inzwischen nicht gerade schielsüchtig geworden sind oder melancholisch im Hinblick auf besagte Kommission, so werden wir uns glücklich schätzen, Ihre Zulassung zu erneuern.«

Rund anderthalb Jahre, nachdem ich mit dem Fliegen angefangen hatte, erhielt ich meine »B«-Lizenz. Gemäß den britischen Bestimmungen ist dies das höchste Diplom für Piloten. Zu diesem Zeitpunkt hatte ich fast tausend Flugstunden hinter mir, und falls während der Prüfungsvorbereitungen meine Sehkraft gelitten hätte, so wäre das kaum verwunderlich gewesen. Ein- oder zweihundert Stunden hatte ich darauf verwandt, Navigation zu studieren – mit Hilfe von Büchern, deren Verfasser offenbar einen Horror vor kurzen und klaren Worten hatten. Was sie sagten, war alles gut und schön und richtig, nur folgten sie augenscheinlich dem Leitsatz, daß die Wahrheit ein gar zu kostbares Gut sei, als daß man sie mit vollen Händen unter die Menge schleudern dürfe: damit werde man nur den Markt überschwemmen und sich selbst eines gar köstlichen Monopols berauben.

Ich hatte seit jeher ein Leben voll körperlicher Aktivität geführt – kein Wunder in einem Land, wo die ersten Siedler ihre Felder noch immer selbst bestellten (und wo die Ureinwohner phantasievoll und zahlreich genug waren, um die Präsenz eines königlichen Regiments in Nairobi sowie an strategischen Punkten und entlang den Grenzen erforderlich zu machen). Meine Jugend war kaum dazu geeignet gewesen, aus mir eine Stubenhockerin zu machen, und was die Fliegerei betraf, so erschien sie mir anfangs als das verkörperte Abenteuerdasein mit Flügeln. Daß mir bei diesem hübschen Traum Barrieren in Form von Lehrbüchern in den Weg gelegt wurden, ernüchterte mich ein wenig.

Das Trainieren von Rennpferden hatte ich völlig aufgegeben und nur Pegasus für mich selbst behalten. Arab Ruta war mit mir nach Nairobi gekommen. Er wohnte in einem kleinen Haus im Eingeborenenviertel nicht weit von meinem Cottage beim Muthaiga Club, und er flog oft mit mir. Für ihn, so scheint mir, bedeutete das Überwechseln von Rennpferden zu Flugzeugen zumindest emotional keinen völligen Bruch: ein Ding, das sich bewegte, war ein lebendes Ding. Niemals wartete er ein Flugzeug, wie man eine Maschine wartet – er striegelte es gleichsam; und was er nicht mühelos mit seinen Händen bewerkstelligen konnte, versuchte er mit sanften Worten zu erreichen. Immer, wenn meine Avian von einem weiten Flug heimkehrte und voller Staub war, zeigte Ruta sich betrübt. Nicht wegen der Arbeit, die ihm bevorstand, sondern weil es ihn bedrückte, daß ein so vitales Wesen so arg strapaziert wurde. Er schüttelte dann den Kopf und berührte den Flugzeugrumpf auf dieselbe Weise, wie er den Leib eines Pferdes berührt hatte – nicht impulsiv, sondern mit einer instinktiven Achtung vor der Würde des Tieres.

Kaum einen Monat, nachdem er die Wartung des Flugzeugs übernommen hatte, besaß Ruta bereits ein kleines Gefolge, das aus Somalis, Nandis und Kikuyus bestand, für die er der bewunderte Mittelpunkt war. Nun konnte sich Ruta zwar recht herablassend geben, ein Protzer und Prahler war er jedoch nie. Der Stolz, den er über seine neue Arbeit empfand, wirkte unbedingt echt. Und zu seiner Ehre sei gesagt, daß er immun blieb gegen die materialistische und ziemlich zynische Atmosphäre Nairobis. Er blieb den Überzeugungen seiner Jugend treu, und sein Glaube, so scheint mir, ließ ihn nie im Stich.

Bevor Tom sich von Wilson Airways trennte, um für Lord Furness (und später für den Prince of Wales) zu fliegen, trafen wir uns abends meist zu einem Drink oder zum Dinner und sprachen von der Fliegerei und von tausend anderen Dingen. Ich flog inzwischen auf eigene Faust und eigene Rechnung, beförderte

Post, Passagiere, Proviant für Safaris und was immer sonst befördert werden mußte, und Tom arbeitete und schwitzte noch immer als Botschafter des Fortschritts für das Hinterland. Oft starteten wir kurz nach Tagesanbruch vom Flugplatz in Nairobi – Tom vielleicht in Richtung Abessinien, und ich in Richtung angloägyptischer Sudan, Tanganjika, Nordrhodesien oder wohin sonst ein Auftrag mich führte. Manchmal vergingen zwei oder drei Tage, bevor wir uns wiedersahen, und dann hatten wir einander viel zu erzählen. Ich erinnere mich an Arab Ruta dabei – wie er Drinks oder auch Speisen servierte, kaum Englisch verstehend, jedoch stets bei der Hand, aber nicht wie ein Diener, auch nicht wie ein Freund, sondern wie ein zum Leben erwachter Hausgott, ganz wie ein Bronzebildnis, genauso allgegenwärtig und allwissend wie ein guter Geist.

Sonderbarerweise hatten Ruta, der Nandi Murani, und Tom Black, der englische Flieger, eine spezielle Fähigkeit miteinander gemein. Es handelt sich um das, was man mit Vorahnung umschreiben könnte. Dabei neigte Tom ebensowenig zur Telepathie wie Ruta – obwohl oder weil ein Kind Afrikas – zur Schwarzen Magie. Dennoch besaßen beide ein Sensorium, das sie Kommendes, zumal wenn es sie selbst betraf, gleichsam wittern ließ. Es gibt da einen Vorfall, an den ich mich noch jetzt beunruhigend oft erinnere.

Viele von denen, die damals in Nairobi lebten und vielleicht jetzt noch dort leben, haben Denys Finch-Hatton gekannt. Auf der ganzen Welt gibt es Menschen, die sich an ihn erinnern, weil er ein Mann von Welt war und in seiner Bildung entsprechend geprägt – obschon in diesem Punkt vermutlich die Colleges von Eton und Oxford Ansprüche anmelden würden.

Über Denys ist schon geschrieben worden und wird wieder geschrieben werden. Und sollte es noch niemand gesagt haben, so wird es bestimmt jemand noch sagen: Daß er ein großer Mann war, der niemals Größe erlangte; und dies wäre nicht nur ein Klischee, sondern schlichtweg falsch. Er war ein großer Mann, der niemals dem Größenwahn erlag.

Ich begegnete ihm zum ersten Mal, als ich etwa achtzehn war – damals befand er sich, zumindest zeitweise, schon seit Jahren in Afrika und hatte sich einen beträchtlichen Ruf als Weißer Jäger erworben. In britischen Sportlerkreisen erinnert man sich noch heute an seine athletische Erscheinung; er war ein hervorragender Kricketspieler. Auch konnte man ihn einen Mann von grundlegend klassischer Bildung nennen, der jedoch nicht im mindesten zur Pedanterie neigte. Allerdings kam es vor, daß Denys, wie alle Menschen, die sich der Schattenseiten des sogenannten *homo sapiens* bewußt sind, misanthropische Momente durchlebte; er konnte an Menschen verzweifeln, jedoch in einem Feld voller Steine Poesie entdecken.

Was Charme betrifft, so konnte man meinen, Denys habe ihn erfunden, doch irgendwie war sein Charme anders als bei anderen – auch noch gegen Ende hin. Es war ein Charme des Intellekts und der Stärke, der blitzschnellen Intuition und eines Voltaireschen Humors. Er war jemand, der den Tag des Jüngsten Gerichts mit einem Augenzwinkern begrüßen würde – und ich bin sicher, daß er mich nicht Lügen strafen wird.

Meine Geschichte von seinem Tod ist einfach genug, und sie beweist zu meiner Genugtuung die Wahrheit eines Satzes, der sich in einem Nachruf auf ihn in der Londoner *Times* fand: »Von jemandem, der so stark und so begabt war, mußte mehr kommen, und in gewisser Weise tat es das auch ...«

Was von ihm kam – was von ihm ausging, sollte man vielleicht eher sagen –, war eine Kraft voller Inspiration; eine Kraft, welche Vertrauen verbreitete zur Würde des Lebens und manchmal sogar, so könnte man sagen, der Stille Gestalt verlieh.

Ich war mit ihm oft in jenem Flugzeug geflogen, das er per Schiff aus England nach Afrika geschafft hatte, um es dann dem »Flugzeugpark« von Nairobi einzuverleiben.

Denys' Maschine war eine Gipsy Moth. Er hatte erst vor kurzem fliegen gelernt, konnte daher noch kein Experte sein, doch seine ganz natürliche Befähigung, die er bei Safaris ebenso unter Beweis stellte wie beim Rezitieren Walt Whitmans (was er in ernsteren

– oder vielleicht heitereren – Augenblicken gern tat), zeigte sich ebenfalls in der Luft.

Eines Tages bat er mich, mit ihm nach Voi zu fliegen, und natürlich sagte ich zu. Voi gab damals vor, eine Stadt zu sein, war jedoch kaum mehr als ein Fleck in der Landschaft. Es liegt südöstlich von Nairobi, mitten im Elefantenland – ein ausgedörrtes Etwas in einer »Tasche« von noch ausgedörrteren Hügeln.

Denys sagte, er wolle etwas versuchen, das noch nie versucht worden sei. Er wolle herausfinden, ob man Elefanten per Flugzeug aufspüren könne; falls das möglich sei, würden Jäger für einen solchen Service zweifellos sehr gut bezahlen.

Ich fand die Idee gut, sogar aufregend; und so eilte ich spornstreichs zu Tom und teilte ihm die Sache aufgeregt mit.

»Ich fliege mit Denys hinunter nach Voi. Er will herausfinden, ob man Elefanten von der Luft aus aufspüren kann, und ob's dann möglich wäre, zwischen einer Jagdgesellschaft und einer ziehenden Herde mehr oder minder Verbindung zu halten.«

Tom stützte sich auf einen Arbeitstisch im neuerbauten Hangar von Wilson Airways. Er war damit beschäftigt, Zahlen auf einen Zettel zu schreiben. Archie Watkins, der Hohepriester der Motorenmagier, ein großer, blonder Mann, der trotz leichtem Stottern nie müde wurde, die heilige Hymne akkurat arbeitender Kolben zu singen, grinste mir durch ein Dickicht aus Drähten sein guten Morgen zu. Es war ein »Flieger-Tag«. Durch den offenen Hangar konnte man hinausblicken zum Flugplatz, zur Ebene und zum wolkenlosen blauen Himmel.

Tom steckte den Zettel in die Lederjacke, die er stets trug, und nickte. »Klingt soweit ganz praktikabel – bis auf eine Sache. Ihr werdet garantiert weit mehr Elefanten finden als Stellen, wo ihr landen könnt, nachdem ihr die Elefanten gefunden habt.«

»Schon möglich. Aber es scheint den Versuch wert zu sein – das ist bei Denys' Ideen ja immer so. Im übrigen werden wir bloß von Voi aus starten und dann wieder dorthin zurückkehren. Auf so Holperlandungen verzichten wir lieber. Wenn's mit dem Unternehmen klappt, läßt sich mit sowas später vielleicht ganz gut verdienen. Man braucht ja bloß an all die Leute zu denken, die der Elefanten wegen herkommen, und an all die Zeit, die vergeudet wird, bis man endlich ...«

»Ich weiß«, sagte Tom, »es ist wirklich eine ausgezeichnete Idee.« Er entfernte sich vom Arbeitstisch und trat hinaus aus dem Hangar und blickte über das Feld. Ein oder zwei Minuten stand er dort, ohne sich zu bewegen; dann kam er zurück.

»Flieg erst morgen, Beryl.«

»Das Wetter?«

»Nein. Das Wetter ist in Ordnung. Aber flieg erst morgen.«

»Nun ja, ich werd's wohl tun, wenn du meinst; allerdings begreife ich nicht, warum.«

»Ich auch nicht«, gab Tom zur Antwort, »aber so ist es nun einmal.«

So war's nun einmal. Ich ging zu meinem Cottage beim Muthaiga Club zurück und machte mich daran, in meinem Bordbuch ein paar Lücken zu füllen. Denys flog ohne mich nach Voi ab. Er nahm seinen Kikuyu-Boy mit und flog zuerst nach Mombasa, wo er an der Küste ein Grundstück besaß. Bei der Landung dort wurde sein Propeller durch ein Korallenfragment beschädigt und er telegraphierte an Tom und bat um Ersatz.

Tom entsprach seinem Wunsch und schickte ihm außer einem neuen Propeller auch gleich einen eingeborenen Mechaniker mit, obwohl Denys eisern behauptet hatte, er brauche keine Hilfe. Jedenfalls wurde der neue Propeller angebracht, und einen Tag später flogen Denys und der Kikuyu-Boy abermals los, jetzt in Richtung Binnenland, nach Voi.

Am Abend desselben Tages, an dem sie dort eintrafen, hatten Tom und ich im Muthaiga Club ein gemeinsames Dinner. Er war weder einsilbig noch mürrisch, doch über Denys wurde nicht viel gesprochen. Ich hatte das Gefühl, daß Tom sich ein wenig albern vorkam, weil er mich von dem Flug abgehalten hatte. Jedenfalls sprachen wir von anderen Dingen. Tom trug sich mit der Absicht, nach England zurückzukehren, und so konzentrierten wir beide unsere Gedanken darauf und sprachen miteinander darüber.

Am nächsten Tag befand ich mich zum Lunch in meinem Cottage. Wie gewöhnlich kochte Arab Ruta das Essen, wie gewöhnlich servierte er es, und auch ansonsten verhielt er sich wie gewöhnlich. Doch ungefähr eine Stunde später, als ich gerade ein paar navigatorische Nüsse zu knacken versuchte, klopfte Ruta an meine Tür. Es war ein sehr scheues Klopfen, und scheu sah er auch aus, als er dann eintrat. Er wirkte wie jemand, dem viele Gedanken durch den Kopf gehen, der aber nicht recht weiß, wie er sie in Worte kleiden soll. Schließlich brachte er doch etwas hervor.

»Memsahib, hast du von Makanyaga gehört?«

Makanyaga war Denys. Für Arab Ruta und die meisten der Eingeborenen war er Makanyaga. Man hätte annehmen sollen, es handle sich um eine treffende Bezeichnung, doch dem war nicht so. Das Wort bedeutet: »Darauf treten.« Bwana Finch-Hatton, so hieß die Begründung, könne auf geringere Menschen mit seiner Zunge treten. Er konnte mit Worten züchtigen – und das ist eine großartige Fähigkeit.

Das war sie in der Tat, da Denys sie fast nur ausgesprochenen Snobs gegenüber gebrauchte, die er somit zwar als gleichrangig anerkannte, aber nur, um sie dann um so generöser in den Genuß der »Tritte seiner Zunge« kommen zu lassen.

Ich klappte meine Bücher zu. »Nein, Ruta. Wieso sollte ich denn von ihm hören?«

»Das weiß ich nicht, Memsahib. Ich denk bloß.«

»Gibt es irgend etwas zu hören?«

Ruta zuckte mit den Achseln. »Ich habe nichts gehört, Memsahib. Es mag sein, daß da gar nichts ist. Mir kam nur so der Gedanke, dich zu fragen – aber natürlich, wenn's was gäbe, würde Bwana Black es wissen.«

Bwana Black erfuhr es sehr bald, genau wie ich. Wir saßen, einige Zeit später am selben Nachmittag, im Büro von Wilson Airways, als ein Anruf kam. Der District Commissioner von Voi war am Apparat. Denys, sagte er, sei tot und der Kikuyu-Boy auch. Ihr Flugzeug hatte von der Startbahn abgehoben, zweimal gekreist und war dann kopfüber in die Tiefe gestürzt, wo es nach dem Aufprall auf dem Boden verbrannte. Niemand fand heraus warum.

Tom hatte mich von einem Flug abgehalten, und Arab Ruta hatte mir eine Frage gestellt. Sie hatten gewußt, und ich habe mich gefragt, wie sie wissen konnten. Ich habe, für mich selbst, eine Antwort gefunden.

Denys war der oberste, der Schlußstein im Scheitelpunkt eines Gewölbes, dessen andere Steine die Leben anderer Menschen waren. Geht durch den Stein im Scheitelpunkt ein Zittern, so teilt es sich all den anderen Steinen mit, welche die Wölbung bilden; und wird der Gipfelstein zertrümmert, so stürzt der Wölbungsbogen zusammen, so daß die geringeren Steine dicht bei- und aufeinanderliegen, wenn schon fürs erste ohne Ordnung, ohne Muster.

Denys' Tod ließ manches Leben ohne Ordnung zurück, doch ging es damit so, wie es Leben und Steinen zu ergehen pflegt: Sie fanden Verwendung bei neuen Bauten, neuen Mustern.

## Elfenbein und Sansevieria

Eines Tages, als die Welt viele Monate älter war, und das heißt, um Äonen älter, brachte die Post einen Brief von Tom. Er war schon vor längerer Zeit nach England geflogen, zu einem neuen Job, und nicht mehr zurückgekehrt.

Dreimal war ich die gleiche 10 000 Kilometer Strecke geflogen, doch hatte es mich jedesmal wieder zurückgezogen, so wie eine Kompaßnadel durch ein Magnetfeld angezogen wird. Gegen Heimweh gab es keine Droge, zumindest keine mit dauerhafter Wirkung, und meine Avian – meine kleine VP-KAN – schien dieses Gefühl mit mir zu teilen.

Auch in Kenia hatte sich so manches geändert. Mein Vater war aus Peru zurückgekehrt, und ich besaß eine Farm bei Elburgon, wo er lebte. Die Farm ließ sich mit der Farm bei Njoro nicht vergleichen, doch machte sie die Erinnerung an die alte Farm lebendiger, auch waren das Rongai-Tal und der Mau-Wald nicht weit entfernt.

Das Leben besaß eine andere Gestalt; es hatte neue Äste, und manche der alten Äste waren tot. Es folgte dem Gesetz des ständigen Wandels, des Werdens und Vergehens, dem es immer folgt. Alte Dinge waren vergangen, neue Dinge waren entstanden. Das Wunder meines Flüggewerdens als Pilotin war inzwischen aufgesogen von den vielen hundert Stunden hinter dem Steuerknüppel meiner Maschine, die ich dort verbringen mußte, um mir meinen Lebensunterhalt zu verdienen. Monat für Monat hatte ich für East African Airways die Post befördert – bis dieses optimistische kommerzielle Unternehmen dem wachsenden Erfolg von Wilson Airways zum Opfer fiel und sein Leben aushauchte. Ich hatte Passagiere in alle Himmelsrichtungen befördert, und da es mehr Passagiere gab, als ich befördern konnte, hatte ich eine größere Maschine gemietet – eine Leopard Moth –, so daß meine »Luftflotte« jetzt aus zwei Flugzeugen bestand.

Ich flog die Leopard, wenn ich zwei Passagiere hatte. Jeder von ihnen bezahlte mir einen Shilling pro Meile – und in Afrika gibt's Meilen und Meilen und Meilen. Natürlich bekam ich denselben Satz, wenn ich in der Avian einen Passagier beförderte, und bei Einsatz der beiden Flugzeuge brachte ich es auf ein monatliches Einkommen von ungefähr sechzig Pfund Sterling.

Eine Zeitlang hielt ich dies für ausreichend – aber fünfmal soviel war natürlich besser. Fünfundsiebzig Pfund pro Monat und drei Pfund für jede Flugstunde war zweifellos besser. Es spielte für mich keine Rolle, daß niemand sonst den Job wollte. Das Leben würde schöner sein, und dafür hatte ich gesorgt.

Elefanten! Safaris! Jagen! Denys Finch-Hatton hatte mir ein erregendes Vermächtnis hinterlassen – eine Befreiung von der Routine, einen Zugang zum Abenteuer. Elefanten *konnten* aus der Luft aufgespürt werden. Denys hatte die Idee gehabt, ich hatte den Beweis geführt – und Tom hatte davor gewarnt. Dies ist sein Brief:

The Royal Aero Club
119 Piccadilly
London, W. 1

Meine liebe Beryl:
ich bin gerade von den Newmarket-Rennen zurückgekommen und fand im Club Deinen letzten Brief an mich. Mit großer Bestürzung lese ich, daß Du sehr krank gewesen bist, aber ich hoffe, daß Du inzwischen wieder völlig hergestellt bist. Mir scheint, daß Du Dir einfach zuviel zugemutet hast – daß Du Deine Nervenkraft überbeanspruchst ... Du mußt imstande sein, ganz normale, vernünftige, langweilige Alltagsarbeit zu akzeptieren, Arbeit, die einen klaren Kopf und einen nüchternen Verstand erfordert.

Mit all dem will ich Dir im Grunde nur sagen, daß Du, hättest Du auch nur einen Funken Vernunft, es Dir nicht zur Gewohnheit machen würdest, regelmäßig ins Elefantenland zu fliegen, um Elefanten aufzuspüren. Finanzielle Probleme können durch ein oder zwei Safaris verringert werden, doch als *fester* Job ist sowas reiner Wahnsinn und, verdammt noch mal, mordsgefährlich.

Auf mich hören wirst Du ja sowieso nicht. Jedenfalls bin ich froh, daß die Avian sehr zuverlässig zu sein scheint. Ich hoffe nur, daß sie Dir auch weiterhin gute Dienste leistet, solange Du sie brauchst ...

Was mich betrifft, so sehne ich mich danach, mich wieder voll ins Geschirr zu legen. Der Herzog hält sich in Südfrankreich auf, und ich habe lange nichts mehr von ihm gehört. Ich würde gern die Gelegenheit wahrnehmen, um den Kap-Rekord zu brechen, doch es ist schwer, mit solch einem Flug Geld zu machen, wenn man nicht sein Hemd und seine Seele an Werbeagenten verkauft – und das zu tun, ist nicht meine Absicht ...

Hast Du die benötigten Ersatzteile rechtzeitig erhalten? Ich habe Deine Kabeldepesche an Avros durchtelefoniert, und dort sagte man mir, man würde die Bestellung sofort in Angriff nehmen ...

Gib die Elefantenfliegerei auf – sie lohnt die Risiken nicht, die Du eingehen mußt. Viel Glück und alles Gute

TOM

Per Draht (am selben Tag)

MAKINDU
KOLONIE KENIA

BERYL

SEI MORGEN FRÜH UM SIEBEN IN MAKINDU STOP BRING WINSTONS POST STOP: MELDE DICH BEI MANLEY'S UND LASS DIR GEBEN 50 SCHUSS MUNITION 6 FLASCHEN GIN 6 FLASCHEN WHISKY 2 FLASCHEN ATEBRIN 2 FLASCHEN PLASMA STOP MAKULA MELDET ELEFANTENHERDE MIT GROSSEM BULLEN STOP: BABU IN MAKINDU WIRD BEI ANKUNFT DIR SCHRIFTLICHE ANWEISUNGEN VON MIR GEBEN STOP FALLS FISCHTAG BRING FISCH

BLIX

Stop. Alles ist vorhanden, sogar Fische, von Mombasa herbeigeschafft. Auch ich bin verfügbar. Tom Blacks Brief starrt mich von meinem Schreibtisch im Muthaiga Club an – und Tom hat ja soo recht. Er hat immer recht. Was ich übers Fliegen gelernt habe, habe ich von ihm gelernt, und er kennt das Ukamba-Elefantenland besser als ich. Er kennt die plötzlichen Stürme, die von der Küste her landeinwärts jagen; er weiß Bescheid über Dysenterie, Tsetse-Fliegen, Malaria; und auch über die Sansevieria – jene friedliche und doch so mörderische Pflanze, die wie ein riesiges Arsenal von Säbeln die weite Ebene bedeckt, welche sich dem Indischen Ozean entgegenneigt.

Wer mit seiner Maschine auf Sansevieria landet, der muß damit rechnen, daß sie durchbohrt und gespickt wird wie ein geröstetes Schwein. Nun gut – er landet und geht davon, nur: Schnell kommt er nicht voran, auch weit kommt er nicht. Ruh dich also einen Augenblick aus, laß dir Zeit. Löwen gibt's so wenige, daß man sie gar nicht zu erwähnen braucht, und Leoparden, falls überhaupt, nur ein paar. Bleibt eigentlich nur die Siafu-Ameise.

Was für Lobeshymnen sind nicht geschrieben worden über diese Ameise! »Robustes Kerlchen, ehrliches Kerlchen, haushälterisches Kerlchen!« Niemandem – nicht einmal einem irregeleiteten Entomologen – würde ich wünschen, auch nur eine einzige Nacht in Gesellschaft von Siafu-Ameisen zu verbringen.

Die Siafu ist robust, weiß Gott, doch ein ehrliches, haushälterisches Kerlchen ist sie wahrhaftig nicht, ganz im Gegenteil – sie ist ein Räuber, ein Verschwender und ein Menschenfresser. Die größten Exemplare sind etwa halb so lang wie ein Streichholz, und wenn man ihnen genügend Zeit ließe, so könnten (und würden) sie sich durch sämtliche Streichhölzer der Welt hindurchfressen, wenn sie am Ende ihrer Mühen ein Stück Fleisch erwartete, ganz gleich, ob lebendig oder nicht.

Siafus stechen nicht einfach – sie beißen Stückchen aus einem raus. Innerhalb weniger Stunden kann ein normales, gesundes Pferd, falls es ihm nicht gelingt, zu seinem Stall zu entkommen, von einer Reservedivision von Siafus getötet und halb aufgefressen werden.

Ich habe schon von vielen unangenehmen Dingen geträumt, so wie wohl jeder von uns –: von Schlangen, von Leoparden, vom Ertrinken, vom Sturz aus großer Höhe; aber die Träume, in denen ich von Siafus träumte, in meinem Bett, in meinem Haar, unter dem Fußboden, verbannen alle anderen bösen Träume in die Kategorie unwahrscheinlicher, jedoch nicht weiter aufregender Halluzinationen. Man gebe mir Käfer und Wanzen, Spinnen, Puffottern, selbst Taranteln – Siafus hingegen: danke, nein. Sie sind Kreaturen des Teufels – rot, winzig, zahllos und ohne Erbarmen.

Ich denke an sie und an all die Nachteile, die das Aufspüren von Elefanten per Flugzeug mit sich bringt. Toms Brief ist nicht sehr detailliert – aber das ist auch nicht nötig. Weder er noch ich haben irgendwelche Illusionen hinsichtlich möglicher Landeplätze irgendwo südlich oder östlich von Makindu. Die meisten Menschen in Ostafrika haben von diesem Territorium gehört.

Die Ukamba wirkt auf einer Landkarte recht flach – sogar auf meiner Flugkarte. Sie dehnt sich von Nairobi aus ostwärts, in nördlicher Richtung bis zur Grenze und südöstlich bis zum Indischen Ozean. Gleichsam umschlungen wird sie vom Tana River und vom Athi, die beide ihre Lebenskraft aus dem Hochland von

Kenia saugen. Sie umschließen die Ukamba wie eine leicht zerfaserte Schlinge, die von einem arglistigen Satan auf die Erde hinabgelassen wurde, um die Bühne für spätere Missetaten abzustecken. Es ist Buschlandschaft, voller Sansevieria, Fieber und Dürre. Die Sansevieria ist überall; der Busch wirkt unergründlich tief, so unergründlich wie die Pflanzenwelt in der Tiefe eines Meeres. Es ist kein Land für Menschen, es ist ein Land für Elefanten. Und deshalb gehen auch Menschen dorthin.

Blix ging sogar oft dorthin, aber Blix war eben Blix. Tom, andererseits, war Tom, von nüchternem Verstand, all seiner Träumerei zum Trotz, nur daß er wohl noch nicht begriffen hatte, wie sehr ich bereits engagiert war für diesen Job, dem Aufspüren von Wild. Die Schecks am Ende jeder Safari waren angenehme Narkotika, welche so manche Erinnerung verwischten, die sonst vielleicht haftengeblieben wäre; die Arbeit als solche war aufregend – und das Leben alles andere als langweilig.

BABU IN MAKINDU WIRD SCHRIFTLICHE ANWEISUNGEN VON MIR GEBEN

BLIX

Blix – Blickie – Baron von Blixen. Er ist unter all diesen Namen bekannt und unter einer ganzen Reihe von anderen dazu – darunter kein einziger, der abfällig wäre. Er ist ein liebenswürdiger Schwede, der gut einsachtzig mißt, und meines Wissens der zäheste und ausdauerndste weiße Jäger, der je über das große Theater bei einer Safari gelacht hat oder einen attackierenden Büffel zwischen die Augen schoß, während er noch zwischen Gin und Whisky als »Sundown-Drink« schwankte. Sollte es eine Situation gegeben haben, in der Blix in Verlegenheit geriet, so war es wohl jene, als er sich daranmachte, seine Leistungen in Afrika schriftlich festzuhalten – zwar auf bewunderungswürdige, doch allzu zurückhaltende Weise. Für jene, die ihn kennen, ist das Buch eine monumentale Sammlung von Understatements. Irgendwie hat er es verstanden, all die Berge, die er erklettert hat, zu Maulwurfshügeln schrumpfen zu lassen. Seine Erlebnisse nehmen sich eher aus wie zufällige Begebenheiten – die ein weniger bescheidener Mann allerdings zu Sagas aufgebläht haben würde, die dem Leser das Blut in den Adern gerinnen lassen.

Für das Melodramatische scheint Blix nicht den leisesten Sinn zu haben. Soweit ich weiß, gibt es keinen einzigen Fall, wo er sich einem Angriff von zwei- oder dreihundert nackten Wilden entgegengestemmt hatte (ganz auf sich allein gestellt, mit nur noch einer einzigen Kugel in seinem Gewehr), während aus seinem linken Schenkel das Blut nur so strömte, und solche Mängel in seiner Jägerkarriere stempeln ihn, was seine Kino-Tauglichkeit betrifft, zu kaum geeignetem Material. Wenn er, was oft genug geschah, Eingeborenen begegnete, die mehr oder minder in Nacktheit schwelgten und wirklich ziemlich »wild« waren, so endete die Sache regelmäßig damit, daß er mit dem Häuptling Geschichten austauschte, während die jungen Krieger auf Zehenspitzen um beide herumschlichen, und Gefäße voll Tembo kredenzt wurden im Schatten einer Hütte oder eines Baums, wo sich dann sozusagen das Throngemach befand.

Die Behauptung, Baron von Blixen sei als Weißer Jäger im Angesicht der Gefahr »cool bis ans Herz hinan«, gewesen, ist sowohl klischeehaft als auch ungenau. Erstens setzte er sich keiner Gefahr aus, wenn sich das irgend vermeiden ließ; zweitens wurde er, wenn er (oder irgend jemand anders) sich in einer gefährlichen Situation befand, nicht unbedingt cool, sondern eher hitzig; auch zog er saftige Flüche eisernem Stillschweigen vor. Aber all diese Äußerlichkeiten waren unwichtig im Vergleich mit der Tatsache, daß er niemals etwas Verkehrtes tat – nicht einmal einen Fehlschuß.

»Bwana Blixen« ist noch immer ein Name, der vielerorts, von Rhodesien bis Belgisch-Kongo und bis zur Sahara in nicht wenigen Ohren wie ein sehr vertrautes Echo klingen würde.

Dies gleichsam eingebettet zu finden in ein Telegramm aus Makindu, war, selbst nach einer langen Freundschaft, noch immer eine zu erregende Sache, um so nebenbei abgetan zu werden.

Muthaiga Club
Nairobi
Kolonie Kenia

Lieber Tom:

Die Ersatzteile für die Avian sind rechtzeitig hier eingetroffen – dank Deiner blitzschnellen Aktion. Eines Tages werde ich auch am Schwanzende ein Rad haben statt einer Gleitkufe, die dann bei einer rauhen Landung nicht mehr abreißen wird.

Wegen des Elefantenscoutings mach Dir keine Sorgen. Ich weiß, daß Du absolut recht hast, und es ist auch meine Absicht, damit aufzuhören, sobald es nur geht – aber Blix hat heute aus Makindu gedrahtet, und ich werde morgen früh hinfliegen. Es ist die Safari von Winstons Gästen.

Rückenwind und gute Landung.

Wie immer

BERYL

Mit Hilfe blauer Rauchstreifen, die, wenn auch nur halbherzig, die Windrichtung anzeigten, landete ich mit der Avian auf der Muram-Lichtung bei Makindu; und kletterte aus meiner Maschine und ging hinüber zur Station.

Makindu sieht nach nichts aus; es ist auch nichts – oder jedenfalls nicht viel. Seine fünf blechüberdachten Hütten klammern sich an die dürren Geleise der Uganda Railway wie Parasiten um Weinranken. Die größte von ihnen – die eigentliche »Station« – enthält einen Tisch, und dann ist da noch Blix' Babu, der seinen Zeigefinger auf einer Telegraphentaste strapazierte.

Eines Tages wird eine kleine, doch erlesene Gesellschaft von Hindus in Afrika umherwandern – von denen jeder als unverkennbares Merkmal einen überstrapazierten und schwieligen Zeigefinger besitzt. Es wird sich um die Nachfahren des ursprünglichen Stationsvorstehers der ursprünglichen Uganda Railway handeln. Ich bin zu Fuß, zu Pferde, zu Flugzeug während sämtlicher Tag- und Nachtstunden bei dieser oder jener der über dreißig Stationen in Kenia eingetroffen, und nie habe ich eine Telegraphentaste gesehen, ohne daß der jeweilige Babu sich darüber beugte und wie wild drauflos hämmerte, so als sei ganz Ostafrika dabei, mit wahnsinniger Schnelligkeit in den Indischen Ozean zu rutschen, und er sei der einzige, dem das überhaupt aufgefallen war.

Von dem, was sie wirklich mitteilten, hatte ich keine Ahnung. Möglicherweise tue ich den Babus unrecht, doch scheint mir, daß sie ihre Möglichkeiten bestenfalls nutzten, um einander, per Draht, die Romane von Anthony Trollope vorzulesen.

Der Babu in Makindu ließ ein imposantes Band, einen eindrucksvollen Streifen voller Punkte und Striche vorbeigleiten, ehe er ihn abriß und von seinem Tisch hochblickte. Er hatte freundliche, braune Augen, die vom angestrengten Starren ein wenig ermattet wirkten, und einen kleinen Kopf, der irgendwie einer in Ätzfeuer geschrumpften Nuß ähnelte. Er trug ein Paar billiger Drillichhosen, die genauso dreckig waren, wie sein Baumwollhemd sauber zu sein schien. Er erhob sich schließlich, verbeugte sich: »Ich habe eine Botschaft für Sie vom Baron.«

Auf seinem Schreibtisch stand so eine Art Gestell, das drei Papierstücke verschiedener Farbe, Größe und Gestalt enthielt. Auf dem obersten erkannte ich Blix' Handschrift; doch der Babu mischte sie durcheinander, als mische er ein ganzes Hundert. Schließlich reichte er mir den Zettel mit den Anweisungen für mich mit dem triumphierenden Lächeln eines Bankmanagers, der dem Kunden die Mitteilung einer Kontoüberziehung aushändigt.

»Meine Frau – sie hat Tee für Sie.«

Der Tee, wie ihn die Frau des jeweiligen Stationsbabus bereitet, besteht in der Hauptsache aus Zucker und rohem Ginger; heiß ist er allerdings immer. Also nippte ich Tee und las Blix' Anweisungen.

»Begebe dich nach Kilamakoy. Halte Ausschau nach Rauch.« Darunter befand sich eine hastig hingeworfene Skizze, inklusive Kreis mit dem Vermerk »Camp« sowie jede Menge Richtungspfeile.

Ich dankte meinen Gastgebern für den Tee, ging dann hinaus zu meinem Flugzeug, setzte den Propeller in Schwung, flog auf direktem Weg nach Kilamakoy (was nicht eine Siedlung ist, sondern ein Wakamba-Wort für einen Landstrich ohne Siedlungsmöglichkeiten) und hielt Ausschau nach Rauch.

Nach einer Weile machte ich eine kümmerliche Landebahn aus, mitten im Busch, mit einem weißen Mann an jedem Ende – wobei mir jeder von ihnen so enthusiastisch zuwinkte, daß ich für mich den Schluß zog, es seien wohl weniger die Medikamente als vielmehr der Gin, der für sie das ersehnte Heilmittel war.

## Ich werde ihn wohl erschießen müssen

Lebten wir noch immer in der Welt, in der einmal das Mastodon lebte, so würde zweifellos irgend jemand ein neues Gewehr entwerfen, damit Menschen in ihrer wohl unabänderlichen Vermessenheit Mastodons jagen könnten, so wie sie jetzt Elefanten jagen. Vermessenheit ist vielleicht das treffende Wort. David und Goliath gehörten zumindest zur selben Spezies, aber für einen Elefanten kann ein Mensch nichts anderes sein als ein Zwerg mit einem tödlichen Stich.

Was den Menschen betrifft, so ist es für ihn absurd, einen Elefanten zu töten. Es ist nicht brutal, es ist nicht heroisch, und es ist auch gewiß nicht leicht; es ist nur eines jener lächerlich wirkenden Dinge, wie Menschen sie zu tun lieben. So wie sie ja auch quer durch einen mächtigen Strom einen Damm bauen – durch einen Strom, bei dem ein Zehntel seiner Wassermassen genügen würden, um die gesamte Menschheit zu verschlingen, ohne daß das Familienleben auch nur eines einzigen Wels gestört würde.

Elefanten sind, trotz ihrer Größe und ihres Körperbaus, in ästhetischer Hinsicht weit eher geeignet, auf dieser Erde zu »wandeln« als unsereiner mit seiner irgendwie eckigen Anatomie; im übrigen ist ihre durchschnittliche Intelligenz der unseren vergleichbar. Natürlich sind sie weniger agil und physisch weniger anpassungsfähig als wir – die Natur hat ihren Körper in eine Richtung und ihr Gehirn in eine andere entwickelt, während der Mensch in Mr. Darwins Evolutionslotterie sozusagen das große Los gezogen hat. Aus diesem Grunde, so will mir scheinen, sind wir so wunderbare Geschöpfe, die nicht nur Filme und Elektrorasierer und Rundfunkempfänger herstellen können, sondern auch Gewehre, mit denen man auf Elefanten, Hasen und Tontauben schießen kann.

Der Elefant ist ein rationales Tier. Er denkt. Blix und ich (auf unsere Weise gleichfalls rationale Tiere) konnten uns nie ganz einig werden über die geistige Befähigung des Elefanten. Ich weiß, daß man Blix' Ansichten nicht bezweifeln sollte, da er mit Elefanten mehr Erfahrung hat als irgendwer sonst, doch betrachtet er Legenden mit sehr skeptischen Augen, im Gegensatz zu mir.

Es gibt da die Legende, nach der Elefanten ihre Toten in geheimen Begräbnisgründen bestatten, und daß keiner von diesen je entdeckt worden ist. Einziges Indiz dafür ist die Tatsache, daß man nur selten den Kadaver eines Elefanten gefunden hat, es sei denn, er war in eine Falle geraten oder erschossen worden. Aber was geschieht mit alten Elefanten oder solchen, die einer Krankheit erlegen sind?

Nicht nur Eingeborene, sondern auch viele weiße Siedler stützen seit Jahren die Legende (falls es denn eine Legende ist), daß Elefanten ihre Verwundeten und ihre Kranken notfalls über Hunderte von Kilometern tragen, damit sie nicht in die Hände ihrer Feinde geraten. Und es heißt, daß Elefanten niemals vergessen.

Vielleicht sind solche Geschichten nicht mehr als Hirngespinste. Elfenbein war einmal fast so kostbar wie Gold, und wo es um Reichtümer geht, mischen die Menschen immer allerhand Mysteriöses hinein. Andererseits ist wenig Mysteriöses an den Dingen, die man mit eigenen Augen sieht.

Ich glaube, daß ich der erste Mensch war, der Elefanten aus der Luft aufspürte, und daraus folgt, daß die tausend und abertausend

Elefanten, die ich bei meinen Flügen sah, zuvor »von oben« noch nie von etwas anderem geplagt worden waren, als von jenen Vögeln, die ihnen Schmarotzer aus dem Fell pickten.

Die Reaktion einer Elefantenherde auf meine Avian war zu Anfang stets die gleiche – die Tiere verließen ihre Weidegründe und suchten Deckung, obschon nicht selten zuerst ein oder zwei Bullen kampfbereit in der Richtung attackierten, aus der das Flugzeug kam, sofern es tief genug flog, um sich in ihrem Gesichtsfeld zu befinden. Sobald die Vergeblichkeit einer solchen Aktion klar war, flüchtete die gesamte Herde in den tiefsten Busch.

Versuchte ich dann, am darauffolgenden Tag, den Verbleib derselben Herde festzustellen, so gelangte ich stets zu der Schlußfolgerung, daß dort während der Nachtzeit eine Menge gedacht worden war. Und aufgrund meines zweiten Eindringens in ihr Reich scheint mir, daß ihre Überlegungen in etwa folgenden Bahnen verliefen: A: Das Ding, das über uns flog, war kein Vogel, weil ein Vogel nicht so angestrengt arbeiten müßte, um sich in der Luft zu halten – und außerdem kennen wir ja sämtliche Vögel. B: Wenn es kein Vogel war, dann war es vermutlich wieder so ein Trick dieser zweibeinigen Zwerge, gegen die es ein Gesetz geben sollte. C: Die zweibeinigen Zwerge (sowohl schwarze wie weiße) haben uns, soweit unsere Erinnerung zurückreicht, getötet, um von unseren Bullen die Stoßzähne zu bekommen. Dies wissen wir, weil, zumindest soweit es die weißen Zwerge betrifft, dies das einzige ist, was sie mitnehmen.

Die Verhaltensweise der Elefanten, die auf solchen Überlegungen basierte, war stets vernünftig und praktisch. Sahen sie die Avian zum zweitenmal, so rannten sie nicht davon, um Deckung zu suchen; statt dessen scharten sich die Weibchen, die nur kleine, wertlose Stoßzähne haben, um die Bullen, die hochgeschätzte Exemplare davon tragen; und sie taten es so, daß – ob nun von der Luft aus oder zu Lande – nichts vom kostbaren Elfenbein der Bullenstoßzähne zu sehen war.

Dies kann einen beim Elefanten-Scouting fast verrückt machen. Mitunter habe ich den größeren Teil einer Stunde damit verbracht, über einer solch hartnäckig zusammengedrängten Herde zu kreisen, oder kreuz und quer zu fliegen, oder tief auf sie hinunterzustoßen, um die Tiere auseinanderzutreiben; manchmal mit Erfolg, manchmal ohne.

Die Taktik variiert allerdings. Mitunter bin ich auf einen riesigen Einzelgänger gestoßen, der für seine Sicherheit nichts weiter zu tun schien, als daß er, während sein massiger Körper deutlich auszumachen war, seinen Kopf in einem Dickicht vergrub – nach Vogel-Strauß-Manier hätte man meinen können. Aber dem war nicht so. Vielmehr handelte es sich um eine raffiniert ausgedachte Falle, in die ich, wenn auch nicht physisch, mindestens ein dutzendmal geriet. Das betreffende Tier, so stellte sich regelmäßig heraus, war eine besonders große Elefantenkuh und nicht etwa ein Bulle; und wenn ich das schließlich herausgefunden hatte, war die Herde zehn oder auch zwanzig Kilometer entfernt; und der »Lockvogel« löste sich dann aus dem Dickicht, spähte spöttisch und triumphierend zu mir empor und trottete mit lässig hin und her schwingendem Rüssel davon.

Eine derart hohe Intelligenz könnte, bei einem weniger hochrangigen Tier, zweifellos als reine Übertreibung gewertet werden – und Anlaß sein zur Legendenbildung. Doch kann man die Wahrheit ja nicht einfach beiseite schieben, weil sie der Nährboden für Legenden gewesen ist. Denken wir doch nur an das, was die Überlieferung uns an fabulösen Heldentaten unserer eigenen Art zumutet: Beruhen sie nicht oft auf den beiden Krücken des Fabulierens und der Leichtgläubigkeit?

Was die Brutalität der Elefantenjagd betrifft, so vermag ich nicht einzusehen, daß sie brutaler wäre als neunzig Prozent aller übrigen menschlichen Aktivitäten. Auch scheint mir der Tod eines Elefanten in keiner Weise tragischer zu sein, als der Tod eines Hereford-Bullen – wenn schon gewiß nicht vom Standpunkt des betreffenden Bullen. Der einzige Unterschied besteht darin, daß der Bulle weder die Fähigkeit noch die Möglichkeit hat, den Schlächter im Schlachthaus zu überlisten, während der Elefant seine Chancen sehr wohl zu nutzen weiß.

Mag sein, daß Elefantenjäger gewissenlose Brutalskis sind; doch wäre es ein Irrtum, den Elefanten als rundum friedliches Tier zu sehen. Die weitverbreitete Ansicht, einzig der »wilde Einzelgänger« sei für den Menschen gefährlich, ist falsch – so falsch, daß nicht wenige Leute, die das glaubten, inzwischen genauso zu Staub geworden sind wie ihre vermeintlich »willigen« Opfer. Ein normaler Elefantenbulle, durch den Geruch eines Menschen alarmiert, wird oft sogar attackieren – und seine Schnelligkeit ist genauso unglaublich wie seine Beweglichkeit. Sein Rüssel und seine Füße, das sind seine Waffen – zumindest, wenn's darum geht, einen Menschen zu zermalmen; und die großartigen Stoßzähne, Säbelsicheln oder Sichelsäbeln gleich, warteten auf einen gleichermaßen großartigen Gegner.

Allerdings fielen, bei Kilamakoy, wohl weder Blix noch ich selbst in diese Kategorie – ganz gewiß nicht, nachdem wir den großen Bullen gestellt oder, was wohl eher der Wahrheit entsprach, der große Bulle uns gestellt hatte. Und ich kann – mit nach wie vor starker Dankbarkeit – feststellen, daß wir nicht bis zum allerletzten Zentimeter niedergetrampelt worden sind; bis zu jenem Zentimeter nämlich, der für uns die Erhaltung unseres eigenen Lebens bedeutete. Wir kamen gerade noch mit heiler Haut davon, doch manchmal werde ich noch immer von Träumen geplagt.

Als ich Makindu erreichte, setzte ich meine Maschine auf dem schmalen Landestreifen auf, der aus dem Busch herausgeschlagen worden war, und kletterte aus meinem Cockpit heraus.

Begrüßt wurde ich vom Baron von Blixen Finecke (mit aristokratischem Gesicht, wie stets), dessen reizendes Lächeln etwas Ansteckendes hatte, ähnlich wie ein Sonnenstrahl sogleich eine bessere Stimmung hervorruft; und der dennoch von äußeren Einflüssen freizubleiben schien: frei von dummen Gedanken, frei von Sorgenfalten, jedoch zäh und – sozusagen – zugeritten.

Hinter dieser – womöglich fiktiven – Vorstellung von dem, wie ein »Weißer Jäger« in Erscheinung treten sollte, bleibt für mich Blix' Gesicht, ohne auch nur den Bruchteil eines Zolls zu weichen. Es wirkt auf mich fröhlich, mit hellen und keineswegs todernsten blauen Augen; seine Wangen sind wohlgerundet und nicht etwa eingefallen oder gar hohl; seine Lippen sind voll und üppig und ganz und gar nicht verkniffen im Bewußtsein der Tatsache: Was die Wildnis einem nicht so alles antun kann. Er redet. Er ist niemals – bedeutungsschwer – stumm.

Die Kleidung, die er damals trug, war – zumindest in meiner Erinnerung – die gleiche wie stets: ein khakifarbenes Buschhemd aus »Solario«-Stoff, Hosen aus demselben Material und ein Paar Mokassins mit Sohlen oder jedenfalls den *Resten* von Sohlen. Sein Buschhemd hatte vier Taschen, was ihm jedoch nicht bewußt zu sein schien; er trug nie etwas mit sich herum, falls er sich nicht wirklich auf Jagd befand – und dann war's bloß ein Gewehr und Munition. Niemals schleppte er Messer, Revolver oder Feldstecher mit sich – nicht einmal eine Uhr. Der Stand der Sonne sagte ihm, wie spät es war; und konnte man die Sonne nicht sehen, wußte er's auch so. Sein kurzgestutztes, graues Haar war von einem breitkrempigen Hut bedeckt, der alle Farbe verloren hatte und so schlaff war wie ein welkes Blatt.

Er sagte: »Hallo Beryl«, und deutete auf einen Mann, der neben ihm stand und so steif wirkte, als sei er aus lauter Faßdauben konstruiert.

»Dies«, sagte Blix ohne auch nur einen Hauch von diplomatischer Höflichkeit, »ist Old Man Wicks.«

»Endlich«, sagte Old Man Wicks, »bekomme ich die Lady des Himmels zu Gesicht.«

Beim Niederschreiben kommt mir diese Bemerkung vor wie ein Zitat aus einem Bühnenstück, das von den Angehörigen einer Abgängerklasse in Eton zur Nummer eins erkoren worden ist. Tatsache bleibt jedoch, daß »Old Man Wicks«, der für die Manoni Sugar Company ein Stück Niemandsland verwaltete (unweit von Masongaleni gelegen), in den vergangenen sechzehn Monaten nur einen einzigen weißen Mann gesehen hatte und seit wohl ebensovielen Jahren keine einzige weiße Frau. Jedenfalls hatte er noch nie ein Flugzeug und eine weiße Frau zusammen gesehen, und ich habe auch keinen Grund zu der Annahme, daß er in einer solchen Kombination einen besonderen Glücksfall sah. Old Man Wicks war sonderbarerweise noch gar nicht so alt – er war kaum erst vierzig –, und vielleicht war das mönchsartige Leben, das er führte, ihm unter allen Möglichkeiten die liebste. Er sah alt aus, aber das war womöglich nur so etwas wie eine schützende Tarnung. Old Man Wicks war ein freundlicher, höflicher Mann, der Blix bei der Vorbereitung zur Safari zur Hand ging.

Es handelte sich um eine recht bescheidene Safari. Es gab drei große Zelte – Winstons, Blix' und mein eigenes – sowie eine Reihe kleinerer Zelte für die Eingeborenen-Boys, Gewehrträger und Fährtensucher. Blix' Boy Farah, Winstons Boy und natürlich mein Arab Ruta (der per Lastwagen von Nairobi kommen sollte) hatten jeder sein eigenes kleines Zelt. Die übrigen mußten sich, teils aus Notwendigkeit, teils auf eigenen Wunsch, solche Zelte zu mehreren teilen. Es gab auch einen Hangar für die Avian, aus Persenning gefertigt, sowie einen Baobabbaum, dessen Schatten allen als »Veranda« diente. Die Landschaft unmittelbar um den Lagerplatz wirkte endlos, und nirgends fand sich auch nur die Andeutung eines Hügels.

Eine halbe Stunde nach meiner Landung befand ich mich – zusammen mit Blix – bereits wieder in der Luft. Vielleicht würde es uns gelingen, eine Elefantenherde auszumachen, noch bevor am Abend dieses Tages Winston eintraf. Fanden wir eine Herde, die nicht mehr als zwei oder drei Tagemärsche von unserem jetzigen Lagerplatz entfernt war, so konnten wir von außerordentlichem Glück sprechen – vorausgesetzt natürlich, daß sich bei der Herde ein Bulle mit respektablen Stoßzähnen befand.

Es ist keineswegs außergewöhnlich, daß ein Elefantenjäger ein halbes, ja sogar ein ganzes Jahr damit verbringt, der Fährte eines einzigen Elefanten zu folgen. Elefanten können sich in Territorien bewegen, in die Menschen sich besser nicht vorwagen – zumindest nicht vorwagen sollten.

Das Aufspüren per Flugzeug macht einen Großteil der sonstigen Vorarbeiten überflüssig; doch selbst wenn es mir mitunter gelang, eine Herde in einer Entfernung von »nur« vierzig oder sechzig

Kilometern von unserem Camp auszumachen, so hieß das ja noch immer, daß diese Strecke von den Jägern zu Fuß zurückgelegt werden mußte, und zwar durch schwieriges Gelände – und war man endlich, körperlich und nervlich erschöpft, an der betreffenden Stelle angelangt, so hatte die Elefantenherde ihrerseits weitere dreißig oder vierzig Kilometer hinter sich gebracht und befand sich nun irgendwo anders im Busch. Man muß dabei auch bedenken, daß ein Mensch mehrere Schritte machen muß, wo ein Elefant nur einen einzigen tut, und daß der Mensch überdies weniger gut ausgerüstet ist gegen Dornenbäume, Hitze und manches mehr. Zumal wenn er weißhäutig ist, ist er so verletzlich wie ein geschältes Ei gegenüber allem, das sticht – Moskitos, Skorpione, Schlangen und Tsetsefliegen. Strapazen und Widrigkeiten aller Art, also das genaue Gegenteil von Komfort, gehören in solchem Ausmaß zur Elefantenjagd, daß sich das nur die Reichen leisten können.

Blix und ich hatten bei unserer ersten Expedition, von Kilomakoy aus, eine Menge Glück. Die Wakamba-Scouts, die zu unserer Safari gehörten, hatten gemeldet, in einer Entfernung von rund dreißig Kilometern vom Lager befinde sich eine große Elefantenherde mit mehreren lohnenswerten Bullen. Wir kreisten über der bezeichneten Region, flogen vermutlich ein dutzendmal über die Herde hinweg – und machten sie dann endlich aus.

Eine Elefantenherde, vom Flugzeug aus gesehen, hat etwas von einer Halluzination an sich. Die Proportionen stimmen nicht – es ist, als hätte ein Kind eine Feldmaus gezeichnet, dabei jedoch so sehr übertrieben, daß neben diesem gewaltigen Nagetier alles übrige aus dem Reich Liliput zu stammen scheint, die Ställe, die Scheunen, die Windmühlen – und als sei die Mammutmaus nicht nur willens, sondern auch in der Lage, ihre gesamte Umgebung zu verschlingen.

Betrachtet man aus dem Cockpit einen äsenden Elefanten, so hat man das Gefühl, etwas zwar Wunderschönes, aber auch Unwirkliches zu sehen. Das liegt nicht nur an dem Mißverhältnis der Proportionen, weil es Tiere, die so groß sind wie Bäume, eigentlich doch gar nicht geben kann, sondern vor allem daran, daß ein so prähistorisches »Monster« in die stahlglatte und betonharte Welt des 20. Jahrhunderts einfach nicht zu passen scheint. Selbst in Afrika wirkt ein Elefant so abseits des Normalen, wie ein Neandertaler beim Golfspielen in Schottland wirken würde.

Trotzdem sind Elefanten aus der Luft nur schwer auszumachen. Wären sie kleiner, wäre es vermutlich leichter. Doch bei ihrer Größe und Färbung verschmelzen sie auf täuschende Weise mit ihrer Umgebung. Es gehört ein scharfes Auge dazu, sie zu entdekken.

Blix hatte solche Augen; und in aller Hast kritzelte er für mich auf einen Zettel: »Sieh nur! Der große Bulle ist ein Prachtexemplar. Kehr um. Doktor Turvy funkt, daß ich etwas Gin brauche.«

In meinem Flugzeug gab es kein Funkgerät – und ganz gewiß auch keinen Gin. Allerdings gab es – da bestand nicht der leiseste Zweifel – Doktor Turvy.

Doktor Turvy war ein ätherischer Bürger einer ätherischen Welt. Anfangs existierte er nur für Blix, doch lange vor dem Ende existierte er für jeden, der mit Blix arbeitete oder ihn gut kannte.

Mochten Doktor Turvys verordnete Heilmittel auch eher ein größeres Vertrauen zu Bacchus bekunden als zur pharmazeutischen Industrie, so besaß er doch zwei hervorragende Fähigkeiten, die man bei einem Arzt kaum überschätzen kann: Er kam regelmäßig im Bruchteil einer Sekunde zu seiner Diagnose – und niemals verletzte er das Vertrauen eines Patienten. Überdies war er so instinktsicher (eine Eigenschaft, über die ja auch Blix in beträchtlichem Maße verfügte), daß er es kaum nötig hatte, beim Patienten ausgiebig den Puls zu fühlen oder die Temperatur zu messen. Man bekam Doktor Turvy praktisch kaum zu Gesicht – und gerade das machte ihn, laut Blix, zum idealen und perfekten Arzt.

Ich zog die Avian in einer Schleife herum und strebte in Richtung Lager.

Ungefähr fünf Kilometer von unserem Baobabbaum entfernt, machten wir weitere vier Elefanten aus – drei davon wahre Prachtexemplare von Bullen. Ein etwas verrückter Gedanke ging mir durch den Kopf: Die beste Methode, in einem Heuhaufen eine Nadel zu finden, besteht vielleicht darin, sich einfach auf seinen Allerwertesten zu setzen. Elefanten in einer Entfernung von nur fünf Kilometern vom Camp – das gab es doch einfach nicht. Das entsprach, wenn man so wollte, einfach nicht den üblichen Spielregeln. Es ist schon recht ernüchternd für einen Jäger, wenn er sich von seinem Feldbett hochwälzt und feststellen muß, daß die Beute, der er mit soviel List und unter solch großen Strapazen nachgespürt hat, die kaum glaubliche Frechheit besitzt, vor seinen Augen in aller Gemütsruhe zu äsen.

Aber Blix ist ein praktischer Mensch. Sein Job als Weißer Jäger bestand darin, für seinen derzeitigen Arbeitgeber Wild ausfindig zu machen und ihn dorthin zu führen. Blix' Arbeit, genau wie meine, wurde durch das Aufspüren von Elefanten in so großer Nähe beträchtlich erleichtert. Wir konnten sogar beim Camp landen und uns von dort zu Fuß aufmachen, um alles genauer zu erkunden: ihre Größe, ihr unmittelbares Verhalten, auch strategische Notwendigkeiten.

Natürlich galt es erst einmal, sich Doktor Turvys Verschreibung zu fügen und die verordnete »Medizin« zu nehmen; trotzdem würde uns zu einem Kundschaftsgang noch genügend Zeit bleiben.

Wir landeten auf einer miserablen Landebahn, die viel Ähnlichkeit mit einem provisorischen Badminton-Spielplatz hatte, und machten uns dann, etwa zwanzig Minuten später, zu Fuß auf, um jene prachtvollen Bullen näher in Augenschein zu nehmen.

Makula begleitete uns. Weder die Safari – noch dieses Buch – wären vollständig ohne Makula. Obwohl es in Ostafrika eine ganze Menge guter Wakamba-Fährtensucher gibt, ist es in den letzten Jahren geradezu zur Tradition geworden, Makula in jedem Buch zu erwähnen, in dem auch von Elefantenjagd die Rede ist, und ich habe nicht die Absicht, mit dieser Tradition zu brechen.

Makula ist ein Mann in einer sonderbaren Position: Er ist berühmt, ohne sich dessen wirklich bewußt zu sein. Er kann weder lesen noch schreiben; seine erste Sprache ist Wakamba, seine zweite ein stockendes Suaheli. Er ist ziemlich klein, von tiefschwarzer Hautfarbe und hat ungewöhnlich kluge Augen, eine Neigung zur Schwarzen Magie und die Instinkte eines Jagdhunds. Ich glaube, er könnte einer Honigbiene durch einen Bambuswald nachspüren.

Mag die Safari, an der Markula als Fährtensucher teilnimmt, auch noch so »feudal« sein, stets geht er mit nacktem Oberkörper und trägt einen großen Bogen und einen Köcher voll vergifteter Pfeile bei sich. Er hat gesehen, was die besten Gewehre der Weißen bewirken können, doch wenn Makulas Nasenlöcher sich nach einem guten oder einem schlechten Schuß weiten, so ist nicht der Geruch von Schießpulver daran schuld; vielmehr bezeugt dies einen Anflug von Verachtung gegenüber dem lärmenden und unhandlichen Stück Maschinerie, das die teuflische Tendenz hat, den ungeübten Jäger, jedesmal wenn sein Finger den Abzug zurückzieht, per Rückstoß unsanft auf seinen Hintern zu befördern.

Mitunter habe ich das Gefühl, daß Malzula einer der weisesten Männer ist, denen ich je begegnet bin – so weise, daß er in Anbetracht der Rarität von Weisheit, nie auch nur den kleinsten Fetzen davon vergeudet; doch entsinne ich mich einer Bemerkung, die er gegenüber einem allzu eifrigen Eleven seiner Zunft machte: »Weiße Männer bezahlen für Gefahr – wir Armen können uns das nicht leisten. Finde deinen Elefanten und verschwinde dann, damit du lange genug lebst, um noch einen weiteren zu finden.«

Makula verschwand stets. Geräuschlos wie ein Schatten ging er voraus in den Busch, und nichts entging ihm; kaum jedoch hatte er seine Jäger in Sichtweite des Elefanten geführt, so entschwand er geräuschlos wie ein Schatten und ließ sich gern den Rest entgehen.

Jetzt befand er sich, im dichten Busch, nur ein kurzes Stück vor Blix. Plötzlich signalisierte er: »Stop!«, kletterte geräuschlos einen Baum hinauf, hielt Ausschau und war im Nu wieder unten. Er deutete auf eine Lücke im Dickicht, nahm Blix mit festem Griff beim Arm und schob ihn in die angedeutete Richtung. Dann verschwand Makula. Blix ging voraus, ich folgte.

Die Kunst, sich lautlos durch eine von der Natur dichtgeflochtene Mauer aus Buschwerk zu bewegen, muß praktisch in der Kindheit erlernt werden. Wenige Jahre später ist es schon zu spät. Erklären kann ich das nicht, genausowenig wie Arab Maina, der mein Lehrer war, es erklären konnte. Entscheidend ist weniger, daß man darauf achtet, wohin man tritt; vielmehr muß das Augenmerk der Stelle gelten, die man erreichen will. Währenddessen wird jeder Nerv gleichsam zu einem zusätzlichen Auge, und jeder Muskel entwickelt selbständige Reflexe. Man lenkt seinen Körper nicht; man vertraut darauf, daß er lautlos *ist*.

Wir waren lautlos. Der Elefant, dem wir uns näherten, hörte nichts. Und dann sahen wir, daß die mächtigen Hinterteile von *zwei* Bullen vor uns hochragten. Sie glichen grauen, tief in den Boden eingebetteten Felsen.

Blix blieb stehen. Er flüsterte mit seinen Fingern, und ich verstand das Flüstern. »Auf den Wind achten. Um die Riesen herumpirschen. Ich möchte ihre Stoßzähne sehen.«

Um sie herumpirschen, guter Gott! Wir brauchten über eine halbe Stunde, um einen Halbkreis von nicht mehr als fünfzig Metern zurückzulegen. Es waren wirklich riesige Bullen – mit genügend Elfenbein – mindestens Hundertpfünder oder mehr.

Nimrod, obschon schweißnaß, schien zufrieden – und im Begriff, eine »psychische Botschaft« von Doktor Turvy zu empfangen. Aber dazu kam es nicht.

Einer der Bullen hob den Kopf, schwenkte seinen Rüssel in die Höhe und drehte sich zu uns um. Seine mammuthaften Ohren begannen sich seitwärts zu entfalten, als wollten sie selbst das Geräusch unseres Herzschlags einfangen. Der Zufall wollte es, daß er an einer Stelle geäst hätte, wo wir zuvor gewesen waren, und so hatte er unsere Witterung genommen. Mehr brauchte er nicht.

Selten habe ich ein Lebewesen gesehen, das so ruhig war wie dieser Elefantenbulle – und so entschlossen, seine Feinde zu vernichten. Man könnte fast sagen, daß ihn dieser Gedanke beschwingte. Da er, wie alle Elefanten, nahezu blind war, konnte er uns nicht sehen; aber daran war er gewöhnt. Er würde der Witterung und den Geräuschen folgen, bis er uns sehen *konnte*, was, wie ich schätzte, rund dreißig Sekunden dauern würde.

Blix »wedelte« mit den Fingern in Richtung Boden, und das bedeutete: »Hinlegen und robben!«

Es ist erstaunlich, wieviel Insektenleben sich unter der eigenen Nase abspielt, wenn diese sich nur wenige Zentimeter über dem Boden befindet. Mit großer Wahrscheinlichkeit spielt sich besagtes Insektenleben auch sonst mit gleicher Intensität ab, doch wenn man auf seinem Bauch dahinrobbt, so scheint die Entomologie die – im Wortsinn – vordringlichste aller Wissenschaften zu sein. Allerdings würde wohl schon die Klassifizierung sämtlicher Insektenarten sogar den Fachmann hoffnungslos überfordern.

Ich hatte kaum einen Meter zurückgelegt, als bereits Vertreter von mindestens fünfzig verschiedenen Insektenarten auf mir, respektive in meiner Kleidung herumspazierten, angeführt von einer marscherprobten Abteilung von Siafu-Ameisen.

Blix' Füße befanden sich praktisch unmittelbar vor meinen Augen, so daß mir Muße blieb, die Löcher in seinen Schuhen zu betrachten – und mich zu fragen, wieso er überhaupt Schuhwerk trug, da er es in wenigen Stunden zu verschleißen schien. Auch blieb mir genügend Zeit, um zu beobachten, daß Blix keine Socken trug: praktisch, aber gewiß nicht *comme il faut*. Seine Beine bewegten sich durch das Unterholz, als seien es an Drähten gezogene Marionettenbeine. Aus der Richtung der Elefanten war kein Laut zu vernehmen.

Ich weiß nicht, wie lange wir so dahinrobbten, doch als wir schließlich aufhörten, fielen die kurzen Schatten im Dickicht ostwärts. Vielleicht hatten wir rund hundert Meter zurückgelegt. Die Insektenstiche hatten bei uns zahllose, brennende Schwellungen hinterlassen.

Wir atmeten leichter – zumindest ich tat es –, als Blix' Beine und Füße sich nicht mehr bewegten. Ich sah, daß sich sein Kopf dicht bei einer Schulter befand; und sah, wie er emporspähte im Busch. Er gab kein Zeichen zum Weiterrobben. Er wirkte bloß so schrecklich verlegen wie ein Kind, das man beim Eierstehlen erwischt hat.

Mein Gesicht, fürchte ich, wirkte um einiges angespannter als seins. Der Riesenbulle war nicht mehr als drei Meter von uns entfernt – und bei einer solchen Entfernung sind Elefanten keinesfalls blind.

Blix stand auf und hob seine Büchse. Sein Gesichtsausdruck war dabei eigentümlich traurig.

»Das tut er meinetwegen«, dachte ich. »Er weiß, daß selbst ein Schuß ins Gehirn den Bullen nicht stoppen könnte, bevor er uns beide zu Brei zermalmt hat.«

Auf einer freien Stelle wäre es vielleicht möglich gewesen, nach einer Seite auszuweichen; hier ging das nicht. Ich stand hinter Blix, meine Hände, auf seine Anweisung, auf seinen Hüften. Doch ich wußte, daß es nutzlos war. Der riesige Elefant schwankte. Es war, als beobachte man, wie ein gewaltiger Felsklotz, in dessen Bahn man sich befand, umkippte, um in eben diese Bahn zu stürzen. Die Ohren des Bullen waren weit zur Seite gespreizt, den Rüssel hatte er erhoben und in unsere Richtung vorgestreckt; und jetzt stieß er den Elefantenschrei aus, der so furchtbar ist, daß man stumm und starr auf der Stelle verharrt, wo man sich befindet. Es ist, als krallten sich einem Finger um den Hals; es ist ein schriller Schrei, kalt wie der Winterwind.

Ich fand, dies sei genau der richtige Augenblick zum Schuß.

Blix jedoch rührte sich nicht. Sehr ruhig hielt er seine Büchse und begann dann eine Art Singsang. Der *Text* allerdings enthielt so ziemlich die gemeinsten Schimpfwörter, die ich jemals gehört hatte. Es klang kräftig, deftig und wurde mit großer Inbrunst vorgetragen; nur hatte ich das Gefühl, dies sei ein denkbar schlecht gewählter Augenblick, um das bei einem Elefanten auszuprobieren – nur galt's gar nicht dem Elefanten: in höchst uneleganter Weise galt es *mir*! Der Elefant kam näher, und Blix ließ noch ein paar Flüche los (diesmal auf schwedisch); und ich zitterte. Kein Gewehrschuß knallte. Eine einzige Biskuitdose, dieses Gefühl hatte ich, würde uns beiden genügen – Einäscherung überflüssig.

»Ich werde ihn wohl erschießen müssen«, sagte Blix, und ich fand, daß dies ein Understatement von geradezu klassischer Größe war. Im Fell jenes Dickhäuters würden Kugeln versinken wie Kieselsteine in einem Teich.

Irgendwie kommt einem nie in den Sinn, daß ein Elefant ja auch so etwas wie ein Maul hat. Bei herabhängendem Rüssel sieht man's nicht, so daß, wenn der Elefant sehr nah ist und seinen Rüssel hochgereckt hat, man einen Schreck bekommt vor dem plötzlich sichtbaren rotschwarzen Schlitz. Ich starrte mit geradezu idiotischer Neugier ins Maul unseres Elefanten, als er auf einmal wieder losgellte – wodurch er nach meiner festen Überzeugung Blix wie mir einen ebenso unerfreulichen wie unordentlichen Tod ersparte.

Der Schrei dieses Elefanten war ein strategischer Patzer, durch den er sich selbst um einen Haufen Spaß brachte. Der Schrei klang so gebieterisch, daß die anderen noch im Busch äsenden Elefanten der Warnung ohne Zögern folgten und sich sofort davonmachten. Wir hatten gewußt, daß sie noch in der Nähe waren, denn in den Eingeweiden eines friedlich beschäftigten Elefanten grummelt es unaufhörlich wie ferner Donner –, und solchen Donner hatten wir gehört.

Sie machten sich davon, und es schien, als rissen sie dabei mit ihren Mammutfüßen die ganze Landschaft mit. Bäume, Buschwerk, Sansevieria, Erdklumpen, alles schien ihrem Sog zu folgen – auch jenes graue Ungetüm, das uns gegenüberstand. Es hielt inne, lauschte und drehte sich dann herum, langsam und unwiderstehlich wie die Stahltür zu einem Banktresor. Aber als er sich dann richtig in Bewegung setzte, glich er einem Wirbelwind, der Bäume zersplitterte und Büsche entwurzelte.

Lange beherrschten stampfende, donnernde Geräusche die Szenerie. Als sie abklangen, ließ Blix seine Büchse sinken – die in meinen Augen jetzt die »Tödlichkeit« eines Flederwischs besaß.

Ich war erschöpft, gereizt und voller Groll auf die Insektenwelt. Wortlos bahnten wir uns unseren Weg zurück zum Camp. Dort ließ ich mich vor einem der Zelte auf einen Klappstuhl sacken und pfiff auf das »historische Vorrecht« meines Geschlechts, unhöfliche Fragen ungestellt zu lassen.

»Ich denke, du bist einer der besten Jäger in Afrika, Blickie, doch mitunter ist dein Sinn für Humor mehr, als sich verkraften läßt. Warum, zum Teufel, hast du nicht geschossen?«

Blix genehmigte sich eine vollmundige Dosis von Doktor Turvys Lebenselexier und zuckte mit den Schultern.

»Sei nicht albern. Du weißt genausogut wie ich, warum ich nicht geschossen habe. Jene Elefanten sind für Winston.«

»Natürlich weiß ich das – aber wenn der Bulle nun angegriffen hätte?«

Farah, die treue Seele, sorgte für einen neuen Drink, und Blix sorgte für einen neuen Spruch. Er blickte empor zu den Blättern des Baobabbaums und seufzte wie ein schwärmerischer Poet.

»Es gibt da ein altes Sprichwort«, behauptete er, »aus dem Altkoptischen übersetzt, welches all die Weisheit aller Zeiten enthält – ›Leben ist Leben, und Spaß ist Spaß, doch es ist alles so still, wenn die Goldfische sterben‹.«

## Gefangene der Flüsse

Der einzige Nachteil eines mit heiler Haut überstandenen lebensgefährlichen Abenteuers besteht darin, daß der Klimax – dem Höhepunkt – fast unvermeidlich die Antiklimax folgt. Schließlich kann man niemandem erzählen, daß das, was für einen allergrößte Lebensgefahr bedeutete, einen auch tatsächlich das Leben *gekostet* hat – selbst bei den Gutgläubigsten würde man da auf Skepsis stoßen, und die Welt ist voll fleischgewordener Skeptiker.

Blix ist der einzige Mensch, den ich kenne, der noch posthum über ein tödlich verlaufenes Abenteuer schreiben könnte, ohne daß gleich ein Chorus von Zweiflern seine mißtrauischen Stimmen erheben würde. Er hat sich jahrelang in Afrika umgetan mit soviel

Malaria im Körper, daß es genügt hätte, um zehn gewöhnliche Männer zu erledigen. Dann und wann, in einem Augenblick, der dem Malariadämon günstig schien, geschah es, daß er die Gelegenheit zu einem Handstreich gegen Blix nutzte, der dann entkräftet auf einem Waldpfad zusammensank, ohne auch nur einen Doktor Turvy als Helfer an seiner Seite zu haben. Doch am Tag darauf stand Blix dann wieder auf den Beinen, äußerlich wie ein Halbbruder von Gevatter Tod, und dennoch genauso schußsicher wie sonst – und auch im übrigen in seinem Job scheinbar in keiner Weise beeinträchtigt.

Gleich den Iren, von denen man sagt, daß sie nie wissen, wann sie geschlagen sind, wußte Blix einfach nie, wann er tot war. Als er einmal dem Angriff eines Elefantenbullen auszuweichen versuchte, geriet er gegen einen Baum und stürzte. Blix lag flach auf dem Rücken, während der Bulle den Baum entwurzelte, um ihn, nur Zentimeter von Blix' Körper entfernt, in den Boden zu stampfen. Dann stürmte er davon in der festen Überzeugung, seinem winzigen Feind den Garaus gemacht zu haben. Blix behauptet bis auf den heutigen Tag steif und fest, der Elefant habe sich ganz einfach geirrt, doch ist allgemein bekannt, daß nordische Typen mitunter zu einer Sturheit neigen, die sie zur Einsicht einfach unfähig macht.

Aber es kam auch vor, daß Blix das Opfer eher gewöhnlicher, sozusagen alltäglicher Umstände wurde.

Winston hatte den Elefanten erlegt, der ums Haar Blix und mich »erlegt« hätte. Der Elefant war groß, jedoch nicht groß genug für den dynamischen Mr. Winston, der die Neigung hat, aus jedem Augenblick seines Lebens das letzte Quentchen Aufregung herauszuquetschen, und so machten Blix und ich uns wieder zusammen auf, per Flugzeug, um in Richtung Ithumba nach Elefanten zu spüren.

Lange sahen wir nichts, doch als wir auf dem Rückweg über dem Yatta Plateau flogen, machten wir einen mächtigen Bullen aus, der in majestätischer Einsamkeit zwischen Dornenbäumen und Dickicht äste.

Ein solcher Bulle ist für einen Jäger eine Herausforderung. Eine Herde mit Kühen und Kälbern aufzuspüren, ist eine Sache; eine ganz andere ist es, einen alterfahrenen Einzelgänger auszumachen, der keinerlei Verantwortung für eine Herde trägt – einen Egoisten, dem's nur ums eigene Überleben geht, eine von ihm quasi tagtäglich geübte Kunst.

Als wir zum Camp zurückkehrten war der Nachmittag noch nicht vorbei, und Winston entschied, daß man sich diesen Bullen keinesfalls entgehen lassen dürfe. Bei Winstons mächtiger Physis – und Psyche – konnte er wohl gar nicht anders, als sozusagen schon ehrenhalber zum Angriff zu blasen. Dort war der Elefant, und hier war Winston – und zwischen beiden eine Entfernung von rund fünfundzwanzig Kilometern. Es handelte sich um zwei Kolosse, wie man das in etwa in Büchern über die griechische Sagenwelt liest – wobei sich nie im voraus sagen läßt, wie dergleichen denn ausgehen wird. Winston vernahm, in unserer Beschreibung des Elefantenkoloß, so etwas wie die Herausforderung des Schicksals. Obwohl es schon ziemlich spät war, befahl er Aktion.

Blix stellte eine relativ kleine Safari zusammen mit ungefähr fünfzehn Trägern. Dies geschah der besseren Mobilität wegen. Unter den Lasten der Träger nahm Proviant den geringsten Raum ein, und als Marschweg würde man den direktesten wählen, während ein paar Lastwagen, mit Farah und Arab Ruta als gemeinsamen Kommandeuren, dahinrumpeln würden über das, was es so an Landstraßen gab, um bei Ithumba ein neues Hauptquartier zu etablieren.

Um eine Vorstellung davon zu geben, was für Anforderungen das Terrain stellte und wie schwierig die Organisation eines »Stellungswechsels« dadurch wurde, sei nur folgendes gesagt: Während der Trägertrupp, wenn auch durch schwieriges Gelände, nur etwa vierzig bis fünfundvierzig Kilometer würde zurücklegen müssen, bis er Ithumba erreichte, hatten die Laster über dreihundert (!) Kilometer zu fahren, bis sie – in einem riesigen Bogen – denselben Zielort erreichten.

Das Yatta Plateau, das sich rund eintausendfünfhundert Meter über der Ebene erhebt, liegt zwischen dem Athi-Fluß im Westen und dem Tiva im Osten. Das Plateau selbst ist eine Menschenfalle aus Busch, Dickicht und Dornenbäumen, die fünf bis sieben Meter groß sind. All dies scheint ineinander verwoben wie ein Netz aus Stahl, dunkel genug und tief genug, um eine ganze Armee zu verschlingen.

Was Blix brauchte, war eine einfache Strategie, und er hatte sie. In der ersten Nacht sollte die Jagdgesellschaft am Ufer des Athi-Flusses lagern, um dann bei Tagesanbruch das Plateau zu erklimmen, die Elefantenfährte aufzuspüren und, so das Glück es wollte, Winstons Bullen vor Einbruch der Dunkelheit mit einer Art von Blitzmanöver zu stellen. Nach erfolgreichem Abschuß (etwas anderes auch nur in Betracht zu ziehen, wäre Frevel gewesen) würde die Gesellschaft über den östlichen Hang des Plateaus hinabsteigen, den schmalen Tiva durchwaten und schließlich in Ithumba eintreffen – im Triumph, mit dem erbeuteten Elfenbein.

Da meine Avian einige fachmännische Wartung brauchte, bereitete ich mich auf einen Flug nach Nyeri vor (rund hundert Kilometer nördlich von Nairobi); von dort wollte ich in spätestens drei Tagen nach Ithumba zurückkehren.

»Wenn das Flugzeug wieder in Ordnung ist«, sagte Blix, »fliege ich direkt nach Ithumba. Wir werden dort starten.«

Als ich von unserem Camp bei Kilamakoy abhob, stießen Winston und Blix wie der Doppelkopf eines energiegeladenen Drachens in den Busch vor, dicht hinter sich den langen Schwanz beladener Träger.

Ich flog die rund zweihundertfünfzig Kilometer nach Nyeri und landete bei John Carberrys Kaffeefarm, Seramai.

Lord Carberry, ein irischer Adliger mit Wurzeln in Afrika und einem amerikanischen Akzent, war ein brillanter Flieger gewesen in jener Zeit, da es noch als bemerkenswerte Leistung galt, in einem Automobil gut hundertfünfzig Stundenkilometer zu fahren und sich anschließend aufrecht und auf den eigenen zwei Beinen von einem solchen Gefährt zu entfernen. Carberry war im Ersten Weltkrieg Pilot gewesen – und schon davor. Nach dem

Krieg kam er nach Britisch-Ostafrika und kaufte und entwickelte Seramai.

Der Ort grenzt an die Kikuyu-Reservation am südlichen Rand der Ausläufer des Mount Kenya und befindet sich in einer Höhe von rund zweieinhalbtausend Metern. Es ist dort kühl, neblig, doch gibt es fruchtbaren Boden und viel Regen. Blaugrüne Kaffeebäume überziehen das Land wie mit geometrischen Mustern.

Ich weiß nicht, ob es sich bei dem Namen Seramai um eine uralte Bezeichnung handelte, die von den Kikuyus stammt, oder ob sich John Carberry den Namen hat einfallen lassen; das Wort bedeutet: »Ort des Todes«. Sollte der Name von den Kikuyus stammen, so ist es allerdings wenig wahrscheinlich, daß Carberry von der düsteren Bedeutung auch nur im mindesten beeindruckt war. Vermutlich würde er (sofern der Preis stimmte und die Sache ihm lohnenswert erschiene) nicht einmal davor zurückschrecken, Edgar Allan Poes *Haus Usher* zu kaufen und dort zu leben – vorausgesetzt, er dürfte beim kleinen Bergsee eine Start- und Landebahn bauen. John Carberry ist ein außergewöhnlich intelligenter und praktischer Mensch, doch sein unorthodoxer Sinn für Humor macht ihn mitunter fast zu einem »Kameraden im Geiste« jenes (inzwischen verstorbenen) französischen Schriftstellers, der einen menschlichen Schädel als Tintenfaß benutzte. »J. C.« ist ein Mann, der selbst dann noch vergnügt gluckst, wenn den Umständen nach ein Schaudern angezeigt scheint.

»J. C.« – so läßt er sich gern nennen. Ob nun Herr über ein (kleines) Reich oder nicht, seine ganze schlaksige Erscheinung ist feurig erfüllt von einer heiligen Leidenschaft für demokratische Lebens- und Verhaltensweisen. Er hat in den Vereinigten Staaten gelebt, und er liebt sie. Nie würde es ihm einfallen, eines jener Bücher zu schreiben, in denen England und Amerika miteinander verglichen werden – nur um zu dem Schluß zu gelangen, die Kultur des letzteren biete das gleiche klinische Interesse wie das »aufgeweckte« Kind rückständiger Eltern von jenseits der Hügel – Hinterwäldlern in anderen Worten. Wenn J. C. einen amerikanischen Slang-Ausdruck benutzt, so tut er das mit soviel Inbrunst und Geschmack am speziell Amerikanischen – ja, mit soviel Enthusiasmus, daß ein New Yorker Taxifahrer ihn vermutlich nicht für einen Ausländer halten würde; eher schon für einen Provinzonkel aus Tennessee, der nach einem Monat Times Square und Umgebung ein bißchen Lokalkolorit aufgeschnappt hat.

J. C. hatte einen großartigen Flugzeugmechaniker, einen Franzosen namens Baudet, und außerdem hatte er eine adäquate Start- und Landebahn, einen guten Hangar und die technischen Möglichkeiten, an Flugzeugen kleinere Reparaturen vorzunehmen. Seit Tom nach England gegangen war, war es für mich, ungeachtet der Entfernung, bequemer nach Seramai zu fliegen, um die Avian warten zu lassen, als die Dienste von Wilson Airways in Anspruch zu nehmen. Das Carberry-Haus stand Freunden stets offen, genauso wie sein Landeplatz den Piloten.

June Carberry, klein, von beweglichem Geist und attraktiv, war bei den Abenden auf Seramai so etwas wie ein guter und anmutiger Geist inmitten eines Sammelsuriums von Charakteren, die einem unvollendeten Roman entstammen mochten, bei dem Autoren wie H. Rider Haggard, Scott Fitzgerald und auch James M. Cain ihre Hand im Spiel gehabt haben könnten. Die Konversation driftete von Phantomelefanten zur relativen Durchschlagskraft bestimmter Cocktails, zu Gangstern in Chicago – endete allerdings für gewöhnlich bei Flugzeugen.

Obwohl seine Frau für die Fliegerei nicht sehr viel übrig hatte, ließ John Carberry es sich nicht nehmen, sich zwei oder drei Cocktails lang über ein aeronautisch so – relativ – simples Thema wie Landeklappen zu verbreiten.

»Seht euch doch bloß die Amerikaner an«, sagte J. C. »Deren kommerzielle Maschinen sind unseren haushoch überlegen. Hört zu! Als ich in Kalifornien war ...«

Und wir hörten zu.

An dem Morgen, an dem ich nach Ithumba zurückkehren sollte, hörte ich J. C.s fast vergnügtes Gegluckse, als wir durch die Fenster des Wohnzimmers das Wetter in Augenschein nahmen. Normalerweise konnte man Mount Kenya und die Aberdares sehen; und fast ausnahmslos konnte man zumindest den Gurra Hill, keine fünzehn Kilometer von der Startbahn, sehen.

Doch an diesem Morgen sah man nichts; in der Nacht hatte sich Bergnebel herabgestohlen und hielt das Land umfangen.

J. C. schüttelte den Kopf und ließ ein tiefes Seufzen hören. »Ich weiß nicht recht«, sagte er. »Ich habe immer behauptet, niemand könne von hier starten, wenn er nicht wenigstens den Gurra sehen kann. Natürlich bin ich mir da nicht sicher, weil noch niemals jemand Narr genug war, das zu versuchen. Ich würd's nicht tun, nicht für 'ne Million Dollar.«

»Klingt ja ermutigend. Was schlägst du vor?«

J. C. zuckte die Schultern. »Nun, es muß ja immer ein erstes Mal geben, weißt du. Ich glaube, wenn du dich zuerst ein bißchen westlich hältst und dann ein bißchen östlich, dann könntest du vielleicht gerade so durchkommen. Aber das ist natürlich bloß so'n Tip, klar doch, aber Teufel noch mal, Beryl, du bist doch eine gute Blindfliegerin, und mit ein bißchen Glück – wer weiß! Jedenfalls, *wenn* du durchkommst, dann gib Old Man Wicks diese Flasche Gin, einverstanden?«

Bis heute weiß ich nicht: Hat J. C. ein sadistisches Wesen – oder malt er ein Bild in so düsteren Farben in der Hoffnung, daß die Realität dann, wegen des Kontrastes, um so heller wirken wird? Viele deutsche Flieger huldigen dem Aberglauben, daß es Unglück bringt, wenn man jemandem Glück wünscht; und so verabschieden sie einen startenden Kameraden mit dem fröhlichen Zuruf: »Hals- und Beinbruch und auf Wiedersehen!« Vielleicht teilt J. C. diesen Aberglauben. Als ich dann startete, hatte sein längliches Gesicht – das viel aristokratischer wirkt, als es seinen Neigungen entspricht – einen lächelnden Ausdruck. Dennoch fand sich in seinen grauen Augen die Besorgnis eines Fliegers für eines Fliegers Besorgnisse.

Zum Glück erwiesen sie sich als überflüssig. Ich war in der Technik des »Heckenhüpfens« ziemlich bewandert. Und sowas macht sich bezahlt, wenn man, endlosen Nebel über sich, gezwungen ist, kaum einen Meter über Baumwipfel hinwegzufliegen. Der Selbsterhaltungstrieb macht sich plötzlich geradezu ätzend bemerkbar, wenn man weiß, daß die »Sicherheitszone« kaum breiter ist als die eigenen Schultern. Man fühlt sich wie in einer Falle. Höhergehen darf man nicht, weil man dann vom Nebel verschlungen wird, so wie der Nebel die Berge verschlungen hat. Und so stiehlt man sich durch den engen Kanal der Sichtbarkeit, schmuggelt sich dahin über den Baumwipfeln, die aussehen wie umgedrehte Wolken, schwarz und regenschwer. Ich folgte den Hängen, die hinabführten von Seramai zur Ebene und kurvte dann jeweils rechts oder links um einen kleineren Hügel oder um eine Bodenerhebung herum. Nach nicht allzu langer Zeit entdeckte ich ein blaues Loch und stieß empor und hindurch, befragte dann meinen Kompaß – und gelangte nach Ithumba.

Die Landebahn dort war besser als die meisten, und so war die Landung ein Kinderspiel. Unser Camp befand sich auf der windgeschützten Seite eines Hügels, und die Zelte waren offen und warteten einladend. Alles war bereit – schon seit zwei Tagen. Und Arab Ruta berichtete, man habe weder von Bwana Blixen noch von dem anderen Bwana etwas gesehen oder gehört seit dem Augenblick, wo sie so tapfer aufgebrochen waren, um den Yatta zu erstürmen.

Das Problem besteht darin, daß der liebe Gott vergaß, landschaftliche Markierungspunkte zu setzen. Aus der Luft sieht ein Quadratmeter des Yatta Plateaus genauso aus wie der nächste und jeder Quadratkilometer wie der folgende.

Meine jahrelange Fliegerei, ob nun zur Beförderung der Post oder zum Aufspüren von Elefanten, hat mich so sehr daran gewöhnt, nach dem geringsten Fleckchen Rauch Ausschau zu halten, daß ich selbst jetzt noch eine besondere Schwäche habe für Schornsteine, Lagerfeuer und alles, was Rauch von sich gibt.

Doch an dem Morgen, an dem ich nach Winston und Blix Ausschau hielt, zeigte sich nicht ein Hauch von Rauch; nichts rührte sich. Ich fand, daß zwei intelligente weiße Männer mit fünfzehn schwarzen Trägern doch zumindest ein winziges Rauchgekräusel hätten hervorbringen können, es sei denn die gesamte Mannschaft wäre dem Tode anheimgefallen ähnlich der Mannschaft des *Fliegenden Holländers*.

Ich wußte, daß die Jagdgesellschaft nur genügend Proviant für ein paar Mahlzeiten mitgenommen hatte, wodurch sie, meiner Kalkulation zufolge, bereits um rund sieben Mahlzeiten im Rückstand war. Das konnte, ja mußte schlimme, wenn nicht tödliche Folgen haben, sofern nicht etwas sehr Konkretes dagegen geschah. Was ich nicht verstehen konnte, war dies: Wieso hatten sie darauf bestanden, oben auf dem Plateau zu bleiben, obwohl das Lager bei Ithumba unmittelbar auf der anderen Seite des Tiva-Flusses lag. Ich kurvte, verlor Höhe und flog tief über dem Tiva, um sie zu finden, während sie vielleicht gerade beim Durchqueren des Flusses waren.

Aber der Fluß hatte sich gleichsam selbst verschluckt. Er war kein Fluß mehr. Es war ein kilometerbreiter Strom, eine wahre Barriere aus reißendem Wasser, die unüberwindlich schien. Und doch war er im Vergleich zum Athi kaum mehr als ein müdes Gerinnsel.

Der Athi, auf der anderen Seite des Plateaus, hatte, wenn man so wollte, Anwandlungen von Großmannstum. Kraftvoll floß er durch das ausgedörrte Land, das sich jenseits seiner Ufer dehnte, und man hätte meinen können, er setze alles daran, selbst den Nil zu übertrumpfen. In der Ferne, oben im Hochland, war ein Sturm losgebrochen, und mochte der Himmel, in dem ich flog, auch klar und blau sein, so war das Yatta Plateau so etwas wie eine Dschungelinsel inmitten einer regendräuenden See. Winston und Blix samt all ihren Leuten saßen gleichsam wie Katzen auf einem von Wasser umspülten Baumstumpf fest: – ausgesetzt auf einer Sturminsel inmitten des allertrockensten, allerdürrsten Afrika.

Der von ihnen gejagte Dickhäuter befand sich vermutlich in der gleichen Lage, sofern sie ihn nicht schon erlegt hatten. Einen Trost allerdings bot ihnen das kaum, ob nun so oder so.

Eßbares Wild gibt es auf dem Plateau so gut wie gar nicht. Und was die Hochwasser führenden Flüsse betraf, so würde es mit ziemlicher Sicherheit eine gute Woche dauern, bevor sie wieder ihren normalen Umfang erreichten. Blieb Blix genügend Zeit, so – das wußte ich – würde er einen Ausweg aus der vertrackten Lage finden: eventuell mit Flößen, aus den Stämmen von Dornenbäumen gebaut. Allerdings, um zu arbeiten, brauchen Männer auch etwas zu essen. Ich flog mit der Avian dicht über dem endlosen Zeltdach aus Busch und kurvte hin und her, wie eine heimatlose Biene.

Zwanzig Minuten später sah ich den Rauch. Es war nicht mehr als ein strähniges Gekräusel, grau und trist.

Blix und Winston standen bei einem Feuer, das sie noch stärker zu entfachen versuchten. Und sie schwenkten wild die Arme, bedeuteten mir, zu landen. Sie waren allein, Träger konnte ich nirgends sehen.

Ich ging auf geringere Höhe und sah, daß mitten in den dschungelartigen Wuchs eine Lichtung geschlagen worden war. Doch schien die Landebahn zu kurz zu sein für eine sichere Landung.

Wenn dem so war, würde jegliche Verbindung mit dem Camp bei Ithumba – und ganz gewiß darüber hinaus – unwiderruflich unterbrochen sein. Falls ich eine Landung versuchte, eine erfolgreiche, nur mal so angenommen – wie würde ich mich mit der Avian wieder in die Lüfte erheben? Landen ist eine Sache, wieder abheben eine ganz andere.

Ich kritzelte ein, zwei Sätze auf den Schreibblock, der an meinem rechten Oberschenkel angeschnallt war, steckte die Nachricht in einen dafür vorgesehenen Spezialbeutel und warf diesen ab, in Richtung Blix.

»Könnte zwar landen«, lautete meine Mitteilung, »doch scheint mir die Bahn zu kurz für einen Start. Werde später zurückkehren, falls ihr sie verlängern könnt.«

Es schien eine einfache Mitteilung zu sein – ebenso klar wie praktisch. Allerdings: Aufgenommen wurde sie in ganz anderer Weise – als hätte ich die gesamte umliegende Landschaft warnen wollen, daß eine Großattacke – und ein furchtbares Massaker – bevorstünden.

## Was ist mit der Jagd, kühner Jäger du?

Blix häufte soviel Laub und Holz auf sein Feuer, daß ich in meinem Cockpit den Rauch riechen konnte, als ich über die Lichtung flog, und irgendwie habe ich das Gefühl, daß er, sozusagen als Dreingabe, zum Schluß auch noch seinen alten Filzhut ins Feuer warf – falls es nicht Winstons Hut war. Der Rauch stieg auf in der Form gewaltiger grauer Pilze, und im Sonnenschein sah ich das Züngeln rosaroter Flammen. Beide Männer hüpften wie Gummipuppen und schwenkten wild die Arme, als hätte irgendeine geheimnisvolle Droge sie in einen Rauschzustand versetzt.

Es war klar, daß ich auf eine längere Landebahn nicht hoffen konnte. Genauso klar war auch, daß Blix mich nicht bitten würde, dort eine Landung zu riskieren, hätte er irgendeine andere Möglichkeit gesehen.

Inzwischen war ich ziemlich sicher, daß ich, wenn's denn unbedingt sein mußte, dort landen konnte. Eine ganz andere Frage war, ob ich auch wieder würde starten können. Es gab keine Möglichkeit, Windrichtung und Windstärke zu überprüfen. Um so genauer wollte alles überlegt sein.

Ich kreiste mehrmals über der Stelle, und von Mal zu Mal wurden die Rauchschwaden dicker und schwebten höher, während der Tanz der beiden Männer sich zu ekstatischem Tempo steigerte. Ich konnte keinen einzigen schwarzen Träger sehen.

Es bricht mir das Herz, mit einem Flugzeug auf rauhem Boden zu landen; es ist, als müsse ein Rennpferd auf Beton galoppieren. Ich überlegte, ob ich die Technik des Slippens – des seitlichen Hineingleitens – anwenden sollte, erinnerte mich dann jedoch an Toms Warnung: Vom Slippen in die normale Bewegung überzugehen, ist dann äußerst gefährlich, wenn man auf sehr unebenem Boden aufsetzen muß. Fahrgestell oder Rumpfholm können dabei leicht Schaden nehmen. »Hebe dir das Slippen für den Fall auf, wo du überhaupt keine andere Möglichkeit zum Landen hast«, hatte Tom mir eingeschärft, »oder für den Tag, an dem dein Motor aussetzt. Doch solange es dein Motor noch macht, lege eine normale Landung hin.« Also versuchte ich's.

Ich landete, und die Avian seufzte und stöhnte in sanftem Protest, als wir über Wurzeln und Erdbatzen und flache Baumstümpfe rumpelten. Unter und hinter der Maschine bildeten sich Staubwolken, die den Rauchwolken des Feuers Konkurrenz machten. Die Avian jagte auf das Unterholz zu, als wollte sie mit einem Hüpfer darüber hinwegsetzen. Doch der über den Boden schleifende Schwanzsporn verlangsamte ihr Tempo mehr und mehr, ich half durch Manipulierung des Seitenruders nach, und so blieb sie gerade noch rechtzeitig stehen, während es wie ein Schaudern durch ihren Körper ging.

Blix und Winston stürmten herbei wie Piraten, die eine Schaluppe entern wollen. Sie waren unrasiert und schmutzig. Zum erstenmal wurde mir bewußt, wie schnell Männer verwahrlost wirken, wenn sie ohne Rasierzeug sind und ohne frisches Hemd. Ein eintägiger Stoppelbart gibt einem Mann ein vernächlässigtes Aussehen, ein zweitägiger ein ungepflegtes, ein dreitägiger oder viertägiger ein verkommenes. Blix und Winston hatten sich drei Tage lang nicht rasiert.

»Gott sei Dank!« sagte Winston. Er lächelte, doch sein sonst recht attraktives Gesicht wirkte mit dem Stoppelbart sehr verändert, und der Ausdruck seiner Augen war alles andere als fröhlich. Blix, der aussah wie ein nur allzu echter *Zottel*bär, streckte mir die Hand hin und half mir aus dem Cockpit heraus.

»Tut mir leid, daß ich dich bitten mußte, hier zu landen, aber mir blieb keine Wahl.«

»Das habe ich mir gedacht. Ich habe gesehen, daß ihr nicht vom Plateau herunter könnt. Was ich jedoch nicht verstehe ...«

»Moment«, sagte Blix, »wir werden dir alles erklären – doch zunächst einmal, hast du irgendwas mitgebracht?«

»Ich fürchte, nein – jedenfalls nichts zu essen. Habt ihr denn *gar nichts* geschossen?«

»Nein. Nicht mal einen Hasen. Das ist hier alles wie ausgestorben, und wir haben seit drei Tagen nichts mehr gegessen. Das wäre gewiß nicht so schlimm, nur ...«

»... kein Wort von Doktor Turvy? Nun, ich plaudere da wohl aus der Schule, aber J. C. hat eine Flasche Gin geschickt für Old Man Wicks. Ich nehme an, daß ihr sie nötiger habt als er. Aber wo sind denn eure Träger?«

Es war die falsche Frage. Blix und Winston tauschten Blicke aus, und Blix murmelte undeutliche Flüche in seinen Drei-Tage-Bart. Er streckte seinen Arm ins Cockpit, fand das Verschlußfach und holte Old Man Wicks' Ginflasche hervor. Im Nu hatte er sie entkorkt und reichte sie Winston – und wartete. Nach einer Minute gab Winston die Flasche zurück, und ich hatte weiterhin Gelegenheit zu sehen, wie der Inhalt der Flasche den Weg aller guten Dinge ging.

»Die Träger streiken«, sagte Winston.

Blix wischte sich über die Lippen und reichte die Flasche wieder seinem Schicksalsgefährten.

»Meuterei! Nicht einen Finger haben sie krumm gemacht, seit sie das erste Mal nichts zu essen hatten! Sie haben einfach – so könnte man sagen – den Dienst quittiert.«

»Das ist doch Unsinn. In Afrika treten Träger doch nicht in Streik. Sie haben keine Gewerkschaft.«

Blix drehte den Kopf und blickte die Landebahn entlang. »Die brauchen sie auch nicht. Ein leerer Bauch macht solidarisch. Die Landebahn haben Winston und ich freigeräumt. Ich glaube nicht, daß wir sie hätten länger machen können, selbst wenn du darauf bestanden hättest.«

Ich war beeindruckt. Mochte die Lande- (und Start-)bahn für normale Verhältnisse auch sehr knapp bemessen sein, so war doch immerhin eine Fläche von hundert mal zehn Metern »freigeräumt« worden, und so etwas mit Pangas, also Buschmessern, zu bewerkstelligen, kam einer wahren Herkulesarbeit gleich. Ich schätzte, daß das Dickicht bis zu fünf Meter hoch gewesen war und so dicht, daß sich ein Mensch nur mit Mühe hindurchzwängen konnte. Wahrscheinlich hatten die beiden Männer mit ihren primitiven Buschmessern über tausend kleine Bäume mit einem Durchmesser von vielleicht acht bis zwölf Zentimetern gefällt. Anschließend hatten sie noch die Stümpfe aus dem Boden graben und zur Seite schaffen müssen, um die Bahn dann so gut wie möglich zu glätten.

Später erfuhr ich von Makula – der sich diplomatisch von der Arbeitskontroverse (wie auch von der Arbeit selbst) ferngehalten hatte –, daß Blix zwei Nächte lang, während die anderen schliefen, bis zum Morgen auf der Lichtung gearbeitet hatte. Kein Zweifel, er hatte sich seinen Schluck Gin verdient.

Was Blix' Träger betraf, so hatten sie sich unerschütterlich an die Devise gehalten: kein Essen – keine Arbeit. Und so lungerten sie beim Behelfscamp herum, während Blix und Winston Tag für Tag auf der sich allmählich vergrößernden Lichtung schufteten. In aller Deutlichkeit (und zweifellos auch mit hitzigem Nachdruck) war den Trägern klargemacht worden, daß es ohne Lichtung – also Landebahn – für sie vermutlich in den nächsten Wochen nichts zu beißen geben würde.

Trotzdem machte sich Blix um seine Träger Sorgen. Ein Mann mit weniger Gerechtigkeitssinn hätte vielleicht gesagt: »Dann verhungert doch, verdammt noch mal!« Blix dachte nicht einmal daran. Seinen Ruf als Weißer Jäger hatte er sich wahrhaftig nicht nur in der Cocktail-Bar des Muthaiga Clubs erworben. Er sagte zu mir: »Beryl, ich weiß, es ist viel verlangt – aber du mußt erst mal Winston von hier fortschaffen, dann mich herausholen – und schließlich auch noch Makula. Laß dir von Farah all die Bohnen und sämtliche Trockennahrung geben, die du transportieren kannst – für die Träger. Bring das Zeug her, nachdem du Winston abgesetzt hast. Das bedeutet zwei weitere Landungen in diesem Loch und drei Starts. Aber wenn ich nicht davon überzeugt wäre, daß du es schaffen kannst, so würde ich dich nicht darum bitten.«

»Und wenn ich dich jetzt fragte, was passieren würde, wenn ich's nicht schaffe, so würdest du mir wohl sagen, wie still es wird, wenn die Goldfische sterben?«

Blix grinste. »Schrecklich still«, sagte er, »aber *so* friedlich.«

Daß beim Start das Risiko für Winston genauso groß sein würde wie für mich, war ein geringer Trost. Nach meiner Schätzung wiegt Winston in leichtbekleidetem Zustand so rund seine einhundertsiebzig Pfund, und dieses Gewicht bedeutete bei den Umständen, wie sie an diesem Tag auf dem Yatta Plateau herrschten, ein ganz enormes Hanidcap. Ich bestand darauf, wenigstens auf ein bißchen Wind zu warten, und endlich kam ein Lüftchen, das gerade stark genug war, um die Rauchsäule, die noch immer von Blix' Feuer stieg, eine Idee zu krümmen.

Winston saß im vorderen Cockpit, Blix warf den Propeller an, die Avian holperte die Startbahn entlang – langsam, schnell, schneller. Die Wände des Dickichts kamen näher und näher und begannen, viel massiver zu wirken, als man das eigentlich hätte annehmen sollen. Ich sah, wie Winston den Kopf schüttelte und ihn dann ein wenig senkte. Er sah aus wie ein Boxer, der in Crouchstellung geht.

Ich drückte den Steuerknüppel nach vorn, um vor dem Abheben soviel Fahrt wie möglich aufzunehmen. Ich fürchte, daß ich in diesem Augenblick an Toms Brief dachte, doch schon im nächsten Augenblick mußte ich daran denken, wie präzise, ja brillant Toms Einschätzung der Avian für Aufgaben auf afrikanischem Territorium gewesen war. Keine andere Maschine hätte so mühelos und ohne irgendwelche Mucken abheben können, wie sie es nun auf meinen »Wink« tat. Sie reagierte darauf wie ein Vollblutpferd bei einem Hindernisrennen und setzte voll Schwung über die Dickichtmauer hinweg. Winston löste sich aus seiner Crouchstellung und drehte den Kopf und zwinkerte mir zu – ein wenig wie ein Boxer, der über fünfzehn Runden einen Punktsieg zugesprochen bekommt. Ich gewann Höhe, nahm Fahrt weg und kurvte in Richtung Tiva. Erkennbare Ufer hatte der Fluß nicht. Er sah aus wie ein See auf Wanderschaft.

Es wäre übertrieben, wenn ich behaupten wollte, Arab Ruta und Farah wären bei unserer Ankunft bei Ithumba die reinen Nervenwracks gewesen; erleichtert wirkten sie allerdings durchaus. Farah, ein schlanker, energievoller Somali, der so schnell spricht, daß man noch bei seinem ersten Satz ist, während er auf eine Antwort auf den letzten wartet, war offenbar der Überzeugung, daß sein Bwana Blixen mehr oder minder unsterblich sei. Aber wenn er sich auch sicher war, daß Blix nichts Schlimmes zugestoßen sein konnte, so war ihm doch bewußt, daß das Mißgeschick anderer in gewisser Weise auch Blix berühren würde. Farah begrüßte uns denn auch mehr mit fragenden als besorgten Blicken, während Arab Ruta auf das Flugzeug zugestürzt kam und Fahrgestell, Tragflächen und Schwanzsporn augenblicklich inspizierte. Erst danach bedachte er mich mit einem Lächeln.

»Unser Flugzeug ist unversehrt, Memsahib! – und du auch?«

Ich versicherte ihm, ich sei allem Anschein nach noch intakt und im übrigen bereit, den Proviant für Blix' rebellische Träger an Bord zu nehmen.

Perfektion erfordert einen Haufen Übung, aber auch schon ein bißchen kommt einem zustatten. Ich hatte keine Mühe, Blix »abzuholen« und zum Lager bei Ithumba zu bringen. Beim nächsten Flug, der Makula galt, lief soweit auch alles wie am Schnürchen – nur Makula selbst machte Sperenzchen.

»Ai-Ai!« klagte er in stockendem Suaheli, »wie sonderbar, daß Hunger einen Menschen erzittern läßt wie einen Stecken im Wind. Hunger tut einem Menschen schlimme Dinge an!« Er beäugte das Flugzeug mit mißtrauischem Blick. »Wenn man hungrig ist, scheint mir, ist es besser, sich nicht zu bewegen.«

»Du brauchst dich nicht zu bewegen, Makula. Du kannst vor mir sitzen, bis wir das Camp erreichen.«

Makula zerrte an seiner Shuka und ließ seine Finger über die glatte Oberfläche seines goldenen Bogens gleiten. Mit dem Daumen brachte er die Sehne zum Schwingen und zum Klingen. Es war, als singe er ein behutsames Lied. »Jeder Mann ist ein Bruder des nächsten, M'sabu, und Brüder müssen einander helfen. All die Träger sind allein. Kann ich sie im Stich lassen?«

Der Tag war inzwischen um einiges kürzer als zuvor; Blix' Feuer war erloschen, und »all die Träger« aßen in zufriedenem Schweigen. Sie hatten ihren Streik gewonnen, und sie hatten Zeit genug und Nahrung genug, und irgendwelche Probleme waren für sie nicht in Sicht. Der Proviant, den ich für sie mitgebracht hatte, würde vorhalten, bis die Flüsse kein Hochwasser mehr führten – und Arbeit gab es nicht.

Aber wir brauchten Makula. Mir fiel ein alter Suaheli-Spruch ein, und ich sprach ihn aus: »Ein weiser Mann ist nicht mehr als ein Weib – wenn er nicht auch mutig ist.«

Der alte Fährtensucher betrachtete mich sekundenlang sehr aufmerksam – als hätte ich aus einer Kabbala eine Wahrheit vorgetragen, die, aus Urzeiten stammend, eigentlich nur noch ihm bekannt gewesen war. Er nickte mit feierlichem Ernst und spie auf den Boden. Er starrte auf seinen Speichel und blickte dann zur sinkenden Sonne. Schließlich wischte er mit den Händen über seine Shuka und kletterte in die Avian. Ich warf den Propeller an, rannte dann zum hinteren Cockpit und schwang mich hinein, saß also hinter Makula. Sein nackter Hals wirkte steif, die Metallbänder, die ihn umschlossen, schimmerten im Licht.

Mit festem Griff hielt Makula seinen Bogen, und dieser ragte heraus aus dem vorderen Cockpit wie eine Art Zauberstab, der er für Makula wohl auch war. Er wartete, bis sich das Flugzeug in Bewegung befand, dann nahm er eine Art Decke oder Schal, den er an der Hüfte trug, und wand ihn sich wieder und wieder um den Kopf, bis er nichts, aber auch gar nichts sehen konnte, sondern dasaß wie in lichtloser Nacht. Wir hoben ab.

Während des gesamten Flugs nach Ithumba bewegte sich das »Bündel« vor mir nicht. Makula war seit jeher davon überzeugt gewesen, daß er sich auf Schwarze Magie nicht weniger gut verstand als aufs Fährtensuchen. Er trug einen kleinen Beutel bei sich, der Talismane aus Holz, Federn und Knochen enthielt; da sie praktisch niemals jemand zu Gesicht bekam, wirkten sie auf ihr »Publikum« um so mächtiger. Und fast hatte ich das Gefühl, daß Makula ihre dunkle, gewaltige Kraft auch jetzt einsetzte oder doch anrief, um sich – oh, seien sie nun Gottes oder des Teufels! – für alle Fälle ein wenig abzusichern.

Die Landung verlief glatt, die Maschine stoppte, und mein Bündel begann sich zu bewegen. Blix und Winston waren zur Hand, beide unverkennbar erleichtert, uns lebendig wiederzusehen – und im übrigen jetzt rasiert. Beim Klang ihrer Stimmen, die über den Geräuschen des noch sacht rotierenden Propellers nun zu vernehmen waren, fing Makula an, sich sozusagen auszuwikkeln, und zweifellos war er davon überzeugt, daß seine »magischen« Vorkehrungen das ihre bewirkt hatten. Als sein Kopf zum Vorschein kam, stieß er keinen Seufzer der Erleichterung aus, er blinzelte nicht mal gegen das Licht; er blickte auf seine Handflächen und dann empor zum Himmel; und nickte dann ganz einfach, als fühle er sich in seiner Lagebeurteilung bestätigt. Alles war in etwa so verlaufen, wie er's sich gedacht hatte: für kleinere Beschwerden würde sich noch später Zeit und Gelegenheit finden. Und so kletterte er, nicht ohne eine gewisse Anmut, aus dem Flugzeug, zupfte seine Shuka zurecht und strahlte rundum ein gewinnendes Lächeln aus.

»Nun, Makula«, fragte Blix, »wie hat dir deine erste Fahrt durch die Luft gefallen?«

Ich glaube, das war weniger eine Frage als eine gutmütige Stichelei – außerdem war ein Publikum zur Stelle, um die Antwort zu hören: Nicht nur Farah und Ruta, sondern auch die Träger, die im Lager geblieben waren, bildeten jetzt um den alten Makula einen ehrenvollen Kreis. Wir fanden seine Schlagfertigkeit auf die Probe gestellt, er jedoch sah seine Würde im Mittelpunkt. Er straffte sich zu voller Größe und durchbohrte Blix mit einem Blick.

»Baba Yangu, ich habe viele Dinge getan – und so war dies kein großes Ding für mich. Für einen Kikuyu oder einen Wandorobo oder einen Kavirondo mag es ja ein großes Ding sein, durch die Luft zu fliegen. Aber ich habe viel von der Welt gesehen.«

»Soviel wie du heute gesehen hast, Makula?«

»Nicht soviel auf einmal, Baba Yangu. Heute, das ist wahr, sah ich die große See dort unten bei Mombasa und die Spitze des Kilimandscharo und die Stelle, wo der Mau Forest endet – aber all diese Dinge hatte ich schon vorher gesehen, allein für mich.«

»All diese Dinge willst du heute gesehen haben?« Farah machte aus seinem Zweifel keinen Hehl. »Du kannst sie gar nicht gesehen haben, Makula. So weit bist du gar nicht geflogen, und wir wissen alle, daß du deinen Kopf in eine Decke eingehüllt hattest! Können Menschen denn durch Dunkelheit sehen?«

Makula streichelte mit seinen langen Fingern den kleinen Beutel mit »Zauber«, den er an der Hüfte trug. Er musterte seinen Ankläger und bedachte ihn mit einem Lächeln großmütigsten Verzeihens.

»Nicht *alle* Menschen, Farah. Aber wer wollte auch soviel von Gott erwarten?«

Man konnte von Gott viele Dinge erwarten, wenn nachts das Lagerfeuer vor den Zelten brannte. Man konnte durch die scharlachroten Schleier schauen und die Schatten jener Welt sehen, die Gott erschaffen hatte; und man konnte die Stimmen der Tiere hören, welche er dort beheimatet hatte. Es war eine Welt, so alt wie die Zeit; und doch so neu, wie die Stunde der Schöpfung sie gelassen hatte.

In gewissem Sinn war sie gestaltlos. Wenn die niedrigen Sterne über ihr glänzten und der Mond sie in Silbernebel hüllte, da war es wohl so, wie das Firmament gewesen sein muß, nachdem Gott das Wasser von dem festen Land geschieden hatte, und als in der Nacht des fünften Tages die Geschöpfe noch verwirrt waren vom Wunder ihres Daseins. Es war eine leere Welt, weil noch kein Mensch Stöcke oder Stämme zu einem Haus zusammengefügt hatte; oder die Erde aufgekratzt, um eine Straße zu bauen oder die flüchtigen Symbole seiner Geschicklichkeit in den reinen Horizont zu zeichnen. Aber es war keine sterile Welt. Sie barg den Ursprung des Lebens und lag tief und erwartungsvoll unter der Sonne.

Man war allein, wenn man saß und mit den anderen sprach – und sie waren auch allein. Das ist immer so, wo man sich auch befindet, wenn es Nacht ist und ein Feuer brennt, dessen freie Flammen in den freien Wind lodern. Was man spricht, stößt auf keine aufnahmewilligen Ohren – die eigenen ausgenommen; und was man denkt, bedeutet niemandem etwas, außer einem selbst. Die Welt ist da, und du bist da – und dies sind die einzigen Pole, die einzigen Realitäten.

Du sprichst, aber wer hört zu? Du hörst zu, aber wer spricht? Ist es jemand, den du kennst? Und erklärt das, was er sagt, die Sterne, oder beantwortet auch nur die stillen Fragen eines einzelnen schlaflosen Vogels? Denke an diese Fragen; schlinge die Arme um deine Knie und blicke in die Flammen und sieh, wie das Brennholz mehr und mehr ausgezehrt wird. Die Fragen sind jetzt auch deine Fragen.

»Sigilisia!« (Hört!) »Simba ist heute nacht hungrig.«

So deutet ein eingeborener Boy das erste Grollen, ein Warnzeichen eines Löwen, der in weiter Ferne pirscht. Ein Schakal umkreist vorsichtig das Lagerfeuer, dessen Wärme ein so angenehmer Trost ist; eine Zeltbahn flattert, schnattert im Wind.

Aber Simba ist nicht hungrig. Auch er ist allein, ohne Gefährten: allein mit seinem Mut, ohne Freund in all seiner Pracht – beklommen im Dunkeln. Er brüllt und schließt sich auf diese Weise unserer Gesellschaft an; und Hyänen fallen ein, lachen in den Hügeln. Auch ein Leopard kommt hinzu, läßt uns seine Gegenwart fühlen, ohne daß er wirklich etwas von sich hören ließe. Nashörner – Büffel – wo sind sie? Natürlich sind auch sie hier – hier irgendwo – vielleicht da drüben, wo das Gebüsch so dicht ist, oder dort, wo die Gruppe Dornenbäume gegen den Himmel strebt. Sie sind hier, alle hier, unsichtbar, verstreut, doch teilen sie mit uns die Einsamkeit.

Irgend jemand erhebt sich und schürt das Feuer, das nicht geschürt zu werden braucht, und Arab Ruta holt mehr Holzscheite herbei, obwohl genügend Brennholz zur Hand ist. Ein kurzes Stück von unserem Feuer brennt ein weiteres, dort hocken die schwarzen Träger, wie eingefügt in die Nischen der Nacht.

Jemand versucht, die Einsamkeit zu durchbrechen. Es ist Blix, der eine einfache Frage stellt, die jeder beantwortet, ohne richtig hingehört zu haben. Winston starrt auf seine Stiefelspitzen wie ein Kind, das noch nie Stiefel besessen hat und sie um keinen Preis der Welt wieder hergeben möchte. Ich sitze mit meinem Notizbuch auf meinem Knie und einem Bleistift in der Hand und versuche aufzulisten, was ich brauche – und schreibe nichts. Übrigens muß ich unbedingt an Tom schreiben. Er hat mir mitgeteilt, daß er sich für das Internationale Luftrennen von Mildenhall nach Melbourne gemeldet hat. Das ist eine Riesenentfernung, fast um die halbe Welt. Von England nach Australien. Ich sollte in England sein. Ich müßte wieder nach England fliegen. Die Route kenne ich ja: Khartoum-Wadi Halfar, Luxor, Kairo, Bengasi, Tobruk . . . Tripolis und das Mittelmeer . . . Frankreich und England. Rund zehntausend Kilometer – nur ein Viertel einer Weltumrundung, und ohne die Hetze eines Wettflugs absolviert. Aber . . . ich weiß nicht recht.

»Hättest du Lust, nach London zu fliegen, Blix?«

Er sagt ja, ohne auch nur aufzublicken.

»Ist merkwürdig mit dem Elefanten«, sagt Winston.

Winston ist in Gedanken noch ganz auf dem Yatta Plateau. »Nicht mal eine Fährte!« Er schüttelt den Kopf. »Nicht ein einziges Zeichen.«

Arab Ruta steht unmittelbar hinter mir, und neben ihm steht Farah. Sie stehen dort, angeblich, um für uns irgendwelche Handreichungen zu tun; doch in Wirklichkeit tun sie genau das, was wir tun – sie denken, sie reden, sie träumen.

»In Aden«, sagt Farah zu Ruta, »wo ich geboren bin, dort am Roten Meer in Arabien, da fuhren wir mit Booten auf See hinaus, von denen jedes einen Flügel hatte, braun und sehr hoch, und der Wind schob diesen Flügel und schob uns voran. Manchmal legte sich der Wind nachts – und dann war es so wie jetzt.«

»Ich habe die See bei Mombasa gesehen«, sagt Arab Ruta, »und auch bei Nacht. Ich finde nicht, daß die See so ist, wie dies hier. Sie bewegt sich. Hier bewegt sich nichts.«

Farah überlegt, Blix pfeift irgendeine Schlagermelodie. Winston brütet über seinen Phantom-Elefanten nach, und ich kritzle beim Licht des Lagerfeuers.

»Die See bei Mombasa«, befindet Farah, »ist nicht dieselbe See.«

Diese kategorische Erklärung verwirrt Ruta. Er bückt sich, um ein Stück Holz aufzuheben, das er ins Feuer wirft; doch er wirkt nachdenklich.

»Wie groß, würdet ihr sagen, ist der Bulle gewesen?« Winston schaut zu Blix, dann zu mir.

Blix zuckt die Achseln. »Der auf dem Yatta? Mächtig groß.«

»Stoßzähne über einhundert Pfund?«

»Näher an zweihundert«, sagt Blix. »Er war sehr groß.«

»Dann ist es, verdammt, um so komischer, daß wir nie auch nur seine Spur gesehen haben.«

Winston versinkt wieder in Schweigen und starrt in die Nacht, als könnte dort irgendwo sein Elefant sein, der seinen riesigen Rüssel in lautlosem Spott hin und her schwenkt. Auf dem Plateau ist, wenn man so will, der Treffpunkt der Griechen für die Griechen – bloß daß keine Griechen zur Hand sind.

Ich wende mich wieder meiner Liste von benötigten Artikeln zu, aber nicht für lange. Unwillkürlich frage ich mich, ob mir nicht ein Tapetenwechsel guttäte – diesmal ein Jahr in Europa – irgend etwas Neues, vielleicht auch Besseres. Ein Leben muß sich bewegen, oder es stagniert. Auch dieses Leben, finde ich.

Es ist nicht gut, sich zu sagen, daß man eines Tages vielleicht bereuen wird, sich auf eine Veränderung eingelassen zu haben; vorweggenommene Reue hat keinen Sinn. Jeder Tag sollte anders sein als der zuvor.

Dennoch rufe ich mir jetzt die einzelnen Tage der letzten Monate zurück und finde sie so gut, wie man sich das Gestern nur wünschen kann. Ich sitze im Schein des Lagerfeuers und sehe sie alle.

Die Stunden, aus denen sie sich zusammensetzten, waren gut, und gut waren auch die Momente, die sich zu Stunden summierten. Ich habe gearbeitet, habe Verantwortung getragen, habe gefährliche und fröhliche Augenblicke durchlebt, habe mit guten Freunden gelacht – in einer Welt, die ohne Mauern war. Noch habe ich all dies, mache ich mir bewußt; habe es, bis ich mich davon trenne.

Ich nicke mechanisch, als Blix irgend etwas sagt, und stecke, auch dies eine mechanische Geste, einen Zweig in unser Feuer.

»Bist du am Einschlafen?«

»Am Einschlafen? Nein. Nein, ich bin nur in Gedanken.« Und genau das ist es. Ich verbringe soviel Zeit mit mir allein, daß mir Schweigen zur Gewohnheit geworden ist.

Mitunter befinde ich mich, wenn ich mal von Ruta und Farah absehe, Tag für Tag und Nacht für Nacht allein im Safari-Hauptquartier, während die Jäger dabei sind, einer Herde zu folgen, die ich aufgespürt habe, oder aber darauf warten, daß ich eine für sie aufspüre, und Kilometer vom Hauptquartier kampieren. Nach Tagesanbruch erwarten sie immer das Geräusch meiner Avian, und es bleibt auch nie aus.

Obwohl ich lange vor Tagesanbruch wach werde, hält sich Ruta stets schon bereit mit einem dampfenden Becher Tee, und ich nehme und trinke und sehe durch das Dreieck meines offenen Zeltes, wie die Sterne zu verblassen beginnen.

Wenn Ruta und ich die schützende Persenning von Motor, Propeller und Cockpit entfernen, ist es noch dunstig. Jeder schwüle, tropische Tag kommt wie leblos, ohne Atem zur Welt, mag die Nacht zuvor auch noch so sehr erfüllt gewesen sein von werdendem, wimmelndem Leben. Ich hebe ab in toter Luft, wobei alles, was ich brauchen werde, brauchen könnte, sich an Ort und Stelle befindet.

Auf dem Boden des Cockpits, rechts und links von mir, steht je ein Spezialkasten aus Teak. Sie enthalten die Beutel mit Botschaften. Irgendwie finde ich diese Beutel ganz hübsch. Ich habe immer mehr als ein Dutzend dabei – kleine, braune, strapazierfähige Dinger, mit geringen Gewichten beschwert und gekennzeichnet mit langen blauen und goldenen Seidenbändern, der besseren Sichtbarkeit wegen. Blau und gold waren meine Rennfarben gewesen; jetzt sind sie meine Flugfarben.

Dann ist da noch mein Schreibblock, auf einer Holzunterlage befestigt, mit Riemen auf meinem Oberschenkel festgeschnallt; natürlich fehlt auch ein »Köcher« voller Bleistifte nicht. Guter

Gott, das Gekritzel und Gekrakel, das mein Schreibgerät nur zu häufig über sich ergehen lassen muß!

Schließlich ist da auch mein Röhrchen mit Morphin. Ich trag's, wie einen Fetisch, in der Tasche meines Fliegeranzugs bei mir, weil mir der Chefarzt in Nairobi eben dies geraten hat: Er hat etwas von möglichen Notlandungen in unzugänglichem Ödland gemurmelt und von Bruchlandungen in den Tiefen der Wälder, die von Rettungstrupps kaum erreicht werden konnten – zumindest nicht rechtzeitig. Beharrlich hat er auf dieser Vorsichtsmaßnahme bestanden; zwischendurch ließ er sich das ungeöffnete Röhrchen zurückgeben und gab mir eins mit frischerem Inhalt dafür.

»Man kann nie wissen«, sagt er regelmäßig, »man kann nie wissen!«

Derartig ausgerüstet, winke ich Ruta im gleichsam klammen Morgenlicht *kwaheri* zu und fliege, bis ich den Rauch vom Lager der Jäger sichte, wackle dann mit den Tragflächen zur Begrüßung. Wenig später befinde ich mich über dem rollenden Ozean des Buschs und versuche, für die Jäger Beute zu entdecken – und wenn ich welche aufspüre, was für ein erregender, was für ein befriedigender Augenblick ist das doch!

Manchmal kreise ich fast eine Stunde lang über einer Herde, um möglichst genau festzustellen, wie groß der größte Bulle ist. Bin ich schließlich davon überzeugt, daß er genügend Elfenbein hat, so beginnt meine eigentliche Arbeit. Ich muß Gelände finden, das von der Herde zum Jägercamp »gangbar« ist; doch muß ich das Ganze in meinem Kopf umkehren, auf meinem Schreibblock skizzieren, die Entfernung schätzen, Besonderheiten des Terrains vermerken, vor anderen Tieren in der Umgebung warnen, Wasserlöcher feststellen und die sicherste Art der Annäherung – des Heranpirschens – klären.

Nun gilt es, das Rauchsignal wiederzufinden, gleichzeitig den Kompaß im Auge zu behalten, eine Hand zum Kritzeln frei zu haben und über allem meinen Kurs und meinen Kursrechner nicht zu vergessen, sollte ich ihn benötigen. Nicht ohne eine Art Triumphgefühl werfe ich schließlich eine Meldung ab wie die folgende, die Blix mir zurückgegeben hat und die sich noch immer zusammengefaltet in meinem Bordbuch befindet:

*Sehr* großer Bulle – Stoßzähne ziemlich ebenmäßig – nach meiner Schätzung über 160 Pfund. In Herde von rund 500. Zwei weitere Bullen und viele Kälber in der Herde – äsen friedlich. Dichter Pflanzenwuchs – hohe Bäume – zwei Wasserlöcher – eins rund einen km NNÖ von Herde. Das andere rund drei km WNW. Ziemlich offenes Gelände zwischen euch und der Herde, mit offener Talmulde mitwegs. Viele Fährten. Große Büffelherde S. W. von Elefanten. Keine Nashörner gesichtet. Euer Kurs 220 Grad. Entfernung rund 15 km. Werde in einer Stunde zurücksein. Arbeitet hart, vertraut auf Gott und haltet euer Gedärm offen – Oliver Cromwell

Nun, Cromwell *hat* dies gesagt, und es scheint noch immer recht beherzigenswert.

Es ist alles sehr verlockend – der Rauch, die Jagd, der Spaß, die Gefahr. Weshalb also sollte ich eines Morgens davonfliegen und nicht mehr zurückkommen? Was passiert, wenn die Avian nicht mehr mitmachen will? Ich fliege viel zu tief, da ich ja eine Landestelle finden muß – vorausgesetzt, daß es überhaupt eine Landestelle gibt. Nein, wenn der Motor aussetzt oder ein kurzer Sturm mich in den Busch und in die Sansevieria treibt, dann – nun, das ist Berufsrisiko und gehört einfach mit zum Job. Im übrigen hat Blix Farah und Ruta eingeschärft, was zu tun sei, falls ich je »überfällig« sein sollte – also mein Kraftstoff verbraucht sein müßte, und jede Meldung von mir ausbleibt: dann sollen sie zu Fuß oder per Laster zu einem Telegraphenamt, um von dort nach Nairobi zu drahten. Vielleicht würde dann jemand wie Woody sich auf die Suche nach mir machen.

Immerhin verfüge ich über rund zwei Liter Trinkwasser, ein Pfund Biltongue (bukaniertes Fleisch) – und über des Doktors Röhrchen, seine »Spezialphiole« (sollte ich in wirklicher Lebensgefahr sein, vielleicht weil Siafu in der kommenden Nacht *wirklich* hungrig ist). Ja, diese Dinge habe ich, und im übrigen bin ich auch nicht schutzlos. Ich habe eine Luger in meinem Fach, die sich durch »Adjustierung« in ein kurzes Gewehr verwandeln läßt. Was könnte besser sein? Ich bin so etwas wie eine Ein-Personen-Expedition, ausgerüstet mit Proviant, einer Waffe und einem Buch zu lesen – *Luftnavigation,* von Weems.

All dies – und trotzdem unzufrieden? Denn warum sonst sitze ich hier und träume von England? Wieso starre ich in das Lagerfeuer wie eine verlorene Seele auf der Suche nach Hoffnung, wenn doch alles, was ich liebe, sich in den Tragflächen meines Flugzeugs verkörpert? Weil ich neugierig bin. Weil ich unverbesserlich bin, jetzt: eine Wanderin.

»Beryl wach auf!« brüllt Blix. Winston rührt sich, und irgend etwas raschelt ängstlich durch den Busch.

»Ich sag' dir doch, ich schlafe nicht. Ich denk' nur nach.«

»Über England?«

»Ja – über England.«

»Na gut.« Blix steht auf und gähnt und streckt sich auf eine Weise, daß er, vor dem Lagerfeuer stehend, ganz Afrika zu umarmen scheint.

»Na gut«, sagt er wieder. »Wann fliegen wir los?«

»Ich muß erst nach Elburgon«, sage ich, »um meinen Vater zu sehen. Aber dann können wir, wenn du wirklich mitkommen willst, jederzeit losschwirren.«

Elburgon ist keine Stadt; es ist nur eine Station der Uganda Railway, eine von vielen Möglichkeiten, in ein weites, vertrautes Land einzutreten. Dort, genau wie bei Njoro, überblickt mein Haus das Rongai-Tal und, gleichfalls wie bei Njoro, liegt der Mau Forest da wie in brütendem, resignierten Schweigen; dicht an seinem Rand, wo frische Felder sich breiten, sind uralte Bäume gerodet. Ich habe eine Galoppstrecke, wo mein Vater noch immer seine Pferde trainiert, und wo ich mit meinem Flugzeug landen kann. Alles ist getan worden – soweit es das Materielle betrifft –, um diesem Ort den Anstrich von Freundlichkeit, Freundschaft, Toleranz, Gemütlichkeit zu geben; doch der Charakter eines Gebäudes entwickelt sich, genau wie der eines Menschen, nur langsam.

Die Wände meines Hauses sind ohne Erinnerungen, ohne Geheimnisse, ohne Gelächter. Es ist ihnen einfach nicht genügend Leben eingeatmet worden – ihre Wärme hat etwas Künstliches. Zu wenige Hände hatten die Fensterriegel betätigt, zu wenige Beine die Türschwellen überquert. Die Dielenbretter geben noch Geräusche von sich, die so befangen wirken wie die stammelnden Laute junger Leute oder wie das überlaute Geschwätz von Neureichen, die alle noch nicht genügend entkrampft oder entspannt sind, um auch nur ein einziges herzliches »Ächzen« hervorzubringen. Es wird die Zeit kommen, wo sie das tun, aber dann kaum mehr für mich.

Mein Vater nimmt mich beim Arm, und wir verlassen die Veranda und die Schatten des Sonnenuntergangs, die immer weiter vorrükken im Tal, und gehen ins Haus, betreten den großen Raum, dessen Kamin aus Naturstein noch nicht abgenutzt oder von Asche beschmutzt ist. In dieser Umgebung wird es wohl nicht so schwerfallen, Lebewohl zu sagen, wie es damals bei Njoro schwergefallen ist.

Mein Vater lehnt sich gegen den Kaminsims und beginnt seine Pfeife mit Tabak zu stopfen, dessen Duft die Erinnerung an dreißig vergangene Jahre zurückbringt. Das Aroma und der Geruch des Rauchs sind für mich die Quintessenz der Erinnerung.

Doch ist die Erinnerung eine Droge. Die Erinnerung kann einen gegen seine Kraft und seinen Willen bannen, und das weiß mein Vater. Er ist jetzt vierundsechzig Jahre alt und hat sich bequeme Sessel und Lieblingsträume und gesellig-geschwätzige Kumpane wohlverdient – sollte ihm danach zumute sein. Er könnte, mit gutem Grund, sagen: »Ich bin jetzt alt. Ich habe mir meine Ruhe verdient.«

Aber das tut er nicht. Er sagt: »Du weißt, ich liebe Südafrika. Ich liebe Durban. Ich werde dort hinziehen und Pferde trainieren. Der Rennsport ist gut, und die Wetteinsätze sind hoch. Ich glaube, es ist eine gute Chance.« Er spricht von seinen Plänen mit der frohen Erwartung eines Schuljungen.

»Also, wenn du zurückkommst«, sagt er, »werde ich dort sein.«

Er läßt mir keinen Augenblick Zeit zu Zweifeln oder Befürchtungen – gibt mir keine Gelegenheit, mich an dem Luxus zu weiden, mich jung zu fühlen, während er selbst sich der Empfindung überläßt, alt zu sein.

Den ganzen Abend sitzen wir zusammen und sprechen über die Dinge, die jeder von uns als Gesprächsthemen für diese Zeit aufgehoben hat. Wir sprechen von Pegasus – und wie er verendet ist: eines nachts ganz still in seinem Stall, aus einem völlig unerfindlichen Grund.

»Schlangen vielleicht«, sagt Vater. »Gelbe Mambas sind tödlich.«

Vielleicht war's eine Mamba, vielleicht war's keine. Aber was immer der Grund war, Pegasus – der vor so langer Zeit mit soviel Hoffnung auf diesen Namen getauft wurde – ist nicht mehr, ist verschwunden, und seine ätherischen Schwingen hat er wohl als unterlegen ansehen müssen gegenüber jenen Gebilden aus Holz und Stahl, die genauso hoch fliegen, nein, höher, wenn auch nie so schwebend, so schwerelos; nur gilt es – all dem zum Trotz – den Umfang der Frachtladungen zu berücksichtigen, hoffnungsvollen Lasten.

Nun denn. So sprachen wir also von anderen Dingen – von der bevorstehenden Auktion meiner Avian, über Arab Ruta und über Tom, der, zusammen mit Charles Scott, das größte Luftrennen aller Zeiten gewonnen hatte – von England nach Australien – gegen die besten Piloten, die es auf der Welt gab.

»Ist doch sonderbar, daß ein alter Freund und Nachbar von uns eine so großartige Sache leistet. Fast zwanzigtausend Kilometer – in einundsiebzig Stunden!«

Großartig finde auch ich's, sonderbar allerdings nicht. Es gibt Menschen, deren Versagen keinen überrascht; und es gibt andere, mit deren Erfolg man sicher rechnet – Tom war einer von diesen.

Ich erhebe mich aus meinem Stuhl, und mein Vater wirft einen Blick auf die Uhr. Zeit zum Zubettgehen. Am nächsten Morgen geht's für mich los, aber ein Abschiedswort hat es zwischen uns noch nicht gegeben. Wir sind auch in dieser Beziehung zueinander das, was man »frugal« zu nennen pflegt.

Am Morgen klettere ich in meine Maschine, blicke die Galoppstrecke entlang, die ich als Startbahn benutze, und winke meinem Vater zu. Ich lächle, und auch er lächelt und winkt zurück. Ich habe nur noch einen Stopp in Nairobi (wegen Blix), und der nächste Über-Nacht-Stopp wird in Juba sein, im anglo-ägyptischen Sudan.

Die Maschine rollt voran, und ich grüße noch einmal und lasse meinen Vater zurück, der so lange und so ausdauernd dort auf dem Boden gestanden hat. Ich kreise, wackle mit den Tragflächen – und möchte mir zumindest einbilden, daß die Avian aus einigen Stücken ihren letzten Knicks gemacht hat – ihren letzten (zumindest) für ihn.

Er winkt nicht noch einmal. Er steht, mit der Hand die Augen schützend, und während er emporspäht, richte ich die Maschine gerade, um meinen Kurs aufzunehmen, dem ich nunmehr folge.

## Kwaheri heißt Lebewohl

Eine Karte des Luftraums in den Händen eines Piloten ist der Beweis dafür, daß ein Mensch in andere Menschen Vertrauen setzt; es ist ein Beweis für den Glauben an die Integrität des anderen. Eine solche Karte ist nicht einfach nur ein bedrucktes Blatt Papier voller Wörter und Zeichen, kunstvoll gefügt, jedoch »interpretierbar«, ein Produkt also, bei dem selbst die gutgläubigsten Leser sich ein Stück Skepsis reservieren; ja, es mag sein, daß selbst der, respektive die Autoren gewisse Vorbehalte einräumen hinsichtlich der *völligen* Zuverlässigkeit einer solchen Karte.

Und doch sagt eine solche Karte zu dem, der sie benutzen will: »Lies mich sorgfältig, folge mir genau, zweifle nicht an mir.«

Sie sagt:

»Ich bin die Erde, die du in deiner Hand hältst. Ohne mich bist du allein und verloren.«

Und das ist die Wahrheit. Würde man sämtliche Land- und Luftkarten der Welt vernichten, so würde das alle Menschen gleichsam in Blinde verwandeln, in eine Art Urzustand (zurück-)versetzen; und jede Landschaft wäre ein gesichtsloses Territorium, irgendwo.

Und doch: betrachtet man irgendeine dieser Karten, läßt vielleicht den Zeigefinger über diese oder jene Linie gleiten, so berührt man ein kaltes Ding, eine Karte voller Monotonie, ohne Humor, ein Produkt des Reißbretts, wenn man so will. Hier die Linie einer Küste, dort ein gezacktes Etwas, scharlachrot, das weder Sand noch See noch Fels symbolisiert; es erzählt nicht die Geschichte von Seeleuten, die unter vollen Segeln in eine Windstille, eine totale Flaute gerieten; und die – vielleicht – auf einer Schafhaut oder einem Stück Holztafel der Nachwelt bedeutungsvolle Botschaften zu übermitteln hatten. Dieser braune Klecks hier bezeichnet einen Berg, der, für das flüchtige Auge eines Betrachters, praktisch keinerlei Bedeutung besitzt; dabei mögen zwanzig Männer oder zehn oder auch nur ein einziger ihr Leben daran gesetzt haben, ihn zu ersteigen. Hier ist ein Tal, dort ist ein Sumpf und da eine Wüste; und hier schlängelt sich ein Fluß dahin, in den irgendeine neugierige und mutige Seele, gleich einem Bleistift in der Hand Gottes, mit blutenden Füßen, zum ersten Mal seine Spuren zeichnete.

Hier ist deine Karte. Entfalte sie, folge ihr und wirf sie dann weg, wenn du magst. Ist ja nur Papier. Nur Papier und Druckfarbe; doch wenn du einen Augenblick darüber nachdenkst, dann wird dir aufgehen, daß diese zwei Dinge sich selten miteinander vereinigt haben, um ein so bescheidenes Produkt hervorzubringen: Ein Dokument, das gleichsam gespickt ist mit Geschichten voller Hoffnungen oder Sagas von Eroberungen.

Keine Karte, nach der ich je geflogen bin, ist mir verlorengegangen oder von mir weggeworfen worden. Ich habe, wenn man so will, einen Riesenkoffer voller Kontinente. Ich habe noch die Karten, die ich für die Flüge nach England und zurück benutzte. Ich habe auch noch das Bordbuch meines Flugs mit Blix.

Es war kein Rekordflug, weder was die Geschwindigkeit noch was die Ausdauer betraf; wir nahmen uns die Zeit, die wir brauchten und vermieden überflüssige Zwischenlandungen; aber ein langweiliger Flug war es dennoch nicht. Noch im März 1936 (als die Italiener Abessinien einnahmen und italienische Schönredner dies mit »Eroberung Äthiopiens« verbrämten) war es keineswegs alltäglich, von Nairobi nach London zu fliegen. Zwar gab es Flugplätze unterwegs, doch das Terrain dazwischen hatte – zumindest zum großen Teil – einen ähnlich fremdartigen Charakter wie die Oberfläche des Mondes, durch ein starkes Fernrohr betrachtet. Der bedeutendste Unterschied zum Mond war wohl dieser: Im Gegensatz zum Mond lag dieses so abweisende Territorium nicht außerhalb unserer Welt, nur war dies ein Aspekt, der um so bedrohlicher wirkte.

Flog man direkt nordwärts, so hatte man zunächst einmal den gesamten anglo-ägyptischen Sudan zu überqueren und anschließend Ägypten und die Cyrenaika-Wüste in Libyen. Sodann erreichte man Bengasi und war froh, so gut vorangekommen zu sein; aber noch hatte man den Golf von Sidra vor sich sowie Tripolitanien, Tunesien und das Mittelmeer. Gleichgültig, wie man's anstellte, die gewaltige Strecke zurückzulegen, oder wie »beiläufig« man von einer Reise nach England sprach – man wußte doch recht genau, daß es sich um keine Reise im herkömmlichen Sinne handelte, sondern um eine Tour um einen beträchtlichen Teil der Welt; man mußte navigieren, man mußte sich mit dem Wetter auskennen – und man hatte alle möglichen Hindernisse und Schwierigkeiten zu bedenken.

Blix und ich brachen zu einer Pilotenstunde auf, allerdings nicht an einem Pilotentag. Während der Nacht war, wie vom Himmel her, Nebel herbeigeströmt, und am Morgen fanden sich Nairobi und die Athi-Ebene von Dunst umhüllt. Die Stadt, der Sonnenaufgang und das Flugzeug wurden voneinander isoliert durch

Wolken, die keine Ränder zu haben schienen und sich einfach nicht von der Stelle bewegen wollten. Wie die Verkörperung von Trauer oder Gram lasteten sie auf der Erde; und sie hafteten an Menschen wie Trauerkleidung, weiß und vor der Zeit. Blix fand sie lustig.

Als er auf dem Flugplatz eintraf, hatte er nicht mehr bei sich, als ein Schuljunge als Wochenendgepäck mit sich führen würde. Sein Gesicht besaß einen geradezu cherubinhaften Ausdruck, ganz im Gegensatz zu den grauen und grimmigen Gesichtern rundum. Als alles bereit war, kletterte er in den hinteren Sitz der Leopard Moth und saß dort pfeifend, während er auf seinem Schoß ein längliches, zylindrisches Objekt hütete, das in Papier gehüllt war und gurgelnde Geräusche von sich gab, wenn es bewegt wurde.

Arab Ruta ging nach vorn, um den Propeller anzuwerfen. Ich hielt meine Hände auf dem Steuerknüppel, respektive Gashebel, und versuchte, den Nebel mit den Augen zu durchdringen, jedoch eher aus Gewohnheit; ich habe nie über so etwas wie einen Röntgenblick verfügt: Unzulänglichkeiten und Begrenzungen waren mir, so gesehen, vertrauter als die Oberfläche des Nairobi-Flugplatzes. Viel Zeit war vergangen seit den Tagen der Wildschweinlöcher, der Zebraherden, der Ölfackeln. Jetzt gab's regelrechte Start- und Landebahnen; und Hangars; und keinerlei Publikum mehr, welches die Landungen oder die Starts eines Flugzeugs staunend begafften; kein Kikuyu-Jüngling sah noch zu, wenn Ruta seine geheimnisvollen Rituale absolvierte. Dergleichen war jetzt Alltagsware. Abenteuer für Nairobi kamen jetzt aus den Zelluloidrollen, direkt aus den Kameras professioneller Dschungel-Trotter. Es war eine gute Zeit um – Abschied zu nehmen.

Ich nickte, und der Propeller rotierte ins Leben. Mit einem behenden Seitenschritt, Ergebnis langer Erfahrungen, entfernte sich Arab Ruta aus der Bahn der Maschine. Daß er *kwaheri* sagte, konnte ich zwar nicht hören, ihm jedoch von den Lippen ablesen. Auch ich sprach dieses Wort – und fühlte das kleine, flache Geschenk, das er mir kurz zuvor in die Kabine gereicht hatte.

Ich besitze es noch – eine Reiseuhr in Kunstleder, für die Ruta (wie ich später erfuhr) nicht weniger als fünfhundert meiner achtlos weggeworfenen Zigaretten-Coupons gesammelt hatte, von überallher zusammengelesen, aus Abfallkörben, Safarizelten, Hangars.

Die Uhr zeigt immer noch die Zeit; und stellt man den Weckmechanismus ein, so klingelt er. Doch was für ein trauriger Ersatz ist dieses hysterische Losgellen für die sanfte und beschwichtigende Stimme, die unmittelbar nach Tagesanbruch zu sagen pflegte: »Dein Tee, Memsahib?« oder, lange vordem: »Lakweit, es ist Zeit zu arbeiten!«

Nur langsam entwickelt sich zwischen einem Piloten und seinem Flugzeug Harmonie. Die Flügel zeigen keinerlei Neigung, sich in die Lüfte zu erheben; sie würden sich viel lieber vom Wind umspielen lassen, als die Nase, wenn man so will, weit voraus in den Horizont zu recken. Die Maschine hat, sozusagen von Natur aus, einen Faulenzercharakter; sie spielt, könnte man meinen, mit dem Gedanken an Freiheit – oder zumindest »Freiheiten« –, gibt solchen Versuchungen jedoch recht bedachtsam nach.

Als wir, mit dem Ziel London, abheben und hinaufstreben über den Nebel, spielt die Leopard ihr kleines Spiel. Das Seitenruder macht Sperenzchen, der Steuerknüppel bewegt sich wie aus schierem Oppositionsgeist gegen meine Hand. Aber das geht schnell vorüber. Der Anflug von Ungehorsam legt sich, und ich kann mich entspannen; denn nun fliege ich mit der Maschine, und die Maschine fliegt mit mir.

Blix ist ohnehin schon – oder wieder oder immer noch – sein lockeres Selbst. Er döst behaglich in unserer geschlossenen Kabine, die Füße auf dem unbenutzten Sitz neben sich. Für ihn ist es so ziemlich Hose wie Jacke, ob dies der Start eines Fluges ist oder sein Ende. Morpheus ist nie sein Meister gewesen; Blix ist der Meister über Morpheus. Er »ruft« den Schlaf, wenn er ihn braucht; und braucht er ihn nicht, so hält der sich respektvoll von seiner Schwelle, egal wie spät es ist oder wie anstrengend der Tag gewesen sein mag.

Nun denn. Der erste Tag ist anstrengend genug; allerdings bin ich wohl nur so müde, weil mich die Startvorbereitungen ziemlich mitgenommen haben. In der Nacht sind wir in Juba, wo mein Zimmer im Rest House, mag es auch intensive Vorstellungen von einer Gefängniszelle wecken, immerhin den elementaren Komfort eines Betts – und des Schutzes vor Moskitos – bietet.

Bei Tagesanbruch taumle ich wieder hinaus und sehe, daß auch Blix sein Zimmer inzwischen verlassen hat und nunmehr vor dem Flugzeug auf- und abschreitet: Dort wo die Maschine jetzt gleichsam vertäut ist. Ihr Rumpf ist gelb, ihre Flügel sind silbern. Vor dem – jetzt – nur mäßig hellen Hintergrund wirkt sie weniger wie ein Vogel denn wie ein Insekt, selten, glänzend, aber eben doch tot und sozusagen museumsreif aufgespießt.

Wir fliegen weiter, ohne einen Bissen Frühstück im Bauch, doch haben wir fast übermäßig viel Zeit. Nicht, daß die nächsten Teilabschnitte uns ungeheure flugnautische Leistungen abverlangen würden; allerdings heißt es für uns trotzdem: volle Konzentration. Ein Kinderspiel ist die Sache wahrlich nicht. Nur zu leicht kann einem ein Patzer unterlaufen.

Ich weiß nicht, wie die Vorschriften jetzt lauten, aber damals war es einer Frau untersagt, zwischen Juba und Wadi Halfa »solo« zu fliegen, es sei denn mit ausdrücklicher Genehmigung des Royal Air Force Headquarters in Khartoum.

Die Gründe hierfür klangen plausibel genug – eine Notlandung in einem der Papyrus-Sümpfe des Sudd war in etwa so wie eine Notlandung an den Ufern des Styx; und eine Notlandung jenseits des Sudd, im Land der sudanesischen und der Dinka-Stämme, hätte auf eine wochenlange Suche durch die R.A.F. hinauslaufen können, wobei nicht zuletzt auch die »Kostenfrage« eine Rolle spielte . . .

So *ganz* genau kann ich mich ja auch nicht darüber äußern, wieso Frauen diesen Gefahren – oder ihrer *Vermeidung* – weniger gewachsen sein sollten als Männer; doch möchte ich annehmen, daß nicht zuletzt ein Stück Ritterlichkeit mit das Grundmotiv war. Alles in allem flog ich die gesamte Strecke zwischen Nairobi und

London sechsmal – viermal »solo« (nachdem es mir gelungen war, die R.A.F. von meiner diesbezüglichen Fähigkeit zu überzeugen); und auch andere Frauen sind diese Strecke geflogen. Der entscheidende Fehler, was den Flug über den Sudd betraf, wurde von einem Mann gemacht – dem inzwischen verstorbenen Ernst Udet, dem während der Dürreperiode der Sprit ausging und der sich folglich zu einer Notlandung gezwungen sah auf einem ausgedörrten Kamm eines Hügels oder einer Bodenwelle, wo er schließlich nach etlichen recht angespannten Tagen, von Tom Black gefunden wurde, der den Sudd so außergewöhnlich gut kannte, daß er bereit war, ein paar Tage daran zu geben, um jemanden dort herauszuholen. Udet selbst überstand das Abenteuer offensichtlich gut, nur sein Bordmechaniker war dem Tode ziemlich nahe, allein wegen der Moskitobisse.

Wer die Phantasie besitzt, sich ein schier endloses Gelände vorzustellen, wo es nur so wimmelt von vorsintflutlichem Leben, der hat, nun ja, ein – wenn wohl auch vages Bild vom Sudd. Es handelt sich dabei um ein weniger attraktives Nebenprodukt vom Nil, und unwillkürlich kategorisiert man diese Welt in einen Bereich, den man düster und unheimlich nennt. Sinnverwandte Adjektive ließen sich noch hinzufügen, darunter auch »verräterisch« und »heimtückisch«; und so manche Vorstellung mag nun klarer erscheinen. Die Oberfläche des Sudd, aus der Luft betrachtet, ist flach und grün – und recht einladend. Wer sich davon hypnotisiert fühlt oder gezwungen ist, darauf zu landen (und sofern man dabei nicht einen geradezu unvermeidlichen und grauenvollen Bruch baut, bei dem die Räder des Fahrgestells tief einsacken würden im lockeren Boden), der mag das Glück haben, auf einem Gebiet von noch lebenden oder jedenfalls noch verwesenden und verfilzten Flächen zu landen, stellenweise fünfzehn Meter dick mit einem Strom oder einer Strömung von schwarzem Wasser darunter.

Nur mal angenommen, dort wärst du nun, soweit ganz gut beieinander, unverletzt; und jetzt, sozusagen, am Busen dieses endlosen Wasserstroms (dessen unerträglicher Gestank dich schon dreitausend Meter höher gepeinigt hat); und weiterhin angenommen, du hättest in deinem Flugzeug ein Sendegerät, über das du mit Khartoum in Kontakt treten könntest, um deine Position und weitere Einzelheiten zu melden, dann könntest du, falls du naiv bist, still darauf hoffen, daß nun irgend etwas passiert. Nur würde nichts passieren, weil nichts passieren könnte.

Im Sudd können keine Schiffe fahren, keine Flugzeuge landen, keine Menschen sich bewegen. Zwar *würde* irgendwann ein Flugzeug aufkreuzen, ein paarmal kreisen und Proviant etc. abwerfen, aber falls das ein Pilot nicht gerade so zielsicher täte, daß er mit seinen »Rettungsbomben« fast dein Flugzeug träfe, hättest du nichts davon. Und wäre er ein guter »Bombenschütze«, so hättest du *fast* nichts davon.

Natürlich ist es *denkbar*, daß man durch regelmäßiges Bombardement genügend Nachschub erhält, um quasi ausgesorgt zu haben, bis man, in hohem Alter, eines natürlichen Todes stirbt. Allerdings gibt es da noch jene kleinen Boten des Elends, die Moskitos, die einem das Leben zur Hölle machen, ganz zu schweigen von des Teufels großkalibriger Armada (Krokodile *bevölkern* den Sudd), welche jedem den Mut rauben würde, lange bevor sein Haar grau wird – so in etwa zwei Wochen würde ich meinen.

Aber wie dem auch sei: Derartig unerfreuliche Aussichten haben Zivilpiloten (soweit über dem Sudd von der R.A.F. überhaupt zugelassen) zu ganz besonderer Vorsicht veranlaßt, und es hat dort kaum, wenn überhaupt, Zwischenfälle gegeben, bei denen ein Verlust an Menschenleben zu beklagen war.

Unser Flug trug zu keiner neuen »Anekdote« über den Sudd bei. Während der vier Stunden des Überfliegens sprachen Blix und ich sehr wenig miteinander. Die Leopard Moth hatte eine geschlossene Kabine, und so hätten wir uns durchaus unterhalten können, doch befanden wir uns nicht in der Stimmung dafür.

Ein verlegenes Schweigen war unser Schweigen allerdings nicht; ich glaube, wir waren ganz einfach über alle Worte hinaus deprimiert: – weil wir so lange unter einem so »flachen« blauen Himmel und über einem so »flachen«, wimmelnden Sumpfgebiet fliegen mußten. Irgendwie war das gar nicht wie Fliegen. Es war das primitive Hocken in einer Maschine, die sich – sozusagen mit Hilfe von »Drähten« – irgendwie in der Luft hielt, und zwar genau zwischen diesen flachen Ebenen, ohne daß auch nur ein Funke übrigblieb für Vorstellungskraft, für Phantasie.

Kurz nach dem Abflug von Juba hielt sich Blix gerade noch ein paar Sekunden munter, um zu murmeln: »Ich rieche den Sudd!« – und versank dann in Schweigen, bis der Sudd hinter uns lag und wir beide die Wüste riechen konnten.

Jenseits des Sudd liegt die Wüste – nur Wüste für über viertausend Kilometer; und was es dort an Städten gibt, kann den Eindruck völliger Leere nicht verwischen. Für mich hat die Wüste den Charakter der Dunkelheit: Keine der Konturen, die man in ihr wahrnimmt, ist wirklich oder von Dauer. Genau wie die Nacht ist die Wüste grenzenlos, endlos, trostlos. Genau wie die Nacht entfacht sie die Phantasie und führt sie in Vergeblichkeit. Hat man die Wüste etwa zur Hälfte überflogen, so erlebt man an sich die Verzweiflung eines Menschen, der keinen Schlaf findet und sehnsüchtig auf den Tagesanbruch wartet, der jedoch erst kommt, wenn sein Kommen keine Bedeutung mehr hat. Man fliegt und fliegt, ohne daß die Szenerie auch nur ein einziges Mal wechselt, und wird man endlich erlöst aus dieser Monotonie, so erinnert man sich an nichts, weil da ja auch nichts war, woran man sich erinnern könnte.

Nach der Wüste dann das Meer. Doch lange, bevor wir das Meer erreichten, hatten Blix und ich herausgefunden, daß Menschen monotoner und ermüdender sein können als all der Sand und all das Wasser, die sich über ein Viertel des Globus erstrecken.

Malakal, Khartoum, Luxor – Städte für ihre Einwohner, wahre Erholungsinseln für uns. In jeder machten wir eine Zwischenlandung, und in jeder genossen wir jenen Dreiklang, der für den Reisenden der reine Segen ist: – warmes Wasser, Nahrung und Schlaf. In Kairo allerdings bekamen wir davon im Überfluß, bis zum Überdruß. Nach einem Flug von rund fünftausend Kilometern innerhalb von drei Tagen wurden wir eine ganze Woche aufgehalten durch die majestätische Prozedur der italienischen Regierung. Es war dies einer der Umstände, die Abdullah Ali versäumt hatte, uns vorauszusagen.

Abdullah Ali trug die Verantwortung für das Zollamt in Alamza, dem Flughafen von Kairo. Überdies stand er sozusagen einem kleinen Privatdepartement vor: jenem, in welchem vorausgesagt wird, von welcher Art die Dinge sind, die da kommen werden. Er übte sich, anders gesagt, in Prophezeiungen, und er verstand sich darauf, dies in wohlklingenden Worten zu tun. Er war Piloten in väterlicher Liebe zugetan und erteilte ihnen auf seine ganz ureigene Art Ratschläge, mit denen er selbst so nützliche Instrumente wie Kompasse weit übertrumpfte. Er war ein großer, dürrer Mensch, dunkel wie eine Mumie und fast ebenso undurchsichtig. Er durchblätterte flüchtig unsere Papiere, warf einen Blick auf unser Gepäck und gab sein Plazet. Sodann führte er uns aus dem Zollschuppen hinaus, legte seine Amtsmiene ab, und nun trat in seine Augen jenes unbeschreibliche Licht, wie es den Augen des wahren Sehers eigentümlich ist. Er kniete im Sand des Flughafens nieder und begann mit einem glänzenden Stab Zeichen hineinzukerben. »Bevor sie weiterfliegt«, sagte er, »muß der Lady gewahrsagt werden.«

Blix seufzte und sah sehnsüchtig in Richtung Stadt. »Ich verdurste – und er übt sich in Wahrsagerei!«

»Pssst! Das ist Blasphemie!«

»Ich sehe eine Reise«, sagte Abdullah Ali.

»Das sehen die immer«, sagte Blix.

»Die Lady wird über ein großes Wasser fliegen.«

»Das kann jeder voraussagen«, murmelte Blix, »wo das Mittelmeer hier praktisch zu unseren Füßen liegt.«

»Und sie wird allein fliegen«, sagte Abdullah Ali.

Blix sah mich an. »Also wenn du mich schon aussetzen willst, Beryl, würdest du's dann möglichst nah bei einer Bar tun?«

Abdullah Ali vernahm nichts von diesem »laufenden Kommentar«. Er fuhr fort, mit seinem Zauberstab Kreise und Dreiecke in den Sand zu zeichnen und meine Zukunft zu enthüllen, als sei sie bereits meine Vergangenheit. Sein roter Fez wippte auf und nieder, seine schlanken Hände bewegten sich über den Sand wie körnerpickende Spatzen im Schnee. Im Grunde befand er sich wohl gar nicht bei uns, hier im Sand des Flugplatzes – er hockte gleichsam im Schatten der Sphinx und machte *dort* seine Zeichen in den Sand.

Als wir gingen, war der glänzende Stab verschwunden, und ein Bleistift hatte seinen Platz eingenommen. Auch Abdullah Ali war verschwunden – oder hatte sich zumindest zurückverwandelt. Der dünne Ägypter mit dem grauen Anzug und dem roten Fez, der leicht gebückt wieder in den Zollschuppen trat, war nichts als ein Zollbeamter.

»Glaubst du das, was er gesagt hat?« fragte Blix.

Ein Taxi war quer über den Flugplatz gefahren, um uns zum Shepheards Hotel zu bringen. Ich lehnte mich entspannt in den Ledersitz.

Wer glaubt schon Wahrsagern? dachte ich. Sehr junge Mädchen und sehr alte Frauen. Ich war weder das eine noch das andere.

»Ich glaube alles«, erwiderte ich. »Warum auch nicht?«

## Suche nach einem libyschen Fort

1936 durfte man kein italienisches Territorium ohne ausdrückliche Genehmigung der italienischen Regierung überfliegen. Das galt grundsätzlich zwar für alle Länder, doch steckte im Fall der Italiener eine besondere Idee dahinter.

Die Italiener argwöhnten, daß ein Ausländer (zumal ein Engländer), der beispielsweise Libyen überflog, der Versuchung nicht würde widerstehen können, von den neuen faschistischen Befestigungsanlagen möglichst präzise Fotos zu machen. Die Italiener, unter Mussolini, wären wohl gekränkt gewesen, hätten sie gewußt, daß es zumindest eine Pilotin (und zweifellos nicht nur eine oder einen) gab, die sich viel mehr für die genaue Lage einer Badewanne und eines Stücks Seife interessierte als für die eines faschistischen Forts. Die »amtlichen Überlegungen« schienen in folgenden Bahnen zu verlaufen: »Ein Pilot, der für unsere Befestigungen Interesse bekundet, ist der Spionage schuldig; zeigt er kein Interesse, ist er der Mißachtung schuldig.« Letzteres schien in den Augen der italienischen Machthaber *noch* verwerflicher zu sein.

Die Symbole des Krieges – imposante Wüstenforts, metallisch glänzende Flugzeuge, waffenstarrende Schlachtschiffe – inspirierten die Söhne Roms, wenn schon nicht zur Tapferkeit, so jedoch zu entsprechenden Schaueffekten – was für das italienische Gemüt allerdings so ziemlich aufs gleiche hinausläuft. Manchmal denke ich, daß es den Italienern gar nicht so leicht fallen mag, die nötige Geduld aufzubringen angesichts der permanenten Schlappen ihrer Armeen (die sich bei Paraden doch so prächtig ausnehmen). Laute Klagen vernimmt man allerdings kaum.

Die Erklärung scheint mir auf der Hand zu liegen. Das Land Carusos führt schon so lange ein symbolisches Leben, daß Schein und Wirklichkeit kaum noch zu unterscheiden sind. Wenn das Herausschmettern einer Arie »das Herz mit Kampfesmut erfüllt«, dann kann ein Ordensband auf der Brust eines Generals wahre Wunder wirken – dann kann sogar die *Vorstellung* vom Sieg an die Stelle des wirklichen Sieges treten.

Der einzige hochrangige Italiener, den ich kannte und für den ich Achtung empfand – wie jeder, der ihn kannte –, war General Balbo. Balbo war unter den Faschisten ein Gentleman, und man könnte meinen, daß das Schicksal mit seinem Tod einen »Irrtum« korrigierte.

Zu der Zeit, da Blix und ich nach England flogen, war Balbo Gouverneur von Tripolitanien, doch befand er sich auf Routineexpedition in der Südlichen Wüste und konnte sich nicht für mich verwenden (was er bereits zweimal getan hatte), um unser Weiterkommen von Ägypten nach Libyen zu beschleunigen.

Mag es mit der militärischen Schlagkraft der Italiener auch nicht allzu weit her sein, was die Durchschlagskraft der *Stempel* untergeordneter italienischer Beamter betrifft, so ist sie dafür um so verheerender – oder war's jedenfalls. Blix und ich saßen in Kairo fest, und ein verschwendeter Tag folgte dem nächsten, weil man uns die Erlaubnis zum Überqueren der Grenzen nach Libyen vorenthielt. Es gab keinen Grund dafür (und man nannte uns auch keinen), außer daß den Herren danach zumute war, auf unseren Pässen (womöglich ganz buchstäblich) zu sitzen, was Blix zu der tiefgründigen Erkenntnis brachte:

»Keine Hölle ist teuflischer als die Ungewißheit, und die größte Bedrohung für die menschliche Gesellschaft ist ein italienischer Beamter, der auch nur für einen Klacks Senf irgendwelche Befugnisse hat.«

Blix mußte an sich erfahren, daß es mehr sein konnte als nur ein Klacks. Und ein Mensch mit weniger strapazierfähigen Nerven wäre vermutlich arg ins Schleudern gekommen.

Blix verließ Shepheards Hotel allabendlich nach dem Dinner und verlor sich dann irgendwo im Dickicht von Kairo. Er ist ein sehr geselliger Mensch, der seine Mitmenschen liebt und es haßt, allein zu sein. Es ist eine der kleineren Tragödien seines Lebens, daß er, so vergnüglich sich der Abend auch anlassen mag, schon nach wenigen Stunden wieder allein ist – zumindest im Geiste. Vielleicht sitzen sie noch alle am Tisch, eine entkorkte Flasche in der Mitte, doch sie sind einsilbig, in sich zurückgezogen; sie fingern nicht mehr an ihren Gläsern, sie philosophieren nicht mehr über die Wechselfälle des Lebens, auch singen sie nicht mehr von seinen Freuden und Wonnen. Sie sind ganz einfach stumm, schlapp, weinerlich, und in ihrer Mitte sitzt Blix, der Unversenkbare – ein Musterbild der (allerdings elenden) Gelassenheit, und er wirkt so verödet wie ein einsamer Fels in einem einsamen Meer. Blix überläßt diese Leute (nachdem er die Rechnung bezahlt hat) irgendwann sich selbst und sucht dann Trost im Trubel der Nacht.

Eines Nachts traf Blix in Kairo einen alten Freund, einen Gentleman von der unternehmungslustigen Sorte. Es handelte sich um den jüngeren Bruder von Captain John Alcock (der, zusammen mit Lieutenant Arthur Brown, den ersten erfolgreichen Atlantik-

Flug absolvierte) und überdies Spitzenpilot bei Imperial Airways war. Der jüngere Alcock hatte oft genug seine Trinkfestigkeit bewiesen, was ihm Blix' Bewunderung eintrug.

In irgendeiner Bar – in welcher weiß ich nicht, und Blix und Alcock würden sich wohl auch kaum an den Namen erinnern – begann eine fröhliche Zechkumpanei mit Schluck auf Schluck und so geselligem Gespräch, daß Zeit und Raum sich in nichts aufzulösen schienen. Mühelos wurden die Geschichte der Menschheit seziert, Weltprobleme auf Anhieb gelöst und die Zukunft geweissagt mit Hilfe von tiefen Blicken in nie ganz leere Gläser. Es war ein herrliches Erlebnis, doch die Rolle, die ich dabei spielte, begann erst kurz vor Tagesanbruch.

Ich schlief in meinem Zimmer im Shepheards Hotel, als plötzlich eine Faust gegen meine Tür hämmerte. Normalerweise wäre ich aus dem Bett gesprungen, um schleunigst in meine Fliegerkleidung zu schlüpfen. Normalerweise hätte das Klopfen bedeutet, daß irgend jemand eine Notlandung gemacht hatte, vielleicht in einem Baumwollfeld mitten in Uganda, und daß man sich mit Nairobi in Verbindung gesetzt hatte, um Ersatzteile anzufordern. Aber dies war Kairo, und die hartnäckig hämmernde Faust mußte wohl Blix gehören.

Ich tastete nach dem Lichtschalter, schlüpfte in einen Morgenrock und murmelte ein paar Flüche in Richtung Bacchus. Aber als ich die Tür öffnete, sah ich keinen taumelnden oder auch nur leicht schwankenden Blix vor mir. Selten habe ich einen so nüchternen Mann gesehen. Er war düster, er war leichenblaß, er wirkte wie der personifizierte Tod. Und er zitterte am ganzen Körper.

Er sagte: »Beryl, tut mir leid, daß ich dich aufgeweckt habe, aber ich mußte es tun. Der Kopf rollte zwei, drei Meter vom Körper fort.«

Es gibt verschiedene Möglichkeiten, mit Menschen fertigzuwerden, die so etwas sagen. Die wirkungsvollste besteht wohl darin, eine möglichst kompakte kupferne Buchstütze (am besten eine Miniaturkopie von Rodins »Denker«) zu packen, sie dem Betreffenden unters Ohr zu schmettern und gellend loszuschreien –

wobei die Einhaltung der Reihenfolge wichtig ist: erst der Schlag mit der Buchstütze und dann der Schrei.

Shepheards in Kairo ist eines der kultiviertesten Hotels auf der Welt. Es hat alles – Fahrstühle, Restaurants, ein riesiges Foyer, Cocktailräume, eine berühmte Bar und einen Ballsaal. Bloß Buchstützen gab es nicht. Zumindest nicht in meinem Zimmer. Es gab eine grüne Vase mit einem ägyptischen Motiv, aber die befand sich außerhalb meiner Reichweite.

»Die verdammten Narren standen einfach so da«, sagte Blix, »und starrten auf das Blut.«

Ich ging wieder zu meinem Bett und setzte mich darauf. Dies war unser sechster Tag in Kairo. Fast stündlich hatten entweder Blix oder ich angerufen, um uns nach dem amtlichen Stand der Dinge zu erkundigen: War die Genehmigung für den Transit endlich erteilt worden? Die Antwort war ein stereotypes Nein. Das kostete uns Nerven und Geld, doch ich hatte geglaubt, daß der berühmteste Weiße Jäger in Afrika sich widerstandsfähiger zeigen würde. Und nun stand er gegen die Wand gelehnt und wirkte so vital wie ein verkrumpeltes Bündel Wäsche, das man vergessen hat zu bügeln.

Ich seufzte unwillkürlich.

»Setz dich, Blix, du bist ein kranker Mann.«

Doch er setzte sich nicht. Er wischte sich mit der Hand übers Gesicht und starrte auf den Fußboden.

»Und so nahm ich dann den Kopf«, murmelte er, »und brachte ihn zum Körper zurück.«

Er hatte es wirklich getan, der arme Kerl. Endlich setzte er sich auf einen Stuhl, und während draußen das Tageslicht kräftiger wurde, gewann auch Blix seine Kraft allmählich zurück, bis ich schließlich die ganze Geschichte von ihm erfuhr; aber wenn es sich auch um ein tragisches Geschehen handelte, so haftete ihm dennoch etwas Komisches an.

In dieser Nacht hatte Blix endlich einmal einen Gefährten ganz nach seinem Geschmack gehabt, jemanden, der Schluck für Schluck und Wort für Wort mithielt. Gegen vier Uhr früh schüttelten die Herren einander die Hand und trennten sich, beide heroisch um eine ganz besonders vertikale Körperhaltung bemüht. Blix berichtete, er sei in schnurgerader, geometrisch perfekter Linie in Richtung Shepheards Hotel marschiert – etwas, das kein nüchterner Mann auch nur versuchen würde. Blix sagte, er habe einen klaren Kopf gehabt, nur seine Gedanken seien ein wenig kompliziert gewesen. Er neige, so berichtete er weiter, ganz gewiß nicht zu Visionen, doch sei er zwei- oder dreimal behutsam über kleine, undeutlich erkennbare Tiere hinweggetreten, die ihm im Wege lagen; allerdings habe er, zurückblickend, erkennen müssen, wie sehr Schatten in einer schlecht beleuchteten Straße einen doch täuschen können.

Soweit ging alles gut; bis er dann, nur noch zwei Querstraßen von Shepheards entfernt, plötzlich einen abgetrennten Menschenkopf zu seinen Füßen sah.

Blix' Geistesgegenwart ließ ihn auf Safari nie im Stich, und auch hier war das nicht anders. Kritisch überlegte er, daß er, halt doch nicht mehr so jung wie früher, die Wirkung der nächtlichen Zecherei stärker spürte als sonst. Schon wollte er seinen Weg fortsetzen, als er sah, daß auf dem Gehsteig Menschen im Kreis standen, die auf den abgetrennten Kopf starrten und so aufgeregt durcheinanderschwatzten, daß Blix plötzlich begriff: Nein, dies war keine Halluzination, nicht die Menschen und nicht der abgetrennte Kopf; offensichtlich war ein Mann auf den Straßenbahngeleisen hingefallen und von einer Bahn buchstäblich enthauptet worden.

Da war keine Polizei, da war keine Ambulanz, und es unternahm auch keiner der Umstehenden etwas; man gaffte und palaverte. Der Anblick von Gewalt war für Blix gewiß nichts Neues, jedoch Gleichgültigkeit angesichts einer Tragödie, die kannte er nicht. So kniete er sich auf den Gehsteig, nahm den Kopf und brachte ihn zum Körper. Es war die Leiche eines ägyptischen Arbeiters, und Blix stand bei dem Toten und überhäufte die Zuschauer mit schwedischen Schmähungen gleich einem zürnenden Propheten, der seine Herde mit Worten züchtigt. Als schließlich doch irgendwelche Amtspersonen auftauchten, ging er davon, die Lippen zum Strich zusammengepreßt, und betrat das Shepheards.

All dies erzählte er mir, während er zusammengesunken auf einem Stuhl saß und vor meinen Fenstern die Verkehrsgeräusche immer intensiver wurden.

Nach einer Weile bestellte ich Kaffee, und während wir davon tranken, ging es mir durch den Kopf, daß zweifellos Hoffnung bestand für eine Welt, in der ein Mann genügend Anstand besaß, selbst noch nach stundenlanger Zecherei über den Dämon Alkohol zu triumphieren.

»Gibst du nächtelange Gelage jetzt auf, Blix?«

Er schüttelte den Kopf. »Oh, ich finde, das ginge zu weit, wär' auch sehr ungesellig. Aber von so einer Party zu Fuß nach Hause gehen, davor werde ich mich hüten – das verspreche ich dir!«

Um die Mittagszeit unseres sechsten Tages in Kairo schienen sich die italienischen Behörden zu der Ansicht durchgerungen zu haben, daß unser Auftauchen in Libyen wohl nicht gleich allgemeinen Aufruhr auslösen würde. Wir erhielten unsere Pässe zurück und flogen am nächsten Morgen weiter, zunächst in nördlicher Richtung nach Alexandria, dann in westlicher nach Mersa Matruh und Sollum.

Von Sollum nach Amseat sind es mit dem Flugzeug nur zehn Minuten. Amseat ist ein Posten an der italienisch-ägyptischen Grenze. Er bestand damals aus Wind, Wüste und Italienern, und soweit ich weiß, sind der Wind und die Wüste noch immer dort. Man mußte dort zwischenlanden, bevor man die Reise ins Innere fortsetzen durfte. Der Posten liegt auf einem Plateau, und das Landefeld ist nichts als ein Stückchen libyscher Erde, umsäumt von imaginären Linien.

Nach der Landung wurden wir sofort von fünf bewaffneten Motorradfahrern »gestellt«, die auf das Flugzeug zugebraust kamen, als hätten sie schon seit etlichen Tagen zu eben diesem Zweck auf der Lauer gelegen. Es handelte sich aber nur um die Vorhut. Kaum waren die fünf abgesessen, so donnerten mit imposantem

Gehabe rund dreißig weitere Motorradfahrer herbei, umzingelten die Leopard und vervollständigten auf diese Weise das, was für sie offensichtlich ein militärisches Manöver von einzigartiger Brillanz war. Ein Detail schien allerdings bei der Organisation ignoriert worden zu sein: Sie hatten keinen Führer. Alle sprachen, debattierten, schwenkten mit ungeheurer Energie die Arme und legten bei allem ein so nachdrückliches »republikanisches Verhalten« an den Tag, das einen scharfen politischen Beobachter gewiß sehr interessiert haben würde. Fast hätte man meinen können, vor unseren Augen spiele sich ein Stück Widerborstigkeit in der sonst doch so strammen Ordnung des Duce-Systems ab. Aber das war nicht der Fall. Schließlich verkündete ein dunkelhaariger Soldat mit fester Tenorstimme, er spräche englisch, was zwar eine Übertreibung war, jedoch die Wogen der allgemeinen Aufgeregtheit augenblicklich glättete.

»Ich will diese Papiere haben«, erklärte der Dunkelhaarige. Er streckte die Hand aus und sammelte unsere Pässe, Sondergenehmigungen und medizinischen Bestätigungen.

Die Sonne brannte heiß, und nach Kairo waren wir ungeduldig, aber das scherte den Schwarzhaarigen nicht weiter; er hatte die Ruhe weg. Während seine Kameraden ihm neugierig über die Schulter blickten, prüfte er höchst eingehend unsere Papiere, und Blix fluchte immer lauter auf schwedisch, dann auf suaheli und schließlich auf englisch. Das ist keine geringe Leistung, wurde indes nicht weiter gewürdigt. Nach etwa einer halben Stunde schwang sich einer der Männer auf sein Motorrad und brauste über die Wüste davon. Fünf Minuten später war er wieder da – mit einem Klappstuhl, der aufgeklappt und auf den Sand gestellt wurde. Alles wartete in feierlichem Schweigen. Blix und ich standen an unser Flugzeug gelehnt und dachten ein paar ungute Gedanken. Die Minuten dehnten sich zur Stunde, bevor ein weiteres Motorrad aufkreuzte, und zwar eines mit Beiwagen. Diesem Beiwagen entstieg ein Offizier, der eine Art Umhang trug, welcher ausreichend mit Orden bestückt war, um in einer Schlacht als kugelsichere Weste zu dienen. Dieser Mann, der so viele Auszeichnungen besaß, war auch Besitzer jenes höchst amtlichen Hinterteils, für das der Klappstuhl aufgeklappt worden war. Er nahm Platz und begann, unsere Papiere zu studieren.

»Ich hätte meine Büchse mitnehmen sollen«, sagte Blix. »Ich wette mit dir um einen Gin mit Tonic, daß ich die Medaille treffen könnte, dort auf der linken Brustseite, wo schon die Emaille abplatzt.«

»Du machst dich über einen Hauptmann von Cäsars Legionen lustig. Du weißt, was für eine Strafe darauf steht?«

»Nein. Aber vermutlich wird man dazu verurteilt, lebenslänglich den täglichen Leitartikel in ihrem Parteiblatt zu lesen. Aber das wäre die Sache so ziemlich wert.«

»Da bin ich mir nicht so sicher.«

»Ruhe!« Dieser Befehl wurde, in stark akzentuiertem Englisch, vom Hauptmann selbst gegeben. Weitere Befehle, auf italienisch, schlossen sich an – mit geradezu wundersamer Wirkung. Vier Soldaten tauchten in die Leopard hinein, holten alles hervor, was beweglich war, und breiteten es auf dem Sand aus. Und abermals verschwanden unsere Papiere, diesmal in der »Obhut« eines Meldefahrers, der mit seiner Maschine auf sehr imposante Weise umzugehen verstand.

Dreiundeinhalb Stunden später erhielten wir den Bescheid (vermutlich kam die Genehmigung direkt aus Rom), wir könnten nunmehr weiterfliegen nach Bengasi.

»*Aber*«, betonte der Hauptmann, »Sie dürfen nicht der Küste folgen. Es wird Ihnen zur Auflage gemacht, die Wüstenroute zu nehmen und die Forts zu umkreisen – und zwar jedes dreimal.«

»Es gibt keine Wüstenroute.«

»Sie werden diese Forts umkreisen«, sagte der Hauptmann, »oder aber in Bengasi festgenommen werden.« Er knallte die Absätze zusammen, grüßte mit faschistischem Gruß, welchem Beispiel all seine Mannen folgten, und wir flogen los.

Auf unserer Karte fand sich dreimal das Zeichen X – jedes für ein Fort. Die Markierungen waren in einer Art Zickzackkurs über die libysche Wüste verteilt. Es war das erste Mal, daß man mich daran hinderte, in Tobruk zu landen, und es konnte keinen Zweifel geben, daß die Italiener schon damals alle erdenklichen Maßnahmen trafen, um Zwecke zu erreichen, die deutlich über die bloße Verteidigung Libyens hinausgingen. Ihre Befestigungen und Nachschublager besaßen Kapazitäten, die weit über das übliche Maß hinausgingen.

Aus der Luft sah das erste Fort so aus, wie sich ein Kind eine Burg vorstellen mag: mit einer Spielzeugschaufel aus Sand gebaut. Aber das wirkte nur so, weil sich ringsum soviel ödes, leeres Gelände befand; jedes Wüstenfort, ganz gleich unter wessen Flagge, würde den gleichen Eindruck machen. Immerhin waren wir gezwungen gewesen, viel kostbare Zeit darauf zu verwenden, dieses hier zu finden, und so waren wir ziemlich »knurrig« und fanden den Anblick der Befestigung wenig eindrucksvoll.

Die Unterkünfte waren rings um einen großen Platz angeordnet, der völlig leer zu sein schien, und es gab Wachtürme ähnlich wie bei einem Zuchthaus. Falls irgendwo Geschütze standen, waren sie ausgezeichnet getarnt: Wir konnten keine ausmachen. Das Fort hatte genau die gleiche Farbe wie die Wüste – ob das Absicht war oder unvermeidliche Notwendigkeit, ließ sich nicht sagen. Während wir kreisten, kamen Männer aus den Gebäuden, und einige winkten. Zum Teil war das Winken so wild, daß es eher einer Drohgebärde ähnelte – vielleicht, dachte ich, waren sie zornig, weil sie uns um die Freiheit unseres Flugzeugs beneideten, die ihnen ihren trüben und trostlosen Alltag erst so recht bewußt machte; andererseits mochten sie die Maschine auch dankbar begrüßen als willkommenes Zeichen dafür, daß die Welt noch immer optimistische Aspekte besaß: Es gab Menschen, die über die Freiheit verfügten, in Flugzeugen durch die Luft zu schweben – ein paar Menschen zumindest.

Für die Männer dort unten war der Gedanke an aufregende, ritterliche Abenteuer bestenfalls ein ferner Traum. Man hatte sie gleichsam ihrem heimatlichen Boden entrissen und hierher verpflanzt in den Wüstensand, wo sie in trostlosen Unterkünften hausten. Irgendwie symbolisierte das Ganze die scheinbare Kampfbegeisterung eines passiven Volkes. Es ähnelte der Zurschaustellung der pompösen Medaillen auf der Brust des Hauptmanns. Es unterschied sich lediglich in den Dimensionen. Ansonsten wirkte diese »Festungsanlage« wie protzig »an die Brust der Wüste« geheftete Ordenszeichen, über deren Vergänglichkeit wenig Zweifel bestand.

Wir kreisten wieder und setzten dann unseren Kurs fort – auf der Suche nach der nächsten Befestigungsanlage.

»Eine Bombe«, sagte Blix, »würde genügen, um das Ding verschwinden zu lassen.«

Wir fanden das nächste Fort, mit Gottes Hilfe, doch mit dem dritten wollte es partout nicht klappen. Die Bezeichnung »Fort« ruft in der Phantasie unwillkürlich das Bild einer gewaltigen Befestigung hervor, doch in der libyschen Wüste ist ein Fort kaum mehr als ein weiterer Haufen Sand. Ein Fort ist nichts. Wir hatten im Grunde ja keinen Kurs, dem wir folgen konnten; wir hatten nur die Bleistiftmarkierungen auf der Karte – und die Größe eines Objekts ergibt sich immer nur in Relation zu seiner Umgebung. Der Himmel hat Sterne – die Wüste nur Entfernungen. Ein Meer hat Inseln – die Wüste nur noch mehr Wüste. Und ob man dort nun ein Haus baut oder ein Fort, das macht praktisch keinen Unterschied. Man kann dort nichts bauen, das groß genug wäre, um einen Unterschied zu machen.

Im März fällt die Nacht in Libyen wie eine herabrasselnde Jalousie ein. Und ein Flugzeug ohne Kraftstoff hat die gleiche Tendenz; zumindest nähert es sich in Spiralen dem Erdboden, wo es dann nicht selten völlig deformiert zu werden pflegt.

»Wir scheren uns nicht um das letzte Fort«, sagte ich zu Blix. »Lieber lasse ich mich in Bengasi ins Gefängnis werfen, als daß ich hier unten irgendwo notlande.«

»Du bist der Pilot«, sagte Blix. »Doktor Turvy und ich sind nur die Passagiere.«

# Bengasi bei Kerzenschein

Die Griechen der Cyrenaica nannten es Hesperides. Ptolemäus der Dritte nannte es aus Liebe zu seiner Frau Berenice. Ich weiß nicht, wer ihm den Namen Bengasi gab, doch ist dies nicht der erste Akt von Vandalismus, welcher der alten Stadt angetan wurde. Die Gräber der Gründer und Eroberer der Stadt bilden gleichsam den Grundstein von Bengasi, und ein Großteil seiner Geschichte liegt noch begraben in den von Menschenhand in den Fels geschlagenen Gruften.

Die Stadt liegt, so könnte man es umschreiben, auf einer Art Landzunge zwischen dem Golf von Sidra und weitem Ödland, und die Schatten, die sie wirft, haben durch die Jahrhunderte hindurch ihre Gestalt geändert. Vor langer Zeit war der Schatten einmal schlank und klein; später dann war er breit und mächtig und gleichsam gespickt mit den arroganten Türmen oder Türmchen einer Feste; ein andermal vereinigte ein Kloster seine stillen Konturen mit den kühlen Schatten, die sich Tag für Tag auf dem Sand abzeichneten.

Die Feste und das Kloster stehen noch heute, nur tauchen ihre Schatten ein in das eckig-kantige Gewirr moderner Gebäude. Die Gestalt der Schatten hat sich gewandelt und wird sich weiterhin wandeln, weil Bengasi sozusagen auf der Bahn des Krieges liegt. Mars tritt die kleine Stadt zu Boden; trotzig erhebt sie sich wieder, und sie wird abermals zu Boden getreten und ist dennoch nicht unterzukriegen. Es ist eine kleine Stadt mit einer Seele – einer etwas verlotterten Seele vielleicht, doch eine Stadt mit einer Seele geht selten zugrunde.

Wie alle Hafenstädte des Ostens ist Bengasi ein lauter, lärmender Ort; aber es ist auch voller Erfahrung und Weisheit. Früher einmal lebte es von dem Elfenbein, das die Karawanen durch die Wüste herbei transportierten; das Elfenbein sowie Straußenfedern und andere Dinge von geringerem Wert wurden dann in die Welt verkauft, wo man solche Dinge zu schätzen wußte; jetzt jedoch handelt es mit weniger interessanten Dingen – oder auch mit nichts, während es darauf wartet, daß wieder mal ein Krieg kommt, den es zu überleben hat, obgleich es sehr genau weiß, daß seine einzige Funktion die ist – oder wäre –, Armeen auf dem Marsch Quartier zu bieten.

Als Blix und ich in Bengasi landeten, fehlten nur noch wenige Minuten bis Mitternacht. Der italienische Flugplatz dort befindet sich in ausgezeichnetem Zustand, und das gilt auch für die Hangars. Für letzteres war ich besonders dankbar, da ich nicht im geringsten daran zweifelte, daß man unser Flugzeug sofort »hinter Schloß und Riegel« setzen würde (was denn auch prompt geschah). Doch aus Blix' Blick ließ sich ablesen, daß die Aussicht, ins Gefängnis zu wandern, ihm alles andere als Gemütsruhe bescherte.

»Falls sie nachsichtig sind«, sagte er, »werden wir nicht mehr als fünf Jahre dafür bekommen, daß wir uns den Teufel um das letzte Fort geschert haben. Das war ein Verstoß gegen *deren* gute Sitten.«

Aber wir kamen ungeschoren davon. Die hektische Aktivität der Besatzung von Amseat schien zum Erliegen gekommen zu sein, ehe irgendwer auf die Idee gekommen war, daß man die Behörden von Bengasi telegraphisch über unsere bevorstehende Ankunft in Kenntnis setzen könne, und daß zu verifizieren sei, ob wir auch wirklich sämtliche drei Forts »angeflogen« hätten. Es kümmerte keinen.

Natürlich blieb uns der übliche Bürokratenkram nicht erspart. Wir mußten diversen amtlichen Herren wieder und wieder erklären, was wir eigentlich hier wollten – und fast hätte ich hinzugefügt: weshalb wir überhaupt am Leben seien. Aber dergleichen war für uns inzwischen Routine, und für die amtlichen Herren war's das ohnehin, so daß die »Partien« inzwischen immer wieder mit »Patt« endeten.

Schließlich kam die Weisung durch, uns zu unserem Hotel zu lassen, und wir verließen das letzte der Regierungsgebäude, durch die man uns »gefiltert« hatte, und stiegen in ein Fiat-Taxi, dessen arabischer Fahrer von dem Augenblick an auf der Lauer gelegen hatte, wo wir in das erste Regierungsgebäude eingetreten waren. Der Fahrer wußte mit ziemlicher Sicherheit, daß in ganz Bengasi kein einziges Hotelzimmer zu haben war, doch er zog es vor, uns diese entmutigende Information scheibchenweise beizubringen, indem er uns von einem Hotel zum anderen fuhr, einen Ausdruck düsterer Ahnung auf dem Gesicht, während er uns jedoch treuherzig versicherte, im nächsten Hotel werde es bestimmt genügend unbelegte Zimmer geben. Aber es gab keine. Mussolinis Truppen hatten uns ausmanövriert: In Bengasi gaben 50 000 polierte Stiefel den Ton an.

Schließlich gaben wir's auf. Wir waren hungrig und durstig und todmüde.

»Fahren Sie uns *irgendwohin*«, sagte Blix, »zu *irgendeiner* Unterkunft, solange wir dort nur freie Zimmer finden!«

»Irgendwo«, das bedeutete soviel wie die dreckigen Ränder von Bengasi – jenes Gebiet, wo sich das Treibgut aus zahllosen Ländern findet, die Ausgestoßenen, die menschlichen Wracks, die in diesem Irgendwo irgendwie dahinvegetierten. Die Fahrt führte uns durch ein Gewirr dunkler, verwahrloster und verfallener Straßen, inmitten der Gerüche der Armut, inmitten des Gestanks stagnierenden Lebens. »Irgendwo«, das war das Irgendwo, wie es sich in allen Städten findet – der Abfallhaufen menschlichen Mülls.

Neben Blix hinten auf dem Rücksitz, fühlte ich, wie sich die Müdigkeit in Depression verwandelte. Das Taxi verlangsamte seine Fahrt, schwankte leicht und hielt.

Wir befanden uns vor einem kubusartigen Lehmgebäude mit zwei Stockwerken. Einige der Fenster hatten Glasscheiben, andere waren mit Lumpen »abgedichtet«. In keinem der Fenster war Licht. Das Haus wirkte irgendwie stumm. Es starrte auf die Straße mit dem seelenlosen Ausdruck eines Geistesgestörten.

Unser Fahrer winkte in Richtung Haustür, die geöffnet war, und aus der ein gelblicher Lichtschimmer fiel. »Ah!« sagte er. »Ich habe Glück für euch. Nicht?«

Blix bezahlte wortlos, und wir gelangten in eine Art Innenhof, auf dem an aufgespannten Leinen zerlumpte Wäsche zum Trocknen hing. Die Luft roch wie in einer Grabkammer – tot.

»Hübsche Gegend«, sagte Blix.

Ich nickte, doch heiter war uns beiden nicht zumute. Wir standen stumm und dumm da, ich in meinem weißen Fliegeranzug, der längst nicht mehr weiß war, und Blix in zerknautschten Hosen und einem Hemd, das einem Lappen glich. Alles um uns wirkte fremd, und so fühlten wir uns auch – und fast schon, so scheint mir, schuldbewußt.

Eine Tür öffnete sich, und eine Frau trat auf uns zu. Sie hatte eine brennende Kerze in der Hand, die sie dicht vor unsere Gesichter hielt. Ihr eigenes Gesicht bestand aus einer Mischung verschiedenster rassischer Merkmale, von denen jedoch keines dominierte. Es war nur eine Hülle mit Augen. Sie sagte etwas, doch wir verstanden nichts. Es war eine Sprache, die weder Blix noch ich je gehört hatten.

So fragte Blix sie mit Hilfe von Gebärden nach Zimmern für uns, und die Frau nickte prompt, führte uns ins Haus und eine Treppe hinauf. Sie zeigte uns zwei Zimmer, die nicht einmal durch eine Tür voneinander getrennt waren. In jedem Zimmer stand ein Metallbett mit einer fleckigen Decke und einem unbezogenen Kopfkissen. In dem einen Zimmer gab es eine weiße Emailleschüssel, der dazugehörige Wasserkrug befand sich jedoch im anderen Zimmer. Überall schienen sich Schmutzschichten aufeinander zu häufen.

»Hier hausen alle Krankheiten, die man sich denken kann«, sagte ich zu Blix.

»Und wir hausen auch hier, bis morgen«, lautete seine lakonische Antwort.

Er folgte der Frau nach unten in der Hoffnung, etwas zu essen und zu trinken auftreiben zu können, während ich mir das Gesicht mit Taschentüchern säuberte, bis es wieder erkennbar war. Später ging auch ich nach unten.

Ich fand Blix und die Frau in einem stickigen kleinen Raum, der eher einer Zelle glich. Es gab dort eine Art Herd, zwei Borde und ganze Heerscharen von Küchenschaben, die über die Wände patrouillierten. Blix hatte eine Dose mit Suppe und eine zweite mit Lachs aufgetrieben und war gerade dabei, eine von beiden zu öffnen. Währenddessen unterhielt Blix sich mit unserer Wirtin. Sie hatten eine gemeinsame Sprache entdeckt, die sie zwar beide nicht beherrschten, in der sie sich jedoch zur Not verständigen konnten.

»Wir sprechen holländisch miteinander«, sagte Blix zu mir, »und falls es dir noch nicht aufgefallen sein sollte – dies ist ein Bordell, und sie ist die Bordellwirtin.«

»Oh.«

Ich blickte zu der Frau, dann zu den Küchenschaben an der Wand und schließlich zu Blix.

»Verstehe«, sagte ich.

Irgendwie paßte das alles zusammen, unsere bisherigen Erlebnisse und die Tatsache, daß dieses Haus ein Bordell war und die Frau die Bordellwirtin. Es schien nur konsequent, wenn auch kaum sehr tröstlich. Irgendwie hatte sich alles nach seinen eigenen Gesetzen entwickelt, zu einer allerdings ziemlich schäbigen Geschichte.

Blix hatte inzwischen die Dose mit der Suppe geöffnet und schüttete nun den Inhalt in einen Topf. Die Bordellwirtin stand mit ihren schmalen Schultern gegen die Wand gelehnt und nickte unaufhörlich mit dem Kopf, wie ein körnerpickender Vogel. Sie war in purpurfarbene Lumpen gehüllt, die auf eine Weise an ihrem Körper hingen, daß sich ihr Zweck als »Berufskleidung« kaum verkennen ließ. Und trotzdem, so ging es mir durch den Kopf, wäre es ein leichtes gewesen, diese Frau in ihrem ganzen Erscheinungsbild zu verwandeln. Hätte man die dicken Farbschichten auf ihrem Gesicht entfernt und ihr eine Schürze umgebunden, so wäre sie ein ausgezeichnetes Modell gewesen für jeden Maler, der in einem Bild das Elend und die Verzweiflung und die Einsamkeit all jener Frauen einfangen wollte, die eingespannt sind ins unausweichliche Alltagsjoch. Sie hätte eine Näherin sein können, die Frau eines Farmarbeiters, eine Putzfrau oder die Bedienerin in einer Schenke. Sie hätte alles mögliche sein können – warum aber gerade dies?

Blix reichte mir einen Teller mit Suppe, und wie auf ein Zeichen empfahl sich unsere Wirtin mit einem Lächeln, das nur eine leere Grimasse war. Was ein Lächeln wirklich bedeutete, wußte sie seit langem nicht mehr, doch konnte sie die entsprechenden Gesichtsmuskeln nach wie vor in Bewegung setzen. Aber wie das Lächeln einer schlecht kontrollierten Marionette war auch ihr Lächeln grotesk, übertrieben, und nachdem sie verschwunden war und die Geräusche ihrer Pantoffeln irgendwo in den Tiefen des Hauses immer mehr verklangen, schwebte das starre, zerbrechliche Grinsen noch immer vor meinen Augen – wie losgelöst, verselbständigt. Ja, es schwebte scheinbar buchstäblich durch den Raum, und es besaß die gleiche traurige Qualität wie die bemalten Kinkerlitzchen, die Kinder an Jahrmarktsbuden gewinnen und die ihre Lieblinge sind, bis sie zerbrechen. Ich hatte das Gefühl, daß die grinsende Grimasse der Bordellwirtin zersplittern und zu Boden fallen würde, wäre dieses Nicht-Lächeln von einer Hand berührt worden.

»Du wirkst so nachdenklich«, sagte Blix.

Er aß ein wenig von seiner Suppe und sah gleichfalls nachdenklich aus. »Vor Jahrhunderten«, sagte er, »nannte man Bengasi Hesperides – ›Garten der Götter‹.«

»Ich weiß. Der Garten braucht Pflege.«

Blix fand eine Flasche Weißwein, die vermutlich irgendein italienischer Soldat hier zurückgelassen hatte. Wir tranken den Wein aus Emailletassen und aßen die Suppe und den kalten Lachs. Währenddessen kämpften wir gegen die Küchenschaben eine Art Abnutzungskrieg.

Auf der Oberfläche war, in Schichten aus schmierigen Überresten, die kulinarische Geschichte des Hauses aufgezeichnet. Es gab eine Kerze, die in einem Flaschenhals steckte, einen kleinen Herd und vier Wände, sämtlich ohne Fenster. Der Kontrast zum Shepheards in Kairo war so unglaublich, daß er sich kaum in Worte fassen läßt.

Blix drängte es, mir von der Bordellwirtin zu erzählen. Mit der Geduld eines hoffnungsvollen Romanschreibers hatte er ihr, mittels eines holländischen Kauderwelschs, ihre Lebensgeschichte entlockt, in Stichworten sozusagen. Es war eine Lebensgeschichte, die so trist, so trostlos wirkte, daß sie kaum den »Stoff« für einen faszinierenden Roman hergab.

Als sechs- oder siebenjähriges Mädchen war die Frau ihren Eltern geraubt und auf einem Schiff nach Afrika gebracht worden. Sie erinnerte sich, daß es ein weißes Schiff gewesen war und daß die Reise sie krank gemacht hatte. Manchmal war sie geschlagen worden, aber wirklich nur manchmal. Sie hatte nichts Schreckliches oder Grauenvolles erleiden müssen, hatte andererseits auch nichts Schönes, Erinnernswertes erlebt. Irgendwie sei da alles verschwommen, hatte sie Blix erzählt. Sie war auf nichts und niemanden böse, doch seit einiger Zeit fühlte sie das Bedürfnis, sich genauer an jene frühen Jahre zu erinnern, die in ihrem Gedächtnis ohne Konturen waren.

»Sie muß so sechzehn gewesen sein«, sagte Blix, »als sie begriff, daß man sie als Freudenmädchen verkauft hatte. Ich habe über die sogenannte weiße Sklaverei gelesen, aber daß ich eines ihrer Opfer kennenlernen würde, hätte ich mir wirklich nicht träumen lassen. Daß es Sklaverei war, begriff sie erst, als es ihr jemand *sagte*. Bis dahin hatte sie geglaubt, das Leben sei nun mal so.«

»Und was denkt sie jetzt?«

»Sie möchte von hier fort, hat jedoch kein Geld. Sie möchte in das Land zurück, wo sie geboren wurde. Sie meint, es könnte Holland sein, ist sich jedoch nicht sicher. Sie sagt, es habe dort Bäume mit Früchten daran gegeben, und manchmal sei es kalt gewesen. Das ist so ziemlich alles. Ich glaube der Versuch, sich an mehr zu erinnern, hat ihr so halb den Verstand geraubt. Ist ja auch eine teuflische Sache – als ob man aufwacht und nicht mehr weiß, wo man gestern war; bloß viel schlimmer. Stell dir das nur mal vor – nicht zu wissen, woher man stammt!«

»Was ist denn ihre Muttersprache?«

»Auch das ist ein Rätsel«, sagte Blix. »Holländisch hat sie von einem holländischen Seemann gelernt, und in den verschiedenen Bordells hat sie Brocken aus allen möglichen Sprachen aufgelesen, arabisch, italienisch und so weiter. Das mixt sie alles zusammen.«

»Eine traurige Geschichte, aber da kannst du nichts tun.«

»Ein bißchen schon. Ich werde ihr etwas Geld geben.«

In Kairo hatte man Blix bei einem Friseur zweihundert Pfund gestohlen. Das war so ziemlich alles, was ihm von seiner letzten Safari übriggeblieben war. Rund fünfzig Pfund mochte er noch besitzen, aber ich wußte, daß er ein unverbesserlicher Philanthrop war. Wer Blix auch nur um einen Schilling zu betrügen versuchte, riskierte dabei sozusagen Kopf und Kragen; doch wer ihn um einen Schilling bat, konnte damit rechnen, zwanzig zu bekommen.

»Es ist dein Geld, und es ist deine Hilfsbereitschaft«, sagte ich, »aber wie willst du wissen, daß sie die Wahrheit erzählt?«

Blix stand auf und zuckte die Schultern. »Wer so tief die Leiter hinuntergestoßen worden ist wie sie, der ist nicht verpflichtet, die Wahrheit zu sagen. Aber ein Stück davon, glaube ich, hat sie erzählt. Außerdem kann man für ein paar Pfund sowieso nicht das Evangelium erwarten.«

Wir gingen nach oben und versuchten, ein wenig zu schlafen. Ich zog die Matratze von meinem Bett und streckte mich, völlig bekleidet, auf den Sprungfedern aus. Nach ungefähr zehn Minuten hörte ich, wie Blix in seinem Zimmer auf wahrhaft sonore Weise zu schnarchen begann. Er lag dort auf dem Fußboden, den er offenbar genauso komfortabel fand wie den Waldboden, der ihm jahrelang als Lager gedient hatte.

Wann er der Frau das Geld gab, weiß ich nicht; aber vermutlich hatte er es ihr bereits gegeben, als er zu mir von seiner Absicht sprach, dies zu tun. Als wir uns um halb fünf Uhr morgens bereitmachten, das triste und schäbige »Freudenhaus« zu verlassen, war unsere Gastgeberin bereits wach und machte sich in der Küche zu schaffen.

Daß ihr Gesicht oder ihre Augen belebt waren von frischer Hoffnung, läßt sich kaum behaupten. Sie wirkte so trübsinnig und schlampig, wie eine heruntergekommene Frau nur wirken kann. Immerhin bereitete sie Tee für uns und wischte die allgegenwärtigen Küchenschaben mit einer ärgerlichen Geste vom Tisch. Nachdem wir den Tee getrunken hatten, verließen wir das Haus, und während wir die Straße hinaufgingen, stand die Bordellwirtin noch lange vor ihrem Bordell, in der Hand eine brennende Kerze. Es war das einzige Licht, das wir irgendwo im Garten der Götter sehen konnten.

Wir überquerten den Golf von Sidra und landeten zuerst in Tripolis und dann in Tunis; und dann sahen wir wieder grüne Hügel und befanden uns nun am Rande der Wüste und am Rand Afrikas.

Vielleicht hätte ich nach dem Start vom Flugplatz von Tunis ein- oder zweimal darüber kreisen sollen und mit den Tragflächen wackeln – als Abschiedsgruß. Ich wußte, daß Afrika, obwohl es ewig existieren würde, nie wieder ganz das Afrika sein würde, wie Blix oder ich es in der Erinnerung sahen.

Afrika bleibt sich niemals gleich für den, der es verläßt und irgendwann wiederkehrt. Es ist kein Land der Veränderungen, doch es ist ein Land wechselnder Stimmungen, und diese Stimmungen sind ohne Zahl. Launenhaft ist es nicht, aber da es die Wiege nicht nur von Menschen, sondern von Rassen gewesen ist und der Schoß nicht nur von Städten, sondern Kulturen – und so manche sterben sah und neue gebar –, kann Afrika leidenschaftslos, gleichgültig, warmherzig oder auch zynisch sein, wie übersättigt von der Fülle von allzuviel Weisheit.

Es kann geschehen, daß Afrika heute aussieht wie das Land der Verheißung; doch morgen schon mag es wieder der dunkle Kontinent sein, ganz in sich zurückgezogen, verachtungsvoll und verärgert über die Nichtigkeit emsiger Menschen, die auf seinem Leib herumwuseln seit dem Experiment mit dem Garten Eden. In der Familie der Kontinente ist Afrika so etwas wie die vor sich hinbrütende Schwester, der fahrende Ritter seit Jahrhunderten den Hof machen, um teilzuhaben an ihrem Imperium: – doch sie hat sie alle zurückgewiesen, schroff und unnachsichtig, weil sie ihre Erfahrungen hat und der Zudringlichkeiten ziemlich überdrüssig ist.

Das machtvolle Karthago hat Afrika wohl einst als sein Eigentum gesehen, und die Söhne jener Römer, die diese Hoffnung zerstörten, sind heute keine »Römer« mehr, und ihr Marschtritt wirkt denn auch nicht ganz so entschlossen wie der von Cäsars Legionären, die schon vor Christi Geburt in Afrika ihre Bahnen zogen.

Alle Nationen erheben Anspruch auf Afrika, aber noch keine hat es je wirklich in ihren Besitz bringen können. Doch wird die Zeit kommen, da Afrika nachgibt: allerdings nicht der nationalsozialistischen oder faschistischen Eroberung, sondern einer Integrität, die seiner eigenen entspricht, und einer Weisheit, die fähig ist, seine Weisheit zu begreifen – und zu unterscheiden zwischen Raffgier und Erfüllung. Afrika ist weniger eine Wildnis als vielmehr ein Reservat ursprünglicher und fundamentaler Werte; und weniger ein barbarisches Land als vielmehr eine unvertraute Stimme. Barbarentum, so glanzvoll es sich nach außen hin auch geben mag, ist seinem Herzen zuwider.

»Wir werden zurückkommen«, sagte Blix. Natürlich würden wir zurückkommen, doch während wir über dem Mittelmeer flogen, in Richtung Sardinien und die tunesische Küste hinter uns noch in Sichtweite, war nichts davon zu spüren, daß Afrika unser Scheiden überhaupt bemerkte oder sich darum scherte. Alle Dinge kehren zu Afrika zurück – selbst solch triviale Dinge wie wir.

Sardinien kam in Sicht – und Cagliari mit seiner Zitadelle, wo die letzten faschistischen Militärpersonen einquartiert waren, denen wir uns zu »stellen« hatten. Zwei Tage hielten sie uns fest, weil sie den Verdacht hegten, ich sei keine Frau, sondern ein als Frau verkleideter Mann; und außerdem, weil sie die Inspiration überkam, wir seien beide Spione (keine sehr cleveren allerdings), da sich in unseren Pässen äthiopische Visa aus der Zeit *vor* der faschistischen Eroberung fanden. Schließlich ließen sie uns gehen.

Dies allerdings mit einem Widerstreben, das geradezu rührend wirkte. Wieder hatten wir hier Offiziere und Soldaten der »bestangezogenen Armee der Welt«, und sie schienen auf die Ankunft eines ausländischen Flugzeugs geradezu gelauert zu haben, um sich imposant in Positur werfen zu können – ähnlich ihren Kameraden aus dem libyschen Fort, die uns mit ihren knatternden Motorrädern »umzingelt« hatten. Als wir Cagliari verließen, kamen wir auf folgende Zeitbilanz: Für einen Flug, der normalerweise höchstens eine Woche dauerte, schlugen, dank der »Aktivitäten« der italienischen Militärbehörden, nunmehr zusätzlich zehn Tage zu Buche.

Zwischen Cagliari und Cannes gerieten wir zum ersten Mal in eine gefährliche Schlechtwetterzone. Ein eben noch blauer Himmel verwandelte sich in eine Hexenküche aus Gewölk, das uns mit dichten Regenschleiern die Sicht nahm.

Die Leopard Moth stellte sich der Herausforderung mit bewunderungswürdiger Tapferkeit, doch betrug die Windgeschwindigkeit bald hundert Stundenkilometer, während wir uns noch über Sardinien befanden und ich, so tief wie möglich fliegend, das Meer vor uns nur ahnen konnte. Der einzige Flugplatz der Insel lag hinter uns, und allmählich überkam mich das Gefühl, daß wir von der französischen Küste weiter entfernt waren als bei unserem Aufbruch von Nairobi.

Ich drehte den Kopf und lächelte Blix zu, der mein Lächeln erwiderte – mit der gleichen Fröhlichkeit, also keiner; und ich begriff, daß es für einen Passagier viel schwerer ist, die Nerven zu behalten, als für einen Piloten – jedenfalls bei solchem Wetter. Gerade Blix war daran gewöhnt, sich in jeglicher Situation auf sich selbst zu verlassen, aber da saß er nun, so nützlich wie ein Stück Gepäck, völlig hilflos und sehr wohl wissend, daß wir kein Funkgerät oder sonst irgendein Spezialinstrument an Bord hatten, um uns zu unserem Ziel zu leiten.

Eine Notlandung war unmöglich; der Versuch hätte garantiert mit dem geendet, was man amtlicherseits so feinfühlend als »Totalausfall« bezeichnet. Im übrigen saß uns der Sturm bereits im Nacken wie eine zum Zuschnappen bereite Falle. Das Flugzeug näherte sich fast schon krabbenartig dem Meer. Ich hielt die Nase der Maschine auf Kurs und schätzte ihr Abdriften auf zwanzig Grad. Sie glich einem Fetzen Papier in einem Wirbelwind, und ich empfand jenes Gefühl völliger Frustration, wie es irgendwann wohl jeder Pilot empfindet, wenn die Naturkräfte, die über diesen Planeten herrschen, ihre Souveränität bekunden – und ihre Verachtung für den Menschen, »das Maß aller Dinge«.

In einer Höhe von etwa dreißig Metern fliegend, sahen wir, wie das Land gleichsam verschluckt wurde vom Meer; sahen, wie das Meer mit weißen Händen sich vergeblich wehrte gegen den Wind. Das blaue Mittelmeer war nicht das Mittelmeer der Reiseprospekte; es war die dräuende See des Odysseus – und ein Spiel der Winde, Opfer des amoklaufenden Äolus, des Gottes der Winde.

»Keine Chance mehr zu landen«, sagte Blix.

Ich schüttelte den Kopf.

»Schon längst nicht mehr. Nicht, seit uns der Sturm gepackt hat. Unten können wir nicht bleiben, also müssen wir höher hinauf.«

Wieder kalkulierte ich die Drift so genau, wie nur möglich, korrigierte meinen Kurs in Richtung Cannes und begann, Höhe zu gewinnen. Meter für Meter gelang es, doch Fliegen konnte man es kaum nennen – es war eher wie ein Spießrutenlaufen inmitten von unsichtbaren Feinden, die selbst in der Dunkelheit ihre Hiebe treffsicher anbrachten, während das Flugzeug unter jedem einzelnen stöhnte.

In einer Höhe von zweitausend Metern war es noch immer dunkel, auch noch bei zweieinhalb und bei drei. Mich überkam das Gefühl, daß sich daran wohl nie etwas ändern würde; doch dic Leopard wurde ihrem Namen gerecht. Sie krallte sich gleichsam Stück für Stück höher, bis sie sich in einer Höhe von knapp viertausend Metern über dem Gipfelgewölk des Sturms befand. Und dort war der Himmel auf einmal so blau und so still, daß man meinen konnte, er werde womöglich unter dem Aufprall eines Flugzeugflügels zersplittern. Wir glitten über eine Fläche aus weißen Wolken dahin, wie in einem Schlitten über frischgefallenen Schnee. Das Licht war so hell, nein, so grell, daß es buchstäblich blendete.

Ich blickte zu meinem Passagier, doch Blix schlief mit dem

Vertrauen eines Kindes, daß in einer Welt, die so hell war, nichts Böses lauern konnte.

Was mich betraf, so konnte ich keineswegs sicher sein, daß meine Drift-Abschätzung korrekt gewesen war. Und da die Sicht in Richtung Boden gleich Null war, blieb eigentlich nur eines: Wolkenhüpferei – was nichts anderes hieß, als daß der Pilot nach einem »Loch« in der Wolkendecke suchen muß, um sich wieder nach unten orientieren zu können, ohne allerdings eine saftige Bruchlandung zu bauen.

Nur: In der weißen und endlosen Prärie, über die wir glitten, fand sich nirgends ein Loch. Es war in der Tat eine grenzenlose Prärie, ein Gebilde wie aus Nebel in Eis verwandelt, und das helle Licht und die Glätte und die Stille der Luft ließen es wenig wahrscheinlich oder gar wünschenswert erscheinen, daß es irgendwo dort unten eine andere Welt gab. Nur zu leicht konnte man glauben, wenn nicht gar hoffen, daß dort keine existierte; doch ein Schwelgen in so brüchiger Metaphysik war alles andere als klug.

Verpaßten wir unseren Kurs auch nur um wenige Grade, so würden wir entweder an der spanischen oder an der italienischen Küste landen – höchstwahrscheinlich aber irgendwo dazwischen, wo es eine Menge Wasser gab.

Gerade wollte ich meine Instrumente wieder überprüfen – aus Gewohnheit, denn ohne einen festen Punkt, nach dem ich meinen Kompaß ausrichten konnte, halfen sie mir wenig –, als die Leopard so heftig durchgerüttelt wurde, daß Blix aus seinem Schlaf gerissen wurde. Vor dem grellen Licht kniff er die Augen zusammen und fluchte leise.

»Wo sind wir?«

Eine Minute zuvor hätte ich ihm darauf keine Antwort geben können, aber diese »Luftpüffe« konnten nur eines bedeuten: Berge und abermals Berge – also Korsika. Noch niemals hatte ich meine Position aufgrund von so unsichtbaren, wennschon nicht unfühlbaren – Fakten bestimmt; doch diesmal tat ich's.

Entspannt lehnte ich mich auf meinen Sitz zurück und erklärte, wir seien noch rund eine Stunde von der französischen Küste entfernt, und Blix solle die Augen offenhalten wegen der Vorgebirge. Doch wir bekamen sie gar nicht zu Gesicht. Eine Stunde später tauchten wir hervor aus unserer eisig-weißen Welt, und in einer Höhe von etwa dreihundert Metern konnten wir, etwa fünfzehn Kilometer entfernt, Cannes sehen. Die Nacht verbrachten wir in Paris, und am Nachmittag des folgenden Tages saßen Tom Black, Blix und ich im Mayfair in London, rings umgeben von all dem Komfort, der zur Zivilisation gehört – und tranken einen Toast auf Afrika, weil wir wußten, daß Afrika weit weg war von hier.

Blix würde es wiedersehen; und auch ich, irgendwann. Dennoch war es entschwunden. Es wiederzusehen, konnte nicht bedeuten, es wieder – im *ursprünglichen* Sinn – zu erleben. Man kann einen alten Pfad wiederentdecken und ihn entlangwandern, aber was man bestenfalls sagen kann, ist: »Ah ja, diese Biegung kenn' ich schon!« – oder man kann sich daran erinnern, daß, während man sich erinnert, an jenes vergessene Tal zum Beispiel, das Tal sich längst nicht mehr an dich erinnert.

## Westwärts mit der Nacht

Nur selten habe ich einen Traum gehabt, der es wert war, noch einmal geträumt zu werden; zumindest lohnte es sich bei keinem, ihn in der Erinnerung zu bewahren. Meine Träume sind weder rätselhaft noch geheimnisvoll; die Menschen in ihnen sind alltägliche Menschen, die alltägliche Dinge tun, und die alltäglichste Person von allen bin ich. Die Menschen in meinen Träumen haben ruhige Stimmen, die so klingen wie die Stimme des Mannes, der mich an einem Septembermorgen 1936 in Elstree anrief und mir sagte, über Westengland und über der Irischen See gebe es Regen und starke Gegenwinde, über dem Atlantik wechselhafte Winde und klaren Himmel, vor der Küste von Neufundland herrsche Nebel.

»Sollten Sie noch immer entschlossen sein, so spät in diesem Jahr die Atlantikroute zu fliegen«, sagte die Stimme, »so rät Ihnen das Luftfahrtministerium, die Gelegenheit zu nutzen, da die Wettervoraussage für heute nacht und für morgen früh die günstigste sein dürfte, die Sie erwarten können.«

Die Stimme hatte mir noch einiges mitzuteilen, wenn auch nicht viel, und dann war sie fort, und ich lag noch immer im Bett und hatte irgendwie das Gefühl, daß der Telefonanruf und der Mann, der ihn gemacht hatte, zu dem alltäglichen Traum gehörten, aus dem ich gerade zu erwachen schien. Ich brauchte nur die Augen wieder zu schließen, um mir darüber klar zu werden, daß es sich um Hirngespinste handelte; und wenn ich sie *dann* öffnete, so würde ein weiterer Alltagstag seinen alltäglichen Anfang nehmen und seinen alltäglichen Verlauf.

Aber natürlich konnte ich nicht mehr einfach die Augen schließen und so tun, als sei dies wirklich nur ein gewöhnlicher Traum. Da waren meine Gedanken, da war meine Erinnerung. Also lag ich noch für ein paar Sekunden oder Minuten in meinem Bett und dachte zurück, dachte voraus; sagte mir wieder und wieder in sinnloser Leier, daß ich am nächsten Morgen den Atlantik in Richtung Amerika überflogen haben würde – oder daß ich's besser nicht hätte versuchen sollen. Dennoch: Dies war der Tag, an dem ich's versuchen würde.

Ich starrte empor zur Decke meines Schlafzimmers in Aldenham House, und mir war eher beklommen zumute als etwa furchtbar tapfer oder gar tollkühn. Ich sagte zu mir – oder *hätte* doch zu mir sagen können: »Du brauchst es ja nicht zu tun«, sehr wohl wissend, natürlich, daß nichts so unerbittlich ist wie ein Versprechen, das man sich selbst – seinem Stolz – gegeben hat.

Ich konnte fragen: »Weshalb das Risiko?« wie man mich seither immer wieder gefragt hat; und ich konnte antworten: »Ein jeder in seinem Element.« Seinem Wesen gemäß muß ein Seemann zur See fahren, muß ein Flieger fliegen. Ich hatte inzwischen rund

400 000 Flugkilometer zurückgelegt, und es ließ sich voraussehen, daß ich, solange ich ein Flugzeug und den Himmel »zur Verfügung« hatte, weitere Kilometer zurücklegen würde.

Daran war ja absolut nichts Besonderes. Ich hatte eine Fertigkeit erlernt, und das in harter Arbeit. Meine Hände hatten gelernt, das »Instrumentarium« eines Flugzeugs zu beherrschen. Die Gewohnheit hatte sie geschult. Der Umgang mit dem Steuerknüppel war für sie genauso alltäglich wie der sprichwörtliche Leisten für die Hände des Schusters. Was immer der Mensch unternimmt, Würde erlangt sein Bemühen erst, wenn echte Arbeit dahintersteckt, und fühlt man dann das Bedürfnis, sein – im Wortsinn – Handwerk auszuüben, so begreift man, daß die anderen Dinge – all die Experimente, die Eitel- und Nichtigkeiten, denen man nachjagte – ganz einfach unsinnig waren.

Rekordflüge hatten mich, soweit es mich selbst betraf, nie sehr interessiert. So mancher glaubte, daß solche Flüge nur aus Ruhmsucht – also der »Publicity« wegen – unternommen wurden. Aber kein einziger der Rekordflüge – von Louis Blériots Erstüberquerung des Ärmelkanals 1909 bis zu Kingsford Smiths Flug von San Francisco nach Sydney in Australien – war von Amateuren oder Neulingen unternommen worden. Ob Mann oder Frau, sie waren alle erprobte Piloten, Meister ihres Fachs. Sie bildeten gleichsam eine Gemeinschaft, die einem Achtung abverlangte – und es einem leicht machte, in ihr ein Vorbild zu sehen, dem nachzueifern sich lohnte.

Die Carberrys (von Seramai) waren in London, und ich konnte mich an jede Einzelheit ihrer Dinner-Party erinnern – sogar an das Menü. Ich erinnerte mich an June Carberry und an all ihre Gäste, und an den Mann namens McCarthy, der in Sansibar wohnte und der sich über den Tisch gebeugt und gefragt hatte: »Sag mal, J. C., wie wär's, wenn du Beryl einen Rekordflug finanzieren würdest?«

Während ich noch faul auf meinem Bett lag und zur Zimmerdecke blickte, erinnerte ich mich an J. C.s trockene Antwort: »In westöstlicher Richtung hat schon eine ganze Reihe von Piloten den Nordatlantik überquert. In umgekehrter Richtung hat es im Alleinflug bisher nur Jim Mollison getan – von Irland aus. Von England aus hat noch niemand einen Alleinflug gemacht, weder ein Mann noch eine Frau. Das würde mich interessieren, aber auch nichts sonst. Wenn du das versuchen willst, Beryl, so kannst du auf mich zählen. Edgar Percival könnte sicher ein geeignetes Flugzeug bauen, Hauptsache, du kannst es fliegen. Möchtest du die Chance wahrnehmen?«

»Ja.« – An dieses Ja erinnerte ich mich sehr genau und an J. C.s fast gespenstiges Grinsen und an seine Bemerkung, die den »Handel« besiegelte: »Abgemacht, Beryl. Ich stelle das Flugzeug, und du überfliegst den Atlantik – aber, bei Gott, ich würd's nicht für 'ne Million tun. Denk doch nur an all das schwarze Wasser! Denk daran, wie kalt es ist!«

Und ich hatte an beides gedacht.

Eine Zeitlang jedenfalls. Aber dann gab es eine Menge Dinge, die vordringlich bedacht sein wollten. Ich war nach Elstree gezogen, eine halbe Flugstunde von den Percival Aircraft in Gravesend entfernt, und seit nunmehr drei Monaten flog ich fast täglich in einer gecharterten Maschine zur Fabrik, um die Vega Gull zu sehen, die man für mich baute. Ich hatte ihre Geburt miterlebt und sie heranwachsen sehen. Ich hatte gesehen, wie ihre Flügel Gestalt annahmen, wie Holz und Stoff ihren langen, schlanken Leib formten und umkleideten, wie der Motor in sie eingefügt und befestigt wurde.

Die Gull (die »Möwe«) hatte einen türkisblauen Rumpf und Silberflügel. Edgar Percival hatte all sein Können, alle Sorgfalt und viel Sorge auf ihre Herstellung verwandt – das Können eines meisterlichen Flugzeugbauers, die Sorgfalt eines alterprobten Fliegers und die Sorge eines Freundes für einen Freund. An sich war das Flugzeug ein Standard-Sportmodell mit einer »Reichweite« von nur tausend Kilometern. Doch war für sie ein spezielles Fahrgestell entwickelt worden, damit sie das Gewicht ihrer zusätzlichen Kraftstofftanks tragen konnte. Die Tanks selbst waren an den Tragflächen befestigt, außerdem im Mittelteil und sogar in der Kabine. Dort bildeten sie, um meinen Sitz herum, eine Art Wall, und jeder Tank hatte seine eigene Zufuhr. Das war wichtig.

»Wenn Sie einen Tank öffnen, bevor Sie den anderen schließen«, sagte Percival, »können Sie Ärger kriegen. Sie wissen ja, daß die Tanks in der Kabine keine Anzeiger haben, und so wird's wohl das Beste sein, wenn Sie einen Tank völlig leerlaufen lassen, bevor Sie den nächsten öffnen. Möglich, daß der Motor zwischendurch aussetzt – aber keine Bange, das ist nur für kurze Zeit. Ist ja vom Typ De Havilland Gipsy – eine Zigeunerin also –, und die sind einfach nicht totzukriegen.«

Ich hatte auch mit Tom gesprochen. Wir hatten Stunden damit verbracht, die Atlantik-Route durchzugehen, und mir war dabei klargeworden, daß der unbekümmerte »Pannenbeheber« von Molo, jetzt einer von Englands großen Piloten, seine Träume eingetauscht hatte gegen etwas, das ihm besser zu sein schien und vielleicht auch war. Unverkennbar war Tom älter geworden; er hatte den Ballast irrelevanter Hoffnungen und Verheißungen über Bord geworfen und an seine Stelle einen realistischen Kodex gesetzt, in dem kein Platz war für flüchtige und nur allzu vergängliche Gefühle.

»Ich freue mich, daß du's tun willst, Beryl. Einfach wird's nicht sein. Falls du überhaupt vom Boden abheben kannst mit so einer enormen Ladung an Kraftstoff, wirst du so ungefähr eine Nacht und einen Tag in dem Flugzeug allein sein – hauptsächlich nachts. Da du von Osten nach Westen fliegst, ist der Wind gegen dich. Und da wir September haben, trifft das auch für das Wetter zu. Ein Funkgerät wirst du nicht haben. Verschätzt du dich in deinem Kurs auch nur um wenige Grade, so endest du in Labrador oder im Meer – leiste dir also keine Fehlkalkulation.«

Grinsen konnte Tom noch ganz wie in alten Zeiten. Und er hatte gegrinst; hatte gesagt: »Eigentlich sollte es dich amüsieren. Ich meine, daß der Mann, der deinen Flug finanziert, auf einer Farm mit dem Namen ›Ort des Todes‹ lebt; daß deine Maschine in ›Gravesend‹ – ›Grabesende‹ – gebaut wird. Wenn du konsequent wärst, würdest du die Gull sicher ›Fliegender Grabstein‹ taufen.«

Nun, *so* konsequent war ich nicht gewesen. Ich hatte das Werden des Flugzeugs verfolgt und für den Flug trainiert wie ein Athlet. Und als ich jetzt, hellwach, im Bett lag, hörte ich noch immer die Stimme des Mannes vom Luftfahrtministerium, die so ausdruckslos klang wie die Stimme eines Gerichtsdieners: ». . . da die Wettervoraussage für heute nacht und für morgen früh die günstigste sein dürfte, die Sie erwarten können.«

Gern hätte ich den Flug noch einmal mit Tom vor dem Start durchgesprochen, doch er befand sich mit einem Sonderauftrag im Norden. Ich stand auf, nahm ein Bad, schlüpfte in meinen Fliegeranzug und griff nach einem kleinen Pappkarton mit kaltem Hühnchen darin. Wenig später flog ich hinüber zu dem Militärflugplatz bei Abingdon, wo die Vega Gull unter der Obhut der R.A.F. auf mich wartete. Ich erinnere mich, daß das Wetter klar und ruhig war.

Jim Mollison lieh mir seine Uhr. Er sagte: »Dies ist nicht etwa ein Geschenk. Ich würde mich um nichts in der Welt davon trennen. Mit der habe ich den Nordatlantik und auch den Südatlantik überquert. Verlier sie nicht – und paß ja auf, daß sie nicht naß wird. Salzwasser würde das Werk ruinieren.«

Brian Lewis gab mir eine Schwimmweste. Ihm gehörte das Flugzeug, das ich zwischen Elstree und Gravesend benutzt hatte, und er war bemüht gewesen, sich ein besonders praktisches »Souvenir« einfallen zu lassen. Was aber konnte praktischer sein als eine Schwimmweste?

»Mit der können Sie sich tagelang über Wasser halten«, sagte Brian. Aber ich mußte mich entscheiden: entweder Schwimmweste oder aber warme Kleidung. Beides zusammen ging nicht, weil es mich zu unförmig und unbeweglich machte; und da mir Kälte zuwider war, verzichtete ich auf die Weste.

Und Jock Cameron, Brians Mechaniker, gab mir ein Zweiglein Heidekraut, doch ich glaube, selbst wenn es ein ganzer Busch gewesen wäre samt Wurzeln in einem Topf voll Erde, ich hätte ihn nicht zurückgelassen, sondern irgendwie an Bord verstaut. Wenn einem ein Schotte ein Stück von der Schönheit Schottlands schenkt, so sollte man das zu schätzen wissen. Auch sind die guten Wünsche eines Bodenmechanikers von ganz besonderem Wert, bilden diese Männer doch das Bindeglied zwischen dem Piloten und der Wirklichkeit.

Eigentlich ist es irgendwie unbegreiflich: daß wir nämlich nach Jahrhunderten und Jahrtausenden als »Fußgänger« innerhalb weniger Jahrzehnte gelernt haben zu fliegen – es ist ein Gedanke, der einen schwindlig machen kann, und der irgendwie anmaßend wirkt. Doch der Schmutz an den Händen eines Mechanikers, sein Werkzeug, seine Arbeit an einem Flugzeug im Hangar – all dies, wie auch der besorgte Ausdruck auf dem Gesicht eines Jock Cameron, bevor er seinen Piloten und dessen Maschine für den bevorstehenden Flug »freigibt«: All dies erinnert uns daran, daß wir, ähnlich wie das Heidekraut, nur allzu irdisch sind – erdgebunden. Wir fliegen, doch wir haben die Luft nicht »erobert«. Die Natur ist nach wie vor die Herrscherin, eine Souveränin voll stiller Würde, und sie ist großmütig genug, uns jene ihrer Kräfte, die wir verstehen (oder zu verstehen meinen), für unsere Zwecke nutzen zu lassen. Bilden wir uns jedoch ein, daß uns von Rechts wegen zustehe, was uns großmütig zugestanden wird, so geschieht es sehr rasch, daß wir unseren Denkzettel erhalten, gleich einem Hieb mit einem Rohrstock auf unsere vorwitzigen Finger; und dann reiben wir uns die schmerzenden Knöchel, blicken nach oben und sind über unsere eigene Ignoranz erschrocken.

»Hier ist ein Stück Heidekraut«, sagte Jock, und ich nahm es und steckte es in eine Tasche meiner Fliegerjacke.

Außerhalb des eigentlichen Flugplatzes von Abingdon warteten Presseautos, und auch Pressefotografen und sogar Presseflugzeuge waren zur Stelle; doch die R.A.F. ließ niemanden auf den Platz, ausgenommen Techniker und ein paar von meinen Freunden.

Die Carberrys waren schon einen Monat zuvor per Schiff nach New York gereist, um dort auf mich zu warten. Tom blieb im Augenblick unerreichbar und wußte nichts von meinem Entschluß, den Flug jetzt zu unternehmen. Aber das war nicht so wichtig, wie mir schien. Es war nicht so wichtig, weil Tom immer er selbst blieb – er war weder ein Schönwetterpilot noch ein Schönwetterfreund. Hatten wir uns mal einen Monat oder ein Jahr oder zwei Jahre lang nicht gesehen, so war das überhaupt nicht ins Gewicht gefallen. Und genauso würde es auch hiermit sein. Tom würde niemals sagen: »Das hättest du mich aber wissen lassen sollen.« Er ging davon aus, daß ich alles gelernt hatte, was er mir beizubringen versucht hatte, und ich meinerseits sah in ihm noch immer den Lehrer, dem ich so viel verdankte. Wenn ich in meiner Kabine voller Kraftstofftanks saß, mit Kurs auf Nordamerika, so war das Wissen, das sich aus meinem Kopf und meinem Körper auf die Kontrollmechanismen übertrug, im Grunde Toms Wissen. Die mahnenden, warnenden Worte, vor so langer Zeit zu mir gesprochen, viele Male wiederholt, an einem strahlend hellen Morgen, über einem Tal vielleicht oder über einem Wald, während ein ferner Berggipfel an einer unserer Flügelspitzen zu hängen schien, sie konnten wieder erklingen in meinem Kopf, auf Abruf gleichsam.

Wozu also sich da eigens Gedanken machen, dachte ich. Es war albern, erübrigte sich.

Es kann geschehen, daß man ein ganzes Leben lebt, und am Ende mehr über andere Menschen weiß als über sich selbst. Man lernt es, andere Menschen zu beobachten, nur Selbstbeobachtung lernt man nie, weil man sich gegen die Einsamkeit wehrt. Wenn man ein Buch liest oder Patiencen legt oder für einen Hund sorgt, so versucht man nur, sich selbst aus dem Wege zu gehen. Der Abscheu vor der Einsamkeit ist so natürlich wie der Lebenswille. Wäre das anders, so hätten die Menschen sich niemals die Mühe gemacht, ein Alphabet zu erfinden oder ursprünglich tierische Laute in Wörter zu verwandeln oder Kontinente zu durchqueren – immer voller Neugier, wie andere Menschen waren und aussahen.

In einem Flugzeug mit sich allein zu sein, sei es auch nur für eine Nacht und einen Tag, jedoch unwiderruflich mit sich allein, wobei es nichts zu beobachten gibt als die Instrumente und die eigenen Hände, im Halbdunkel; wo es nichts zum Nachsinnen gibt, als die Verwunderung über das eigene Fünkchen Mut; wo man sich Fragen stellt, die gar keine rechten Fragen sind: nach dem Glauben, nach den Gesichtern, nach den Hoffnungen, die tief in einem wurzeln – eine solche Erfahrung kann genauso bestürzend sein wie das erste Gewahrwerden eines Fremden, der nachts an deiner Seite schreitet. Der Fremde freilich bist du selbst.

Es ist schon dunkel, und ich befinde mich über dem Süden Irlands. Dort sind die Lichter von Cork, feuchte Lichter; sie sind durchnäßt von irischem Regen, und ich bin über ihnen und trokken. Ich bin über ihnen, und das Flugzeug dröhnt durch eine schluchzende Welt, deren Traurigkeit mich unberührt läßt. Solange ich die Lichter sehen und mir vorstellen kann, daß dort Menschen gehen, empfinde ich einen sonderbar egoistischen Triumph, so als sei ich aller Verantwortung ledig und hätte selbst eine so »lästige Pflicht« wie den Regen anderen überlassen.

Es ist jetzt eine gute Stunde her, seit ich von Abingdon gestartet bin. England, Wales und die Irische See liegen hinter mir, gleichsam wie abgenutzte Zeit. Bei einem Langstreckenflug sind Entfernung und Zeit ein und dasselbe. Aber es hatte einen Augenblick gegeben, da die Zeit stillstand – und die Entfernung auch. Das war der Augenblick, in dem ich in der blauen und silbernen Gull, der Möwe, abhob vom Aerodrome: jener Augenblick, in dem die Fotografen ihre Kameras klicken ließen; jener Augenblick, in dem die Maschine sich zur Wehr setzen wollte gegen all die Anstrengung und Last; jener Augenblick, in dem ich sie mit Hilfe von Steuerknüppel und Instrumenten beschmeichelte, zumal rein theoretisch doch *feststand*, daß sie leisten konnte, was von ihr gefordert wurde.

Nun, sie *hatte* abgehoben, und als sie erst einmal in der Luft war, nahm sie's von der praktischen Seite und erklärte: »Also bitte: Mit der Last bin ich hochgekommen. Wo soll's denn jetzt hingehen?« – und diese Frage hatte mir Angst gemacht.

»Unser Ziel ist ein Ort rund fünftausend Kilometer von hier –

davon über dreitausend Kilometer endloser Ozean. Über den Hauptteil der Strecke wird's Nacht sein. Wir fliegen westwärts mit der Nacht.«

Nun liegt Cork also hinter mir; und vor mir sehe ich den Berehaven-Leuchtturm. Es ist das letzte Licht auf dem äußersten Rand des Landes. Ich beobachte es, zähle, wie oft es aufblitzt – soundsooft in der Minute. Ich passiere es und fliege hinaus auf die See.

Die Angst ist fort – wennschon nicht überwunden oder »wegerklärt«. Sie ist fort, weil etwas anderes ihren Platz eingenommen hat; das Vertrauen und die Zuversicht, der gleichsam eingefleischte Glaube an die Sicherheit des Landes dort unten –, nur daß ich diesen Glauben instinktiv auf mein Flugzeug übertragen habe, da das Land jetzt unsichtbar ist und es nichts anderes »Greifbares« gibt, woran ich und meine Hoffnung, mein Glaube sich halten können. Ein Flug – das ist nicht mehr als eine flüchtige Flucht vor der ewigen Erdenschwere.

Es regnet, unaufhörlich, und außerhalb der Kabine ist es völlig dunkel. Mein Höhenmesser sagt, daß der Atlantik rund siebenhundert Meter unter mir liegt, und mein künstlicher Horizont verrät mir, daß ich »level« – horizontal – fliege. Ich veranschlage mein Abdriften auf drei Grad mehr, als nach der Wettervoraussage anzunehmen wäre, und korrigiere den Kurs dementsprechend. Natürlich fliege ich blind. Es wäre schön, einen Leitstrahl zu haben, dem man folgen könnte. Und eine Funkverbindung wäre ideal – genauso wie klares Wetter. Von Sturm hatte der Mann vom Luftfahrtministerium nichts gesagt.

Ich spüre, wie der Wind stärker, der Regen heftiger wird. Der Benzingeruch in der Kabine ist so intensiv und das Dröhnen des Motors so laut, daß mir davon gleichsam die Sinne ertauben. Doch allmählich scheint es undenkbar, daß es in meinem Leben jemals anders gewesen sein könnte.

Um 22:00 Uhr folge ich dem sogenannten Great Circle Course in Richtung Harbour Grace, Neufundland. Bei einer Eigengeschwindigkeit von rund zweihundert Stundenkilometern habe ich einen Gegenwind von etwa siebzig Stundenkilometern. Wegen des Wetters kann ich nicht sicher sein, wie viele Stunden ich noch fliegen muß, aber ich schätze so zwischen sechzehn und achtzehn.

Um 22:30 Uhr wird der Motor noch immer aus dem großen Tank in der Kabine gespeist. Ich möchte seinen Inhalt aufbrauchen, damit das Hin- und Herschwappen der Flüssigkeit aufhört, das meine Maschine seit dem Start ständig schüttelt. Ein Meßgerät, das den Inhalt anzeigt, hat der Tank nicht; statt dessen findet sich auf der einen Seite die trostvolle Zusicherung: »Dieser Tank reicht für vier Stunden.«

Eine solche Garantie ist eindeutig und nicht zu bezweifeln. Doch fünfundzwanzig Minuten vor elf hustet mein Motor und verstummt, und die Gull segelt antriebslos über der See.

Jetzt wird mir bewußt, daß das laute Dröhnen der Maschine so etwas war wie ein gleichmäßiges, beschwichtigendes Schweigen. Es ist die wirkliche Stille, die dem letzten Stottern des Motors folgt, welche mich benommen macht. Ich fühle keine Furcht; ich fühle überhaupt nichts. Ich beobachte nur, mit sonderbar einfältigem Desinteresse, daß meine Hände wie wild agieren, und ich weiß, daß ich, während sie sich bewegen, hypnotisiert bin von der Nadel meines Höhenanzeigers.

»Ruhe bewahren« – bedeutet das nicht im Grunde das Unterdrücken eines natürlichen Impulses? Und zwar eines Impulses, der nur zu plausibel ist? Es ist tiefe Nacht, und du befindest dich in einem Flugzeug, dessen Motor ausgesetzt hat, und dein Abstand zum Meeresspiegel beträgt kaum siebenhundert Meter – was wäre da wohl natürlicher als der Impuls, den Steuerknüppel dichter an dich heranzuziehen, um mehr Höhe zu gewinnen, und sei es auch noch so wenig? Doch dein Verstand, dein Wissen, deine Erfahrung sagen dir, daß du genau das Gegenteil von dem tun mußt, was du tun möchtest: Du mußt die Nase deiner antriebslosen Maschine tiefer drücken, in Richtung Wasser – doch alles in dir sträubt sich dagegen, du zweifelst an deinem Verstand, kannst nicht glauben, daß ein solcher Widersinn *Vernunft* sein soll. Und in diesem Augenblick – dem Augenblick scheinbaren Wahns – sind es deine

Hände, deine dir jetzt fremden Hände, die mit unfehlbarer Präzision das tun, was die physikalischen Gesetze verlangen.

Dort sitze ich und beobachte, wie meine Hände den Steuerknüppel nach vorne drücken; und ich spüre, wie die Gull reagiert und ihre Nase in Richtung Wasser senkt. Im Grunde ist natürlich alles ganz einfach. Der Tank in der Kabine hat sich vorzeitig geleert. Ich brauche nur einen anderen anzuschließen – brauche nur den Anschluß aufzudrehen . . .

Aber es ist dunkel in der Kabine. Zwar kann ich den erleuchteten Höhenanzeiger erkennen, der mir sagt, daß ich mich jetzt dreihundertfünfzig Meter über dem Meer befinde; doch es ist nicht leicht, unten dicht am Boden einen Tankanschluß zu sehen. Eine Hand tastet, findet eine Taschenlampe, und die Finger erspüren den Anschluß, drehen ihn auf; und ich warte.

Hundert Meter über dem Meer ist der Motor noch immer tot, und ich habe das Gefühl, daß die Nadel des Höhenmessers herumwirbelt wie eine Spindel, um auch die noch verbleibende Entfernung zwischen Flugzeug und Wasser aufzuspulen. Irgendwo blitzt es, doch das kurze Aufleuchten läßt die Dunkelheit nur um so tiefer erscheinen. Wie hoch können sich Wogen recken – sieben Meter vielleicht? Oder zehn?

Daß dies das Ende meines Fluges ist, der Gedanke läßt sich nicht verdrängen, doch meine Reaktion darauf ist unorthodox. Vor meinem inneren Auge läuft kein Film ab, der mir in verrücktem Taumel irgendwelche Ereignisse aus meinem Leben zeigt. Ich habe nur das Gefühl, daß all dies sich schon früher abgespielt hat – und das hat es auch. Es hat sich schon hundertmal in meiner Phantasie, in meinen Träumen abgespielt, so daß ich nicht wirklich von Entsetzen erfüllt bin. Es handelt sich gleichsam um eine vertraute Szene, um eine vertraute Geschichte, die durch allzu häufiges Erzählen viel von ihrer Spannung eingebüßt hat.

Ich weiß nicht, wie nah ich den Wellen bin, als der Motor wieder dröhnend zum Leben erwacht. Doch das Geräusch ist fast bedeutungslos. Ich sehe, wie meine Hand den Steuerknüppel näher an mich heranzieht, und ich spüre, wie die Gull an Höhe gewinnt im

Sturm, und wieder scheint die Nadel des Höhenmessers zu wirbeln wie eine Spindel, nur daß sie den Faden jetzt abspulen läßt, so daß sich die Entfernung von mir zum Meer ständig vergrößert.

Der Sturm ist stark. Er ist mir ein Trost. Er gleicht einem Freund, der mich schüttelt und sagt: »Wach auf! Du hast nur geträumt.«

Allerlei Gedanken gehen mir durch den Kopf. Anhand der Fakten kann ich errechnen, daß mein Motor rund dreißig Sekunden ausgesetzt haben muß.

Ich sollte Gott danken – und das tue ich auch, wennschon indirekt. Ich danke Geoffrey De Havilland, der die unbezwingbare Gipsy konstruiert hat, und der ja schließlich zuvor von Gott »konstruiert« worden sein muß.

Ein erleuchtetes Schiff – der Tagesanbruch – ein paar steil aus dem Meer ragende Klippen. An der Bedeutung solcher Dinge für Piloten wird sich wohl nie etwas ändern. Wenn es eines Tages Flugzeuge gibt, welche den Ozean in einer Stunde überqueren können und die Zeit fast zu nichts schrumpfen lassen, der Anblick von festem Land wird dem Piloten einer solchen phantastischen Maschine nicht weniger willkommen sein. Er hat sich der List und Raffinesse einer noch moderneren Technik bedient, hat die Natur und ihre Gesetze gleichsam bemogelt und wird sich erleichtert bewußt, daß er bald wieder wirklich *festen* Boden unter seinen Füßen spüren wird.

Ich sah das Schiff und den Tagesanbruch, und dann sah ich die Klippen von Neufundland, halb umhüllt von Nebelschwaden. Ich empfand die Erleichterung, die ich mir für so viele Stunden vorgestellt hatte, und ich war glücklich, daß ich es geschafft hatte, die gestrenge Autorität des Wetters und der See ungeschoren zu überstehen. Doch mein Triumph war von eher bescheidenem Format; meine schnelle Gull war nicht so schnell, daß sie Riesenentfernungen im »Sauseschritt« hätte zurücklegen können. Die Nacht und der Sturm hatten sie eingefangen, und wir waren neunzehn Stunden lang blind geflogen.

Ich war jetzt müde, auch war mir kalt. Die Glasscheiben der Kabinenfenster wurden von einem dünnen Film aus Eis überzogen, und der Nebel trieb trügerische Zauberspiele mit dem Land. Aber das Land war dort. Auch wenn ich es jetzt nicht sehen konnte, so *hatte* ich es doch gesehen. Und es *mußte* das Land sein, das ich suchte: Einen Zweifel daran konnte ich mir nicht leisten. In meine Navigation durfte sich kein Fehler eingeschlichen haben, nicht jetzt.

Südlich von Cape Race, westlich nach Sydney auf Cape Breton Island. Mit den Mitteln, die mir zur Verfügung standen, hauptsächlich Karte und Kompaß, bestimmte ich meinen neuen Kurs. Ich hielt mich südwärts und fand den Leuchtturm von Cape Race, der wie ein warnender Finger aus dem Nebel ragte. Ich kreiste zweimal und flog weiter zum Golf des St.-Lorenz-Stroms.

Nach einer Weile würde New Brunswick in Sicht kommen, und dann Maine – und dann New York. Ich konnte fast alles schon vor mir sehen. Ich konnte fast sagen: »Wenn du wach bleibst, wirst du sehen, daß es jetzt nur noch eine Frage der Zeit ist« – und natürlich würde ich, mußte ich wachbleiben. Ich war müde, und ich hatte mich keinen Zentimeter bewegt seit jenem ungewissen Augenblick in Abingdon, als die Gull sich schließlich trotz ihrer schweren Last in die Luft erhob; aber meine Augen hätte ich jetzt nicht schließen können. Ich saß in der Kabine, zwischen den Fenstern und den Benzintanks, und ich war dankbar für die Sonne, für das Licht und dafür, daß ich das Wasser unter mir sehen konnte. So ungeheuer viel war's doch jetzt gar nicht mehr. 600 km Wasser, aber dann wieder Land – Cape Breton. Ich würde in Sydney eine Zwischenlandung einlegen, um aufzutanken, bevor ich weiterflog. Ein Kinderspiel, wie ein Zwischenstopp in Kisumu.

Erfolg gibt Selbstvertrauen. Aber wer hat ein Recht auf Selbstvertrauen außer den Göttern? Ich hatte Rückenwind, mein letzter Benzintank war noch zu gut drei Vierteln gefüllt, und die Welt wirkte so hell, als sei es eine neue, noch unberührte Welt. Doch hätte ich wohl wissen müssen, daß solche Augenblicke, genau wie die Unschuld, von flüchtiger Dauer sind. Noch bevor ich das Land sah, bekam mein Motor Mucken. Er setzte aus, stotterte kurz, begann dann wieder zu arbeiten und schnaufte dann gleichsam vor sich hin. Er hustete und spie schwarze Abgase übers Meer.

Es gibt ja Worte für alles. Auch hierfür gab es ein Wort – Airlock (Gasschleuse), wenn ich mich richtig erinnerte. Dies mußte ein Airlock sein, weil noch genügend Benzin vorhanden war. Vielleicht, dachte ich, läßt sich das beseitigen, indem ich sämtliche leere Tanks auf- und wieder zudrehe; also tat ich's. Die »Hähne« der Tankanschlüsse waren kleine, scharfe Metallsplinte, und nachdem ich sie ein dutzendmal geöffnet und geschlossen hatte, sah ich, daß meine Hände bluteten, und das Blut auf meine Karten und meine Kleidung tropfte; doch meine Bemühungen blieben fruchtlos. Der Motor lahmte und stockte immer wieder. Öldruck und Öltemperatur waren normal, auch sonst konnte ich nichts finden; und dennoch verlor ich langsam an Höhe, während sich gleichzeitig in mir das Gefühl breitmachte, fast schon gescheitert zu sein.

Falls ich das Land noch erreichte, wäre ich der erste Mensch gewesen, der den Nordatlantik von England aus überquerte; aber selbst wenn mir eine Landung gelang, eine Notlandung, so war das, aus Pilotensicht, ein Fehlschlag, weil ich ja New York erreichen wollte. Eine Zwischenlandung, um aufzutanken, war dagegen absolut in Ordnung ... dann konnte ich's noch schaffen ... wenn nur ... ja, wenn doch nur ...

Wieder setzt der Motor aus, wieder fängt er sich, und dann nutze ich jeweils die Gelegenheit, um höher zu steigen, so hoch wie nur möglich; und dann stottert und stockt er wieder, und ich gleite tiefer in Richtung Wasser; und steige und sinke, je nachdem, wie ein Seevogel auf Jagd.

Ich finde das Land. Die Sicht ist jetzt ausgezeichnet, und ich kann sechzig oder siebzig Kilometer weit blicken. Falls ich auf dem richtigen Kurs bin, muß das Cape Breton sein. Minute nach Minute verstreicht, und jede gewinnt vor meinen Augen fast buchstäblich Gestalt: Sie gleichen Gliedern einer sich langsam bewegenden Kette, und jedesmal, wenn der Motor stockt, sehe ich in der Kette ein zerbrochenes Glied und halte den Atem an, bis sich die Kette weiterbewegt.

Das Land ist jetzt unter mir. Ich greife nach meiner Karte und starre darauf, um mich genau zu orientieren. Trotz meiner verminderten Fluggeschwindigkeit bin ich nur zwölf Minuten vom Sydney Airport entfernt, wo ich die Maschine vor dem Weiterflug auftanken und überholen lassen kann.

Wieder setzt der Motor aus, und ich gehe in den Gleitflug, aber jetzt mache ich mir keine Sorgen mehr; er wird schon wieder anspringen, genau wie zuvor, und dann steige ich höher und fliege nach Sydney.

Aber diesmal springt er nicht wieder an; diesmal ist er so tot, wie ein Motor nur tot sein kann; die Gull strebt erdwärts, und es ist ein Stück Erde, das ich nicht kenne. Er ist schwarze Erde voller Felsbrocken, und ich schwebe darüber, getragen nur von der Hoffnung und einem nichtrotierenden Propeller. Aber lange kann ich so natürlich nicht halten. Die Erde eilt mir entgegen. Ich kurve und wende und »schiebe« seitwärts, um den Felsblöcken auszuweichen; und spüre, wie mein Fahrgestell aufsetzt, wie die Räder einsinken. Die Gull steckt ihre Nase in den Dreck, und ich selbst knalle mit dem Kopf gegen die vordere Kabinenglasscheibe und höre, wie sie zersplittert, und fühle, wie Blut über mein Gesicht strömt.

Ich taumle aus dem Flugzeug und versinke bis zu den Knien in Morast; und stehe dort mit dümmlichem Blick – jedoch nicht gerichtet auf die öde Insel, sondern auf meine Armbanduhr.

Einundzwanzig Stunden und fünfundzwanzig Minuten.

Atlantikflug. Von Abingdon in England zu einem namenlosen Sumpfgelände – nonstop.

Ein Inselbewohner aus Cape Breton fand mich – ein Fischer, der sich zufällig in der Nähe des Sumpfgebiets aufhielt und die Gull sah, »Köpfchen tief im Dreck, Schwänzchen in die Höh'«. Und er sah mich, wie ich mich durch den Morast mühte, der mich immer inniger umschlang. Seit einer Stunde schon versuchte ich ihm zu entkommen, und der schwarze Schlamm hatte mich bereits bis zur Hüfte umfaßt, während das Blut aus meiner Kopfverletzung ihm auf halbem Weg entgegenkam.

Aus einiger Entfernung dirigierte mich der Fischer mit Gesten und Rufen zu den festen Stellen im Sumpf; eine weitere Stunde verging, bevor ich Stück für Stück in seine Nähe gelangte – wie eine Bewohnerin des Hades, die von der Sonne geblendet wird; nur war es bei mir nicht die Sonne – ich hatte vierzig Stunden lang nicht geschlafen.

Er brachte mich zu seiner Hütte am Rande der Küste, und ich entdeckte, daß es dort auf den Felsen ein Telefonhäuschen mit einem uralten Telefon gab – für Schiffbrüchige, vorsorglich.

Ich rief den Sydney Airport an und meldete, ich sei in Sicherheit und eine Suche nach mir unnötig. Am folgenden Morgen stieg ich auf Floyd Bennett Field aus einem Flugzeug und sah eine Menschenmenge, die sich zu meiner Begrüßung versammelt hatte; nur war das Flugzeug, aus dem ich stieg, nicht die Gull; und noch tagelang während meines Aufenthalts in New York dachte ich darüber nach und wünschte mir wieder und wieder, daß es doch die Gull gewesen wäre – bis der Wunsch seine Bedeutung verlor und die Zeit ganz einfach vorrückte, über so vieles hinwegschreitend, was auf ihrem Wege lag.

## Darauf wird die See kaum sehr stolz sein

Wie alle Ozeane scheint auch der Indische Ozean endlos zu sein, und die Schiffe die auf ihm fahren, sind klein und langsam. Sie entwickeln nur wenig Geschwindigkeit, haben keine Eile; sie überqueren das Wasser nicht, sie leben auf ihm, bis das Land heimkommt.

An seinen Namen kann ich mich zwar nicht mehr erinnern, aber der kleine Frachter, auf dem ich von Australien nach Südafrika reiste, schien sich fast einen Monat lang nicht zu bewegen, und ich vertrieb mir die Zeit damit, auf Deck zu sitzen und zu lesen oder über Vergangenes nachzudenken oder mit den wenigen anderen Bewohnern unseres dümpelnden »Klosters« Gedanken auszutauschen.

Ich reiste nach Afrika, um meinen Vater wiederzusehen – nach langer Zeit, allzu langer Zeit. Nach einer Zeit, in der viel geschehen war, die jetzt jedoch abgeschlossen schien. Es war das Ende einer Lebensphase, in der ich mich entwickelt hatte gleich einem Blatt am Baum, sich rundend, streckend, seine endgültige Form annehmend. Und es wäre wohl, so ging es mir durch den Kopf, gleichgültig gewesen, von welchem Punkt der Erdkugel ich gestartet wäre – am Ende hätte ich mich doch auf diesem Spielzeugschiff wiedergefunden, die Zeit ausmessend.

In meinem Gepäck führte ich den Schatz an Papieren mit, die ich gesammelt hatte – Kabeldepeschen über meinen Atlantikflug aus allen Teilen der Welt, ein paar Zeitungsausschnitte, ein Bild von der Vega Gull mit der Nase tief im Sumpfgelände von Nova Scotia – und ein paar von den Dingen, die man über Tom geschrieben hatte.

Tom war tot. Er war am Steuerknüppel seines Flugzeugs umgekommen, und ich hatte die Nachricht vor langer Zeit in New York erhalten, und zwar telefonisch, während ich noch ziemlich benommen inmitten all des Wirbels saß, der um mich gemacht wurde. Alle möglichen Anrufe und Telegramme und enthusiastische Menschen, die mir versicherten, wie phantastisch sie's fänden, daß ich's fast bis Floyd Bennett Field geschafft hätte – und ob ich ihnen wohl ein Autogramm geben würde. In meiner »Kollektion« befand sich sogar ein Brief, den angeblich ein Hund verfaßt und mit »Jojo« unterschrieben hatte. Ich war Amerika für seine Wärme und grenzenlose Freundlichkeit dankbar, machte mir jedoch keine Illusionen über die Vergänglichkeit meines Ruhms.

Tom war in seinem Flugzeug umgekommen, jedoch nicht in der Luft, sondern – auf ebenso sinnlose wie vermeidbare Weise – auf dem Boden. Während er, auf dem Liverpool Aerodrome, zum Start rollte, war ein landendes Flugzeug auf seine Maschine geprallt, das war alles. Niemand sonst war verletzt worden, Tom jedoch hatte den Tod gefunden. Und man muß es wohl als Zufall gelten lassen, daß er mit dem tief unter seinem Herzen eingedrungenen Blatt eines Propellers gestorben war.

Auch die Gull war tot. Ich hatte nach meinem Flug nicht die Mittel gehabt, sie zu kaufen, und so hatte J. C. sie nach Seramai bringen lassen und sie einem reichen Inder verkauft, der womöglich für vieles Sinn hatte, nur nicht für die Schönheit oder die Bedürfnisse eines Flugzeugs. Er ließ die »Zigeunerin« ungeschützt auf dem Flugplatz von Daressalam stehen, bis ihr Motor verrostete und ihre Flügel gleichsam abzublättern begannen; und sie ganz einfach von allen, außer von mir, vergessen wurde. Vielleicht hat inzwischen irgendein »Offizieller« mit einem untrüglichen Auge für Ordnung dafür gesorgt, daß man ihr Skelett im Meer versenkte, aber darauf wird die See kaum sehr stolz sein. Mich hat die Gull nicht im Stich gelassen. Als man sie nach meinem Flug überprüfte, fand man heraus, daß – vermutlich irgendwo vor Neufundland – in die Luftzufuhr des letzten Kraftstofftanks Eis geraten war und blockierend gewirkt hatte. Seitdem war die Frage für mich, wie die Gull es hatte schaffen können, noch so lange zu fliegen.

All dies *war* geschehen, und wenn es mir manchmal schwerfiel, dies oder jenes davon zu glauben, so hatte ich meine Bordbücher und meine »Zettelsammlung«, die mir das belegte – Erinnerung schwarz auf weiß. Es fehlte eigentlich nur, daß mir jemand sagte: »Sie sollten darüber schreiben, wissen Sie. Sie sollten es wirklich!«

Und so lebte, so wohnte der kleine Frachter auf See, und obwohl Afrika mit jedem Tag näher kam, bewegte sich das Schiff keinen Zoll. Es war alt und – wie man so sagt – wetterhart; und es hatte gelernt, die Welt sich drehen und zu sich kommen zu lassen.

## *Hauptsache weit weg*

*Abenteuerliche Frauen-Leben. Herausgegeben von Susanne Aeckerle. 237 Seiten. SP 3665*

Viele Frauen reizt der Gedanke, nicht nur in die Ferne zu reisen, sondern auch dort zu leben, zu arbeiten und – zu lieben. Und schon immer gab es mutige und starke Frauen, die sich auf den Weg machten: in die Wüste, nach Grönland, zu den Scheichs, in den Busch, zu den Kopfjägern. Dort blieben sie für ein paar Monate, ein paar Jahre – oder ein ganzes Leben.

Elf berühmte abenteuerliche Frauen sind in diesem Band vereint: Daisy Bates, Margaret Mead, Florinda Donner, Dian Fossey, Sophie Caratini, Maria Sibylla Merian, Anna Leonowens, Anne Spoerry, Lady Hester Stanhope, Christiane Ritter und Carmen Rohrbach.

## *Strapazen Nebensache*

*Abenteuerliche Frauen reisen. Herausgegeben von Susanne Aeckerle. 230 Seiten. SP 3333*

Ob mit dem Fahrrad durch Afrika, mit dem Kamel durch die australische Wüste, zu Fuß quer durch Tibet, im einmotorigen Flugzeug über den Atlantik, als Einhandseglerin um die Welt oder im Frauenteam zur Spitze des Annapurna: Reisen, die Welt sehen, Abenteuer erleben – das hat auch Frauen schon immer gelockt. Dieses Buch vereint zehn Berichte abenteuerlicher Frauen: Mary Kingsley, Alexandra David-Néel, Robyn Davidson, Bettina Selby, Helen Thayer, Lucy Irvine, Elly Beinhorn, Beryl Markham, Gudrun Calligaro und Arlene Blum.

»Jede Reise ist ein Abenteuer oder kann zu einem werden. Auch heute noch, wo wir ohne großen Aufwand die entferntesten Orte der Welt erreichen können. Und es wird immer Frauen geben, die über alle Grenzen hinaus nach dem Neuen, Unbekannten, der persönlichen Herausforderung suchen.«

Aus der Einleitung

## Das Schönste von Anne Morrow Lindbergh

*Herausgegeben von Elisabeth Piper. 477 Seiten. SP 2867*

Millionen von Lesern in aller Welt hat Anne Morrow Lindbergh mit den »Muscheln in meiner Hand« Stunden der Besinnung geschenkt. »Das Schönste von Anne Morrow Lindbergh« zeigt in Prosa, Lyrik und in Briefen, wie eine außergewöhnliche Frau ihr Schicksal in die Hand nimmt und meistert. Charme, Humor und das Wissen um die ethischen Pflichten des Menschen zeichnen ein Werk aus, das von humanistischem Geist getragen und zugleich voller Poesie ist.

»Tatsächlich sind die wichtigsten Momente im Leben die, in denen man allein ist. Bestimmte Quellen können wir nur erschließen, wenn wir allein sind.«
Anne Morrow Lindbergh

## *Am liebsten in der Luft*

*Abenteuerliche Fliegerinnen. Herausgegeben von Susanne Aeckerle. 172 Seiten. SP 3043*

Nichts ist schöner als Fliegen – diesem Motto folgten Frauen schon Anfang unseres Jahrhunderts. Es waren mutige und starke Frauen, und sie flogen als erste Frau über den Atlantik wie Amelia Earhart oder nonstop von Afrika nach Südamerika wie Anne Morrow Lindbergh. Diese abenteuerlichen Frauen brachen in eine klassische Männerdomäne ein und suchten über die Grenzen der Schwerkraft hinaus nach dem Neuen, Unbekannten und nach der persönlichen Herausforderung. Auf ihren Flügen hoch über den Wolken erlebten sie die magische Kraft des Fliegens, das Glück der Einsamkeit und die vollkommene Übereinstimmung mit sich selbst. Geschichten von und über die berühmtesten abenteuerlichen Pilotinnen sind in diesem Band vereint: Amelia Earhart, Beryl Markham, Elly Beinhorn, Anne Morrow Lindbergh, Anne Spoerry, Melli Beese, Heather Stewart und viele andere.